Generalregister

zu

Band 131 bis 140

der von den Mitgliedern des Reichsgerichts und der Reichsanwaltschaft herausgegebenen

Entscheidungen des Reichsgerichts in Zivilsachen.

Nebst einer Vorbemerkung.

Bearbeitet

von

Heinrich Krauße.

Berlin und Leipzig 1933

Walter de Gruyter & Co.

vormals G. J. Göschen'sche Verlagshandlung - J. Guttentag, Verlagsbuchhandlung - Georg Reimer - Karl J. Trübner - Veit & Comp.

Druck von Metzger & Wittig in Leipzig

Vorbemerkung.

I. Das systematische Register.

1. Zur Auffindung eines Stoffgebiets dienen zwei Hilfsmittel:
   a) in erster Linie die alphabetische Übersicht, Seite 3 bis 12.
   b) dann das vorgedruckte Inhaltsverzeichnis, Seite V bis XXV.
   Im übrigen enthält auch das alphabetische Register Hinweise auf das systematische Register.

2. Die Auslegung einzelner Gesetzesparagraphen findet man, wie bisher, in § 5 Ib und § 271 Ib, nämlich in hergebrachter Weise im § 271 Ib einzelne Prozeßgesetze, alles übrige in **§ 5 Ib,** und zwar hier üblicherweise in zwei Gruppen geteilt, einzelne besonders wichtige Gesetze vorangestellt. Zur Erleichterung schnellen Auffindens ist jetzt die Druckanordnung wie im Quellenregister. Die erste Gruppe umfaßt folgende Gesetze:

1. BGB. mit EinfGes.
2. HGB.
3. WO.
4. RechtsanwaltsO.
5. GewO.
6. ReichsVerf.
7. Die Gesetze des gewerblichen Rechtsschutzes und Verwandtes (PatG., GebrMG., G. vom 18. März 1904, WarenzeichenG., GeschmMG., KunstschutzG., UnlWG., LitUrhG.).
8. Die Aufwertungsgesetze.

Die zweite Gruppe ist nach der Zeitfolge der Gesetze geordnet; Reihenfolge: Reich, Länder.

In **§ 271 unter Ib** sind die Auslegungen folgender Gesetze zusammengestellt:

1. ZPO. mit EinfG.
2. GVG.
3. GKG.
4. KonkO. mit VerglO.
5. ZVG.
6. GrundbO.
7. FGG.
8. StPO.

3. Die in den Urteilen entschiedenen Fragen sind, soweit tunlich, in Form von Rechtsgrundsätzen wiedergegeben, und zwar unter weitgehender, großenteils wörtlicher Verwertung der Vermerke zu dem beim Reichsgericht geführten Nachschlagewerk.

II. **Das alphabetische Register** ist keine Wiederholung des systematischen Registers in Buchstabenfolge, sondern enthält zwar möglichst zahlreiche, aber meist nur kurze Schlagwörter, Zusammenstellungen und Vermerke.

III. **Das Quellenregister** gibt in hergebrachter Weise Auskunft über alle Stellen, wo überhaupt ein Paragraph, gleichviel in welchem Zusammenhang, angeführt worden ist. Für die Auslegung der Paragraphen vgl. vorstehend zu I 2.

IV. und V. Die beiden weiteren Register betreffen, wie bisher, die Zusammenstellung der Entscheidungen nach der Zeitfolge und nach Gerichtsbezirken. Von einer Zusammenstellung der Druckfehlerverzeichnisse ist abgesehen worden.

VI. Sonstiges.

1. Das Abkürzungsverzeichnis befindet sich auf Seite XXVI bis XXVII.
2. **Die Entscheidungen des Staatsgerichtshofs für das Deutsche Reich** sind an drei Stellen zusammengestellt:
   a) soweit sie verfahrensrechtliche Grundsätze aufstellen: im alphabetischen Register unter „Staatsgerichtshof",
   b) soweit sie staatsrechtliche Grundsätze enthalten, unter „Verfassung" (Reichsverfassung usw.),
   c) ihrem Ergebnis nach im systematischen Register unter § 271 III.
3. **Plenarbeschlüsse** (nebst verfahrensrechtlichen Grundsätzen dafür) sind, wie jetzt üblich, im systematischen Register unter § 271 II abgedruckt.
4. **Verfassungsrechtliche Grundsätze** sind, wie bisher, im alphabetischen Register unter V (Verfassung) mitgeteilt, außerdem verstreut unter Schlagwörtern.

Inhalt.

I. Systematisches Register.

Erster Teil. Zivilrecht.

Erster Abschnitt. Allgemeine Lehren.

Erstes Kapitel. Rechtsquellen.

Fünftes Kapitel. Handlungen.

Sechstes Kapitel. Zeitverhältnisse. Aufgebot und Ausschluß von Rechten.

Zweiter Abschnitt. Sachenrecht.

Erstes Kapitel. Allgemeiner Teil.

Zweites Kapitel. Das Eigentum.

Drittes Kapitel. Dingliche Rechte an fremden Sachen.

Seite

Viertes Kapitel. Pfandrecht.

Fünftes Kapitel. Sonstige dingliche Rechtsverhältnisse.

Dritter Abschnitt. Recht der Schuldverhältnisse.

Erstes Kapitel. Allgemeiner Teil.

1. Subjekte der Schuldverhältnisse.

2. Gegenstand und Inhalt der Schuldverhältnisse.

3. Schuldverhältnisse aus Verträgen.

4. Übertragung der Schuldverhältnisse.

Vierter Abschnitt. Familienrecht.

Erstes Kapitel. Ehe.

Zweites Kapitel. Verwandtschaft.

Drittes Kapitel. Vormundschaft und Pflegschaft.

Fünfter Abschnitt. Erbrecht.

Sechster Abschnitt. Handelsrecht.

Erstes Kapitel. Der Handelsstand.

Siebenter Abschnitt. Wechselrecht.

Zweiter Teil. Zivilprozeß.

Erstes Kapitel. Allgemeine Grundsätze.

Zweites Kapitel. Die Zivilprozeßordnung.

1. Die Gerichte.

2. Die Parteien.

3. Allgemeine Grundsätze des Verfahrens.

4. Verfahren in erster Instanz vor den Landgerichten und Verfahren vor den Amtsgerichten.

5. Rechtsmittel.

6. Wiederaufnahme des Verfahrens.

7. Besondere Prozeßarten.

Dritter Teil. Konkursordnung.

Vierter Teil. Freiwillige Gerichtsbarkeit.

Fünfter Teil. Staats- und Verwaltungsrecht.

Sechster Teil. Kirchenrecht.

Siebenter Teil. Völkerrecht.

Achter Teil. Kolonialrecht. Schutzgebiete.

Neunter Teil (Anhang). Krieg und Kriegsgesetze. Versailler Vertrag.

1. Einwirkung des Krieges auf die Rechtsverhältnisse. Kriegsklausel. Versicherung gegen Kriegsgefahr.

2. Reichsgesetz v. 13. Juni 1873 über die Kriegsleistungen.

3. Kriegsgesetze und Kriegsverordnungen. Zwangswirtschaft.

Zehnter Teil (Anhang). Aufwertung nach den Aufwertungsgesetzen und nach dem Anleiheablösungsgesetz.

Elfter Teil (Anhang).

III. Quellenregister.

Erster Teil. Reichsrecht.

Erster Abschnitt.

Zweiter Abschnitt.

Zweiter Teil. Gemeines Recht.

Dritter Teil. Preußisches Allgemeines Landrecht. Allgemeine Gerichtsordnung.

Vierter Teil. Rheinisches Recht.

Fünfter Teil. Landesgesetze.

Sechster Teil. Ausländisches Recht.

IV. Zusammenstellung der Entscheidungen nach der Zeitfolge.

Erläuterung der Abkürzungen.

Die fetten Ziffern bedeuten den Band, die gewöhnlichen, bei denen nicht das Zeichen § steht, die Seite (ausgenommen nur in der Zusammenstellung V, s. dort).

Ferner bedeuten:

ADHGB. = Allgemeines Deutsches Handelsgesetzbuch von 1861 (a. F.).

aF. = alte Fassung.

ALR. = Preuß. Allgemeines Landrecht (1794).

AnfechtG. = Anfechtungsgesetz vom 21. Juli 1879/17. Mai 1898.

ASVB. = Allgemeine Seeversicherungsbedingungen auf Grund des ADHGB. (alte 1867). — Neue (1919) = ADS.

AusfGz. = Ausführungsgesetz zu (zum, zur . . .).

BeamtHaftG. = Gesetz über die Haftung des Reichs (des Staates usw.) für seine Beamten (Reich: 22. Mai 1910; Preußen: 1. August 1909).

BinnSchG. = Binnenschiffahrtsgesetz vom 15. Juni 1895/20. Mai 1898.

BörsG. = Börsengesetz vom 27. Mai 1908.

BRVo. = Bundesratsverordnung.

EinfGz. = Einführungsgesetz zu (zum, (zur . . .).

Einlz. = Einleitung zum . . .

EnteigG., EntG. = Enteignungsgesetz (Preußen: v. 11. Juni 1874).

ErbschStG. = Erbschaftssteuergesetz (Reichsges., jetzt v. 22. Aug. 1925).

EVO. = Eisenbahnverkehrsordnung (ältere v. 23. Dez. 1908, neue v. 16. Mai 1928).

FGG. = Reichsgesetz über die freiwillige Gerichtsbarkeit (17./20. Mai 1898).

G., Ges. = Gesetz.

GBO. = Reichsgrundbuchordnung (24. März 1897/20. Mai 1898).

GebrMustG. = Gesetz, betr. den Schutz von Gebrauchsmustern v. 1. Juni 1891.

GemR. = Gemeines Recht.

GenG. = Genossenschaftsgesetz (1. Mai 1889/20. Mai 1898).

GewO. = Gewerbeordnung (1869 usw.).

GewUnfVersG. = Gewerbeunfallversicherungs-Gesetz (5. Juli 1900 usw.).

GKG. = Gerichtskostengesetz (Reichsges. jetzt v. 5. Juli 1927; Preuß. v. 28. Okt. 1922).

GmbHG. = Gesetz, betr. die Gesellschaften mit beschränkter Haftung v. 20. April 1892/20. Mai 1898.

GVG. = Gerichtsverfassungsgesetz (27. Jan. 1877/22. März 1924).

HGB. = Handelsgesetzbuch v. 10. Mai 1897.

HRR. = Höchstrichterliche Rechtsprechung, Beilage der JR. (Juristische Rundschau)

IntFrachtÜb. oder JÜ. = Internationales Übereinkommen über den Eisenbahnfrachtverkehr (23. Oktober 1924).

KBG. = Preuß. Gesetz, betr. die Anstellung und Versorgung der Kommunalbeamten v. 30. Juli 1899.

KLG. = Reichsges. über die Kriegsleistungen v. 13. Juni 1873.

KO. = Konkursordnung (10. Febr. 1877/20. Mai 1898).

KraftfG. = Gesetz über den Verkehr mit Kraftfahrzeugen v. 3. Mai 1909.

KrankVersG. = Krankenversicherungsgesetz (Gesetze vor der Reichsversicherungsordnung v. 1911).

LGO. = Landgemeindeordnung (Preuß. östl. v. 3. Juli 1891).

LitUrhG. = Ges., betr. das Urheberrecht an Werken der Literatur u. der Tonkunst v. 19. Juni 1901/22. Mai 1910.

MannschVersG. = Mannschaftsversorgungs-Gesetz v. 31. Mai 1906.

MilHinterblG. = Militärhinterbliebenen-Gesetz v. 17. Mai 1907.

MilPensG. = Militärpensionsgesetz.

nF. = neue Fassung.

O. = Ordnung.

OffPensG. = Offizierpensionsgesetz (31. Mai 1906).

PatG. = Patentgesetz (7. April 1891/7. Dez. 1923).

PreisstVo. = Bekanntmachung gegen übermäßige Preissteigerung.

PreistrVo. = Verordnung gegen Preistreiberei.
R. = Reich (Reichs . . .).
RBeamtG. = Reichsbeamtengesetz (31. März 1873/18. Mai 1907).
RBesBl. = Reichsbesoldungsblatt.
RMilG. = Reichsmilitärgesetz v. 2. Mai 1874.
RVerf. = Verfassung des Deutschen Reichs (16. April 1871; 11. Aug. 1919).
RVO. = Reichsversicherungsordnung v. 19. Juli 1911.
StGB. = Strafgesetzbuch (15. Mai 1871/26. Febr. 1876).
StPO. = Strafprozeßordnung (1. Febr. 1877/22. März 1924).
TelWG. = Telegraphenwegegesetz v. 18. Dez. 1899.
UnfFürsG. = Unfallfürsorgegesetz für Beamte usw. (18. Juni 1901).
UnfVersG. = Unfallversicherungsgesetz (Ges. vor der ReichsversichO. v. 1911).
UnlWG. = Gesetz zur Bekämpfung des unlauteren Wettbewerbs v. 7. Juni 1909.
VAG. = Gesetz über die privaten Versicherungsunternehmungen (Versicherungsaufsichtsgesetz) v. 12. Mai 1901.
VerlG. = Gesetz über das Verlagsrecht v. 19. Juni 1901.
Vo. = Verordnung.
VVG. = Gesetz über den Versicherungsvertrag v. 30. Mai 1908.
WO. = Wechselordnung (1848, nF. v. 3. Juni 1908).
ZPO. = Zivilprozeßordnung (30. Jan. 1877/13. Mai 1924).
ZustG. = Preuß. Gesetz über die Zuständigkeit der Verwaltungsbehörden v. 1. August 1883.
ZVG. = Zwangsversteigerungsgesetz (24. März 1897/20. Mai 1898).

Die Nummernfolge der Paragraphen im systematischen Register ist die gleiche wie im Generalregister zu Band 121—130.

I

Systematisches Register

Alphabetische Übersicht.

(Die Verweisungen beziehen sich auf die Paragraphen des nachfolgenden Registers.)

A

E

F

G

H

J

K

L

M

N

O

P

Q

R

U

V

(Die Verweisungen beziehen sich auf die Bände und Seiten der Entscheidungen.)

Erster Teil.

Zivilrecht.

Erster Abschnitt. Allgemeine Lehren.

Erstes Kapitel. Rechtsquellen.

§ 1. Verhältnis der verschiedenen Rechtsquellen desselben Rechtsgebiets zueinander.

I. Reichsrecht und Landesrecht. Verhältnis des BGB. zu den Landesgesetzen.

1) Der Hypothekengläubiger muß die landesgesetzlichen Vorschriften gegen sich gelten lassen, die zur Sicherung der Verwendung der bei der Feuerversicherung zu leistenden Entschädigungssumme erlassen worden sind. **131,** 149. — 2) Das Recht der rheinischen Kirchengemeinden zur Leichenbeförderung ist durch die Gewerbeordnung nicht aufgehoben worden. **132,** 367. — 3) Art. 57 und 59 EG. z. BGB. ermächtigen die Landesgesetzgebung auch zu Vorschriften über den Abbau und die Aufhebung des Sonderrechts der landesherrlichen Familien und der Fideikommisse. **136,** 211. — 4) § 37 des Reichsbahngesetzes in der Fassung vom 13. März 1930, Art. 90 RVerf. einerseits, §§ 40—54, 99 des badischen Wassergesetzes vom 12. April 1913, §§ 142, 143 der badischen Landesbauordnung vom 1. September 1907 anderseits. Die dem Reich zustehende Eisenbahnhoheit läßt den Landespolizeibehörden bei der Planfeststellung nur das Recht, gutachtlich gehört zu werden. Die Landespolizeibehörden haben aber keinen bestimmenden Einfluß auf die Planfeststellung. Indessen gibt die Planfeststellung dem Reich nicht die Befugnis, in Privateigentum, das etwa an Gewässern besteht, einzugreifen, ohne sich mit dem Eigentümer, sei es gütlich, sei es im Wege der Enteignung auseinandergesetzt zu haben. Daher Unvereinbarkeit der §§ 40—54, 99 des badischen Wassergesetzes mit den reichsrechtlichen Vorschriften. Nur bedingte Vereinbarkeit der §§ 142, 143 der bad. Landesbauordnung mit § 37 ReichsbahnG. **139,** 136.

II. Allgemeines Landesrecht. Provinzialrecht. Ortsrecht.

— — — — — — — — — —

§ 2. Verhältnis des BGB. zu anderen Reichsgesetzen.

— — — — — — — — — —

§ 3. Recht der Konsularbezirke.

— — — — — — — — — —

§ 4. Gesetze. Verordnungen (Polizeiverordnungen). Ortsstatuten. Ausführungsbestimmungen. Verwaltungsvorschriften. Prüfung der Gültigkeit.

1) Art. 115 Satz 3 DurchfVo. vom 29. November 1925 zum Aufwertungsgesetz (RGBl. I S. 392) verstößt nicht gegen Art. 105 RVerf. **131,** 359. — 2) Die §§ 29 und 30 der mecklenburg-schwerinschen Vo. über die Enteignung von Grundeigentum in den Landstädten und deren Gebiet vom 21. Juli 1886 sind mit Art. 153 Abs. 2 RVerf. nicht vereinbar. **132,** 69. — 3) Gültigkeit des § 5 Abs. 4 der Vo. über das Belassen von Befestigungsanlagen vom 13. Februar 1924 (Ausschluß des Rechtswegs) — RGBl. I S. 90 — **132,** 238 (245). — 4) Ziffer 7 Abs. 2 der Ausführungsbestimmungen zum preußischen Beamtendiensteinkommensgesetz vom 1. April 1924 (preußische Besoldungsvorschriften vom 15. Juli 1925) hält sich im Rahmen der dem Finanzminister im § 30 des genannten Gesetzes erteilten Ermächtigung. **132,** 273. — 5) § 33 des oldenburgischen Beamtendiensteinkommensgesetzes vom 11. August 1920 und Art. 129 Abs. 1 Satz 3 RVerf. **134,** 1. — 6) § 3 der 2. NotVo. des Reichspräs. vom 5. Juni 1931 Sechster Teil Kap. III (RGBl. I S. 309) ist rechtsgültig, auch soweit er zurückwirkt. **135,** 261.

§ 5. Auslegung der Gesetze.

(Auslegung der Prozeßgesetze — ZPO., GVG., GKG., KO. mit VerglO., ZVG., GrundbO., FGG., GebO. f. RA., StPO. — § 271.)

I. Im allgemeinen. Motive. Einzelne Gesetze.

a) Allgemeines.

1) Über Berücksichtigung der Gesetzesmaterialien. **132,** 191; **133,** 44, 386. — 2) Auslegung des Preuß. Stempelsteuergesetzes vom 27. Oktober 1924 mit Rücksicht auf seine Entstehungsgeschichte durch Heranziehen von Rechtsbegriffen des Preußischen Allgemeinen Landrechts und des Allgemeinen Deutschen Handelsgesetzbuchs. **132,** 277. — 3) Zur Bedeutung des wechselnden Sprachgebrauchs für die Auslegung einer gesetzlichen Vorschrift. **132,** 404. — 4) Unbeachtlichkeit von Absichten und Vorstellungen des „Gesetzgebers", die im Gesetz selbst keinen irgendwie erkennbaren Ausdruck gefunden haben. **133,** 23; **134,** 20, s. jedoch **133,** 44. — 5) Verwertung der Entstehungsgeschichte für die Auslegung des Gesetzes: **131,** 40 (AufwG.

§ 50); **131,** 117 (Reichsheimstättengesetz vom 10. Mai 1920 §§ 11, 20); **131,** 313 (Reichsbeamtengesetz § 46 Abs. 1 Nr. 1); **132,** 90 (Reichsbesoldungsgesetz vom 16. Dezember 1927 § 10, Preußisches Besoldungsgesetz vom 17. Dezember 1927 § 7); **132,** 96 (EG. z. ZPO. § 7); **132,** 126 (Preußisches Besoldungsgesetz vom 17. Dezember 1927 § 43); **132,** 214 (Reichs- und Staatsangehörigkeitsgesetz vom 22. Juli 1913 §§ 17, 25); **132,** 264; **133,** 274 (Kraftfahrzeuggesetz § 7); **132,** 358 (Familienfideikommiß); **133,** 71 (Volksschullehrer-Diensteinkommengesetz vom 17. Dezember 1920/1. April 1923 § 16); **133,** 140 (Rechtsanwaltsordnung § 34); **133,** 180 (Kraftfahrzeuggesetz §§ 12,13); **133,** 213 (Ges. betr. d. Entschädigung für unschuldig erlittene Untersuchungshaft § 1); **133,** 247 (Preuß. Ausführungsverordnung vom 17. April 1924 zur ReichsVo. über die Fürsorgepflicht vom 13. Februar 1924, § 14); **133,** 322 (HGB. § 25); **134,** 1 (8 u. 11) (RVerf. Art. 129 Abs. 1 Satz 3); **134,** 104 (Mieterschutzgesetz § 49a); **134,** 112 (RVerf. Art. 129); **134,** 180 (Preußisches Staatshaftungsgesetz § 1, Abs. 3); **134,** 253 (Preuß. Fluchtliniengesetz § 13 Abs. 1 Nr. 3); **134,** 273 (BGB. § 477); **134,** 276 (FGG. § 179); **134,** 332 (Volksschullehrer-Altruhegehaltsgesetz § 5); **134,** 362 (RVerf. Art. 143 Abs. 3); **134,** Anh. 6 (Ges. über d. relig. Kindererziehung); **134,** Anh. 9 (RVerf. Art. 149); **135,** 1 (Preuß. DisziplinG. v. 21. Juli 1852 § 51); **135,** 10 (ReichsbeamtenG. § 128); **135,** 32 (KO. § 61 Nr. 2); **135,** 80 (BGB. § 868); **135,** 114 (ZPO. § 114); **135,** 129 (ZPO. §§ 587 flg.); **135,** 164 (StPO. § 128); **135,** 177 (RGes. v. 20. Dez. 1928, RGBl. I S. 411, Art. I § 1); **135,** 228 (GKG. § 74); **135,** 231 (BGB. § 2332 Abs. 1); **135,** 246 (GewO. § 33); **135,** 258 (Seemannsordnung § 59); **135,** 300 (RVO. § 907); **135,** 306 (KO. § 61); **135,** 326 (AufwG. § 79); **135,** Anh. 1 (PreußVerf. Art. 17; RVerf. Art. 24); **136,** 27 (TelegrWegeG. § 3); **136,** 195 (BGB. § 211); **136,** 196 (BGB. § 202); **136,** 330 (Pr. StStG. TSt. 7); **136,** 349 (RVo. § 899); **136,** 431 (BGB. §§ 194, 197, 198, 224); **137,** Anh. 14 (Hess. Verf. Art. 38); **137,** Anh. 55 (preuß. Polizeiverwaltungsgesetz vom 1. Juni 1931 §§ 33, 55, 56); **137,** 210 (BGB. §§ 987 flg. im Verhältnis zu §§ 812 flg.); **137,** 281 (ZPO. § 36); **137,** 299 (BGB. § 496); **138,** 171 (RVo. § 1492); **138,** 229 (GewO. §§ 41a, 105b); **138,** 237 (SteuermilderungsG. vom 31. März 1926 — RGBl. I S. 185 — § 9 Nr. 3); **138,** 299 (BGB. § 986); **138,** 300 (BGB. § 194); **138,** 311 (BGB. § 839 Abs. 3); **138,** 364 (BGB. §§ 549, 596); **139,** 50 (KO. § 193); **139,** 76 (preuß. EnteignG. § 12 Abs. 2); **139,** 245 (Preuß. BergG. § 155); **139,** 299 (GBO. § 12); **139,** 393 (BGB. § 1968); **140,** 87 (TelegraphenwegeG. v. 18. Dezember 1899 § 6 Abs. 3); **140,** 135 (BörsG. § 59); **140,** 413 (Gesetzesmaterialien zum Preuß. Altersgrenzengesetz vom 15. Dezember 1920, zum Nachweis des Satzes, daß die Herabsetzung der Altersgrenze keine Ersparnis, sondern sogar Mehrausgaben mit sich bringt). — 6) Auslegung eines Gesetzes (preuß. Eisenbahngesetz vom 3. November 1838) nach den Rechtsanschauungen zur Zeit seines Erlasses. **133,** 348. — 7) Auslegung eines Gesetzes nach den Materialien eines späteren Gesetzes. **133,** 348. — 8) Auch für die Auslegung von Gesetzen gelten die Grundsätze des § 133 BGB. über die Auslegung von Willenserklärungen. **133,** 386; **138,** 224; **139,** 112. — 9) Die Entstehungsgeschichte eines Gesetzes ist für dessen Auslegung stets nur mit großer Vorsicht zu verwerten; aus einer Arbeit aber, die im Schoße des Ministeriums geblieben ist, kann regelmäßig überhaupt nichts gefolgert werden. **137,** Anh. S. 15.

b) Einzelne Gesetze. Erste Gruppe.

1. Zur Auslegung des BGB.

1a. Zur Auslegung des Einführungsgesetzes zum BGB.

2. Zur Auslegung des Handelsgesetzbuchs.

3. Zur Auslegung der Wechselordnung.

4. Zur Auslegung der Rechtsanwaltsordnung.

5. Zur Auslegung der Gewerbeordnung.

6. Zur Auslegung der Reichsverfassung.

7. Zur Auslegung der Gesetze des gewerblichen Rechtsschutzes und des lit. Urheberrechtsgesetzes.

a) **Patentgesetz.**

b) **Gebrauchsmustergesetz.**

c) **Gesetz, betreffend den Schutz von Erfindungen, Mustern und Warenzeichen auf Ausstellungen. Vom 18. März 1904** (RGBl. S. 141).

d) **Warenzeichengesetz.**

e) **Geschmacksmustergesetz.**

f) **Kunstschutzgesetz.**

g) **Wettbewerbsgesetz.**

h) **Gesetz, betr. das Urheberrecht an Werken der Literatur und der Tonkunst.**

8. Zur Auslegung der Aufwertungsgesetze.

a) **Aufwertungsgesetz vom 16. Juli 1925** (RGBl. I S. 117).

c) Einzelne Gesetze. Zweite Gruppe.

1. Untergruppe. Zur Auslegung einzelner **Reichsgesetze** nach der Zeitfolge geordnet.

2. Untergruppe. Zur Auslegung einzelner **Landesgesetze.**

A. Preußisches Allgemeines Landrecht.

B. Code civil.

C. Auslegung einzelner Landesgesetze, die Länder nach der Buchstabenfolge, die Gesetze innerhalb der Länder nach der Zeitfolge geordnet.

Baden.

Bayern.

Braunschweig.

Mecklenburg-Strelitz.

Oldenburg.

Preußen.

II. Analogie.

1) Entsprechende Anwendung des § 1176 BGB. auf die nach § 268 Abs. 3 Satz 2 in Verbindung mit § 1150 BGB. eintretende Rangänderung (dinglich, nicht bloß persönlich). **131,** 326. — 2) Entsprechende Anwendung des § 2285 BGB. auf das gemeinschaftliche wechselbezügliche Testament. **132,** 4. — 3) Keine entsprechende Anwendbarkeit des § 139 BGB. auf Eintragungen im Genossenschaftsregister, die Richtiges und Unrichtiges,

wirklich gefaßte und nicht oder nicht so gefaßte Beschlüsse gleichzeitig wiedergeben. **132,** 22. — 4) Keine entsprechende Anwendbarkeit des § 278 BGB. auf die nachbarrechtliche Verpflichtung aus § 909 BGB. **132,** 51. — 5) Die Vorschrift im § 2040 Abs. 2 BGB. ist nicht beschränkt auf das Gebiet der Aufrechnung, sondern gilt entsprechend für das Zurückbehaltungsrecht. **132,** 84. — 6) Die Rechtsgedanken der §§ 133, 157 BGB. gelten auch im Gebiete des öffentlichen Beamtenrechts. **132,** 126. — 7) Entsprechende Anwendbarkeit des § 894 BGB. auf den Fall des relativen Veräußerungsverbots. Der dadurch Geschützte hat, wenn es sich um ein Grundstück handelt und dieses dem Verbote zuwider veräußert wird, nach dem System des Bürgerlichen Gesetzbuchs keinen Anspruch auf Rückauflassung, sondern entsprechend § 894 BGB. einen Anspruch auf Berichtigung des Grundbuchs. **132,** 148, 149. — 8) Entsprechende Anwendbarkeit des Art. 13 EG. z. BGB. auf den Fall, daß beide Ehegatten Ausländer sind und in einem anderen fremden Staat geheiratet haben. **132,** 416. — 9) Zur Frage der rechtsähnlichen Anwendung von § 774 HGB. auf die beschränkt-persönliche Haftung des Reeders, der sein mit Schiffsgläubigerrechten belastetes Schiff freiwillig an einen Ausländer verkauft hat (nur in besonderen Ausnahmefällen zulässig). **133,** 167. — 10) Rechtsähnliche Anwendung der §§ 394, 400 BGB. (in Verbindung mit § 139 BGB.) auf den Fall, daß ein Beamter seiner Dienststelle eine unwiderrufliche Anweisung gegeben hat, seine Bezüge auf eine Beamtenbank (zur Tilgung seiner Schulden bei dieser) zu überweisen: die Anweisung ist widerruflich, wenn es sich um unpfändbare Bezüge handelt. **133,** 256, 257. — 11) Die Stellung des Bucheigentümers gegenüber der Grundbuchberichtigungsklage ist der Stellung des Besitzers gegenüber dem Herausgabeanspruch des Eigentümers so wesensverwandt, daß auf ihn nicht nur die §§ 989, 990 BGB., sondern auch die §§ 987, 993 BGB. und § 995 in Verbindung mit § 994 Abs. 2 BGB. entsprechend anwendbar sind. **133,** 286, 287. — 12) Die Rechtslage dessen, dem zwei Grundstücke als verkauft übergeben worden sind, während nur das eine Gegenstand eines formgültigen Kaufvertrags gewesen und auf den Käufer umgeschrieben worden ist, ist rechtsähnlich dem Falle des Überbaues nach § 915 BGB., wenn der Käufer daraufhin beide Grundstücke mit einem zusammenhängenden Fabrikgebäude bebaut hat. **133,** 293. — 13) Die Vorschrift in Art. 104 Abs. 2 RVerf. gilt sinngemäß auch für Art. 129 Abs. 2 das.; also bleiben sowohl § 44 des preuß. RichterDisziplG. wie § 48 des preuß. DisziplG. in Kraft. **134,** 114. — 14) Entsprechende Anwendbarkeit des § 1119 BGB. auf den Fall des Rangvorbehalts für eine vereinbarungsgemäß verzinsliche Hypothek, wenn bei dem Vorbehalt der Zinssatz nicht vermerkt war. **135,** 193. — 15) Entsprechende Anwendbarkeit von § 166 Abs. 1 BGB. auf den Fall der auftraglosen Geschäftsführung; so auch in dem Falle, wenn die uneheliche Mutter, für das Kind handelnd, mit dem unehelichen Vater einen Vertrag abschließt. **135,** 223. — 16) Entsprechende Anwendbarkeit von § 1178 Abs. 1 Satz 1 BGB. auf die Fälle, daß Strafzinsen oder Vorfälligkeitsentschädigung nicht erwachsen. **136,** 79. — 17) Entsprechende Anwendung der Stimmenthaltungsvorschriften bei Interessenkollision (§ 34 BGB., § 252 Abs. 3 HGB., § 47 Abs. 4 GmbHG., § 43 Abs. 3 GenG.)

auf die bürgerlich-rechtliche Gesellschaft. **136,** 236 (245). — 18) Entsprechende Anwendung des § 392 BGB. auf einen Fall der Zwangsversteigerung (§ 118 ZVG.). **136,** 326. — 19) Die Gesetzesanalogie beruht darauf, daß wesensgleiche Tatbestände nach demselben Rechtssatz zu beurteilen sind, auch wenn die Gesetzesfassung nur den einen wesensgleichen Tatbestand trifft. **137,** 13. — 20) Entsprechende Anwendung des § 773 Abs. 1 Nr. 2 BGB. auf die Bürgschaft des Reichs für die Schutzgebietsanleihe, nachdem der sich das Schutzgebiet aneignende Staat dadurch Hauptschuldner geworden ist. **137,** 12, 13. — 21) Entsprechende Anwendung des § 255 ZPO. in Verb. mit § 259 das. auf den Fall des § 1003 Abs. 2 BGB. **137,** 101. — 22) Entsprechende Anwendung des § 254 BGB. im Falle des § 1004 BGB. **138,** 330. — 23) Entsprechende Anwendung der Grundsätze über Gewähr für Sachmängel auf den Kauf eines Geschäfts. **138,** 354. — 24) Herleitung der vorbeugenden Unterlassungsklage aus entsprechender Anwendung des § 1004 BGB. **140,** 402.

§ 6. Gewohnheitsrecht. Observanz. Autonomie.

1) Über die Bildung von Gewohnheitsrecht. **135,** 345; **139,** 165.

§ 7. Zeitliche Grenzen der Wirksamkeit der Gesetze.

I. Zeitliche Wirksamkeit des seit dem 1. Januar 1900 geltenden Rechts. Übergangsvorschriften des EG. z. BGB.

1. Allgemeine Grundsätze.

— — — — — — — — — — — —

2. Allgemeiner Teil des BGB.

1) Über Verjährung sogenannter Gesamtansprüche, die vor Inkrafttreten des BGB. begründet worden sind und damals noch nicht verjährt waren (hier: ein Vertrag von 1796, wonach der Verkäufer eines Waldes dem Käufer als Entgelt für gewisse Verpflichtungen versprach, die jährliche Grundsteuer jeweils zu erstatten. Das Recht war seit 1880 nicht mehr geltend gemacht). **136,** 427.

3. Schuldverhältnisse. Allgemeiner Teil.

— — — — — — — — — — — —

4. Schuldverhältnisse. Besonderer Teil.

— — — — — — — — — — — —

5. Sachenrecht.

1) Über eine auf Vertrag beruhende, gemäß §§ 17, 19 Preuß. ALR. I, 4 mit dinglicher Wirkung ausgestattete Verfügungsbeschränkung des jeweiligen Grundstückseigentümers, die weder durch die preußische Grundbuchgesetzgebung vom 5. Mai 1872, noch durch das BGB. berührt worden ist. **132,** 145 (147, 148).

6. Familienrecht.

— — — — — — — — — — — —

7. Erbrecht.

— — — — — — — — — — — —

II. Zeitliche Wirksamkeit der Gesetze im übrigen.

1) Der Ausschluß des Rechtswegs für Ansprüche auf Grund des Kriegsleistungsgesetzes und der Vo. vom 13. Februar 1924 (RGBl. I S. 90) gilt nicht für die Entschädigungsansprüche, die in der Zwischenzeit zwischen Beendigung der Anwendbarkeit des KLG. und dem Geltungsbeginn der Vo. entstanden sind. **132,** 246. — 2) Die Vorschrift der Dritten Verordnung des Reichspräsidenten zur Sicherung von Wirtschaft und Finanzen vom 6. Oktober 1931 über die Berufungssumme (Sechster Teil Kap. I § 10) findet keine Anwendung auf Verfahren, die vor ihrem Inkrafttreten in erster Instanz anhängig geworden sind. **135,** 121. — 3) Die MietkündigungsVo. vom 23. Dezember 1931 (RGBl. I S. 796) findet auch Anwendung auf Kündigungen, die vor ihrem Erlaß auf Grund der Vierten Notverordnung des Reichspräsidenten zur Sicherung von Wirtschaft und Finanzen usw. vom 8. Dezember 1931 erfolgt sind; eine Kündigung, die vorher an sich wirksam gewesen wäre, kann daher nachträglich durch die MietkündigungsVo. ihre Wirksamkeit verlieren. **136,** 433. — 4) Bei gesetzlichen Neuregelungen, die sich rückwirkende Kraft beilegen, kann im allgemeinen nicht vermutet werden, daß sie Rechte vernichten wollen, die in der Rückwirkungszeit erworben worden sind. **137,** 82. — 5) Die im dritten Gesetz über Änderungen in der Unfallversicherung vom 20. Dezember 1928 (RGBl. I S. 405) bestimmte Rückwirkung des § 539b RVO. hat nicht die Bedeutung, daß Schadensersatzansprüche, die in der Rückwirkungszeit erworben worden sind, beseitigt werden. **137,** 81.

§ 8. Örtliche Grenzen der Wirksamkeit der Gesetze. Internationales Privatrecht.

I. Allgemeine Grundsätze.

1) Wenn zwei deutsche Reichsangehörige ein Schuldverhältnis in deutscher Mark in deutschem oder unter deutscher Hoheit stehendem Gebiet und unter der Herrschaft deutschen Rechts begründen, so ist in Ermangelung gegenteiliger Anhaltspunkte nur zu mutmaßen, daß sie sich für die Abwicklung ihres Schuldverhältnisses dem am Erfüllungsort geltenden deutschen Recht und niemals einer ausländischen Rechtsordnung unterwerfen wollten. **131,** 48. — 2) Ist die rechtliche Folgerung aus Fehlern der im Ortsrecht vorgeschriebenen Form (Art. 11 Abs. 1 Satz 2 EG. z. BGB.) nach den Normen dieses Ortsrechts oder nach dem Wirkungsstatut oder nach demjenigen dieser Rechte zu ziehen, das den Geschäftsbestand eher wahrt? Beantwortet zugunsten des Ortsrechts, falls Übertragung der Rechtsfolge in das Deutsche Recht möglich. **133,** 161 (165). — 3) Waren alle Beteiligten zur Zeit der Entstehung des Schuldverhältnisses Deutsche und hatten sie ihren Wohnsitz in Deutschland, lag auch und liegt noch das beteiligte Grundstück im Gebiet des Deutschen Reichs, so ist (vorbehaltlich der Regelung durch das deutsch-polnische Aufwertungsabkommen vom 5. Juli 1928) deutsches Recht anzuwenden. **133,** 184. — 4) Nach welchem Recht ist die Vertretungsmacht eines ausländischen Agenten zu beurteilen? **134,** 67. — 5) Nach deutschem zwischenstaatlichen Privatrecht hat das deutsche Gericht bei der ersten Einordnung rechtlicher Tatbestände deutsches Recht anzuwenden;

also z. B., wenn es auf das Recht des Erfüllungsorts ankommt, ist nach deutschem Recht zu bestimmen, welcher Ort als Erfüllungsort zu gelten hat. **138,** 243. — 6) Ist ein Vertragsverhältnis unter der Herrschaft eines bestimmten Rechts einmal entstanden, so bleibt dieses Recht maßgebend, wofern nicht der gemeinsame Wille beider Parteien dahin geht, sich dem am Erfüllungsort neu eingeführten Recht zu unterwerfen (angewandt auf die Aufwertung Danziger Hypotheken). **139,** 81.

II. Im allgemeinen Teil des BGB.

— — — — — — — — — — — —

III. Im Recht der Schuldverhältnisse, im Urheber- und Erfinderrecht.

1) Auf die Tilgung einer im Jahre 1911 in Deutsch-Südwestafrika zwischen Deutschen begründeten Darlehnsschuld ist nicht die Währungsproklamation des englischen Administrators vom 15. Dezember 1920, sondern das Deutsche Aufwertungsrecht anzuwenden. **131,** 41.

IV. Im Sachenrecht.

— — — — — — — — — — — —

V. Im Familienrecht.

1) Nach welchem Recht hat der deutsche Richter eine Ehenichtigkeitsklage zwischen Ausländern zu beurteilen, wenn diese in einem fremden, nichtdeutschen Staate geheiratet und nach der Eheschließung eine andere Staatsangehörigkeit erworben haben? **132,** 416. — 2) Welche Eheschließungsform ist für eine von Ausländern verschiedenen Heimatsrechts im Ausland eingegangene Ehe zu erfordern? Verhältnis von Art. 11 Abs. 1 Satz 2 zu Art. 13 Abs. 1 Satz 1 EG. z. BGB.: Art. 11 stellt in Abs. 1 Satz 2 eine ganz selbständige, für alle Rechtsgeschäfte geltende Regel auf, in deren Bereich Art. 13 Abs. 1 und somit auch das Auslandsrecht nicht eingreift. **133,** 161. — 3) Ist die rechtliche Folgerung aus Fehlern der im Ortsrecht vorgeschriebenen Form nach den Normen dieses Ortsrechts oder nach dem Wirkungsstatut oder nach demjenigen dieser Rechte zu ziehen, das den Geschäftsbestand eher wahrt? Beantwortet zugunsten des Ortsrechts, falls Übertragung der Rechtsfolge in das Deutsche Recht möglich. **133,** 161 (165). — 4) Die gesetzlichen Vorschriften über die „Eingehung der Ehe" im Sinne von Art. 13 EG. z. BGB. umfassen auch die Nichtigkeits- und Anfechtungsgründe. **136,** 142. — 5) Wenn ein Ehegatte, der eine andere Staatsangehörigkeit besitzt oder bis zur Eheschließung besaß als der andere Teil (z. B. eine Ausländerin, die einen Deutschen geheiratet hat), vor dem deutschen Richter die Nichtigkeit der Ehe geltend macht, so ist er nicht darauf beschränkt, nur solche Nichtigkeitsgründe vorzubringen, die auch sein Heimatrecht als Nichtigkeitsgründe anerkennt. **136,** 142. — 6) Eine Ehescheidung, die in Sowjetrußland in der Weise vollzogen wird, daß die Ehegatten im beiderseitigen Einverständnis dem Standesbeamten die Scheidung anzeigen und dieser sie in die Standesamtsakten einträgt (sowjetrussisches Recht bis 1. Januar

1927), ist nicht als Ehescheidung im Sinne des deutschen Rechts anzuerkennen. **136,** 142. — 7) Für die Scheidung der Ehen von Angehörigen der Vereinigten Staaten von Nordamerika sind die deutschen Gerichte zuständig. **136,** 361. — 8) Die Rückverweisung des ausländischen Rechts auf die deutschen Gesetze ist nach Art. 27 EG. z. BGB. als Sachnormrückverweisung, nicht als Rückverweisung auch auf die Vorschriften des deutschen internationalen Privatrechts aufzufassen. Daher ist, wenn nach dem Rechte eines ausländischen Staates für die Scheidung von Ehen seiner Staatsangehörigen die lex domicilii maßgebend ist, das materielle deutsche Scheidungsrecht ausschließlich anzuwenden. **136,** 361. — 9) Der in den Vereinigten Staaten von Nordamerika nach dem dort geltenden Recht formlos abgeschlossenen Ehe (sog. common law-Ehe) kann die Anerkennung im Gebiet des Deutschen Reichs nicht deshalb versagt werden, weil die Anerkennung einer solchen Ehe gegen den Zweck eines deutschen Gesetzes verstoße. Unterstellt wird dabei, daß die common law-Ehe nach ihrem Inhalt und nach der Art ihrer Auflösung mit der deutschen Grundauffassung im Einklang steht. **138,** 214.

VI. Im Erbrecht.

— — — — — — — — — — —

VII. Im Handels- und Wechselrecht.

1) Die Vertretungsmacht eines ausländischen Agenten ist nach dem Recht des Ortes zu beurteilen, an dem der Verkehr des Agenten mit dem Dritten stattgefunden hat; dies auch dann, wenn es sich um ein Geschäft handelt, für das nach den Vertragsbedingungen die Regeln der New Yorker Börse gelten sollten und wenn der Preis in ausländischer Währung vereinbart worden ist. **134,** 67. — 2) Sind zwei Schiffe verschiedener Nationalität, von denen das beschädigte ein deutsches Schiff ist, auf hoher See zusammengestoßen und sind die Handlungen, die schuldhafterweise diesen Zusammenstoß herbeiführten, an Bord des anderen (englischen) Schiffes begangen, trat aber der schadenbringende Erfolg auf dem ersten (deutschen) Schiffe ein, so sind beide Schiffe als Begehungsort anzusehen, sodaß der Begehungsort sowohl auf deutschem wie englischem Rechtsgebiet liegt. In solchem Falle kann grundsätzlich die Rechtslage nach beiden Rechtsgebieten beurteilt werden. Es genügt also, daß der Schadensersatzanspruch sich nach einem dieser Normengebiete rechtfertigen läßt. **138,** 243. — 3) Anwendbarkeit Deutschen Rechts auf sittenwidrige Wettbewerbshandlungen, die von einer inländischen deutschen Firma gegenüber einer ebenfalls im Inland ansässigen deutschen Firma im Ausland begangen worden sind. **140,** 25.

VIII. Im Prozeß- und Konkursrecht.

— — — — — — — — — — —

§ 9. Gegensätze im Recht. Allgemeines und Sonderrecht. Zwingendes und nachgiebiges (dispositives) Recht. Öffentliches und Privatrecht.

(Anwendbarkeit allgemeiner Rechtsgedanken, die in privatrechtlichen Gesetzen ausgesprochen sind, auf öffentlich-rechtliche Verhältnisse s. Syst. Reg. § 376.)

1) In der Regel kann eine Behörde Hoheitsakte, die in ihr Ermessen gestellt sind, ohne besondere gesetzliche Ermächtigung nicht von Geldzahlungen

oder anderen Gegenleistungen abhängig machen. **132,** 174; **133,** 363; zu vgl. auch **134,** 25; **135,** 64, 375; **138,** 300. — 2) Inwieweit steht § 9 des preußischen Kommunalabgabengesetzes der Rechtswirksamkeit eines Vertrags entgegen, in dem sich ein Kommunalverband beim Erwerb eines Grundstücks als Wegegelände verpflichtet hat, den bisherigen Eigentümer von Anliegerbeiträgen für dieses Grundstück zu befreien? **132,** 225. — 3) Das Gesetz über die Entschädigung für unschuldig erlittene Untersuchungshaft ist ein Ausnahmegesetz insofern, als es eine Entschädigung aus Billigkeitserwägungen da gewährt, wo ein Schadensersatzanspruch mangels Verschuldens eines Beamten oder des Staates nicht gegeben ist. **133,** 214.

Zweites Kapitel. Allgemeine Grundsätze von den Rechten und ihrer Verfolgung.

§ 10. Rechte und Ansprüche im allgemeinen. Rechtsgüter. Wohlerworbene Rechte. Privilegien. Natürliche Verbindlichkeiten. Absolute Rechte.

1) Über wohlerworbene Rechte der Beamten s. § 374 zu I Nr. 8, 9, 16, 17 und zu IIIB Nr. 13. — 2) Die Sonderstellung der Hochschullehrer nach ihrer Entpflichtung als wohlerworbenes Recht. **137,** Anh. 28.

§ 11. Vererblichkeit und Veräußerlichkeit der Rechte und Ansprüche. Rechtsnachfolge.

— — — — — — — — — — —

§ 12. Fristen im materiellen Recht. Ausschlußfristen. Klagefristen. Rechtsgeschäftliche Fristen.

1) Über Wahrung der bei der Feuerversicherung vorgeschriebenen Frist für die Erstattung der Anzeige. **140,** 318.

§ 13. Verjährung der Rechte und Ansprüche.

(Besondere Verjährungsvorschriften z. B. § 477 BGB. s. dort.)

I. Allgemeines. Frist.

1) Zur Frage der Verjährung von Ansprüchen gegen Krankenkassen und Kassenärzte. **131,** 278. — 2) Forderungen auf rückständiges Gehalt, die der Arbeitgeber in laufende Rechnung aufgenommen hat, verlieren zwar dadurch allein noch nicht ihre Eigenschaft als Arbeitnehmereinlage; daraus ist aber nicht zu folgern, daß auf sie die für Lohnforderungen geltende kurze Verjährung des § 196 BGB. Anwendung findet. **132,** 326. — 3) Beginnt die Verjährung der Ansprüche aus §§ 831, 836 BGB. erst dann, wenn der Verletzte auch darüber Klarheit erlangt hat, daß dem Geschäftsherrn oder dem Eigenbesitzer des Bauwerks keine entlastenden Umstände zur Seite stehen? (Verneint; ebenso für die entsprechenden Fälle der §§ 837, 838 und § 832 Abs. 1 Satz 2, § 833 Satz 2, § 834 Satz 2). **133,** 1. — 4) Aus einem formungültigen, nach § 313 Satz 2 BGB. wirksam gewordenen

Kaufvertrag über ein Grundstück entsteht ein Gewährleistungsanspruch erst mit Wirksamwerden des Vertrags, regelmäßig also erst mit der Eintragung. Von diesem Zeitpunkt ab läuft demgemäß auch die Verjährungsfrist des § 477 BGB. **134,** 83. — 5) Ablehnung des strafrechtlichen Begriffs der fortgesetzten Handlung für Ansprüche aus Wettbewerbshandlungen; jede wiederholte Verletzungshandlung erzeugt einen neuen Schadensersatzanspruch, der einer besonderen Verjährung unterliegt. **134,** 335. — 5a) Verjährung bei Geschäftsübernahme nach § 25 HGB. Die Verjährung, die bei Entstehung der Mitschuld für die Urschuld bereits läuft, setzt sich auch bei der neuen Mitschuld fort. **135,** 104. — 6) Die Vorschrift in § 225 Satz 2 BGB. über vertragliche Erleichterung der Verjährung umfaßt auch die Ansprüche aus vorsätzlichem Verschulden. **135,** 174. — 7) Bei Vertragsrechten auf kurzzeitig wiederkehrende, wirtschaftlich einheitliche Leistungen unterliegt der Verjährung nicht nur der Anspruch auf das einzelne Gefälle. Im Sinne der Verjährungsvorschriften ist in solchen Fällen ein „Gesamtanspruch" anzunehmen, dessen Verjährung in dem Zeitpunkt beginnt, in dem die Verjährung des Anspruchs auf eine der wiederkehrenden Leistungen in Lauf gekommen ist. **136,** 427. — 8) Für Ansprüche aus fahrlässiger Amtspflichtverletzung nach § 839 BGB. beginnt die kurze Verjährung des § 852 BGB. erst dann, wenn der Ausfall, für den der Beamte aufzukommen hat, auch seiner Höhe nach feststeht und dem Geschädigten bekannt ist. **137,** 20. — 9) Beginn der Verjährung nach § 151 des Preuß. Allg. BergG.; Begriff „Wissenschaft" vom Dasein und Urheber des Schadens. **138,** 144. — 10) Ist ein Grundstück verkauft und übergeben, die Auflassung aber unterblieben, so erlischt das Recht des Käufers zum Besitz gegenüber dem Verkäufer und dessen Erben auch dann nicht, wenn der Auflassungsanspruch verjährt ist. Ein Grundsatz, daß das Eigentum und der Besitz nicht dauernd auseinanderfallen könnten, findet im Gesetz keine Stütze. **138,** 296.

II. Hemmung.

1) Läuft die Verjährungsfrist an einem Sonntag ab und wird die Verjährung gehemmt, so wird der auf den Sonntag folgende Werktag in den von Beendigung der Hemmung ab laufenden Rest der Frist nicht mit eingerechnet. **131,** 107 (108). — 2) Auch nach der jetzigen Fassung des § 251 ZPO. wird die durch Klagerhebung eingetretene Unterbrechung der Verjährung beendet, wenn das Ruhen des Verfahrens angeordnet wird. Indes beginnt die neue Verjährung nicht sofort nach dieser Anordnung zu laufen, sondern sie ist gehemmt, bis die Sperrfrist des § 251 Abs. 2 ZPO. abgelaufen ist, oder bis zu dem Zeitpunkt, wo mit Sicherheit auf die Zustimmung des Gerichts zur Aufnahme des Verfahrens gerechnet werden kann. **136,** 193. — 3) Die sachlich nicht gerechtfertigte Versagung des Armenrechts stellt dann einen die Hemmung der Verjährung begründenden Fall von Verhinderung der Rechtsverfolgung durch höhere Gewalt dar, wenn das Armenrechtsgesuch ordnungsmäßig begründet und die Bewilligung des Armenrechts auch durch Einlegung der zulässigen Rechtsmittel gegen die Verweigerung nicht zu erreichen war, bis es schließlich erst nach Ablauf der Verjährung bewilligt worden ist. **139,** 270.

III. Unterbrechung.

1) Ein zur Unterbrechung geeignetes Anerkenntnis der Schadensersatzpflicht des Mannes, der eine Frau geschlechtlich angesteckt hat, kann darin liegen, daß er der Frau nach ihrer Erkrankung den Unterhalt gewährt und Arztkosten usw. für sie bezahlt; dies selbst dann, wenn er an so weitgehende Ansprüche nicht gedacht hat, wie die Frau sie nachher gegen ihn erhebt. **135,** 9. — 2) Die Mitschuld dessen, der gemäß § 25 HGB. für die Geschäftsschuld des früheren Geschäftsinhabers haftet, entsteht mit dem gleichen Inhalt und der gleichen Beschaffenheit, welche die Urschuld in diesem Augenblick hat, geht aber dann zum Teil ihren eigenen Weg. Die Verjährung, die bei Entstehung der Mitschuld für die Urschuld bereits läuft, setzt sich auch bei der neuen Mitschuld fort. Tatsachen hingegen, die in bezug auf die Verjährung nur in der Person des einen Schuldners eintreten, z. B. eine Unterbrechung der Verjährung, wirken nach § 425 BGB. nur für oder gegen diesen. **135,** 104. — 3) Auch nach der jetzigen Fassung des § 251 ZPO. wird die durch Klagerhebung eingetretene Unterbrechung der Verjährung beendet, wenn das Ruhen des Verfahrens angeordnet wird. Indessen beginnt die neue Verjährung nicht sofort nach dieser Anordnung zu laufen, sondern sie ist gehemmt, bis die Sperrfrist des § 251 Abs. 2 ZPO. abgelaufen ist, oder bis zu dem Zeitpunkt, wo mit Sicherheit auf die Zustimmung des Gerichts zur Aufnahme des Verfahrens gerechnet werden kann. **136,** 193.

§ 14. Unzulässige Ausübung der Rechte, Mißbrauch (Schikane). Notwehr. Selbsthilfe.

— — — — — — — — — — —

§ 15. Sicherheitsleistung.

(Sicherheitsleistung im Prozeß § 292.)

— — — — — — — — — — —

§ 16. Zurückbehaltungsrecht.

(Kaufmännisches Zurückbehaltungsrecht § 236.)

1) Über die Voraussetzungen des Zurückbehaltungsrechts nach § 273 Abs. 1 BGB. (Erfordernis des inneren, natürlichen, wirtschaftlichen Zusammenhangs, der es gegen Treu und Glauben verstoßend erscheinen läßt, wenn der eine Anspruch ohne Rücksicht auf den anderen geltend gemacht wird: RGZ. Bd. 57 S. 5, Bd. 68 S. 33, Bd. 72 S. 103, Bd. 78 S. 336, Bd. 83 S. 268). **134,** 144. — 2) Das Zurückbehaltungsrecht findet, seinem Zweck entsprechend, seine natürliche Grenze an dem Schutzbedürfnis. Es versagt, wenn der Schuldner bereits auf andere Weise gesichert ist. **136,** 26. — 3) Hat der Hauptschuldner eine Forderung aus demselben rechtlichen Verhältnis, mit der er selbst aufrechnen könnte (nicht aber der Gläubiger ihm gegenüber wegen § 393 BGB.), so kann der Bürge seine Leistung nach § 768 Abs. 1 BGB. zurückhalten. **137,** 34 (38). — 4) Wer aus Bereicherung in Anspruch genommen wird und eigene Leistungen einwendet, die im Zusammenhang stehen mit der ohne Rechtsgrund stattgehabten Vermögensverschiebung, macht kein eigentliches Zurückbehaltungsrecht geltend, sondern behauptet nur Verminderung der Bereicherung (Saldotheorie). **137,** 336. —

5) Das Zurückbehaltungsrecht kann auch Teilklagen entgegengesetzt werden, und zwar ist der Regel nach der Beklagte befugt, das Zurückbehaltungsrecht wegen seiner gesamten Ansprüche geltend zu machen. Aber der Sicherungszweck und die Rücksichtnahme auf die Billigkeit setzen der Ausdehnung jenes Rechts Schranken. **137**, 353. — 6) In der Regel setzt zwar die Abwendung des Zurückbehaltungsrechts Sicherheitsleistung durch den Gläubiger voraus und genügt das bloße Erbieten zur Sicherheit nicht. Je nach den Umständen ist es indes nicht unzulässig, die Vollstreckung des Urteils von dem vorgängigen Nachweis der erfolgten Sicherheitsleistung durch den Gläubiger abhängig zu machen. **137**, 355.

§ 17. Einreden. Repliken.

1) Wenn ein Beamter, der einen Gehaltsvorschuß erhalten hat, einwendet, die spätere Einbehaltung von unpfändbaren Gehaltsteilen zur Abtragung dieses Vorschusses sei eine unzulässige Aufrechnung, so ist dies unzutreffend. Denn die Kürzung des zu zahlenden Gehalts beruht auf keiner Gegenforderung der zahlungspflichtigen Stelle, sondern auf der bereits geleisteten Vorauszahlung. **133**, 252. — 2) Die Behauptung der Zustimmung zum Ehebruch nach § 1565 Abs. 2 BGB. ist eine wahre Einrede; beweispflichtig dafür ist, wer sie vorbringt. **137**, 49. — 3) Wer aus Bereicherung in Anspruch genommen wird und eigene Leistungen einwendet, die im Zusammenhang stehen mit der ohne Rechtsgrund stattgehabten Vermögensverschiebung, macht kein eigentliches Zurückbehaltungsrecht geltend, sondern behauptet nur Verminderung der Bereicherung (Saldotheorie). **137**, 336.

§ 18. Beweislast. Gesetzliche Vermutungen. Fiktionen.

I. Beweislast.

1) Zur Frage der Beweislast bei einem Anspruch aus ungerechtfertigter Bereicherung. **132**, 386. — 2) Zur Frage der Beweislast für den guten oder bösen Glauben des Pfandnehmers bei Verpfändung von Wertpapieren nach § 8 Abs. 2 des Depotgesetzes. **133**, 187. — 3) Bei der condictio indebiti (§ 812 BGB.) hat der Bereicherungskläger zu beweisen, er habe zur Erfüllung einer Verbindlichkeit geleistet und diese Verbindlichkeit bestehe nicht. Der erstere Beweis ist schon dann erbracht, wenn es nach seiner bei der Leistung abgegebenen ausdrücklichen oder aus den Umständen erkennbaren Erklärung anzunehmen war. Behauptet der Bereicherungsbeklagte, daß der andere bei der Leistung das Fehlen seiner Verpflichtung hierzu gekannt habe (§ 814), so ist er seinerseits hierfür beweispflichtig. **133**, 275. — 4) Bei vollstreckbaren Urkunden mit sog. kassatorischer Klausel gehört der Zahlungsverzug nicht zu den nach § 726 Abs. 1 ZPO. vom Gläubiger zu beweisenden Tatsachen. **134**, 156 (160). — 5) Allgemeine Grundsätze über den Beweis des ersten Anscheins, insbesondere seine Beziehung zur Beweislast und zur Wahrscheinlichkeit sowie über den Begriff des sog. typischen Geschehensablaufs. **134**, 237. — 6) Wenn auch der Kläger bei der Scheidungsklage (z. B. aus § 1568 BGB.) alle klagebegründenden Behauptungen beweisen muß, so hat doch der andere Teil die Beweislast für selbständige, mit dem

Klagevorbringen nicht im Zusammenhang stehende Gegenbehauptungen (z. B. aus § 1574 Abs. 3 BGB.). **135,** 36. — 7) Zur Frage der Beweislast bei der Anfechtung eines zwischen Verwandten vorgenommenen Erfüllungsgeschäfts. **136,** 109. — 8) Die Zustimmung zum Ehebruch muß der Ehebrecher beweisen, und zwar auch dann, wenn der Ehebruch nach § 1573 BGB. nur zur Unterstützung einer auf andere Tatsachen gegründeten Scheidungsklage geltend gemacht wird. **137,** 48. — 9) Sind Pfandsachen, die der Gerichtsvollzieher im Gewahrsam des Schuldners belassen hatte, abhanden gekommen, so ist der Gläubiger, der Schadensersatz verlangt mit der Behauptung, die Sachen seien an dem vom Gerichtsvollzieher anberaumten, aber schuldhaft nicht abgehaltenen Versteigerungstermin noch vorhanden gewesen, für diese Behauptung beweispflichtig. **137,** 153. — 10) Zur Verteilung der Beweislast im Falle des § 618 BGB. **138,** 37. — 11) Wer das zur Erfüllung einer Verbindlichkeit Geleistete zurückverlangt, weil er unter Vorbehalt geleistet habe, muß den behaupteten Vorbehalt beweisen. **138,** 122. — 12) Darlegungspflicht und Beweislast des Staatsfiskus für die betreffs der Höhe des Stempels maßgebenden tatsächlichen Unterlagen (Preuß. StStG.). **139,** 27.

II. Gesetzliche Vermutungen.

1) Eine allgemeine Vermutung, wonach ein bestehender tatsächlicher Zustand bis zum Beweis des Gegenteils als fortbestehend zu gelten hätte, ist nicht anzuerkennen. **137,** 155.

III. Fiktionen.

---

§ 19. Einfluß des Rechtsstreits auf die Gestaltung des Rechtsverhältnisses. Sachliche Rechtskraft des Urteils.

1) Hat ein im Anfechtungsprozeß nach § 111 GenG. erlassenes klagabweisendes Versäumnisurteil, das unzulässigerweise (§ 62 ZPO.) gegen einen Teil der klagenden Genossen ergangen ist, Rechtskraftwirkung nach § 111 Abs. 2 GenG. gegen die übrigen? **132,** 349. — 2) Zur Frage der Erschleichung falscher Urteile und des hieraus hergeleiteten Einwands gegen die Rechtskraftwirkung. **132,** 352. — 3) Die rechtskräftige Verurteilung zur Auflassung auf Grund eines eingetragenen Wiederkaufsrechts enthält noch keine rechtskräftige Feststellung des Wiederkaufsrechts selbst. Der Verurteilte kann aber die Löschung des Wiederkaufsrechts im Wege der Grundbuchberichtigungsklage dann nicht mehr verlangen, wenn ihm infolge seiner Verurteilung jedes Rechtsschutzinteresse an der Löschung fehlt. **135,** 33. — 4) Steht die Rechtskraft eines Berufungsurteils, das eine Hypothekenklage auf Grund der Konkursanfechtungs-Einrede abgewiesen hat, der Hypothekenklage gegen den Gemeinschuldner entgegen, wenn vor Rechtskraft jenes Urteils das Konkursverfahren aufgehoben und darauf die vom Hypothekengläubiger eingelegte Revision zurückgewiesen worden war? (Verneint.) **135,** 347. — 5) Der Grundstückseigentümer, dessen Räumungsklage gegen den Grundstücksbesitzer wegen eines diesem zustehenden Wohnungsrechts

rechtskräftig abgewiesen worden ist, kann nicht auf Grund desselben Sachverhalts auf Zahlung einer Vergütung für die Benutzung des Grundstücks aus dem Gesichtspunkt der ungerechtfertigten Bereicherung klagen. **136,** 162.

§ 20. Wiedereinsetzung in den vorigen Stand.

(Wiedereinsetzung im Prozeß § 299. Wiedereinsetzung im patentrechtlichen Streitverfahren § 157.)

— — — — — — — — — — — —

Drittes Kapitel. Personen.

§ 21. Natürliche Personen.

(Uneheliche Kinder § 189.)

I. Geburt. Noch nicht erzeugte Nachkommenschaft. Tod. Todeserklärung.

— — — — — — — — — — — —

II. Geschlecht. Alter.

— — — — — — — — — — — —

III. Namen. Namensrecht. Familie. Verwandtschaft. Wappen.

1) Der Name ist ein äußeres Kennzeichen der Person zur Unterscheidung von anderen Personen. **137,** 215.

IV. Wohnsitz. Staatsangehörigkeit.

— — — — — — — — — — — —

V. Geisteskrankheit. Geistesschwäche. Verschwendung.

— — — — — — — — — — — —

VI. Standesverhältnisse.

1) Artt. 57 und 59 EG. z. BGB. ermächtigen die Landesgesetzgebung auch zu Vorschriften über den Abbau und die Aufhebung des Sonderrechts der landesherrlichen Familien und der Fideikommisse. **136,** 211. — 2) Nach gemeinem deutschen Privatfürstenrecht stand das Eigentum an den Domänen (Kammergut) — im Gegensatz zu den Schatull- oder Kabinettsgütern, die ein reines Privateigentum darstellten — bis zu der neuzeitlichen gesetzlichen Auseinandersetzung zwischen dem Staat und der landesherrlichen Familie der letzteren nur als Zubehör ihrer staatsrechtlichen Stellung zu. **136,** 211. — 3) Das allgemeine deutsche Privatfürstenrecht ist für familien- und vermögensrechtliche Angelegenheiten durch Art. 109 RVerf. nicht aufgehoben. **137,** 334.

§ 22. Juristische Personen.

I. Allgemeines.

1) Wo das Delikt eines Kollektivvertreters der juristischen Person in keiner anderen Verrichtung besteht als in einer Fälschung der Unterschrift des Mitvertretungsberechtigten und damit der Zeichnung der juristischen Person, kann diese für das Delikt nicht haftbar gemacht werden. **134,** 375.

II. Fiskus. Reichsfiskus. Landesfiskus. Ausländischer Fiskus.

(Haftung des Reichs und der Länder für Verschulden ihrer Beamten bei Ausübung der öffentlichen Gewalt § 147 I.)

1) Zum Begriff der Umbildung einer Reichsbehörde im Sinne von § 24 des ReichsbeamtenG. **131,** 207. — 2) Welche Dienststelle kommt beim preußischen Staat als Käufer eines Grundstücks in Betracht, wenn es sich um die Frage handelt, ob dem Käufer ein Mangel nach § 460 BGB. infolge grober Fahrlässigkeit unbekannt geblieben ist? **131,** 343. — 3) Die Festungskommandanten sind zur Vertretung des Reichsfiskus in Rechtsstreitigkeiten über Angelegenheiten der Festungsbauverwaltung berechtigt. **132,** 240.

III. Stadt- und Landgemeinden. Kreise. Provinzen.

(Haftung für Beamtenverschulden bei Ausübung der öffentlichen Gewalt § 147 I. Haftung nach dem preuß. TumultG. § 147 II.)

1) Bei Unfällen von Schülern der Volksschule infolge mangelhafter Unterhaltung der Schulgebäude besteht nur ein Anspruch aus unerlaubter Handlung, keine sonstige schuldrechtliche Haftung der Gemeinde. **135,** 12. — 2) § 88 Nr. 7 Abs. 2 der preuß. LGO. für die östl. Provinzen vom 3. Juli 1891 enthält eine Einschränkung der Vertretungsmacht der Gemeindevorsteher und gilt deshalb auch auf privatrechtlichem Gebiet fort. Die Vorschrift bezieht sich auf *alle* Verpflichtungs- und Bevollmächtigungserklärungen im Namen der Gemeinde, soweit es sich nicht um Angelegenheiten handelt, die dem Gemeindevorsteher durch die Verwaltungsgesetze zur selbständigen Erledigung zugewiesen sind. Ihre Nichtbeobachtung hat unheilbare Nichtigkeit zur Folge. **139,** 58. — 3) Zur Auslegung des § 114 Abs. 2 der vorstehend zu 2 genannten LGO. („neue Belastung der Gemeindeangehörigen ohne gesetzliche Verpflichtung"; zu vgl. § 107 BGB.; Unmaßgeblichkeit des wirtschaftlichen Endergebnisses). **139,** 58.

IV. Sonstige juristische Personen des öffentlichen Rechts.

(Innungen, Krankenkassen, Berufsgenossenschaften, Armenverbände usw.)

1) Die Krankenkasse haftet dem Mitglied für die Folgen schuldhaft unrichtiger Begutachtung durch den mit der Nachuntersuchung beauftragten Vertrauensarzt sowohl nach § 831 wie nach § 278 BGB. **131,** 67. — 2) Der Deutschen Reichsbahn-Gesellschaft kommt hinsichtlich des § 12 Abs. 2 des Beamten-Unfallfürsorgegesetzes vom 18. Juni 1901 nicht dieselbe Stellung zu wie dem ehemaligen Unternehmen „Deutsche Reichsbahn" und wie dem Deutschen Reiche. Daher Haftung nicht ausgeschlossen gegenüber einem

Postschaffner, der im Dienst beim Umsetzen eines Bahnpostwagens einen Unfall erlitt, auf Ersatz des Schadens, der im Unterschied seiner jetzigen Bezüge gegen sein früheres Gehalt besteht. **131,** 129. — 3) Zur Frage der Verjährung von Ansprüchen gegen Krankenkassen. **131,** 278. — 4) Die jüdischen Synagogengemeinden in Altpreußen haben die Rechtsstellung öffentlich-rechtlicher Körperschaften. **133,** 192.

V. Kirchen (Kirchengemeinden). Kirchliche Körperschaften und Anstalten.

— — — — — — — — — — —

VI. 1. Juristische Personen des Privatrechts. Vereine.

1) Ein Beschluß des Vereins auf Ausschließung eines Mitglieds unterliegt nicht bloß dann der sachlichen Nachprüfung durch die Gerichte, wenn das Verbleiben im Verein für den Ausgeschlossenen eine Lebensfrage ist. Vielmehr reicht es aus, wenn es sich um einen Verein von sozialer, wirtschaftlicher oder kultureller Bedeutung handelt, der die Belange des Volksganzen oder eines nicht unerheblichen Volksteils berührt, und wenn das Mitglied eines solchen Vereins durch die Ausschließung in wichtigen Lebensbeziehungen betroffen wird. **140,** 23.

VI. 2. Nichtrechtsfähige Vereine.

1) Ein nicht rechtsfähiger Verein ist für den Schaden haftbar, den seine Vertreter in Ausführung von Verrichtungen, zu denen sie bestellt sind, einem Dritten widerrechtlich zufügen. **135,** 242.

VII. Stiftungen.

(Familienstiftungen § 81 II.)

— — — — — — — — — — —

Viertes Kapitel. Sachen.

§ 23. Sache. Sachgesamtheit. Vermögen. Vermögensinbegriff.

— — — — — — — — — — —

§ 24. Öffentliche und dem Privatverkehr entzogene Sachen. Begräbnisstätten.

Über Rechtsverhältnisse der öffentlichen Wege (Gemeingebrauch) s. § 82.

— — — — — — — — — — —

§ 25. Bewegliche und unbewegliche Sachen. Selbständige Gerechtigkeiten.

— — — — — — — — — — —

§ 26. Vertretbare und verbrauchbare, teilbare und unteilbare Sachen.

— — — — — — — — — — —

§ 27. Haupt- und Nebensachen. Bestandteile. Zubehör.

1) Maschinen, die zunächst unter § 97 Abs. 2 Satz 1 BGB. fallen (nur vorübergehende Benutzung für den wirtschaftlichen Zweck der Hauptsache) können durch später eingetretene Umstände (Erwerb des Fabrikgrundstücks durch den Fabrikanten, der bisher nur Mieter war) die Eigenschaft als Zubehör des Fabrikgrundstücks erlangen. **132,** 321.

§ 28. Früchte. Nutzungen. Lasten.

— — — — — — — — — — —

Fünftes Kapitel. Handlungen.

§ 29. Rechtsfähigkeit. Handlungsfähigkeit. (Zurechnungsfähigkeit.) Geschäftsfähigkeit. Verfügungsfähigkeit.

— — — — — — — — — — —

§ 30. Willenserklärungen, ausdrückliche, stillschweigende, empfangsbedürftige. Zugehen der Willenserklärungen. Willensübereinstimmung und deren Mangel.

I. Allgemeines.

— — — — — — — — — — —

II. Ausdrückliche Willenserklärung.

— — — — — — — — — — —

III. Stillschweigende Willenserklärung.

1) Zur Anfechtung stillschweigend abgegebener Erklärungen wegen Irrtums. **134,** 195. — 2) Zwar ist der Mann nicht der gesetzliche Vertreter seiner Frau, und ebensowenig ist aus den Vorschriften über das Güterrecht des gesetzlichen Güterstandes allgemein eine ausdrückliche oder vermutete Vollmacht des Mannes zu rechtlich erheblichem Handeln für die Frau zu entnehmen. Aber nach der Verkehrsanschauung muß ein rechtlich erhebliches Handeln gerade bei rein tatsächlichen Vorgängen des täglichen Lebens zugelassen werden, z. B. bei der Entgegennahme von Sendungen ins Haus. **135,** 208. — 3) Sind bei einem Kauf „Musterkonvenienz vorbehalten" die Muster dem Käufer übersandt, so gilt sein Schweigen nicht entsprechend § 496 Satz 2 BGB. als Billigung, sondern der auf Probe (Besicht) abgeschlossene Kaufvertrag wird mangels zweifelsfrei erklärter Billigung der Muster hinfällig. **137,** 297. — 4) Der Wille, daß in ausländischer Währung gezahlt werden solle, kann ebenso durch Worte offenbart werden wie durch Tatsachen von einer sich aufdrängenden Schlüssigkeit. **138,** 52.

IV. Empfangsbedürftige Willenserklärungen. Zugehen der Willenserklärung.

— — — — — — — — — — —

V. Willensübereinstimmung und ihr Mangel.

— — — — — — — — — — —

§ 31. Mängel der Willenserklärung.

(Anfechtung wegen Willensmängel s. auch § 37 I.)

I. Geheimer Vorbehalt. Scheingeschäft. Mangel der Ernstlichkeit.

1) Zwar wirkt an sich ein vom Vertreter abgeschlossenes Scheingeschäft auch dem Vertretenen gegenüber als Scheingeschäft. Wer jedoch mit dem Vertreter zum Nachteil des Vertretenen gemeinsame Sache macht (Kollusion), kann sich dem Vertretenen gegenüber nicht auf die Scheinnatur des mit dem Vertreter abgeschlossenen Rechtsgeschäfts berufen. **134,** 33. — 2) Begriff des Einverständnisses mit der Scheinnatur einer Willenserklärung im Sinn von § 117 Abs. 1 BGB. **134,** 33 (37).

II. Irrtum.

1) Unterschied zwischen Unkenntnis vom Anfechtungsgrund und Unkenntnis von der Notwendigkeit einer Anfechtungserklärung. **134,** 32. — 2) Ist nach § 157 BGB. aus einer langzeitigen Vertragsübung (Zahlung eines bestimmten Mietzinses) auf eine entsprechende Vereinbarung (Festsetzung des Mietzinses in dieser Höhe für die Dauer des ganzen Vertragsverhältnisses) zu schließen, so wird mit dem Vorbringen, in dieser Ausdehnung sei eine Vereinbarung nicht gewollt, ein rechtlich belangloser Irrtum über Rechtsfolgen, nicht im Erklärungsinhalt geltend gemacht. **134,** 195. — 3) Nach der ständigen Rechtsprechung des Reichsgerichts ist die Anfechtung wegen Irrtums nicht gegeben, wenn und soweit nach den Sonderbestimmungen der §§ 459 flg. BGB. über Gewährleistung wegen Sachmängel dem Käufer Schutz gewährt wird, wenn also die Übergabe bereits erfolgt ist. **138,** 356; s. auch **135,** 340.

III. Arglistige Täuschung. Betrug.

1) Zur Frage der Anfechtbarkeit eines Vertrags, der dadurch zustande gekommen ist, daß der Vertragsgegner an den Angestellten des anderen Teils Schmiergelder gezahlt hat, beurteilt aus § 123 BGB.: Keine Offenbarungspflicht dessen, der die Schmiergelder gezahlt hat, dagegen arglistige Täuschung seitens des Schmiergeldempfängers und daher Möglichkeit einer Anfechtung aus § 123 Abs. 2 Satz 1 BGB. **134,** 43. — 2) Die Anfechtbarkeit nach § 123 Abs. 2 Satz 1 BGB. setzt nicht nur voraus, daß der Erklärungsempfänger die arglistige Täuschung des Dritten kannte oder kennen mußte, sondern auch deren Ursächlichkeit für die Abgabe der Erklärung gekannt oder aus Fahrlässigkeit nicht gekannt hat. **134,** 43. — 3) Hat jemand durch arglistige Täuschung einen Gegenstand erworben und ihn besonders günstig weiterverkauft, so hat der erste Verkäufer nach Anfechtung des Vertrages Anspruch auf den vollen Erlös des Weiterverkaufs, nicht nur auf Ersatz des gemeinen Wertes der Sache zur Zeit des Abschlusses des anfechtbaren Geschäfts. **138,** 45. — 4) Welche Bedeutung kommt im Falle 3 folgenden Umständen zu: a) Verbesserung der Kaufsache durch den zweiten Ver-

käufer (Aufarbeiten eines alten Altargemäldes), Schaffung günstigerer Verkaufsmöglichkeit durch rege Werbetätigkeit, b) Umschaffung der Kaufsache zu einer neuen Sache? **138,** 45.

IV. Zwang. Drohung.

1) Öffentlich-rechtliche Willenserklärungen von Privatpersonen können wegen widerrechtlicher Drohung angefochten werden. **134,** 162.

§ 32. Rechtsgeschäfte. Allgemeines. Verfügung. Einseitige Rechtsgeschäfte. Verträge. Kausale und abstrakte Rechtsgeschäfte.

I. Allgemeines. Verfügung.

— — — — — — — — — — —

II. Einseitige Rechtsgeschäfte.

— — — — — — — — — — —

III. Abstrakte und kausale Rechtsgeschäfte.

— — — — — — — — — — —

§ 33. Form der Rechtsgeschäfte.

(Form der Testamente § 201 I.)

I. Form des Grundstücksveräußerungsvertrags.

1) Eine Nebenabrede, die bei einem mit mehreren Miteigentümern als Verkäufern geschlossenen Grundstückskaufvertrag eine Sondervergütung für einen Teil der Verkäufer hinter dem Rücken eines Mitverkäufers bestimmt, bedarf der Beurkundung nach § 313 BGB. Der gegenteilige Standpunkt im Urt. vom 14. Mai 1924, V 480/23 (Seuff. Arch. Bd. 78 Nr. 176) wird aufgegeben. **132,** 131. — 2) Welche Folgen ergeben sich für die Wirksamkeit des Gesamtgeschäfts, wenn zwar Auflassung und Eintragung des Käufers im Grundbuch erfolgt sind, aber die nach dem preußischen Grundstücksverkehrsgesetz vom 10. Februar 1923 notwendige Genehmigung der Nebenabrede des Veräußerungsgeschäfts fehlt? Wann insbesondere steht dem Berichtigungsanspruch des Verkäufers die Einrede der Arglist entgegen? **132,** 131. — 3) Zur Heilung der Formnichtigkeit der Verträge von Zwischenpersonen bei der Veräußerung eines Grundstücks gemäß § 313 Satz 2 BGB. **132,** 287. — 4) Sind bei der notariellen Beurkundung einer Grundstücksveräußerung in dem als Anlage beigefügten privatschriftlichen Vertrage die Gegenleistungen des Erwerbers vollständig und richtig angegeben (z. B. Gewährung von genau bezeichneten Aktien), so tut es der Gültigkeit des notariellen Vertrags keinen Abbruch, wenn auf Grund fälschlicher Zurückdatierung der privatschriftlichen Anlage die Kurswerte der Aktien und danach auch der Grundstückskaufpreis nach den niedrigeren Kursen des angeblichen früheren Tages der privatschriftlichen Einigung berechnet und angegeben sind, dies zumal dann nicht, wenn in dem Vertrage selbst auf den der Kursberechnung zugrunde liegenden Tag hingewiesen ist. **136,** 367. — 5) Verlangt der Grundstückskäufer mit Recht die Wandlung und erklärt

sich der Verkäufer damit einverstanden, so bedarf diese Einigung der Form des § 313 BGB. auch dann nicht, wenn der Käufer bereits Eigentümer des Grundstücks geworden war, die Pflicht zur Rückübereignung dabei zum Ausdruck kommt und die Erstattung des Kaufpreises geregelt wird. **137,** 294. — 6) Bei nur teilweise bewirkter Erfüllung tritt die heilende Wirkung des § 313 Satz 2 BGB. nicht ein. Die Frage, ob nicht diese Wirkung doch eintritt, wenn entweder die nicht aufgelassenen Parzellen bedeutungslos sind im Verhältnis zu den übrigen oder wenn nach § 139 BGB. anzunehmen ist, daß die Parteien den Veräußerungsvertrag auch ohne die nicht mit aufgelassenen Grundstücke geschlossen haben würden, wird offen gelassen. **137,** 351. — 7) In einem formgerechten Grundstücksveräußerungsvertrag hatte der Käufer erklärt, er handle für einen noch zu benennenden Dritten. Die Bezeichnung des Dritten sowie dessen Zustimmung zum Vertrage kann dann formfrei geschehen. **140,** 336. — 8) Als eine formpflichtige Änderung eines Grundstücksveräußerungsvertrags ist es nicht anzusehen, wenn die Parteien nur über die Abwicklung des Geschäfts neue Vereinbarungen treffen, die den Inhalt der gegenseitigen Leistungspflichten unberührt lassen. Daher auch keine formpflichtige Änderung, wenn bei einem Grundstücksveräußerungsvertrag, der von der Beibringung einer selbstschuldnerischen Bankbürgschaft für die Käuferleistungen innerhalb gewisser Frist abhängig gemacht worden ist, nachträglich die Person des Bürgen geändert oder der Zeitpunkt der Bürgschaftserklärung hinausgeschoben wird. **140,** 336.

II. Form der Rechtsgeschäfte im übrigen.

1) Ist Widerruf eines Prozeßvergleichs durch einfache Anzeige zu den Gerichtsakten vereinbart, so genügt eine solche, wie sie üblicherweise erstattet wird; auch die Rücksicht auf die sachlich-rechtliche Bedeutung ihres Inhalts führt nicht zum Erfordernis der Schriftform nach §§ 126, 127 BGB. **135,** 338. — 2) Wie kann eine Willenserklärung in zwei Urkunden wirksam abgegeben werden, wenn Schriftform vorgeschrieben ist? **136,** 422 (425). — 3) Formvorschriften für den kassenärztlichen Kollektivvertrag. **138,** 365. — 4) Die Bürgschaft für die Übereignungspflicht des Grundstücksverkäufers steht nicht unter der Formvorschrift des § 313 BGB., sondern unter der des § 766 das. **140,** 216.

§ 34. Voraussetzung. Bedingung. Befristung. Sonstige Nebenbestimmungen der Rechtsgeschäfte.

1) Erklärt eine Partei in dem von beiden Teilen unterschriebenen Vertrag, dieser solle erst nach ihrer (in ihrem Belieben stehenden) Gegenbestätigung in Kraft treten, so liegt überhaupt noch kein Vertragsschluß vor, auch nicht einmal ein bedingter. **131,** 24. — 2) Ist in der vertraglichen Einräumung einer „Option" auf Erfindungen und Schutzrechte ein aufschiebend bedingter Vertrag oder ein bloßes Angebot zu finden? **136,** 132.

§ 35. Auslegung der Rechtsgeschäfte.

(Auslegung der Testamente § 201 IV. Wegen Auslegung von Handelsklauseln s. alphabetisches Register unter „Klauseln".)

1) Nach welchen Grundsätzen sind Verträge auszulegen, durch die unter der Herrschaft des Preußischen Allgemeinen Landrechts Grunddienstbarkeiten bestellt worden sind? **131,** 158. — 2) Über Nachprüfung der Auslegung nichttypischer Verträge in der Revisionsinstanz (Verstoß gegen die gesetzlichen Auslegungsgrundsätze oder gegen die Denkgesetze). **131,** 343 (350). — 3) Zur Auslegung von Verträgen in der Revisionsinstanz. **132,** 225 (229); **134,** 82. — 4) Begründet eine vertragliche Verpflichtung zu einem Tun gleichzeitig einen klagbaren Unterlassungsanspruch für das Gegenteil? **133,** 62. — 5) Auslegung einer typischen Vertragsbestimmung; Lebensversicherung; § 1 Abs. 2 der Allg. Vers. Bed.: „Die Leistungspflicht der Gesellschaft beginnt mit der Zahlung der ersten Prämie, vorausgesetzt, daß der Versicherte seit der ärztlichen Untersuchung bzw. der Antragstellung nicht erheblich erkrankte". Diese Bestimmung besagt, daß entscheidend ist der Eintritt der Krankheit, ihr Vorhandensein, nicht dagegen ihr „In-die-Erscheinung-treten" (ebenso Urt. vom 26. Febr. 1929 VII 470/28). **134,** 148. — 6) Kann eine Hingabe an Erfüllungsstatt darin gefunden werden, daß zur Tilgung einer Kaufpreisschuld eine Darlehnsforderung des Verkäufers gegenüber dem Käufer begründet wird? **134,** 153 (156). — 7) Auslegung nach dem Zweck, dem das Rechtsgeschäft dienen soll. **134,** 201; **135,** 90. — 8) Zur Auslegung des Wortes „sichern" in einer Eintragungsbewilligung für eine Höchstbetragshypothek (soweit die Ansprüche nicht bereits durch eine frühere Hypothek „gesichert" sind): beabsichtigte Sicherung oder erreichte Sicherung? (bedingte Ausfallsicherungshypothek?). **134,** 221. — 9) Über die Frage, unter welchen Umständen in schlüssigen Handlungen eine Abtretung des Anspruchs auf Herausgabe einer Sache zu finden ist. **135,** 85. — 10) Die Verwendung eines Vordrucks genügt noch nicht, um einen typischen Vertrag annehmen zu können. **136,** 42. — 11) Auch Eintragungen im Grundbuch sind auslegungsfähig. **136,** 81. — 11a) Zur Auslegung einer Vertragsbestimmung, wonach Darlehnsrückzahlungen nach Wahl des Gläubigers entweder in holländischer Währung oder in deutscher Reichswährung zu leisten sind. **136,** 127. — 12) Die im Jahre 1917 vereinbarte, ins Grundbuch eingetragene Klausel, daß die Hypothek „in Gold deutscher Reichswährung" zu zahlen sei, wird als reine Goldmünzklausel ausgelegt, nicht als Goldwertklausel. **136,** 169. — 13) Die sog. Vertragsergänzung darf nicht zu einer Erweiterung des Vertragsgegenstandes führen; sie kann vielmehr nur dann eintreten, wenn es sich um einen Punkt handelt, der der Regelung bedurfte und im Vertragsinhalt eine als Richtlinie dienende Stütze findet. **136,** 185, 271. — 14) Die Eintragung einer verzinslichen Grundschuld ohne besondere Angabe des Zeitpunkts des Verzinsungsbeginns ist, wenn Gegengründe fehlen, dahin auszulegen, daß die Zinsen seit dem Tage der Eintragung laufen. Daher ist in solchem Fall der Beginn der Verzinsung als eingetragen anzusehen. **136,** 232. — 15) Wann ergeben die Umstände eine Bevollmächtigung dessen, der als Stellvertreter handelt? **136,** 422. — 16) Zur

Frage der Zulässigkeit ergänzender Auslegung von Eisenbahn-Gütertarifen. **137,** 128, 129. — 17) Auslegung unklarer Vorschriften in den Eisenbahngütertarifen zu Ungunsten der Eisenbahn, die sie aufgestellt hat. **137,** 130. — 18) Unterschied zwischen Nebenabreden zu einem inhaltlich eindeutigen Vertrag und dem Verhandlungsinhalt, der zur Auslegung des beurkundeten Vertrages dienen soll. **138,** 363. — 19) Was bedeutet es, wenn jemand erklärt, er stehe hinter einer Vertragspartei und hafte mit seinem Vermögen? **140,** 216. — 20) Wenn auch bei der Satzung einer GmbH. der Auslegung insofern engere Grenzen gezogen sind, als die wesentlichen Bestandteile der formbedürftigen Erklärung in der Urkunde selbst niedergelegt sein müssen und Nebenabreden und Sinndeutungen, die für Außenstehende gar nicht erkennbar sind, nicht zugelassen werden dürfen, so sind doch alle Behelfe zur Klärung herbeizuziehen, wenn es sich nur darum handelt, eine mehrfacher Deutung fähige Bestimmung der Satzung auszulegen. **140,** 303.

§ 36. Rechtsgeschäfte gegen gesetzliches Verbot und die guten Sitten. Veräußerungsverbot.

I. Rechtsgeschäfte gegen gesetzliches Verbot.

1) Durch Aufhebung des Verbotsgesetzes wird das einmal ungültige Geschäft grundsätzlich nicht nachträglich wirksam. **138,** 52.

II. Rechtsgeschäfte gegen die guten Sitten.

1) Zur Frage der Sittenwidrigkeit der Kunden-Finanzierungsverträge. **131,** 213. — 2) Ein Vergleich, den der mittellose, seinem ehemaligen Hypothekengläubiger auf Grund von dessen persönlicher Forderung an sich aufwertungspflichtige Verkäufer eines Grundstücks mit dem Käufer über die Aufwertung des Kaufpreises schließt, ist wegen Verstoßes gegen die guten Sitten nichtig, wenn dabei die Ausgleichspflicht des Käufers wegen jener Forderung absichtlich nicht berücksichtigt wird, um den Gläubiger des Verkäufers, der sich dann auf die Härteklausel des § 15 AufwG. berufen könne, um seinen Aufwertungsanspruch zu bringen. **132,** 42. — 3) Zur Frage der Gültigkeit der Sicherungsübereignung eines Warenlagers. **132,** 183 (187). — 4) Zur Frage der Sittenwidrigkeit von vertraglichen Preisbindungen der zweiten Hand. **133,** 51. — 5) Ein Vertrag, durch den ein Abzahlungsgeschäft zur Beschaffung von Kredit einen Teil seiner Außenstände an ein Kreditinstitut abtritt, braucht deshalb im allgemeinen weder als Kredittäuschungsvertrag noch als Knebelungsvertrag gegen die guten Sitten zu verstoßen. **133,** 234. — 6) Zur Frage der Sittenwidrigkeit des Preisschleuderns bei Markenartikeln. **133,** 330 (335, 336). — 7) Zur Frage der Beurteilung eines Vertrages aus § 138 Abs. 1 BGB., wenn der Vertrag dadurch zustandegekommen ist, daß der Vertragsgegner an den Angestellten des anderen Teils Schmiergelder gezahlt hat. **134,** 43 (56). — 8) Zur Frage der Sittenwidrigkeit bei Abtretung künftiger Forderungen. **136,** 100. — 9) Zur Frage der Sittenwidrigkeit von Kartellverträgen mit langfristiger Bindung. **136,** 236. — 10) Das „Schmieren" von Angestellten oder Vertretern der Gegenseite begründet die Nichtigkeit des dadurch zum Nachteil des Geschäftsherrn

herbeigeführten Vertragsschlusses. Auch hat der Geschäftsherr regelmäßig weder zu beweisen, daß das Schmieren gegen seinen Willen geschah, noch daß es den Abschluß zu seinem Nachteil beeinflußt hat. **136,** 359. — 11) Über Sittenwidrigkeit eines Schiedsvertrags, der über die Zusammensetzung des Schiedsgerichts Bestimmungen enthält, welche die eine Partei benachteiligen, wenn diese Partei zur Eingehung des Vertrags durch einen von der anderen Partei ausgeübten wirtschaftlichen Druck genötigt wurde. **137,** 251. — 12) Wider die guten Sitten verstößt eine Vereinbarung, wodurch der Käufer einer unter Eigentumsvorbehalt erworbenen Ware sich verpflichtet, nach Zahlungseinstellung oder nach Stellung des Antrags auf Eröffnung des Vergleichs- oder Konkursverfahrens die durch die Weiterveräußerung der Waren erworbenen Kaufpreisforderungen an seinen Verkäufer abzutreten. Sie steht im Widerspruch zu den Grundsätzen der Konkursordnung, durch die nach Eintritt der Konkursreife die gleichmäßige Verwertung des Vermögens des Schuldners zur Befriedigung der nicht bevorrechtigten Gläubiger gesichert werden soll. **138,** 89. — 13) Abmachungen in Bezug auf Preis- und Wettkämpfe im Sportleben, durch die ein Mitbewerber gegen Geldzuwendungen oder Zusicherungen andere von der Teilnahme am Wettbewerb fernhält, sind sittenwidrig und deshalb nichtig. **138,** 137. — 14) Kann die Ausübung des Rechts auf Anfechtung eines Erbvertrags als ein gegen die guten Sitten verstoßendes Rechtsgeschäft nichtig sein, insbesondere dann, wenn der Erblasser die Voraussetzungen für die Anfechtung durch eine Annahme an Kindes Statt selbst geschaffen hat? **138,** 373. — 15) Die Abrede in einem Verlagsvertrag, daß bei Verhinderung oder Ablehnung des Verfassers der Verleger die Bearbeitung der neuen Auflage einem geeigneten Dritten übertragen darf, verstößt (auch bei wissenschaftlichen Werken) nicht schlechthin gegen die guten Sitten. Es kommt auf den einzelnen Fall an, namentlich auf Gegenstand und Eigenart des Werkes, auch auf die Persönlichkeit des Verfassers. **140,** 264.

§ 37. Unwirksamkeit, Nichtigkeit oder Anfechtbarkeit (Anfechtung) von Rechtsgeschäften. Bestätigung. Konversion.

I. Unwirksamkeit, Nichtigkeit und Anfechtbarkeit von Rechtsgeschäften.

(Anfechtung wegen Willensmängel s. auch § 31.)

1) § 139 BGB. ist nicht anwendbar (auch nicht entsprechend anwendbar) auf Eintragungen im Genossenschaftsregister, die wirklich gefaßte und daneben andere Beschlüsse enthalten, welche nicht oder nicht so gefaßt worden sind; der richtige Eintrag hat schlechthin Bestand. **132,** 22. — 2) Die Nichtigkeit des schuldrechtlichen Veräußerungsvertrags hat nicht ohne weiteres die Nichtigkeit der Auflassungserklärung zur Folge. **134,** 86; **137,** 335. — 3) Ebensowenig zieht ohne weiteres die Nichtigkeit des kausalen Veräußerungsgeschäfts die Nichtigkeit der darin erteilten Auflassungsvollmacht nach sich. **137,** 339. — 4) Der Gläubiger, der eine Verstärkung der ihm geleisteten Bürgschaft verlangt, aber nicht erreicht, gilt als einverstanden damit, daß

es bei der einfachen Bürgschaft verbleibt, daß also insoweit Willenseinigung vorliegt und § 139 BGB. nicht Platz greift; doch können besondere Umstände auf eine andere Willenseinigung der Beteiligten schließen lassen. **138,** 270.

II. Bestätigung anfechtbarer und nichtiger Geschäfte.

1) Aus Leistungen des Schuldners, der die Nichtigkeit des Rechtsgeschäfts nicht gekannt hat, kann nicht auf eine Bestätigung geschlossen werden. **138,** 52.

III. Umdeutung (Konversion) von Rechtsgeschäften (§ 140 BGB).

1) An sich kann ein wegen Formmangels ungültiger Wechsel den Anforderungen eines Schuldanerkenntnisses oder eines kaufmännischen Verpflichtungsscheins genügen; regelmäßig allerdings nur bei Urkunden, die als eigene Wechsel gedacht waren. **136,** 210. — 2) Eine Urkunde, die wegen Fehlens des Remittenten als gezogener Wechsel ungültig ist, erfüllt weder die Erfordernisse eines Schuldanerkenntnisses, noch diejenigen eines kaufmännischen Verpflichtungsscheins oder einer kaufmännischen Anweisung. **136,** 207. — 3) Zur Anwendung des § 140 BGB. genügt es, wenn der wirtschaftliche Erfolg, der durch das nichtige Rechtsgeschäft erzielt werden sollte, durch das andere Geschäft wenigstens so weit erreicht wird, daß anzunehmen ist, die Parteien hätten mangels Erzielung des vollen Erfolgs wenigstens die Teilverwirklichung ihrer Zwecke gewollt. **137,** 176.

§ 38. Einwilligung. Genehmigung.

1) Über rückwirkende Genehmigung nach § 184 BGB., wenn diese sich bezieht auf einen Abtretungsvertrag, welchen für den Abtretungsempfänger ein Dritter ohne Vertretungsmacht mit dem Abtretenden abgeschlossen hatte, wenn sodann der Abtretende in Konkurs verfällt und vor der Genehmigung des Abtretungsempfängers ein Veräußerungsverbot nach § 106 KO. erlassen worden war. **134,** 73. — 2) Der Ausschluß der Rückwirkung nach § 184 Abs. 2 BGB. bezieht sich bloß auf Verfügungen des Genehmigenden oder Verfügungen im Wege der Zwangsvollstreckung usw. gegen ihn, dagegen nicht auf die Fälle, in denen Verfügungen Wirksamkeit erlangen durch die Genehmigung des Vertragsgegners dessen, von dem oder gegen den verfügt worden war. **134,** 121. — 3) Die Rückwirkung der Genehmigung einer Schuldübernahme kann sich auch auf einen Zeitpunkt erstrecken, in dem die Schuldübernahme dem Gläubiger noch nicht mitgeteilt worden war. **134,** 185. — 4) Die Rückwirkung nach § 184 Abs. 1 BGB. setzt voraus eine wirksame Genehmigung. Die Frage dieser Wirksamkeit fällt also nicht in den Bereich der Rückwirkung; die Rückwirkung der Genehmigung kann sich nicht auf deren eigene Voraussetzungen erstrecken; RGZ. Bd. 69 S. 270 flg. wird insoweit aufgegeben. **134,** 283. — 5) Die Tochter, die in einem früheren Erbvertrag des Vaters mit seiner Ehefrau zum Erben eingesetzt worden war, später bei Errichtung einer anderen letztwilligen Verfügung besonders herangezogen und um ihre Zustimmung zu einzelnen Verfügungen angegangen wird und die Zustimmung erteilt, hat damit als einwilligend zu

gelten. **134,** 325. — 6) Die in § 185 Abs. 2 BGB. bestimmte Rechtsfolge hat keine rückwirkende Kraft. **135,** 378. — 7) Auch die bloße Zustimmung zur Rechtshandlung eines anderen kann die maßgebliche Verfügung enthalten. Veräußert aber ein Lagerhalter mit Zustimmung eines anderen, der sich für den Eigentümer hält, das Lagergut an gutgläubige Käufer, so ist der Lagerhalter derjenige, der in einer dem wahren Eigentümer gegenüber wirksamen Weise über das Lagergut im Sinne von § 816 BGB. verfügt hat, nicht der andere. **137,** 357. — 8) Hat der Berechtigte, über dessen Gegenstand ein Nichtberechtigter verfügte, seine Genehmigung vorbehaltlos verweigert, so ist die schwebend unwirksame Verfügung endgültig nichtig geworden. Für einen Widerruf der Verweigerung und für eine nachträgliche Genehmigung ist nunmehr kein Raum. **139,** 118. — 9) Zur Frage, ob die Vorschrift des § 185 Abs. 2 BGB. auch anwendbar ist auf Verfügungen innerhalb von Erbengemeinschaften und Gütergemeinschaften. **139,** 118.

§ 39. Vorbehalt.

1) Vorbehalt bei der Leistung. Beweislast des Zurückfordernden für den Vorbehalt. **138,** 122.

§ 40. Verzicht.

I. Verzicht im materiellen Recht.

1) Verzicht eines Beamten auf Ruhegehalt. **131,** 87; **133,** 313.

II. Verzicht im Prozeß.

---

§ 41. Vertretung. Vollmacht. Vertreter ohne Vertretungsmacht. Vornahme von Rechtsgeschäften durch den Vertreter mit sich selbst.

I. Vertretung.

1) Stille (mittelbare) Stellvertretung. Begriff des Treuhandverhältnisses. Surrogationstheorie? **133,** 84 (87). — 2) Verpflichtung des Geschäftsherrn durch Handlungen Angestellter, die er duldet. Anwendung dieses Grundsatzes auf zwei Versicherungsgesellschaften, von denen jede die Angestellten der anderen Gesellschaft für sich mit arbeiten läßt, in bezug auf Deckungszusagen. **133,** 97. — 3) Zwar wirkt an sich ein vom Vertreter abgeschlossenes Scheingeschäft auch dem Vertretenen gegenüber als Scheingeschäft. Wer jedoch mit dem Vertreter zum Nachteil des Vertretenen gemeinsame Sache macht (Kollusion), kann sich dem Vertretenen gegenüber nicht auf die Scheinnatur des mit dem Vertreter abgeschlossenen Rechtsgeschäfts berufen. **134,** 33. — 4) Zwar muß grundsätzlich der Geschäftsherr die vorhandene positive Kenntnis seines Agenten von einer Tatsache, z. B. der Spielabsicht des Geschäftsgegners, gegen sich gelten lassen. Anders jedoch dann, wenn der Geschäftsgegner wußte oder sich sagen mußte, daß der Geschäftsherr bei Kenntnis der Tatsache nicht abgeschlossen hätte, und wenn der Geschäftsgegner zugleich damit rechnet, daß der Geschäftsherr die Tatsache von dem Agenten nicht erfahren werde (Handeln wider Treu und Glauben; Kollusion). Welche Rechtsfolgen treten dann ein: Wegfall des

ganzen Geschäfts oder nur Wegfall der Beachtlichkeit jener Tatsache? **134,** 67. — 5) Zwar ist der Mann nicht der gesetzliche Vertreter seiner Frau, und ebensowenig ist aus den Vorschriften über das Güterrecht des gesetzlichen Güterstandes allgemein eine ausdrückliche oder vermutete Vollmacht des Mannes zu rechtlich erheblichem Handeln für die Frau zu entnehmen. Aber nach der Verkehrsanschauung muß ein solches Handeln gerade bei rein tatsächlichen Vorgängen des täglichen Lebens zugelassen werden, z. B. bei Entgegennahme von Sendungen ins Haus. **135,** 208. — 6) Ist das uneheliche Kind bei Abschluß eines Unterhaltsvertrages mit seinem Vater durch seine Mutter als auftraglose Geschäftsführerin vertreten gewesen, die die Erklärungen des Vaters angenommen hat, und haben Vormund und Vormundschaftsgericht diese Geschäftsführung dann genehmigt, so können dem Kinde nach § 166 Abs. 1 BGB. solche Einwendungen entgegengesetzt werden, die aus dem Verhalten der Mutter bei Vertragsabschluß hergeleitet werden (z. B. Einrede des Scheinvertrags, der allgemeinen Arglist). **135,** 219.

II. Vollmacht.

(s. auch unter I.)

1) Wann ergeben die Umstände eine Bevollmächtigung dessen, der als Stellvertreter handelt? **136,** 422 (426). — 2) Über Vollmacht kraft Rechtsscheins. **138,** 269. — 3) Verkauf von Maschinen unter Eigentumsvorbehalt; der Vorbehaltskäufer verkauft vor Vollzahlung des Kaufpreises die Maschinen sicherungshalber an einen Dritten weiter. Notwendigkeit einer Übertragungshandlung zwischen dem Vorbehaltsverkäufer und dem Dritten. Soll die Übertragung durch ein Insichgeschäft des Vorbehaltskäufers als stillen Vertreters geschehen, so bedarf dieses zu seiner Wirksamkeit der Kenntlichmachung nach außen. **140,** 223.

III. Vertreter ohne Vertretungsmacht.

(s. zu I 5 und 6.)

IV. Abschluß von Rechtsgeschäften durch einen Vertreter mit sich selbst.

— — — — — — — — — — — —

§ 42. Verschulden. Arglist. Böser Glaube. Vorsatz. Absicht. Fahrlässigkeit. Zufall. Höhere Gewalt.

(culpa in contrahendo: § 95 III B.)

I. Verschulden im allgemeinen.

— — — — — — — — — — — —

II. Arglist. Böser Glaube.

(Wegen arglistiger Täuschung s. § 31 III.)

1) Anwendungsfälle der Einrede der allgemeinen Arglist: **133,** 296 (Verkauf von zwei Grundstücken; nur das eine ist rechtswirksam auf den Käufer umgeschrieben; der Käufer hat beide mit Wissen und ohne Widerspruch des Verkäufers bebaut; Zulassung der Einrede gegenüber dem Herausgabeanspruch nach § 985 BGB.); **134,** 328 (Zuziehung einer im

Erbvertrag bedachten Person bei Änderung einzelner Verfügungen durch Testament und Zustimmung dieser Person zu den Änderungen; Einrede gegen die Haftbarmachung des Notars, der den [angeblich formungültigen] Erbvertrag beurkundet hat); **135,** 74 (eine besondere Sachlage bei Verkauf von Geschäftsanteilen einer GmbH., den die Verkäufer wegen Mängel bei der Übertragung nicht gelten lassen wollen); **135,** 224 (ein später vom Vormund und Vormundschaftsgericht genehmigtes Abkommen zwischen der unehelichen Mutter — in auftragloser Geschäftsführung für das Kind — mit dem Vater unter der Zusicherung der Mutter, daß der Vater daraus nicht in Anspruch genommen werden solle); **135,** 374 (Vertrag mit Wohnungsamt: Verzicht auf Beschlagnahme gegen Zahlung einer Summe; Rückforderung des Gezahlten nach Aufhebung der Zwangswirtschaft); **137,** 336 (Entgegenhaltung des schuldrechtlichen Veräußerungsvertrags gegenüber der Grundbuchberichtigungsklage).

III. Vorsatz. Absicht.

— — — — — — — — — —

IV. Fahrlässigkeit.

1) Der Kaufmann ist verpflichtet, die Mitteilung des Registergerichts über die Vornahme einer von ihm beantragten Eintragung in das Handelsregister (Ausschluß des Übergangs der Forderungen und Schulden) auf ihre Richtigkeit und Vollständigkeit nachzuprüfen. Hat er dies unterlassen und daher die rechtzeitige Berichtigung versäumt, so kann er gemäß § 839 Abs. 3 BGB. keine Ersatzansprüche erheben. **131,** 12. — 2) Darauf, ob der Schaden als Erfolg des schuldhaften Verhaltens für den Täter voraussehbar war, kommt es (anders als bei der strafrechtlichen Fahrlässigkeit) nicht an. Es genügt, daß der Täter bei Anwendung der allgemeinen Verkehrssorgfalt die Möglichkeit des Eintritts eines schädigenden Erfolges seiner Handlung und Unterlassung im allgemeinen hätte erkennen müssen; wie sich der Schadenshergang im einzelnen abspielen werde, brauchte er sich dagegen nicht als möglich vorgestellt zu haben. **136,** 10. — 3) Die erforderliche, nicht aber die verkehrsübliche Sorgfalt ist die Norm für die Verkehrssorgfaltspflicht. **138,** 325.

V. Zufall. Höhere Gewalt.

1) Unberechtigte Ablehnung eines Armenrechtsgesuches als höhere Gewalt. **139,** 270 (273). — 2) Wegen unabwendbaren Zufalls bei der Wiedereinsetzung s. § 299.

Sechstes Kapitel. Zeitverhältnisse. Aufgebot und Ausschluß von Rechten.

§ 43. Zeitbestimmung. Zeitrechnung. Unvordenkliche Zeit.

(Fristen im materiellen Recht § 12; Verjährung § 13.)

— — — — — — — — — — —

§ 44. Aufgebot und Ausschluß von Rechten und Ansprüchen.

— — — — — — — — — — —

Zweiter Abschnitt. Sachenrecht.

Erstes Kapitel. Allgemeiner Teil.

§ 45. Besitz.

1) Der unmittelbare Besitzer kann durch Schaffung eines neuen, dem § 868 BGB. entsprechenden Verhältnisses dem daran Beteiligten den mittelbaren Besitz verschaffen, ohne Rücksicht darauf, ob derjenige, der vorher den mittelbaren Besitz an der Sache erlangt hatte, davon erfährt und dem zustimmt. **135,** 75. — 2) Begründet der unmittelbare Besitzer in der vorstehend zu 1 bezeichneten Weise neuen mittelbaren Besitz, so wird dadurch der Besitzstand des früheren mittelbaren Besitzers beseitigt. **135,** 75. — 3) Über den Begriff des Besitzerverlustes und der vorübergehenden Verhinderung in Ausübung der Gewalt über die Sache. **138,** 118. — 4) Verschaffung von Miteigentum durch Besitzkonstitut. **139,** 114.

§ 46. Rechte an Sachen im allgemeinen. Ursprünglicher und abgeleiteter Erwerb. Dinglicher Vertrag. Dingliches Erfüllungsgeschäft.

— — — — — — — — — — — —

§ 47. Preußisches Grundbuchwesen nach früherem Rechte. (Gesetze vom 5. Mai 1872.)

1) Für das preußische Gesetz über den Eigentumserwerb und die dingliche Belastung der Grundstücke usw. vom 5. Mai 1872 nahm man an, daß für das Rangverhältnis zwischen den in der Hauptspalte und den in der Nebenspalte vermerkten Rechten das Datum der Eintragung maßgebend sei. **132,** 111.

§ 48. Allgemeine Vorschriften des BGB. über Rechte an Grundstücken. Reichsgrundbuchordnung.

I. Einigung. Antrag.

1) Ist die frühere Eintragung des Erwerbers eines Grundstücks in Berichtigung des Grundbuchs beseitigt worden und wird erst dann die behördliche Genehmigung zur Auflassung erteilt, so bedarf es zum Übergang des Grundstückseigentums einer neuen Eintragung des Eigentumswechsels; bloße Rückberichtigung des Grundbuchs ist nicht möglich. **131,** 97. — 2) Zur Frage, wann sich eine auf Grund unwirksamer Einigung vorgenommene Grundbucheintragung mit einer ihr nachfolgenden wirksamen Einigung deckt. **139,** 118 (129).

II. Rang.

1) Zum Begriff des Zwischenrechts im Falle des § 881 Abs. 4 BGB. **131,** 203 (206). — 2) Die in der Spalte „Veränderungen" des hamburgischen (und preußischen) Grundbuchformulars eingetragene, mit Zustimmung der nachstehenden Berechtigten erfolgte Erhöhung des Zinssatzes einer in der Hauptspalte eingetragenen Hypothek über 5% hinaus teilt ohne weiteres den Rang des Hauptrechtes; es ist für die Wirksamkeit dieser Vorrangs-

einräumung nicht erforderlich, daß der Vorrang vor den dem Hauptrecht nachfolgenden Rechten durch besonderen Vermerk kenntlich gemacht wird. Hieraus folgt aber noch nicht ohne weiteres die Unstatthaftigkeit eines solchen Vermerks, weil es sich nur um einen kurzen Zusatz handelt, der geeignet war, Zweifel zu verhüten. **132,** 106. — 3) Ist der Rangvorbehalt für eine wertbeständige Hypothek ohne Zustimmung des Inhabers des mit dem Rangvorbehalt belasteten Rechts durch die Eintragung einer Hypothek mit einem anderen als dem im Rangvorbehalt angegebenen Wertmesser ausgenutzt, so genießt diese Hypothek den Vorrang insoweit, als die Eintragung eines Rechts mit dem dem Rangvorbehalt entsprechenden Wertmesser das Grundstück belastet hätte. (Im Streitfall: Vorbehalt für eine Roggenhypothek, Eintragung einer Goldmarkhypothek.) **135,** 193. — 4) Bezog sich die Einigung der Parteien über die Eintragung eines Rangvorbehaltes auf eine verzinsliche Hypothek, ist aber der Zinssatz in der Eintragung des Rangvorbehaltes nicht vermerkt, so kann unter entsprechender Anwendung des § 1119 BGB. der Rangvorbehalt für ein bis zum Höchstbetrag von 5% verzinsliches Recht ausgenutzt werden. **135,** 193.

III. Vormerkung.

1) Gegen die unrechtmäßige Löschung einer Vormerkung kann ein Widerspruch im Grundbuch eingetragen werden. **132,** 419. — 2) Bei der Eintragung einer Vormerkung ist die Angabe des Schuldgrundes nicht grundsätzlich erforderlich; nur darf nicht bei fehlender Angabe des Schuldgrundes die Gefahr der Verwechslung bestehen. **133,** 267. — 3) Ist das schuldrechtliche Grundgeschäft und ebenso die Grundstücksübertragung nichtig, so ist eine zu Gunsten des wahren Eigentümers eingetragene Vormerkung zur Erhaltung des Rechts auf Rückauflassung nicht darum unwirksam, weil die Eintragung eines Widerspruchs der gegebene Rechtsbehelf gewesen wäre. **139,** 353. — 4) Die Vormerkung *sichert* zwar einen Anspruch, aber sie kann einen solchen weder *schaffen* noch *erweitern*. **139,** 356.

IV. Öffentlicher Glaube des Grundbuchs.

1) Als nicht ausgeschlossen vom Schutze des öffentlichen Glaubens des Grundbuchs wurde ein Rechtsgeschäft angesehen, wonach eine Grundschuld zugunsten einer GmbH. bestellt wurde, deren alleiniger Gesellschafter und Geschäftsführer dieselbe Person war, die kraft unwiderruflicher Vollmacht der Grundstückseigentümerin die Grundschuld bewilligte und die ferner einen Anspruch hatte auf Auflassung des Grundstücks gegen die Eigentümerin aus Ankaufsauftrag. **131,** 64. — 2) Der öffentliche Glaube des Grundbuchs erstreckt sich nicht auf die Vertretungsmacht eines Bevollmächtigten des eingetragenen Berechtigten. **134,** 284. — 3) Liegen bei Übertragung eines einzelnen Grundstücks von Eltern auf Kinder durch Geschäft unter Lebenden die in RGZ. Bd. 123 S. 52 und in Seuff.Arch. Bd. 83 Nr. 65 bezeichneten Merkmale vor, daß die Eigentumsübertragung sowohl nach ihrer tatsächlichen Gestaltung wie auch nach dem Willen der Vertragsbeteiligten die Bedeutung einer Vorwegnahme der Erbfolge hat, so ist § 892 BGB. auch dann nicht anwendbar, wenn es sich nicht um eine unter § 419 BGB. fallende Ver-

mögensübertragung handelt. **136,** 148. — 4) Hat A an seinem Grundstück für B eine Hypothek bestellt mit der Vereinbarung nach § 1117 Abs. 2 BGB. und hat dann B nach Bildung des Hypothekenbriefes, aber ohne Hingabe der Hypothekenvaluta an A, die Hypothek an den in Ansehung der Nichtentstehung der Forderung gutgläubigen C abgetreten mit der Vereinbarung, daß C sich den an B noch nicht ausgehändigten Brief vom Grundbuchamt aushändigen lassen solle, so hat C die Hypothek wirksam erworben und A hat gegen ihn keinen Berichtigungsanspruch aus § 894 BGB. **137,** 95. — 5) Auch wenn das den Erwerb vermittelnde Rechtsgeschäft (Erteilung der Abtretungserklärung und Einigung nach § 1117 Abs. 2 BGB.) vor der Eintragung und Entstehung des Rechts (einer Grundschuld) stattgefunden hat, erwirbt es der Erwerber kraft des öffentlichen Glaubens des Grundbuchs, wenn er dessen Unrichtigkeit im Zeitpunkt der Eintragung des Rechts nicht gekannt hat (Zusammenstellung der reichsgerichtlichen Rechtsprechung zu dieser Frage). **140,** 35.

V. Unrichtigkeit des Grundbuchs. Berichtigung. Berichtigungsanspruch. Widerspruch.

1) Ist die frühere Eintragung des Erwerbers eines Grundstücks in Berichtigung des Grundbuchs beseitigt worden und wird erst dann die behördliche Genehmigung zur Auflassung erteilt, so bedarf es zum Übergang des Grundstückseigentums einer neuen Eintragung des Eigentumswechsels; bloße Rückberichtigung des Grundbuchs ist nicht möglich. **131,** 97. — 2) Gegen die unrechtmäßige Löschung einer Vormerkung kann ein Widerspruch im Grundbuch eingetragen werden. **132,** 419. — 3) Sind bei der Auflassung mehrerer Trennstücke eines Grundstücks an verschiedene Erwerber die Parzellennummern verwechselt und daraufhin die Erwerber zunächst auf falschen Grundbuchblättern als Eigentümer eingetragen worden, so ist, wenn sie nunmehr auf den richtigen Blättern eingetragen werden sollen, gemäß § 40 Abs. 1 GBO. zunächst die Rückberichtigung des Grundbuchs auf den Veräußerer erforderlich. **133,** 279. — 4) Bei der Grundbuchberichtigungsklage findet die Auseinandersetzung zwischen dem wirklichen Eigentümer und dem Bucheigentümer wegen der Nutzungen und Verwendungen nach den entsprechend anwendbaren Vorschriften über den Herausgabeanspruch des Eigentümers gegenüber dem Besitzer statt (§§ 987, 989, 990, 993, 994, 995 BGB.). **133,** 283 (286, 287). — 5) Auf welche Nutzungen des Bucheigentümers erstreckt sich im vorigen Falle der Bereicherungsanspruch? **133,** 283 (287). — 6) Der Eigentümer kann die Löschung des Wiederkaufsrechts im Wege der Grundbuchberichtigungsklage dann nicht mehr verlangen, wenn er rechtskräftig zur Auflassung auf Grund des eingetragenen Wiederkaufsrechts verurteilt worden ist. Dadurch ist zwar nicht zugleich das Wiederkaufsrecht selbst rechtskräftig festgestellt, aber es fehlt das Rechtsschutzinteresse an der Löschung. **135,** 33. — 7) Die Grundbuchberichtigungsklage und die ihr entgegengestellte, auf den schuldrechtlichen Vertrag gestützte Einrede der allgemeinen Arglist. **137,** 336. — 8) Dem dinglichen Grundbuchberichtigungsanspruch gegenüber kann das Zurückbehaltungsrecht ausgeübt werden. Es kann auch Teilklagen entgegengesetzt werden, und zwar der

Regel nach wegen der gesamten Ansprüche des Zurückhaltungsberechtigten. Nur setzen der Sicherungszweck und die Rücksichtnahme auf die Billigkeit der Ausdehnung jenes Rechts Schranken. **137,** 353. — 9) Neben dem dinglichen Berichtigungsanspruch aus § 894 BGB. besteht auch der schuldrechtliche aus § 812 das., und der Berichtigungsanspruch des wahren Eigentümers gegen den Bucheigentümer kann regelmäßig auch in der Form eines Anspruchs auf Auflassung geltend gemacht werden. **139,** 355.

VI. Grundbucheinrichtung. Anlegung des Grundbuchs. Eintragung. Eintragungsfähigkeit. Löschung. Verfahren.

1) Nicht jede Grundbucheintragung, die nicht hätte erfolgen sollen, ist damit auch rechtsunwirksam. Dies gilt nur für solche Eintragungen schlechthin, die im Sinne des § 54 Abs. 1 Satz 2 GBO. ihrem Inhalte nach unzulässig sind. **135,** 195. — 2) Die Aufhebung der eine Eintragung im Grundbuch ablehnenden Verfügung hat keinen Einfluß auf Eintragungen, die in der Zwischenzeit — bis zur aufhebenden Entscheidung des Beschwerdegerichts — nach formeller Erledigung des Antrags zu Gunsten Dritter geschehen sind. **135,** 378. — 3) Grundbucheintragungen sind der Auslegung zugänglich. **136,** 234; **139,** 130. — 4) Für die Frage, ob ein Konfliktsfall nach § 79 Abs. 2, 3 GBO. gegeben ist, kommt es nicht darauf an, ob nach Ansicht des Reichsgerichts die Lösung der unter den Oberlandesgerichten streitigen Rechtsfrage zur Erledigung der weiteren Beschwerde unerläßlich ist. Wesentlich ist vielmehr die im Vorlegungsbeschluß zum Ausdruck gebrachte Rechtsansicht des vorlegenden Oberlandesgerichts und der von ihm bekundete Wille, von der Entscheidung eines anderen Oberlandesgerichts in derselben Rechtsfrage abzuweichen. **136,** 405.

§ 49. Agrarrechtliche Verhältnisse. (Ablösung. Gemeinheitsteilung. Zusammenlegung. Rentengüter. Siedlungsgüter. Gutsüberlassungsvertrag.)

1) Dem Pächter steht das Vorkaufsrecht nach § 6 Abs. 3 RSiedlG. auch dann zu, wenn das Siedlungsunternehmen das Grundstück zu Siedlungszwecken freihändig erworben hat; nicht nur, wenn der Erwerb in den Formen des RSiedlG. geschehen ist. **136,** 52. — 2) Das Vorkaufsrecht nach § 6 Abs. 3 RSiedlG. besteht grundsätzlich nur an Flächen, die der Pächter im Pachtbesitz gehabt hat, wenn es auch auf eine unbedeutende Vergrößerung dabei nicht ankommt. **136,** 52. — 3) Auf das Vorkaufsrecht nach § 6 Abs. 3 RSiedlG. ist § 508 BGB. grundsätzlich anwendbar. Danach kann aber nicht der Pächter, sondern nur das Siedlungsunternehmen die Erstreckung verlangen. **136,** 52. — 4) Wird die Erteilung der Ansiedlungsgenehmigung gemäß dem Gesetz betr. die Gründung neuer Ansiedlungen in der Provinz Hessen-Nassau vom 11. Juni 1890 (GS. S. 173) zunächst versagt, dann aber im Verwaltungsstreitverfahren erteilt, so kann der Eigentümer nicht Entschädigung mit der Begründung verlangen, daß er bis zur Erteilung der Genehmigung zur Aufopferung eines wohlerworbenen Rechtes gezwungen worden sei. Denn die Erteilung der Genehmigung hat konstitutive Wirkung. Vor der Erteilung besteht kein Recht auf Ansiedlung. **137,** 163.

Zweites Kapitel. Das Eigentum.

§ 50. Eigentum. Inhalt. Miteigentum. Gesamteigentum. Fiduziarisches Eigentum.

(Gemeinschaft § 135.)

I. Inhalt des Eigentums.

— — — — — — — — — — — —

II. Miteigentum.

1) Verschaffung von Miteigentum durch Besitzkonstitut. **139**, 114.

III. Gesamteigentum.

1) Zur Überführung eines Grundstücks aus dem Vermögen einer offenen Handelsgesellschaft in das Vermögen einer personengleichen Gesellschaft des bürgerlichen Rechts ist die Auflassung erforderlich. **136**, 402. — 2) Das gleiche wie zu 1 gilt für den Übergang eines Grundstücks aus dem Vermögen einer offenen Handelsgesellschaft in das Vermögen einer anderen personengleichen offenen Handelsgesellschaft. **136**, 407.

IV. Fiduziarisches Eigentum.

1) Von einem Treuhandverhältnis kann nur in solchen Fällen gesprochen werden, wo der eine (Treuhandgeber) einen bisher auch rechtlich zu seinem Vermögen gehörenden Gegenstand einem anderen (Treuhänder) zu treuen Händen anvertraut, d. h. mit der Bestimmung übereignet hat, daß der andere das übertragene Recht zwar im eigenen Namen ausüben solle, es aber nicht zu seinem Vorteil solle gebrauchen dürfen. **133**, 87.

§ 51. Gesetzliche Beschränkungen des Eigentums. Nachbarrecht. Lichtschutz (Fensterrecht). Zuführungen (Immissionen). Vertiefung. Überbau. Notweg.

(Über wegerechtliche Fragen, Straßenanlieger und dgl. s. § 82.)

I. Inhalt des Eigentums i. S. der §§ 903—905 BGB.

— — — — — — — — — — — —

II. Zuführungen (Immissionen). § 906 BGB.

(s. auch § 63.)

1) Welche Ortsverhältnisse sind entscheidend für die Frage, ob Erschütterungen von Häusern durch Kraftwagen einer Omnibuslinie zulässig sind? Wie weit ist beim Betriebe der Omnibuslinie Rücksicht auf die Straßenanwohner zu nehmen? Es geht nicht an, daß sich bestimmte Gegenden oder einzelne Straßen, um sich die ursprüngliche Eigenart zu erhalten, als Hindernisse der notwendigen Verkehrsentwicklung einschieben. **133**, 152. — 2) Einwirkungen durch elektrische Erdströme fallen unter § 906. Bahnanlieger müssen die bei elektrischem Betriebe der Eisenbahn gewöhnlichen Stromeinwirkungen dulden, die bei technisch einwandfreien Bahnanlagen nicht vermeidbar sind. **133**, 342. — 3) Für die Frage nach der Ortsüblichkeit kommt es allein auf die Benutzung des *schädigenden* Grundstücks an, nicht dagegen auf die Benutzungsart des *betroffenen* Grundstücks. **139**, 31.

— 4) Wegen Immissionen, die über das nach § 906 BGB. zulässige Maß hinausgehen, kann Schadensersatz nur für die Folgen desjenigen Teils der Einwirkungen verlangt werden, der nicht nach § 906 BGB. zu dulden wäre. Die gegenteilige Auffassung wird aufgegeben (WarnRspr. 1911 Nr. 404). **139,** 29. — 5) Schadensersatz auf Grund von § 26 GewO. kann nicht nur für die Zeit nach der Klagerhebung, sondern auch für frühere Schädigungen gefordert werden. Die auf gegenteiliger Auffassung beruhende Rechtsprechung wird aufgegeben (RGZ. Bd. 104 S. 85, Bd. 105 S. 214, Bd. 127 S. 32). **139,** 29.

III. Gefahrdrohende Anlagen. Vertiefung (§§ 907—909 BGB.).

1) Auf die Verpflichtung aus § 909 BGB., bei Vertiefung eines Grundstücks das Nachbargrundstück abzustützen, ist § 278 BGB. nicht anwendbar. **132,** 51. — 2) Inwieweit der Bauherr die ihm nach § 909 BGB. obliegenden Pflichten durch Übertragung der Bauarbeiten an den Bauunternehmer erfüllen kann, bemißt sich nach den Umständen des Falles. **132,** 51. — 3) Läßt sich von einer Anlage weder mit Sicherheit noch mit höchster Wahrscheinlichkeit eine unzulässige Einwirkung auf das Grundstück des Nachbars voraussehen, besteht vielmehr höchstens eine nur entfernte Möglichkeit einer solchen Einwirkung (Minendepot der Reichswehr), dann ist der Tatbestand des § 907 BGB. nicht gegeben. **134,** 254.

IV. Überbau. Notweg.

1) Baut der Eigentümer eines Grundstücks auf ein anderes, ebenfalls in seinem Eigentum stehendes Grundstück hinüber, so findet § 912 BGB. keine Anwendung. Der jeweilige Gebäudeteil wird wesentlicher Bestandteil des Grundstücks, auf dem er errichtet ist, mit der Wirkung, daß er nicht Gegenstand besonderer Rechte sein kann. **137,** 44.

§ 52. Grenzbau. Grenzberichtigung.

— — — — — — — — — — —

§ 53. Erwerb und Verlust des Eigentums an Grundstücken.

I. Auflassung und Eintragung.

1) Unter welchen rechtlichen Voraussetzungen sind Auflassungserklärungen rechtswirksam? (Mündliche Erklärungen der Beteiligten vor dem Grundbuchamt ausreichend; Protokollierung nicht erforderlich. Entgegennahme der Erklärungen durch den Beamten in dem Bewußtsein, die Erklärungen würden vor ihm zu dem Zwecke abgegeben, daß sie damit Rechtswirksamkeit erlangen.) **132,** 406. — 2) Welche Urkundsbeamte (damals: Gerichtsschreibereibeamte) waren im Mai 1923 zur Entgegennahme von Auflassungserklärungen zuständig? **132,** 406. — 3) § 878 BGB. bezieht sich nur auf Verfügungsbeschränkungen, die in der Person des Berechtigten eintreten, d. h. dessen, der zu der in Betracht kommenden Verfügung berechtigt ist, also bei Grundstücken grundsätzlich nur der Eigentümer. Die Vorschrift findet daher keine Anwendung, wenn ein Veräußerungsverbot gegen einen Käufer erlassen wird, der weiterverkauft hat, wenn ihm zwar die Auflassung erteilt, er aber noch nicht als Eigentümer im Grundbuch

eingetragen worden ist. **135,** 378. — 4) Zur Überführung eines Grundstücks aus dem Vermögen einer offenen Handelsgesellschaft in das Vermögen einer personengleichen Gesellschaft des bürgerlichen Rechts oder einer personengleichen anderen offenen Handelsgesellschaft ist die Auflassung erforderlich. **136,** 402. — 5) Die Nichtigkeit des schuldrechtlichen Veräußerungsvertrags hat nicht ohne weiteres die Nichtigkeit der Auflassungserklärung zur Folge. **134,** 86; **137,** 335. — 6) Ebensowenig zieht ohne weiteres die Nichtigkeit des kausalen Veräußerungsgeschäfts die Nichtigkeit der darin erteilten Auflassungsvollmacht nach sich. **137,** 339.

II. Aneignung.

(Über das Aneignungsrecht des Staates an neu entstehenden Inseln s. § 83 Nr. 2.)

§ 54. Eigentumserwerb an beweglichen Sachen durch Übertragung (Übergabe und deren Ersatz). Erwerb von Nichtberechtigten.

1) Besitzkonstitut nach § 930 BGB.; das zu begründende Rechtsverhältnis braucht in seiner Ausgestaltung nicht den gesetzlichen Begriffsmerkmalen eines unter § 868 fallenden benannten Vertrags zu entsprechen; es braucht überhaupt keiner im BGB. besonders geregelten Vertragsart anzugehören. **132,** 186. — 2) Im Falle von BGB. § 934, zweiter Halbsatz, genügt es, wenn der Erwerber den mittelbaren Besitz der Sache von dem Dritten erlangt. **135,** 75. — 3) Der unmittelbare Besitzer kann durch Schaffung eines neuen, dem § 868 BGB. entsprechenden Verhältnisses dem daran Beteiligten den mittelbaren Besitz verschaffen ohne Rücksicht darauf, ob derjenige, der vorher den mittelbaren Besitz an der Sache erlangt hatte, davon erfährt und dem zustimmt. **135,** 75. — 4) Begründet der unmittelbare Besitzer in der zu 3) bezeichneten Art neuen mittelbaren Besitz, so wird dadurch der Besitzstand des früheren mittelbaren Besitzers beseitigt. **135,** 75. — 5) Im Falle des zweiten Halbsatzes von § 934 BGB. ist es nicht erforderlich, daß der abzutretende Herausgabeanspruch dem Veräußerer wirklich zusteht, vielmehr genügt auch in dieser Beziehung der gute Glaube des Erwerbers. **135,** 75. — 6) Über die Frage, unter welchen Umständen in schlüssigen Handlungen der Beteiligten eine Abtretung des Anspruchs auf Herausgabe einer Sache zu finden ist. **135,** 85. — 7) Die Abtretung des Anspruchs auf Herausgabe einer beweglichen Sache untersteht keinen anderen gesetzlichen Regeln als die Übertragung von Forderungen. **135,** 88. — 8) Wenn die Einigung und die Abtretung des Herausgabeanspruchs stattgefunden haben, ehe der Veräußerer im mittelbaren Besitz der Sache war, ist zum Übergang des Eigentums erforderlich, daß der Übertragungswille noch in dem Augenblick vorhanden war, in dem der Veräußerer mittelbarer Besitzer wurde. **135,** 366. — 9) Die Übergabe der Sache durch den Veräußerer an den Erwerber kann auch auf die Weise geschehen, daß der Veräußerer die Sache dem Besitzmittler des Erwerbers (§ 868 BGB.) übergibt. Gutgläubig muß in diesem Falle nicht der Besitzmittler, sondern der Erwerber selbst sein; anders bei Vertretung in der Einigung. Bei der Übergabe gibt es keine Stellvertretung. **137,** 23. — 10) Der gutgläubige Zessionar des Herausgabeanspruchs erwirbt im Falle des § 934 Halbsatz 2

BGB. auch dann mittelbaren Besitz vom Lagerhalter und damit das Eigentum an der Ware, wenn der Lagervertrag zwischen ihm und dem Lagerhalter dadurch zustandekommt, daß eine Angestellte des flüchtigen Lagerhalters einen ihr von diesem zurückgelassenen, mit der Blankounterschrift des Lagerhalters versehenen Lagerschein ausfüllt, die zur Individualisierung der Ware erforderliche Skizze aber selbst unterzeichnet und beide Urkunden dem Zessionar behändigt. **138,** 265. — 11) Beim Verkauf unter Eigentumsvorbehalt befindet sich der Käufer in einer rechtlich gesicherten und geschützten, pfändbaren und übertragbaren Rechtsstellung. Wenn der Vorbehaltskäufer sein bedingtes Recht an der Kaufsache überträgt, so verfügt er nicht als Nichtberechtigter gemäß § 185 BGB. Die Anwartschaft des Vorbehaltskäufers begründet kein dingliches Recht. Soll das Eigentum an der Kaufsache bei Eintritt der Bedingung (Bezahlung des vollständigen Kaufpreises) vom Vorbehaltskäufer unmittelbar auf einen Dritten übergehen, an den der Vorbehaltskäufer die Kaufsache vor Eintritt der Bedingung durch Sicherungsübereignung veräußert hat, so bedarf es einer Übertragungshandlung zwischen dem Vorbehaltsverkäufer und dem Dritten. Soll die Übertragung durch ein Insichgeschäft des Vorbehaltskäufers als stillen Vertreters geschehen, so bedarf dieses zu seiner Wirksamkeit der Kenntlichmachung nach außen. **140,** 223.

§ 55. Eigentumserwerb an beweglichen Sachen durch Ersitzung.

— — — — — — — — — — —

§ 56. Eigentumserwerb an beweglichen Sachen durch Verbindung, Vermischung und Verarbeitung.

1) Bedeutung der Verarbeitung der Kaufsache für den Umfang des Schadensersatzanspruchs des arglistig getäuschten Verkäufers, der den Kaufvertrag deshalb angefochten hat, wenn sein Abkäufer die Sache weiterverkauft und dabei einen erheblich höheren Erlös erzielt hat, aber nachdem er die Sache verarbeitet hatte. **138,** 50. — 2) Rechtswirksame Vereinbarung, daß der Verarbeiter alsbald für den Eigentümer des Stoffes das Eigentum erwirbt. **138,** 88.

§ 57. Eigentumserwerb an Schuldscheinen, Hypotheken-, Grundschuld- und Rentenbriefen, Aktien, Kuxen.

— — — — — — — — — — —

§ 58. Eigentumserwerb an Erzeugnissen und Bestandteilen einer Sache.

1) Absatz 1 Satz 2 des § 956 BGB. schließt nicht aus, daß durch eine Vereinbarung über die schuldrechtliche Grundlage für das Aneignungsrecht eine Änderung des rechtlichen Zustandes nach Satz 1 eintritt. Insbesondere kann durch Vereinbarung ein Pächter auf das Fruchtziehungsrecht bezüglich eines Teiles des Pachtlandes zugunsten des Verpächters verzichten. **138,** 237.

§ 59. Aneignung. Fischereirecht. Jagdrecht. Fund. Schatz.

— — — — — — — — — — —

§ 60. Eigentumserwerb durch Zuschlag, Einziehung (Beschlagnahme, Verfallerklärung) u. a.

1) Zur Frage des Eigentumserwerbs durch Rezeß. **133,** 69 (71 flg.).

§ 61. Verlust des Eigentums an beweglichen Sachen.

— — — — — — — — — — —

§ 62. Eigentumsanspruch auf Herausgabe der Sache (Vindikation). Klage aus älterem Besitz. Verwendungen.

1) Auch ohne die in § 1003 Abs. 1 BGB. vorgesehene Fristsetzung kann der Besitzer auf Feststellung der ersatzfähigen Verwendungen klagen, wenn der Eigentümer seinem Anspruch gegenüber ernstlich bestreitet, daß ersatzfähige Verwendungen überhaupt oder in der angegebenen Höhe gemacht worden sind, die Frist danach also zwecklos erscheint. **137,** 98. — 2) Mit der Klage auf Feststellung der ersatzfähigen Verwendungen kann der Antrag auf Stellung der Frist des § 1003 Abs. 2 BGB. durch das Prozeßgericht und sodann die Klage auf Verurteilung zur Duldung der Befriedigung aus der Sache verbunden werden. **137,** 98. — 3) Soweit es sich bei der Auseinandersetzung zwischen Eigentümer und Besitzer um den Umfang der Pflicht des Besitzers zur Herausgabe der gezogenen Nutzungen handelt, stellen die §§ 987 flg. BGB. eine erschöpfende Sonderregelung dar, die den allgemeinen Vorschriften des Bereicherungsrechts, diese ausschließend, vorgeht. Soweit in RGZ. Bd. 129 S. 307 eine abweichende Ansicht vertreten war, ist sie aufgegeben worden. **137,** 206. — 4) Die „Einrede der verkauften und übergebenen Sache" gegenüber der Eigentumsklage. **137,** 336. — 5) Die Vorschriften in § 273 Abs. 3 BGB. sind entsprechend anwendbar auf das in § 1000 BGB. geregelte Zurückbehaltungsrecht. **137,** 355. — 6) Ist ein Grundstück verkauft und übergeben, die Auflassung aber unterblieben, so erlischt das Recht des Käufers zum Besitz gegenüber dem Verkäufer und dessen Erben auch dann nicht, wenn der Auflassungsanspruch verjährt ist. Ein Grundsatz, daß das Eigentum und der Besitz nicht dauernd auseinanderfallen könnten, findet im Gesetz keine Stütze. **138,** 296. — 7) Beabsichtigt der die Herausgabe verlangende Eigentümer unter Aufgabe seiner früheren Bewirtschaftungsart das Grundstück nach der Herausgabe in der Bewirtschaftungsart des Besitzers weiter zu benutzen, so ist die Notwendigkeit der Verwendungen (§ 994 BGB.) gemäß dieser Bewirtschaftungsart zu prüfen. **139,** 353. — 8) Wann stellt sich eine Grundstücksbelastung als verschuldete Verschlechterung des Grundstücks im Sinne von § 989 BGB. dar? **139,** 353.

§ 63. Eigentumsfreiheitsanspruch (Negatorische Klage).

(s. auch § 51 II.)

1) Der Eigentümer kann die Beseitigung eines auf seinem Grundstück errichteten Baues nicht verlangen, wenn der Bau mit seiner Einwilligung errichtet worden war. **131,** 335. — 2) Störer im Sinne von § 1004 BGB. kann im allgemeinen und in aller Regel nur jemand sein, auf dessen Willensbetätigung die Beeinträchtigung des fremden Eigentums zurückzuführen ist. Jedenfalls aber kann, wenn die Beeinträchtigung von einem Grundstück

ausgeht, weil auf dieses Naturkräfte einwirken, dessen Eigentümer nur dann als Störer gelten und zu Abwehrmaßnahmen angehalten werden, wenn ihm das bei billiger Rücksichtnahme auf die Belange des andern zugemutet werden kann. **134,** 231. — 3) Wenn der Eigentümer auf Grund von §§ 1004, 812 BGB. Erstattung der Kosten verlangt, die er zur Beseitigung von Beeinträchtigungen seines Eigentums aufgewendet hat, kann ihm der Einwand aus § 254 BGB., daß er die Beeinträchtigung mitverursacht habe, jedenfalls dann entgegengesetzt werden, wenn der Eigentümer solche Mitursachen gesetzt hat, für die er einem Dritten wegen Verschuldens oder kraft Gesetzes ohne Verschulden haften würde. Als eine Vorschrift, die eine Haftung ohne Verschulden zu begründen vermag, kommt auch § 1004 BGB. in Betracht. **138,** 327.

Drittes Kapitel. Die dinglichen Rechte an fremden Sachen.

§ 64. Dingliche Rechte an fremden Sachen im allgemeinen.

1) Strenge Sonderung zwischen dem schuldrechtlichen Sondergeschäft und dem dinglichen Erfüllungsgeschäft. **137,** 335.

§ 65. Erwerb und Verlust dinglicher Rechte an fremden Sachen, insbesondere an Grundstücken, nach früherem preußischen Recht.

— — — — — — — — — — — —

§ 66. Erwerb und Verlust dinglicher Rechte an fremden Sachen nach BGB. im allgemeinen.

— — — — — — — — — — — —

§ 67. Erbbaurecht.

— — — — — — — — — — — —

§ 68. Dienstbarkeiten im allgemeinen.

— — — — — — — — — — — —

§ 69. Grunddienstbarkeiten.

1) Auslegungsgrundsätze des Preuß. Allgem. Landrechts für Grunddienstbarkeiten, die unter der Herrschaft des Preuß. ALR. bestellt worden sind. **131,** 158. — 2) Begriff der „Unterhaltung" einer Anlage im Sinne von § 1021 BGB. **131,** 158 (176).

§ 70. Nießbrauch.

— — — — — — — — — — — —

§ 71. Beschränkte persönliche Dienstbarkeit.

— — — — — — — — — — — —

§ 72. Dingliches Vorkaufs- und Wiederkaufsrecht.

— — — — — — — — — — — —

§ 73. Reallasten. Gemeine Lasten. Öffentliche Lasten.

§ 74. Altenteil (Auszug, Leibgedinge, Leibzucht).

1) Die Abtretbarkeit der Altenteils-Einzelansprüche auf eine Geldrente wird bejaht. **140,** 60.

Viertes Kapitel. Das Pfandrecht.

§ 75. Das Pfandrecht im allgemeinen.

§ 76. Hypothek und Grundschuld nach früherem Recht.

§ 77. Hypothek und Grundschuld (Rentenschuld) nach BGB.

I. Inhalt des Hypothekenrechts. Bruchteilshypothek. Bedingte Hypotheken. Bestellung. Gläubiger. Inhalt der Eintragung. Briefhypothek. Hypothekenbrief. Buchhypothek.

(Rangverhältnis § 48 II.)

1) Auslegung einer rheinischen Goldklausel, die unter der Herrschaft des code civil vereinbart worden war, als Goldmünzklausel. **131,** 78. — 2) Die Gültigkeit einer Hypothek wird durch eine persönliche Pfandbrieflieferungspflicht des Schuldner-Eigentümers nicht beeinträchtigt. **132,** 9. — 3) Bei einer Goldmarkhypothek kann die sog. Schwankungsklausel (1 GM. = 1 RM., falls sich bei der Umrechnung der Goldmark in Reichsmark für 1 kg Feingold ein Preis von nicht mehr als 2820 RM. und nicht weniger als 2766 RM. ergibt) ohne Zustimmung der nachstehenden Berechtigten nachträglich hinzugefügt werden. **135,** 142. — 4) Die Übergabe des Hypothekenbriefs (§ 1117 Abs. 1 Satz 1 BGB.) an eine Ehefrau, die mit ihrem Ehemann in häuslicher Gemeinschaft lebt, kann in der Weise geschehen, daß der Bote des Grundbuchamts den an die Ehefrau abgeschickten Brief ihr zu Händen des Ehemanns aushändigt. **135,** 206. — 5) Auch Grundbucheintragungen sind auslegungsfähig. **136,** 81. — 6) Die im Jahre 1917 vereinbarte, ins Grundbuch eingetragene Klausel, daß die Hypothek „in Gold deutscher Reichswährung" zu zahlen sei, wird als reine Goldmünzklausel, nicht als Goldwertklausel ausgelegt. **136,** 169. — 7) Die deutsch-schweizerische Goldhypothek kann ohne Eintragung der Goldklausel im Grundbuch bestehen. **140,** 353.

II. Gegenstand der hypothekarischen Haftung. Gesamthypothek. Sicherheitsgefährdung. Veräußerungsbeschränkung.

1) Erstreckt sich die Hypothek am ganzen Grundstück nach § 1120 BGB. auch auf das nur einem der Bruchteilseigentümer gehörige Zubehör? **132,** 321. — 2) Die Hypothek erstreckt sich auf die Miet- oder Pachtzinsforderung auch insoweit, als mit dem Zins die Überlassung von Zubehör des Grundstücks abgegolten wird. **136,** 407. — 3) Zum Begriff der Voraus-

verfügung über den Miet- oder Pachtzins nach § 1124 BGB. Ist im Mietvertrag ausgemacht, daß wegen der notwendigen, vom Mieter aufzuwendenden Kosten der Instandsetzung, die die Mietsache erst nutzbar macht, der ausgeworfene Mietvertag für bestimmte Zeiten ganz oder teilweise „als beglichen gelten soll", so kann der enge Zusammenhang mit dem Wert der Vertragsleistung des Vermieters die Abmachung als eine solche kennzeichnen, die zur Festsetzung des Mietzinses gehört, nicht dagegen eine Verrechnung bereits vereinbarter Miete darstellt, also nicht als Vorausverfügung anzusehen ist. **136**, 407.

III. Persönliche Schuld. Übernahme der persönlichen Schuld durch den Erwerber des belasteten Grundstücks. Verhältnis zwischen Forderung und Hypothek.

1) Der Schuldner-Eigentümer kann dem Gläubiger die Befugnis zugestehen, ihm die Löschung der Hypothek bis zur Lieferung von Pfandbriefen (persönliche Pfandbrieflieferungspflicht) zu verweigern. **132**, 9. — 2) § 1180 BGB. kommt für eine nachträgliche Einigung, welche die Hypothek erst zur Entstehung bringt, nicht in Betracht, sondern setzt eine bereits rechtsgültig bestehende Hypothek voraus. **139**, 129.

IV. Abtretung. Übergang.

1) Von einer Hypothek, die über den Preis einer bestimmten Menge Roggen lautet, kann ein auf einen bestimmten Reichsmarkbetrag gestellter Teil nicht abgetreten werden. **131**, 88. — 2) Für die nach § 268 Abs. 3 S. 2, 1150 BGB. eintretende Rangänderung gilt in entsprechender Anwendung des § 1176 BGB. der Grundsatz, daß der Vorrang nicht dem Gläubiger persönlich, sondern der ihm verbleibenden Hypothek als dinglicher Rang gebührt und daß deshalb, wenn der Erwerber der Zinsrückstände die Zwangsversteigerung in das Grundstück betreibt, das Kapital in das geringste Gebot aufzunehmen ist. **131**, 323. — 3) Der Anspruch des späteren Erwerbers einer (ursprünglichen) Eigentümergrundschuld auf Nachholung der mangelnden Beglaubigung der ersten Abtretungserklärung wird durch die Einrede des Grundstücks-Eigentümers und ersten Zedenten der Grundschuld, daß er im Innenverhältnis nur fiduziarisch unter Beschränkung abgetreten habe, bloß dann berührt, wenn die Einrede im Grundbuch eingetragen oder dem klagenden Zessionar beim Erwerb der Grundschuld bekannt war. **135**, 357. — 4) Hat A an seinem Grundstück für B eine Hypothek bestellt mit der Vereinbarung nach § 1117 Abs. 2 BGB. und hat dann B nach Bildung des Hypothekenbriefs, aber ohne Hingabe der Hypothekenvaluta an A, die Hypothek an den in Bezug auf Nichtentstehung der Forderung gutgläubigen C abgetreten mit der Vereinbarung, daß C sich den an B noch nicht ausgehändigten Brief vom Grundbuchamt aushändigen lassen solle, so hat C die Hypothek wirksam erworben und A hat gegen ihn keinen Berichtigungsanspruch aus § 894 BGB. **137**, 95. — 5) Auch wenn das den Erwerb vermittelnde Rechtsgeschäft (Erteilung der Abtretungserklärung und Einigung nach § 1117 Abs. 2 BGB.) vor der Eintragung und Ent-

stehung des Rechts (hier: einer Grundschuld) stattgefunden hat, erwirbt es der Erwerber kraft des öffentlichen Glaubens des Grundbuchs, wenn er dessen Unrichtigkeit im Zeitpunkt der Eintragung des Rechts nicht gekannt hat (Zusammenstellung der Entwicklung der reichsgerichtlichen Rechtsprechung zu dieser Frage). **140,** 35.

V. Verpfändung und Zurückbehaltungsrecht.

(Pfändung von Hypotheken und Grundschulden § 345.)

VI. Grundschuld. Eigentümergrundschuld.

1) Eine Höchstbetragshypothek kann für einen Forderungskreis eingetragen werden, der schon durch eine für den Gläubiger bestellte Grundschuld gesichert ist. **132,** 136. — 2) Ebensowenig, wie der Eigentümer eines Grundstücks, kann der Verwalter im Konkurse über dessen Vermögen eine Eigentümergrundschuld in Anspruch nehmen, die dadurch entstanden ist, daß mit der Valuta einer Darlehnshypothek, die an die erste Stelle treten soll, gemäß der mit dem Eigentümer getroffenen Vereinbarung eine vorgehende Hypothek getilgt wurde, deren Löschung sich verzögert hat. **134,** 257. — 3) Die Hypothek für Strafzinsen und für die Entschädigung wegen vorzeitigen Fälligwerdens der Hauptschuld ist regelmäßig als unter aufschiebender Bedingung bestellt anzusehen, sodaß bei Ausfall der Bedingung keine Eigentümergrundschuld besteht. **136,** 74. — 4) Ist aber im vorigen Falle die Hypothek als unbedingt bestellt anzusehen, so findet die Vorschrift des § 1178 Abs. 1 Satz 1 BGB. entsprechende Anwendung dahin, daß die dingliche Belastung erlischt, soweit sie sich endgültig mit dem Eigentum in einer Person vereinigt. **136,** 74. — 5) Die Eintragung einer verzinslichen Grundschuld ohne besondere Angabe des Zeitpunkts des Verzinsungsbeginns ist, wenn Gegengründe fehlen, dahin auszulegen, daß die Zinsen seit dem Tage der Eintragung laufen. Daher ist in solchem Falle der Beginn der Verzinsung als eingetragen anzusehen. **136,** 232.

VII. Sicherungs- und Höchstbetragshypothek.

1) Für einen Kreis von Forderungen können mehrere selbständige Höchstbetragshypotheken in der Art bestellt werden, daß der Gläubiger demnächst frei bestimmen kann, für welche Forderungen die eine und für welche die andere Hypothek haften soll. **131,** 16. — 2) Trotz § 1190 Abs. 2 BGB. bleiben die Zinsen Nebenforderungen (RGZ. Bd. 90 S. 152). Eine Trennung von Hauptforderung und Zinsen ist bei der Eintragung nicht zulässig, da der Höchstbetrag einheitlich angegeben werden muß. Die Grenze zwischen Hauptforderung und Zinsen ist dabei flüssig. **131,** 289 (295). — 3) Eine Höchstbetragshypothek kann für einen Forderungskreis eingetragen werden, der schon durch eine für den Gläubiger bestellte Grundschuld gesichert ist. **132,** 136. — 4) Gilt die Abtretung einer Höchstbetragshypothek mit der ihr zugrunde liegenden Forderung als eine selbständige, nach schuldrechtlichen Grundsätzen zu beurteilende Abtretung der Forderung im Sinne des § 1190 Abs. 4 BGB., wenn die Eintragung der Abtretung im Grundbuch nicht erfolgt ist und auch nicht mehr geschehen kann? **133,** 84. — 5) Zur Aus-

legung des in Eintragungsbewilligung und Eintragungsvermerk einer Höchstbetragshypothek gebrauchten Ausdrucks „sichern" (zur Sicherung der Ansprüche, soweit sie nicht bereits durch eine frühere Hypothek „gesichert" sind); angenommen wurde „beabsichtigte" Sicherung (= sicherstellen), abgelehnt also „erreichte" Sicherung (= decken), somit angenommen eine reine Mehrbetragssicherung, keine bedingte Ausfallsicherung (zu vgl. RGZ. Bd. 70 S. 245, Bd. 118 S. 162, Bd. 122 S. 327). **134**, 221. — 6) Die Eintragung einer Höchstbetragshypothek auf den Grundstückshälften eines Ehepaares dahin: „Sicherungshypothek zum Höchstbetrag von 15000 RM. für X." kann dahin ausgelegt werden, daß beide Grundstückshälften für alle Forderungen (schon bestehende wie künftige) des Gläubigers X. gegen den Ehemann bis zum Höchstbetrag von 15000 RM. haften sollen, und ist in diesem Umfang wirksam. **136**, 80. — 7) Ist im Jahre 1910 für einen Gläubiger eine Höchstbetragshypothek eingetragen worden wegen aller gegenwärtigen und zukünftigen Ansprüche aus einem Kontokorrent und ist das Kontokorrent bis 1930 ununterbrochen fortgesetzt worden, so kann der Gläubiger wegen des beim Abschluß im Jahre 1930 für ihn festgestellten Saldos den Aufwertungsbetrag der Hypothek auch dann beanspruchen, wenn ihm am Ende der Inflationszeit keine Ansprüche aus dem Kontokorrent zustanden und der Saldo sich lediglich aus später wertbeständig in der laufenden Rechnung begründeten Ansprüchen zusammensetzt. **136**, 87.

VIII. Zwangs- und Arresthypothek.

(S. auch § 346 III.)

— — — — — — — — — — — —

IX. Kündigung. Löschung. Aufhebung.

1) Über die Wirkung einer Löschungsverpflichtung nach § 1179 BGB. in der Zwangsversteigerung und im Konkurs des Eigentümers im allgemeinen. **134**, 260. — 2) Ebensowenig, wie der Eigentümer eines Grundstücks, kann der Verwalter im Konkurs über dessen Vermögen eine Eigentümergrundschuld in Anspruch nehmen, die dadurch entstanden ist, daß mit der Valuta einer Darlehenshypothek, die an die erste Stelle treten soll, gemäß der mit dem Eigentümer getroffenen Vereinbarung eine vorgehende Hypothek getilgt wurde, deren Löschung sich verzögert hat. **134**, 257. — 2) Zum Hypothekenmoratorium vom 11. November 1932 (RGBl. I S. 525). Ein Rückstand mit der Zahlung der bis zur Vo. aufgelaufenen Verzugszinsen genügt nicht für das Kündigungsrecht des Gläubigers nach § 1 Abs. 2 Satz 2 das. **140**, 35. — 3) Zur Auslegung der Fälle b und c in § 14 der vorgenannten Vo. **140**, 41.

X. Klage und sonstige Rechtsmittel des Hypothekengläubigers.

— — — — — — — — — — — —

XI. Befriedigung. Zwangsvollstreckung. Zwangsversteigerung.

1) Für das Kündigungsrecht nach § 1 der Vo. über das Hypothekenmoratorium vom 11. November 1932 (RGBl. I S. 525) genügt nicht ein Rückstand mit der Zahlung der bis zur Vo. aufgelaufenen Verzugszinsen. **140**, 35. — 2) Zur Auslegung der Fälle des § 14 zu b und c der vorgenannten Vo. **140**, 41.

XII. Aufwertung der Hypotheken, Grund- und Rentenschulden. Grundbuchbereinigung.

(S. auch § 91 zu IIb [freie Aufwertung], § 388 [Aufwertung nach der 3. Steuernotverordnung] und § 389 [Aufwertung nach dem Aufwertungsgesetz vom 16. Juli 1925.])

1) Die Aufwertung einer in der Zeit zwischen dem Inkrafttreten der 3. Steuernotverordnung und dem Inkrafttreten des Aufwertungsgesetzes eingetragenen Hypothek und der durch sie gesicherten persönlichen Forderung unterliegt (unbeschadet der Möglichkeit freier Aufwertung) dem AufwG. auch dann nicht, wenn die Verpflichtung zur Eintragung vor dem Inkrafttreten der 3. StNVo. begründet worden war. **131,** 51. — 2) Inwieweit hat bei einer Zwangsversteigerung, die während der Geltung der 3. Steuernotverordnung stattfand, der Ersteher die persönliche Forderung einer im geringsten Gebot stehenden Restkaufgeldhypothek aufzuwerten, die im Zuschlagsbeschlusse mit ihrem Papiermarkbetrag aufgeführt war? (Ohne besondere Versteigerungsbedingung nur in Höhe der Hypothekenaufwertung.) **131,** 236. — 3) Ist die durch eine Hypothek auf einem Grundstück in Polnisch-Oberschlesien gesichert gewesene persönliche Forderung deshalb nicht kraft Rückwirkung aufwertbar, weil die Hypothek nach polnischem Recht nicht aufgewertet wird? (Aufwertbarkeit bejaht.) **131,** 250. — 4) Unter die Vorschrift des § 22 Abs. 1 AufwG. fällt bei einer GmbH. als Grundstückseigentümerin auch ein Rechtserwerb, der nicht durch einen der Gesellschafter selbst, sondern seitens einer Person stattgefunden hat, die zu sämtlichen Gesellschaftern in einer der im § 22 Abs. 1 Halbs. 1 gekennzeichneten Angehörigenbeziehungen steht. **133,** 357. — 5) Der Eintragung des Aufwertungsbetrags an der bisherigen Rangstelle steht nach § 22 Abs. 2 AufwG. der öffentliche Glaube des Grundbuchs und die Vorschrift des § 21 Abs. 2 das. auch dann nicht entgegen, wenn es sich um die Berichtigung einer aufwertungsrechtlich unrichtigen Wiedereintragung, sei es des Aufwertungsbetrags oder des Ranges, handelt. **133,** 357. — 6) Die Vorschrift in § 26 des Grundbuchbereinigungsgesetzes vom 18. Juli 1930 (RGBl. I S. 305) betrifft sowohl die berichtigende als auch die rechtsändernde Löschung. **133,** 383. — 7) Ist im Jahre 1910 für einen Gläubiger eine Höchstbetragshypothek wegen aller gegenwärtigen und zukünftigen Ansprüche aus einem Kontokorrent eingetragen und ist das Kontokorrent bis 1930 ununterbrochen fortgesetzt worden, so kann der Gläubiger wegen des beim Abschluß im Jahre 1930 für ihn festgestellten Saldos den Aufwertungsbetrag der Hypothek auch dann beanspruchen, wenn ihm am Ende der Inflationszeit keine Ansprüche aus dem Kontokorrent zustanden und der Saldo sich lediglich aus später wertbeständig in der laufenden Rechnung begründeten Ansprüchen zusammensetzt. **136,** 87. — 8) Hat der Gläubiger seine Buchhypothek auf Grund eines in der Rückwirkungszeit geschehenen Verkaufs und einer damals in Papiermark geleisteten Zahlung abgetreten und ist die Hypothek erst nach dem 13. Februar 1924 auf den Erwerber umgeschrieben worden, so steht ihm ein Ausgleichsanspruch gegen diesen (vgl. RGZ. Bd. 131 S. 303) auch dann zu, wenn die Hypothek erst nach Inkrafttreten der 3. StNotVo. abgetreten worden ist. **136,** 321. — 9) Hatte sich der Hypothekengläubiger seine Rechte gemäß § 11 der 3. SteuernotVo. vorbehalten und dann während der

Geltungsdauer dieser Vo. gegen die Umschreibung der Hypothek auf den Grundstückseigentümer in Ansehung des Aufwertungsbetrags im Grundbuch einen Widerspruch eintragen lassen, so bestimmt sich das Rangverhältnis der Aufwertungshypothek zu einer nach dem Widerspruch, aber vor dem 1. Juli 1925 eingetragenen Hypothek nicht nach § 21 Abs. 2 AufwG., sondern — unbeschadet der Vorschrift in § 6 Abs. 2, § 7 — nach § 6 Abs. 1 Satz 1 daselbst, d. h. die Aufwertungshypothek behält, mit diesen Maßgaben, den bisherigen Rang. **139,** 299. — 10) Die deutsch-schweizerische Goldhypothek kann ohne Eintragung der Goldklausel im Grundbuch bestehen. **140,** 353.

§ 78. Pfandrecht an beweglichen Sachen.

1) Das nach § 647 BGB. begründete Pfandrecht des Werkunternehmers, der ein im Schiffsregister eingetragenes Schiff ausgebessert hat, geht unter mit der freiwilligen Herausgabe des Schiffes. Aufgabe der abweichenden Meinung in RGZ. Bd. 108 S. 163. **134,** 116. — 2) § 1250 BGB. findet auf eine zur Sicherung einer Forderung abgetretene Grundschuld keine Anwendung. Diese bleibt ein selbständiges Recht und wird nicht wie die in §§ 401, 1250 BGB. bezeichneten Nebenrechte der Forderung durch deren Übertragung berührt. **135,** 272. — 3) Eine Klage auf Rückgabe eines Pfandes darf nicht ohne weiteres schon deshalb abgewiesen werden, weil der Kläger sich nicht zur Begleichung der gesicherten Forderung bereit erklärt. Zu einer Bezifferung dieser Forderung ist er unter Umständen gar nicht in der Lage. Man wird im Zweifel anzunehmen haben, daß der Verpfänder wenigstens hilfsweise bereit ist, die gerichtlich festgestellte Schuld zu bezahlen. An das Erbieten des Schuldners zur Bezahlung der Schuld, mag sie auch zur Klagbegründung gehören, sind daher geringe Ansprüche zu stellen. **140,** 345.

§ 79. Pfandrecht an Rechten (Wertpapieren).

1) In der schriftlichen Erklärung über die Verpfändung einer Grundschuld muß die zu sichernde Forderung angegeben sein. **136,** 422. — 2) Die Verpfändung eines Geschäftsanteils einer GmbH. läßt das Stimmrecht des verpfändenden Gesellschafters unberührt, und zwar auch dann, wenn der Beschluß auf eine Vermehrung der den Gesellschaftern nach dem Gesellschaftsvertrag obliegenden Leistungen gerichtet ist, unbeschadet jedoch etwaiger Schadensersatzansprüche des Pfandgläubigers aus §§ 823, 826 BGB. **139,** 224.

§ 80. Die gesetzlichen Pfand- und Vorzugsrechte.

— — — — — — — — — — —

Fünftes Kapitel. Sonstige dingliche Rechtsverhältnisse.

§ 81. Familienfideikommisse. Familienstiftungen. Lehen.

I. Familienfideikommisse.

1) Zwischen dem Fideikommißvermögen und dem Allodialvermögen sind rechtliche Beziehungen (z. B. Darlehnsverträge) möglich, obgleich dieselbe Person Inhaber der beiden Vermögen ist. **132,** 71. — 2) Artt. 57

und 59 EG. z. BGB. ermächtigen die Landesgesetzgebung auch zu Vorschriften über den Abbau und die Aufhebung der Fideikommisse. **136**, 211. — 3) Wie nach Preußischem Allgemeinen Landrecht und nach gemeinem Recht, so stehen auch nach gemeinem Sachsenrecht dem Anwärter dingliche Rechte am Fideikommißvermögen zu. **137**, 324. — 4) Über den Unterschied zwischen privatem Familienfideikommiß und Hausgut. **137**, 324. — 5) Zum Wesen des Fideikommisses gehört seine (wenigstens dem Grundsatz nach bestehende) Unveräußerlichkeit so sehr, daß bei einer dem Besitzer nachgelassenen allgemeinen Veräußerungsbefugnis ein Familienfideikommiß überhaupt nicht vorliegen würde. **137**, 341.

II. Familienstiftungen.

———————————

III. Lehen.

———————————

§ 82. Rechtsverhältnisse der öffentlichen Wege und der Privatwege.

1) Besteht an den öffentlichen Wegen in dem französisch-rechtlichen Teile der Rheinprovinz noch das Domaine public im Sinne des Art. 538 des Code civil? **131**, 264. — 2) Gemeingebrauch an öffentlichen Wegen. Muß der Eigentümer einer öffentlichen Straße ein in den Luftraum über der Straße hineinragendes, polizeilich genehmigtes Vordach vor einem Hauseingang dulden? Bedeutung der Vorschrift in § 80 preuß. A.L.R. I, 8 hierfür. **132**, 398. — 3) Anhaltender oder drohender Schneefall befreit nicht unter allen Umständen von der Pflicht zum Streuen. **133**, 226.

§ 83. Rechtsverhältnisse der öffentlichen Flüsse und der sonstigen öffentlichen Gewässer.

1) Unter den Begriff der Anlandungen im Sinne von § 5 des preuß. Ges. betr. die Befugnisse der Strombauverwaltung gegenüber den Uferbesitzern an öffentlichen Flüssen vom 20. August 1883 (GS. S. 333) fallen nicht An- oder Aufschüttungen anderwärts ausgebaggerten Flußbodens, durch die neues Uferland geschaffen wird. **131**, 60. — 2) Dem preußischen Staat steht das Aneignungsrecht zu an Inseln, die an der ostfriesischen Küste in der Nordsee entstehen. Nach Allg. Landrecht ist die Abgrenzung zwischen Meer und Fluß im wesentlichen Tatfrage. Sie ist nach den für die allgemeine Auffassung maßgebenden natürlichen Verhältnissen zu entscheiden. **137**, 263. — 3) Nach § 17 Abs. 1 des preußischen Wassergesetzes vom 7. April 1913 steht das Eigentum an Anlandungen, welche durch allmähliche Anspülungen an Inseln entstehen, dem Eigentümer des Inselufers zu; § 14 das. ist nicht anzuwenden. **137**, 263. — 4) Wann und unter welchen Voraussetzungen kann unterlassenes oder ungenügendes Einschreiten der preußischen Wasserpolizeibehörden gegen die mißbräuchliche Benutzung eines Wasserlaufs eine den Staat zum Schadensersatz verpflichtende Amtspflichtverletzung enthalten? **138**, 259. — 5) Zum Begriff des „Sees“ nach dem preußischen Wassergesetz. **140**, 49.

§ 84. Rechtsverhältnisse der Privatflüsse, Landseen und Quellen.

1) Zum Begriff des „Sees“ nach dem preußischen Wassergesetz. **140,** 49.

§ 85. Mühlenrecht. Deichrecht. Vorflut.

— — — — — — — — — — —

§ 86. Bergrecht.

(Die Paragraphen ohne Zusatz sind die des Preuß. Berggesetzes vom 24. Juni 1865.)

1) Betreibt der verpachtende Bergwerkseigentümer in den verpachteten Kohlenfeldern während der Pachtdauer selbst Abbau, so erwirbt er an der gewonnenen Kohle durch die Besitzergreifung kein Eigentum. Er ist vielmehr dem Pächter, da er ihm das ausschließliche Aneignungsrecht zur Ausübung überlassen hat, zur Herausgabe und zur Auskunft (§ 260 BGB.) verpflichtet; dies auch dann, wenn dem Pächter während der nachträglich durch eine wirksame Kündigung begrenzten Pachtdauer die eigene Gewinnung nicht möglich gewesen wäre. **135,** 94. — 2) Das Hilfsbaurecht nach preußischem Bergrecht bleibt gebunden an die Grundlagen seiner Entstehung, an den Zweck, zu dem es begründet ist, und an das Bedürfnis des berechtigten Bergwerks. **137,** 140. — 3) Sind die durch den Bergbau beschädigten Gebäude von einem Pächter des Grundeigentümers errichtet, so ist die Ersatzpflicht des Bergwerkbesitzers schon dann ausgeschlossen, wenn nur der Grundeigentümer die ihnen durch den Bergbau drohende Gefahr zur Zeit der Errichtung kannte oder kennen mußte. **137,** 234. — 4) Die Feststellung der „Wissenschaft“ vom Dasein und Urheber des Schadens nach § 151 des preuß. Allg. BergG. wird nicht dadurch ausgeschlossen, daß das Vorhandensein eines Bergschadens noch nicht mit positiver Bestimmtheit feststeht. **138,** 144. — 5) Im ehemaligen Geltungsbereich des französischen Berggesetzes vom 21. April 1810 ist auf Grund des § 155 pr. Allg. BergG. ein Entschädigungsanspruch des Bergwerkseigentümers, dem sein Bergwerk vor dem 1. Oktober 1865 verliehen war, anzuerkennen gegenüber dem jüngeren Eisenbahnunternehmen, zu dessen Gunsten er durch bergpolizeiliche Anordnung genötigt wird, einen Sicherheitspfeiler stehen zu lassen. Voraussetzung ist nicht, daß das Bergwerk am 1. Oktober 1865 im Betriebe war. Den Anspruch kann auch der Pächter geltend machen, dem der Bergwerkseigentümer für die Dauer der Verpachtung seine Rechte übertragen hat. **139,** 240.

§ 87. Realgewerbeberechtigungen. Ausschließliche Gewerbeberechtigungen. Zwangs- und Bannrechte.

— — — — — — — — — — —

§ 88. Dingliche Rechtsverhältnisse in bezug auf Kirche und Schule. Patronatsrecht.

1) Auseinandersetzung des Vermögens eines vereinigten Kirchen- und Schulamts. **133,** 69; s. auch **139,** 160. — 2) Aufwertung eines Patronatskanons. **138,** 148.

Dritter Abschnitt. Recht der Schuldverhältnisse.

Erstes Kapitel. Allgemeiner Teil.

1. Subjekte der Schuldverhältnisse.

§ 89. Bestimmtheit des Subjekts.

— — — — — — — — — — — —

§ 90. Gesamtschuldner. Gesamtgläubiger.

1) Über den Unterschied zwischen Gesamtschuld und Bürgschaft. **134,** 128. — 2) Ausgleichungseinwand eines Gesamtschuldners gegenüber dem Rückgriff der Berufsgenossenschaft. **134,** 293. — 3) Die Mitschuld dessen, der nach § 25 HGB. für die Geschäftsschuld des früheren Geschäftsinhabers haftet, entsteht mit dem gleichen Inhalt und der gleichen Beschaffenheit, welche die Urschuld in diesem Augenblick hat, geht aber dann zum Teil ihren eigenen Weg. Die Verjährung, die bei Entstehung der Mitschuld für die Urschuld bereits läuft, setzt sich auch bei der neuen Mitschuld fort. Tatsachen jedoch, die in bezug auf die Verjährung nur in der Person des einen Schuldners eintreten, z. B. eine Unterbrechung der Verjährung, wirken nach § 425 BGB. nur für oder gegen diesen. **135,** 104. — 4) Unter besonders gearteten Umständen kann eine gesamtschuldnerische Haftung von Ausgleichsverpflichteten gegenüber dem Anspruch des Ausgleichsberechtigten in Anwendung des § 254 BGB. auch dann für gegeben erachtet werden, wenn der Ausgleichsberechtigte im Innenverhältnis nach § 254 nicht völlig haftfrei gestellt wird. **136,** 275. — 5) Haben mehrere als Gesamtschuldner zur Bezahlung derselben Forderung verurteilte Beklagte gesondert Berufung eingelegt, so ist zwar jedem von ihnen eine besondere Nachweisfrist zu setzen, aber die fristgemäße (d. h. auch vor Ablauf der Nachweisfrist der Nichtzahlenden geleistete) Zahlung der Gebühr durch einen von ihnen wirkt auch für die anderen. **137,** 192. — 6) Mitmieter können den Mietvertrag, sofern dieser nichts abweichendes bestimmt, nur gemeinsam kündigen. **138,** 183. — 7) Voraussetzungen für den Ausgleichungsanspruch nach § 17 KFG. **140,** 415.

2. Gegenstand und Inhalt des Schuldverhältnisses.

§ 91. Verpflichtung des Schuldners im allgemeinen. Treu und Glauben. Teilbarkeit und Unteilbarkeit. Gesetzliche Schuldverbindlichkeiten. Natürliche Schuldverbindlichkeiten.

I. Verpflichtung des Schuldners im allgemeinen.

1) Nach allgemeinen Rechtsgrundsätzen ist eine bloße Unterlassung nur dann rechtswidrig, wenn eine Rechtspflicht zum Handeln bestand. **134,** 235.

II. Treu und Glauben.

a) Im allgemeinen.

1) Grenzen der Anwendbarkeit des § 242 BGB. **131,** 158 (178). — 2) Über die Offenbarungspflicht beim Vertragsschluß. **132,** 305; **136,** 258. — 3) Verpflichtung des Geschäftsherrn durch Handlungen Angestellter, die er

duldet. Anwendung dieses Grundsatzes auf zwei Versicherungsgesellschaften, von denen jede die Angestellten der anderen Gesellschaft für sich mit arbeiten läßt, in bezug auf Deckungszusagen. **133**, 97.

b) Freie Aufwertung. Ausgleichsanspruch.

1) Auf die Tilgung einer im Jahre 1911 in Deutsch-Südwestafrika zwischen Deutschen begründeten Darlehnsschuld ist nicht der Währungsproklamation des englischen Administrators vom 15. Dezember 1920, sondern das deutsche Aufwertungsrecht anzuwenden. **131**, 41. — 2) Über Wegfall der Geschäftsgrundlage bei einer Auseinandersetzung zwischen Gesellschaftern zur Zeit des Währungsverfalls. **131**, 92. — 3) Zur Verwirkung von Aufwertungsansprüchen. **131**, 225, 321; **134**, 262 (272), 357 (bei Vermögensanlagen). — 4) Behandlung der sog. lebenswichtigen Geschäfte bei der freien Aufwertung. **131**, 230. — 5) Dem Gläubiger, der seine Buchhypothek auf Grund einer in der Rückwirkungszeit erfolgten Zahlung abgetreten hat, steht gegen den Erwerber, auf den die Hypothek erst nach dem 13. Februar 1924 im Grundbuch umgeschrieben worden ist, auch dann ein Ausgleichsanspruch zu, wenn eine sog. unechte Abtretung vorliegt. **131**, 303. — 6) Unter welchen Umständen kann eine GmbH. von ihren Gesellschaftern Aufwertung ihrer Stammeinlageforderungen (rückwirkend) verlangen? „Lebenswichtige Bedeutung" der Stammeinlagen. **131**, 318. — 7) Kann der Gläubiger auch nach Annahme einer anderen als der geschuldeten Leistung an Erfüllungsstatt noch einen Aufwertungs- oder Ausgleichsanspruch geltend machen? **132**, 45. — 8) Unter welchen Voraussetzungen steht dem Schuldner gegen seinen Grundstücksabkäufer ein Ausgleichsanspruch zu? **132**, 45 (nebst einer Zusammenstellung der Rechtsprechung über den Ausgleichsanspruch auf S. 49 a. E., 50 oben). — 9) Ist ein Ausgleichsanspruch auf Grund der Aufwertungsnovelle vom 9. Juli 1927 zulässig, wenn die in der Inflationszeit begründete Verpflichtung des Verkäufers eines Grundstücks, für Hypothekenfreiheit einzustehen, nach Inkrafttreten des Aufwertungsgesetzes vom 16. Juli 1925 vergleichsweise geregelt wurde? **132**, 170. — 10) Der Ausgleichsanspruch des Grundstücksverkäufers, der seinerseits bei Erwerb des Grundstücks die Hypothek in Anrechnung auf den Kaufpreis übernommen hatte, gegen seinen Abkäufer ist nicht schon deshalb ausgeschlossen, weil damals der Hypothekengläubiger die Schuldübernahme nicht genehmigt hatte (Grund: weil der Verkäufer seinem Vormann gegenüber zur Befreiung von der Hypothekenschuld verpflichtet und dementsprechend verurteilt worden war). **132**, 342. — 11) Der Erfüllungsübernehmer (Käufer des Grundstücks) kann den Schuldner eines Aufwertungsbetrags (Verkäufer des Grundstücks) ausgleichungspflichtig machen gemäß § 242 BGB., wenn die von ihm übernommene Schuld durch die Aufwertungsgesetzgebung eine solche Größe erhält, daß die Grundlage des Kaufvertrags so stark erschüttert wird, daß ein starres Festhalten am Vertrage mit Treu und Glauben nicht vereinbar wäre. Dagegen ist § 15 Nr. 2 AufwG. nur im Verhältnis zwischen dem Aufwertungsgläubiger und dem Aufwertungsschuldner anwendbar, nicht aber im Verhältnis zwischen dem Aufwertungsschuldner und dem Erfüllungsübernehmer. **133**, 63. — 12) Unverwendbarkeit der Tabelle zum

Aufwertungsgesetz als alleiniger Maßstab für Fragen der freien Aufwertung. **133,** 68. — 13) Eine Kaufpreisforderung, die in eine Darlehensforderung umgeschaffen worden ist, kann nicht für die Zeit vom Tage des Kaufabschlusses bis zum Tage des Abschlusses des Novationsvertrags aufgewertet werden; denn die Novation führt den Untergang des alten Schuldverhältnisses dergestalt herbei, daß keiner der Beteiligten mehr darauf zurückgreifen kann. **134,** 155. — 14) Bei einer Kette von Veräußerungsgeschäften ist für den Ausgleichsanspruch die Frage, ob die Geschäftsgrundlage erschüttert ist, für jeden Vertrag besonders zu prüfen. **134,** 174. — 15) Von der Regel, daß in Fällen der Weiterveräußerung der Betrag des erzielten Reingewinns des Ausgleichpflichtigen die äußerste Grenze des Ausgleichsbeitrags bildet (RGZ. Bd. 128 S. 367), kann eine Ausnahme dann Platz greifen, wenn dem ersten Ausgleichsverpflichteten ein Ausgleichsanspruch gegen seinen Abkäufer zusteht. **134,** 174 (177 a. E.). — 16) Über die Beziehung zwischen dem aus § 242 BGB. hergeleiteten Ausgleichsanspruch und einem auf Grund ergänzender Vertragsauslegung gegebenen Vertragsanspruch mit gleichem Ziele. **134,** 249. — 17) § 211 HGB. steht der Geltendmachung von Geldentwertungsansprüchen für die Einlageforderungen auf Aktien an sich nicht im Wege. **134,** 265. — 18) Eine wirksam durchgeführte Goldmarkumstellung, bei der die Aufwertung rückständiger Einlagen auf Geschäftsanteil (einer GmbH.) nicht berücksichtigt wurde, hindert nicht die spätere Geltendmachung von Aufwertungsansprüchen; insoweit ist die Rechtslage bei der Aktiengesellschaft nicht anders. **134,** 265. — 19) Aber auch bei Aufwertungsansprüchen aus Einzahlungsrückständen auf Aktien kann Verwirkung durchgreifen **134,** 266. — 20) Es erscheint bedenklich, grundsätzlich die von der Rechtsprechung entwickelten Regeln über den Ausgleichsanspruch auch dann anzuwenden, wenn eine Änderung der Rechtsprechung eintritt, mit der die Parteien nicht gerechnet haben. Für anwendbar erklärt wurden jedoch diese Regeln in einem Falle, wo die Vertragsparteien für die dinglichen Aufwertungsansprüche des Zedenten (§ 17 AufwG.) gegen den späteren Erwerber des belasteten Grundstücks die vor RGZ. Bd. 116 S. 177 herrschende Rechtsprechung zur Grundlage der vertraglichen Regelung genommen hatten, gemäß dieser Entscheidung aber nachträglich dingliche Aufwertungsansprüche des Zedenten durchgeführt worden sind. **136,** 34. — 21) Vertragliche Regelung der Aufwertungsgefahr schließt regelmäßig den Ausgleichsanspruch aus. **136,** 39. — 22) Der Aufwertungsanspruch ist seinem rechtlichen Wesen nach kein anderer Anspruch als der aus dem ursprünglichen Rechtsverhältnis herzuleitende. **136,** 201. — 23) Hat der Gläubiger seine Buchhypothek auf Grund eines in der Rückwirkungszeit geschehenen Verkaufs und einer damals in Papiermark geleisteten Zahlung abgetreten, und ist die Hypothek erst nach dem 13. Februar 1924 auf den Erwerber umgeschrieben worden, so steht ihm ein Ausgleichsanspruch gegen diesen (vgl. RGZ. Bd. 131 S. 303) auch dann zu, wenn die Hypothek erst nach Inkrafttreten der 3. StNotVo. abgetreten worden ist. **136,** 321. — 24) Nicht anzuerkennen ist ein Grundsatz, wonach der Ausgleichsanspruch des mit nachträglichen persönlichen Aufwertungsschulden belasteten Grundstücksverkäufers in der Regel nur gerichtet sein könne auf (gänzlich oder teilweise stattfindende)

Befreiung von der Aufwertungslast, dagegen nur beim Hinzutreten besonderer Umstände auf Zahlung. Vielmehr ist die Entscheidung auf die Umstände des einzelnen Falles abzustellen. **139,** 315. — 25) Auch wenn ein Ausgleichsanspruch im einzelnen Falle nur eine Befreiung zum Gegenstand haben sollte, gehört er im vollen Umfang zur Konkursmasse. Er verwandelt sich dann in der Hand des Konkursverwalters in einen Anspruch auf Zahlung. **139,** 315. — 26) Der Übergang des Ausgleichsgläubigers vom Zahlungsbegehren zum Schuldbefreiungsbegehren enthält keine Geltendmachung eines neuen Anspruchs nach § 529 Abs. 4 ZPO. **139,** 315. — 27) Unerheblich ist grundsätzlich, ob der Aufwertungsschuldner (Ausgleichsgläubiger) leistungsfähig oder leistungswillig ist. Etwaigem böswilligen Zusammenwirken des Aufwertungsschuldners mit dem Aufwertungsgläubiger zu Lasten des Ausgleichsschuldners ist dabei eine Grenze gezogen durch den im § 826 BGB. ausgesprochenen Rechtsgedanken. **139,** 318.

III. Teilbarkeit und Unteilbarkeit.

§ 92. Unmöglichkeit der Leistung, ursprüngliche, nachträgliche. Unvermögen zur Leistung.

1) Wird nur ein Teil der ganzen vertraglichen Leistung unmöglich, so tritt grundsätzlich Befreiung des Schuldners nur in dem Umfang ein, in dem die Leistung unmöglich geworden ist. Ausnahmsweise aber treten durch Teilunmöglichkeit die Rechtswirkungen vollständiger Unmöglichkeit ein, wenn nämlich nach dem besonderen Inhalt und Zweck des Vertrages dem Gläubiger nur mit der vollen Leistung gedient ist. **140,** 378. — 2) Unter welchen Umständen hat der Schuldner die nachträgliche Unmöglichkeit seiner Leistung zu vertreten? **140,** 378.

§ 93. Gattungsschuld. Wahlschuld.

1) Ob die Bestimmung eines über ein Markdarlehen geschlossenen Darlehnsvertrages, daß die Zahlungen nach Wahl des Gläubigers entweder in holländischer Währung oder in deutscher Währung zu leisten sind, im Sinne eines Wahlschuldverhältnisses oder einer bloßen Ersetzungsbefugnis (facultas alternativa) des Gläubigers aufzufassen, ist im wesentlichen Sache der Vertragsauslegung. Möglich ist auch eine Auslegung dahin, daß der Gläubiger in der jeweiligen Reichswährung soviel solle fordern können, als zur Deckung seiner Forderung in Guldenwährung nötig ist. Liegt eine bloße Ersetzungsbefugnis des Gläubigers vor, so ist es nicht ausgeschlossen, daß der Gläubiger, auch wenn er früher Zahlung in deutscher Währung gefordert oder angenommen hat, spätere Zahlungen in holländischer Währung verlangen kann. **136,** 127. — 2) Zur Fassung der Urteilsformel bei Verurteilung zu einer solchen Leistung. **136,** 127.

§ 94. Geldschuld. Zinsen.

I. Geldschuld; Währung.

1) Auslegung einer rheinischen Goldklausel, die unter der Herrschaft des Code civil vereinbart worden war, als Goldmünzklausel [Begriffe

„Goldwertklausel" und „Goldmünzklausel" in **121,** 111]. **131,** 78. — 2) Goldmünz- oder Goldwertklausel? **136,** 169. — 3) Daß Dollarzahlung „effektiv" beabsichtigt war, kann auch bei nicht ausdrücklichem Verlangen aus den Umständen des Falles entnommen werden. **138,** 52. — 4) Über Schweizer Goldhypotheken s. § 77 zu I Nr. 7.

II. Zinsen.

1) Zur Höhe der Prozeßzinsen. **131,** 289 (296). — 2) Zur Höhe und Berechnung der Bankzinsen um die Zeit der Währungsfestigung. Berechnung nach dem höchsten Stande der Debetzinsen im Saldoabschnitt? **136,** 56.

§ 95. Schaden, Schadensersatz.

I. Allgemeines. Ursächlicher Zusammenhang. Art und Umfang des Schadensersatzes. Anrechnung von Vorteilen.

1) Zum Begriff der adäquaten Verursachung. Ein adäquater Zusammenhang besteht dann, wenn eine Handlung oder Unterlassung im allgemeinen und nicht nur unter besonders eigenartigen, ganz unwahrscheinlichen und nach dem regelmäßigen Lauf der Dinge außer Betracht zu lassenden Umständen zur Herbeiführung des eingetretenen Erfolges geeignet gewesen ist. **133,** 126; **135,** 154. — 2) Zur Frage der Ausgleichung von Vorteilen, die im Laufe einer Zwangsvollstreckung erwachsen, wenn der Gläubiger selber den versteigerten Gegenstand erwirbt. **133,** 221. — 3) Der Schadensersatzanspruch einer Witwe, der auf Grund der §§ 39, 40 des Reichsversorgungsgesetzes Witwenbeihilfe und nach § 88 das. Zusatzrente bewilligt worden ist, gegen den Schädiger mindert sich nicht um diese beiden Beihilfebeträge. **136,** 83. — 4) Eine allgemeine Vermutung, wonach ein bestehender tatsächlicher Zustand bis zum Beweise des Gegenteils als fortbestehend zu gelten hätte, ist nicht anzuerkennen. **137,** 153. — 5) Sind Pfandsachen, die der Gerichtsvollzieher im Gewahrsam des Schuldners belassen hatte, abhanden gekommen, so ist der Gläubiger, der Schadensersatz verlangt mit der Behauptung, die Sachen seien an dem vom Gerichtsvollzieher anberaumten, aber schuldhaft nicht abgehaltenen Versteigerungstermin noch vorhanden gewesen, für diese Behauptung beweispflichtig. **137,** 153. — 6) Zur Beziehung zwischen ursächlichem Zusammenhang und mitwirkendem Verschulden; Auftreten von zwei Ursachenreihen. **137,** 156. — 7) Der Dienstverpflichtete, der einen Schadensersatzanspruch auf § 618 BGB. stützt, hat zunächst nur zu beweisen, daß tatsächlich Mängel vorlagen, die nach dem natürlichen Verlaufe der Dinge geeignet waren, die später eingetretenen Schäden hervorzurufen. Gelingt dem Dienstverpflichteten dieser Nachweis, dann fällt dem Dienstberechtigten der Gegenbeweis zu, nicht nur dafür, daß ihn und denjenigen, für den er nach § 278 BGB. zu haften hat, kein Verschulden trifft, sondern auch dafür, daß besondere Umstände eine andere Ursache des Unfalls erkennen lassen und damit die vom Dienstverpflichteten zunächst dargelegten Mängel als Ursache oder Mitursache ausschließen. **138,** 37. — 8) Hat jemand durch arglistige Täuschung einen Gegenstand erworben und diesen besonders günstig verkauft, so hat der erste Verkäufer

nach Anfechtung des Vertrages Anspruch auf den vollen Erlös des Weiterverkaufs, nicht nur auf Ersatz des gemeinen Wertes der Sache zur Zeit des Abschlusses des anfechtbaren Geschäfts. **138,** 45. — 9) Wie ist der vorige Fall zu beurteilen, wenn der beim Weiterverkauf erzielte Erlös dadurch erheblich erhöht worden ist, daß der Erstkäufer die Kaufsache verbessert und besonders günstige Verkaufsmöglichkeiten geschaffen hat? Wie dann, wenn durch die Tätigkeit des Erstkäufers die Kaufsache in eine neue Sache umgeschaffen worden ist? **138,** 45 (50). — 10) Wenn der Eigentümer auf Grund von §§ 1004, 812 BGB. Erstattung der Kosten verlangt, die er zur Beseitigung von Beeinträchtigungen seines Eigentums aufgewendet hat, kann ihm der Einwand aus § 254 BGB., daß er die Beeinträchtigung mitverursacht habe, jedenfalls dann entgegengesetzt werden, wenn er solche Mitursachen gesetzt hat, für die er einem Dritten wegen Verschuldens oder kraft Gesetzes ohne Verschulden haften würde. Als eine Vorschrift, die eine Haftung ohne Verschulden zu begründen vermag, kommt auch § 1004 BGB. in Betracht. **138,** 327. — 11) Die Frage des ursächlichen Zusammenhangs ist materiellrechtlich und deshalb nach § 249 BGB. zu beurteilen, nicht nach § 287 ZPO. **140,** 9. — 12) Zieht der Geschädigte einen Sachkundigen zu, der dann Fehler begeht, so ist der ursächliche Zusammenhang zwischen dem schuldhaften Tun des Schädigers und dem eingetretenen Schaden in solchem Falle nur dann unterbrochen, wenn der zugezogene Sachkundige alle Regeln und Erfahrungen derartig gröblich außer acht läßt und jede berechtigte Erwartung auf ein vernünftiges und gewissenhaftes Verfahren derartig täuscht, daß der Mißerfolg seiner Bemühungen auf diesen außergewöhnlichen Umstand zurückgeführt werden muß. **140,** 9. — 13) Wer nach bürgerlichem Recht für eine Gesundheitsbeschädigung eines Staats- oder Gemeindebeamten verantwortlich ist, die dessen Dienstfähigkeit beeinträchtigt, hat dafür aufzukommen, daß dieser zum Ersatz der Stellvertretungskosten verpflichtet ist. **140,** 369. — 14) Der in Nr. 13 genannte Anspruch des Beamten kann von ihm an seine Behörde rechtswirksam abgetreten werden. **140,** 369.

II. Mitwirkendes Verschulden des Beschädigten (§ 254 BGB.).

1) Die Vorschrift des § 254 BGB. setzt nicht voraus, daß das Verschulden des Beschädigten gerade bei dem schädigenden Ereignis hervorgetreten sein müßte, sofern es nur bei der Entstehung des Schadens mitgewirkt hat. **131,** 119 (124). — 2) Eine Abwägung ist regelmäßig erst möglich, wenn das Maß des beiderseitigen Verschuldens festgestellt ist. **131,** 119 (125). — 3) Über adäquaten Zusammenhang bei Mitverschulden (der Fußgänger hat sich beim Überqueren der Landstraße nicht darüber vergewissert, ob sich ein Kraftwagen nähere). **133,** 126. — 4) Zur Beziehung zwischen ursächlichem Zusammenhang und mitwirkendem Verschulden. **137,** 156. — 5) Die Bedeutung von Grundbuch-Benachrichtigungen; Nichtbeachtung als mitwirkendes Verschulden. **138,** 114; s. auch **131,** 15. — 6) Der Unfallverletzte muß sich zur Heilung oder zur Erlangung größerer Arbeits- und Erwerbsfähigkeit trotz des Selbstbestimmungsrechts über seinen Körper unter Umständen einer Operation unterziehen, andernfalls er grundsätzlich schuldhaft handelt. Nur kann ihm nicht zugemutet werden, in eine sein Leben ge-

fährdende Kur oder Operation zu willigen, wenn sie nicht sichere Aussicht auf Heilung oder beträchtliche Besserung bieten. Dagegen kann die Notwendigkeit einer allgemeinen Narkose nicht unbedingt die Ablehnung der Operation entschuldigen, da nach den Fortschritten der Heilkunde die Gefahren einer Narkose sehr gering sind. Besonders muß das gelten, wenn die Operation zur Verhütung einer gefährlichen Verschlimmerung des Leidens erforderlich ist. Trotz alledem sind für die subjektive Seite noch folgende Gesichtspunkte beachtlich: a) Es kann dem Verletzten unter Umständen nicht unbedingt zum Verschulden angerechnet werden, wenn er dem zutreffenden Rat eines Arztes, sich operieren zu lassen, nicht folgt, sondern sich zu einem nicht approbierten Heilkundigen begibt, der von der Operation abrät und den Verletzten mit anderen Mitteln behandelt. Dabei kommt es wesentlich mit auf Ruf und Zuverlässigkeit des Heilkundigen an. b) Bei Entscheidung der Frage, ob in der Ablehnung der Operation ein Verschulden liegt, ist auch die Persönlichkeit des Verletzten, besonders neurasthenische Schwäche und dadurch herbeigeführte Beeinträchtigung der Entschlußkraft zu beachten. **139,** 131. — 7) Macht der Ehemann Schadensersatzansprüche aus einem Unfall seiner Ehefrau nicht nach § 1380 BGB., sondern kraft besonderer Abtretung geltend (die sich in den Grenzen gesetzlicher Zulässigkeit — § 850 Abs. 3 ZPO. — hält), so kann infolge der Abtretung — anders als im Falle des § 1380 BGB. — diesen Ansprüchen ein mitwirkendes Verschulden des Ehemanns entgegengehalten werden. **139,** 289. — 8) Der durch ein fehlerhaftes Verhalten seines zweitinstanzlichen Anwalts Geschädigte braucht sich grundsätzlich ein Verschulden seines erstinstanzlichen, als Verkehrsanwalt tätig gewordenen Anwalts nicht entgegenhalten zu lassen. **140,** 1. — 9) Zwar findet § 254 Abs. 2 Satz 2 BGB. auch auf Abs. 1 Anwendung. Voraussetzung dafür ist aber, daß in irgendwelcher Art eine schuldrechtliche Verpflichtung des Beschädigten dem Schädiger gegenüber besteht. Denn § 254 Abs. 1 begründet selber keine selbständige Verpflichtung für den Beschädigten, dem Schädiger bei oder zur Zeit der Entstehung des Schadens zum Nichteintritt der schadenstiftenden Ursache behilflich zu sein. **140,** 7, 8. — 10) Mitwirkendes Verschulden durch unbedingtes Vertrauen auf die Richtigkeit des Verzeichnisses der Offenbarungseidschuldner, weil mit Irrtümern darin gerechnet werden muß. **140,** 152.

III. Schadensersatz in Vertrags- und vertragsähnlichen Verhältnissen.

A. Schadensersatz wegen Nichterfüllung (die Fälle des § 326 BGB. s. § 99).

1. Allgemeine Grundsätze.

— — — — — — — — — — — —

2. Schadensersatz wegen Nichterfüllung beim Kauf.

(Über Schadensersatz wegen Nichterfüllung beim Grundstückskauf s. **134,** 83 und hierzu nachstehend § 121 zu VI 7—12.)

B. Schadensersatz in Vertrags- und vertragsähnlichen Verhältnissen im übrigen.
(Schadensersatz gegen Rechtsanwälte § 287.)

1) Zur Frage des Verschuldens beim Vertragschluß, wenn jemand gemeinsam mit anderen Personen, mit denen er sich zur Gründung einer Aktiengesellschaft zusammengetan hat, einen Notar beauftragt, die erforderlichen Verträge zu entwerfen, dann aber sich weigert, die Verträge zu unterschreiben, und so bewirkt, daß die Notargebühren nutzlos aufgewendet werden? **132,** 26. — 2) Anwendbarkeit des § 278 BGB. auch auf Verschulden beim Vertragsschluß. **132,** 79. — 3) Verschulden beim Vertragsschluß verpflichtet in aller Regel nur zum Ersatz des negativen Interesses. **132,** 79. — 4) Ein Verschulden beim Vertragsschluß macht gemäß § 164 BGB. im allgemeinen nur den Vertretenen, nicht aber den Vertreter auf vertragsähnlicher Grundlage schadensersatzpflichtig; letzteres ausnahmsweise nur dann, wenn der Vertreter am Zustandekommen des Vertrags ein eigenes Interesse hatte. **132,** 80, 81. — 5) Über das Verhältnis der Gewährleistungsansprüche zu dem Rechtsbegriff des Verschuldens beim Vertragsschluß. **135,** 340 (346).

IV. Schadensersatz außerhalb vertraglicher Verhältnisse.
(Zu vergl. hierzu das alphabetische Register unter Schaden, Schadensersatz.)

§ 96. Rechenschaftslegung. Offenbarungseid. Auskunftserteilung.
(Auskunft nach § 676 BGB. s. Syst. Reg. § 133 I.)

1) Zur Auskunftspflicht der Sparkassen über die Ordnungsmäßigkeit der von ihnen ausgegebenen Sparbücher. **131,** 239. — 2) Inwieweit besteht für den Besitzer, der mit der Sache auch gezogene Nutzungen herauszugeben hat, eine Rechnungslegungs- oder Auskunftspflicht? **137,** 206. — 3) Auskunftspflicht des Beleidigers, der über einen anderen ehrenrührige Behauptungen verbreitet hat, dem Beleidigten die Personen anzugeben, an die er seine Mitteilungen hat gelangen lassen. **140,** 403.

§ 97. Ort der Leistung. Erfüllungsort.

1) Aus der „Natur des Schuldverhältnisses" (BGB. § 269) ist beim Grundstücksmiet- oder -Pachtverhältnis nicht zu entnehmen, daß der Miet- oder Pachtzins an dem Ort zu leisten ist, wo das vermietete oder verpachtete Grundstück liegt. **140,** 67.

§ 98. Zeit der Leistung. Stundung.

— — — — — — — — — — —

§ 99. Verzug des Schuldners (insbesondere bei gegenseitigen Verträgen, § 326 BGB.)

— — — — — — — — — — —

§ 100. Verzug des Gläubigers.

— — — — — — — — — — —

§ 101. Verschulden in Vertragsverhältnissen. Positive Vertragsverletzung.

(Vgl. § 42 „Verschulden".)

1) Über das Verhältnis der Rechte wegen Sachmängel beim Kauf zum Rechtsbehelf der mangelnden Geschäftsgrundlage. **135,** 340. — 2) Auflösung des Vertragsverhältnisses wegen Zerstörung des nötigen Vertrauens durch persönliche Kränkungen. **140,** 378.

§ 102. Haftung des Schuldners für das Verschulden seines gesetzlichen Vertreters und seines Erfüllungsgehilfen (§ 278 BGB.).

1) § 278 BGB. findet auch auf öffentlich-rechtliche Vertragsverhältnisse Anwendung (Haftung der Krankenkasse für schuldhaft unrichtige Begutachtung des Vertrauensarztes bei der Nachuntersuchung). **131,** 67. — 2) Beruht die Benutzung des Kraftwagens des Mannes durch die Frau auf dessen gesetzlicher Unterhaltspflicht nach § 1360 BGB., so ist der vom Mann gestellte Kraftwagenführer nicht Erfüllungsgehilfe des Mannes nach § 278 BGB. Die Verpflichtung des Mannes erschöpft sich dann in der Gestellung eines Kraftwagens mit einem geeigneten, zuverlässigen Führer. Seine Haftung hierfür ist nach § 1359 BGB. zu beurteilen. Er haftet nicht für unversehrte Beförderung der Frau auf den einzelnen Fahrten. **138,** 1. — 3) Es ist anerkannten Rechtens, daß § 278 BGB. auch bei gesetzlichen Schuldverbindlichkeiten Anwendung findet. **138,** 5. — 4) Über die Voraussetzungen, unter denen ein Arzt für Fehler bei einer Röntgenbestrahlung haftet, wenn eine von ihm behandelte Person auf seine Anweisung in einer von anderer Seite betriebenen Röntgenanstalt bestrahlt wird. Zur Haftung für Fehler der Röntgenschwester in solchem Falle als Erfüllungsgehilfin dieses Arztes. **139,** 255.

§ 103. Verschulden außerhalb vertraglicher Verhältnisse.

(S. § 95 IV und § 145.)

3. Schuldverhältnisse aus Verträgen.

§ 104. Vertragsschluß. Einrede des anders als verabredet niedergeschriebenen Vertrags. Mündliche (formlose) Nebenabreden neben schriftlichen (formgerechten) Verträgen.

1) Bedingter Vertrag oder — wegen Willkürbedingung — überhaupt noch kein Vertrag? **131,** 24. — 2) Zustandekommen von Verträgen auf der Grundlage, daß ein Kaufmann einem anderen seine Geschäftsbedingungen unter dem Hinweis darauf mitteilt, daß sie für künftige Geschäfte maßgebend sein sollen, und wenn der andere Teil, ohne Widerspruch dagegen zu erheben, mit ihm Abschlüsse macht; in diesem Fall sind die mitgeteilten Geschäftsbedingungen stillschweigend Bestandteil der einzelnen Verträge geworden (sog. Revers-Verträge). **133,** 54. — 3) Fakturenklauseln sind in der Regel unbeachtlich, weil die Rechnung nach Abschluß des Geschäfts übersandt wird und Rechnungen im allgemeinen nur zur Angabe der Warenmenge und des Preises dienen; anders, wenn die Rechnung Bestandteil eines Bestätigungsschreibens ist, wobei es nicht darauf ankommt, ob Auftragsbestätigung und Rechnung in zwei Urkunden getrennt oder in einer Urkunde

miteinander verbunden sind. **133,** 338, 339. — 4) Es besteht kein Abschlußzwang für städtische oder private Theater; auch nicht bei tatsächlicher Monopolstellung; indes unbeschadet der Möglichkeit einer Beurteilung aus § 826 BGB. **133,** 388. — 5) Der Zugang (§§ 130 flg. BGB.) einer Abtretungsanzeige (§ 407 BGB.) steht der Kenntnis davon nicht gleich. Der Schuldner kann aber gegen Treu und Glauben verstoßen, wenn er einwendet, er habe an den früheren Gläubiger geleistet, weil er von einer ihm zugegangenen Anzeige nicht oder spät Kenntnis genommen habe. **135,** 247. — 6) Hat ein größeres Unternehmen eine Stelle geschaffen, wo bestimmte Schriftstücke an das Unternehmen eingereicht werden dürfen, so übernimmt es die Gewähr für Weiterleitung an die zuständigen Stellen und kann sich nicht auf Unkenntnis berufen, die auf Nichterfüllung der Pflicht zur Weiterleitung beruht. **135,** 247.

§ 105. Gegenstand und Inhalt der Verträge.

I. Allgemeines.

1) Zur Frage, ob in der vertraglichen Einräumung einer „Option“ auf Erfindungen und Schutzrechte ein aufschiebend bedingter Vertrag oder nur ein Angebot zu finden ist. **136,** 132.

II. Vorverträge.

— — — — — — — — — — — —

III. Verträge über unmögliche Leistungen

(S. § 92.)

IV. Verträge gegen gesetzliches Verbot und die guten Sitten.

(S. § 36.)

V. Verträge der §§ 310—312 BGB.

(Schuldübernahme s. § 114, Gutsüberlassungsvertrag s. § 49.)

VI. Verträge über die Veräußerung von Grundstücken.

(S. auch § 33 I: Form des Grundstücksveräußerungsvertrags.)

1) Der Prozeßrichter ist bei Prüfung des Fristablaufs nach § 7 Abs. 3, 4 GrVG. an den von der Verwaltungsbehörde nach § 6 Abs. 2 bescheinigten Zeitpunkt des Eingangs eines ordnungsmäßigen Genehmigungsantrags gebunden. **131,** 56. — 2) Ist die frühere Eintragung des Erwerbers eines Grundstücks in Berichtigung des Grundbuchs beseitigt worden und wird nun erst die behördliche Genehmigung zur Auflassung erteilt, so bedarf es zum Übergang des Grundstückseigentums einer neuen Eintragung des Eigentumswechsels; bloße Rückberichtigung des Grundbuchs ist nicht möglich. **131,** 97. — 3) Eine Nebenabrede, die bei einem mit mehreren Miteigentümern als Verkäufern geschlossenen Grundstückskaufvertrag eine Sondervergütung für einen Teil der Verkäufer hinter dem Rücken eines Mitverkäufers bestimmt, bedarf der Beurkundung nach § 313 BGB. (unter Aufgabe des Standpunktes im Urt. vom 14. Mai 1924, V 480/23 — SeuffArch. Bd. 78 Nr. 176). **132,** 131. — 4) Welche Folgen ergeben sich für die Wirksamkeit

des Gesamtgeschäfts, wenn zwar Auflassung und Eintragung des Käufers im Grundbuch erfolgt sind, aber die nach dem preußischen Gesetz über den Verkehr mit Grundstücken vom 10. Februar 1923 notwendige Genehmigung des Veräußerungsgeschäfts in bezug auf die Nebenabrede fehlt? Wann insbesondere steht dem Berichtigungsanspruch des Verkäufers die Einrede der Arglist entgegen? **132,** 131. — 5) Zur Frage, wann unrichtige Beurkundung eines Vertrags über Grundstücksübertragung vorliegt (näheres in § 33 I zu 4). **136,** 367. — 6) Die Bürgschaft für den Grundstücksverkäufer bedarf nicht der gerichtlichen oder notariellen Beurkundung. **140,** 216. — 7) Zu vgl. über **140,** 336 Syst. Reg. § 33 I Nr. 7 und 8.

§ 106. Abstrakte Verträge. Einseitige Verträge.

§ 107. Gegenseitige Verträge (§§ 320—327 BGB.).

I. Allgemeines.

II. Erfüllung Zug um Zug. Einrede des nicht erfüllten Vertrags.

III. Vorleistung. Vorleistungspflicht.

IV. Unmöglichkeit der Erfüllung.

(S. § 92.)

V. Verzug des Schuldners bei gegenseitigen Verträgen.

§ 108. Schadensersatz in Vertragsverhältnissen und vertragsähnlichen Verhältnissen.

(S. § 95 III. Schadensersatz aus Vertragsverhältnissen mit Rechtsanwälten § 287.)

§ 109. Verträge zu Gunsten Dritter.

1) Hat der Schuldner seine Bank angewiesen, den Schuldbetrag im Reichsbankgiroverkehr an die Bank seines Gläubigers zu überweisen, tritt er dann mit der Gläubigerbank in Verbindung und erteilt ihr Weisungen, so kann darin der Abschluß eines Vertrags mit der Gläubigerbank zu Gunsten des Gläubigers gefunden werden, aus dem dieser unmittelbar Rechte erwerben sollte. **134,** 73. — 2) Die Vorschrift in § 332 BGB. ist für das Versicherungsrecht dahin zu erweitern, daß der Versicherungsnehmer im Zweifel nicht nur eine von Anfang an getroffene Bezugsberechtigung durch letztwillige Verfügung auf einen anderen umstellen, sondern daß er sie durch eine solche auch erstmalig bestimmen kann. **140,** 33.

§ 110. Vertragsstrafe (Vertragliches Wettbewerbsverbot).

§ 111. Rücktritt vom Vertrage.

4. Übertragung der Schuldverhältnisse.

§ 112. Übertragung (Abtretung) von Forderungen und anderen Rechten.

1) Das Recht der rheinischen Kirchengemeinden zur Leichenbeförderung ist jedenfalls in dem Sinne übertragbar, daß die Kirchengemeinden befugt sind, ihr Recht für immer zu verpachten, sofern sie dazu die Genehmigung der Aufsichtsbehörden erhalten. **132,** 367 (373). — 2) Rechtlich zulässig ist die Erteilung einer Einziehungsermächtigung in dem Sinne, daß der Gläubiger einen anderen ermächtigt, über die Forderung im eigenen Namen für Rechnung des Gläubigers zu verfügen; trotzdem behält der letztere das volle Gläubigerrecht. **133,** 241. — 3) Es widerspricht nicht dem Begriff der Abtretung, daß der Abtretungsempfänger nicht sofort das Recht haben soll, die Forderung einzuziehen, sofern nur das Einziehungsrecht des Abtretungsempfängers nicht dauernd ausgeschlossen ist. **133,** 242. — 4) Die Vorschrift des § 362 Abs. 2 BGB. findet auch bei öffentlich-rechtlichen Zahlungsverpflichtungen Anwendung. **133,** 253, 254. — 5) Die Abtretung des Anspruchs auf Herausgabe einer beweglichen Sache untersteht keinen anderen gesetzlichen Regeln als die Übertragung von Forderungen. **135,** 88. — 6) Abtretbarkeit ohne Pfändbarkeit. **135,** 141. — 7) Hat ein Unternehmen (die Reichspost) eine Dienststelle damit betraut, die Zahlungen an den bisherigen Gläubiger selbständig anzuweisen, so genügt die Kenntnis dieser Dienststelle, um den Einwand aus § 407 Abs. 1 BGB. zu beseitigen, mag sie auch zur Bearbeitung von Rechtsangelegenheiten und zur Zahlung an den neuen Gläubiger nicht befugt sein. **135,** 247. — 8) Der Zugang einer Abtretungserklärung im Sinne von §§ 130 flg. BGB. steht der Kenntnis nicht gleich; aber Möglichkeit eines Verstoßes gegen Treu und Glauben bei Erhebung des Erfüllungseinwands. **135,** 247. — 9) Hat ein größeres Unternehmen eine Stelle geschaffen, wo bestimmte Schriftstücke an das Unternehmen eingereicht werden dürfen, so übernimmt es die Gewähr für Weiterleitung an die zuständigen Stellen. **135,** 247. — 10) § 401 BGB. findet auf eine zur Sicherung einer Forderung abgetretene Grundschuld keine Anwendung. Diese bleibt ein selbständiges Recht und wird nicht wie die in §§ 401, 1250 BGB. bezeichneten Nebenrechte der Forderung durch deren Übertragung berührt. **135,** 272. — 11) Die Zulässigkeit und Wirksamkeit der stillen Abtretung ist in der reichsgerichtlichen Rechtsprechung anerkannt. **136,** 102. — 12) Abtretung künftiger Forderungen (Zusammenstellung der Rechtsprechung). **136,** 102. — 13) Ist in einem Kaufvertrag, worin sich der Verkäufer zur Sicherung seiner Kaufpreisforderung das Eigentum an der verkauften Ware vorbehalten hat, zugleich vereinbart, daß die durch die Weiterveräußerung der unbezahlten Ware entstehenden Forderungen an den ersten Verkäufer abgetreten sein sollen, so hängt die Gültigkeit der Vereinbarung von der Bestimmbarkeit der abgetretenen Forderungen ab. **136,** 100. — 14) Die Abtretbarkeit der Altenteils-Einzelansprüche auf eine Geldrente wird bejaht. **140,** 60. — 15) Über die Abtretbarkeit von Ansprüchen auf Befreiung von einer Schuld an den Gläubiger der letzteren; in der Hand des Abtretungsempfängers verwandelt sich dann der Anspruch in einen solchen auf die geschuldete Leistung. **140,** 373.

§ 113. Gesetzlicher Übergang von Forderungen und anderen Rechten.

(Wegen Übergangs der Forderung auf den Bürgen [**136**, 40] s. nachstehend § 139 Nr. 4 und 5.)

— — — — — — — — — —

§ 114. Schuldübernahme. Gesetzlicher Übergang von Schuldverbindlichkeiten.

I. Schuldübernahme.

1) Auch wenn die Haftung des die alte Firma fortführenden Unternehmens sich nicht auf § 25 HGB. gründen läßt, kann seine Haftung nach § 419 BGB. (Übernahme eines Vermögens) gegeben sein. **131**, 27. — 2) Kann die in einem unwirksamen Grundstücksveräußerungsvertrag vom September 1922 vereinbarte Schuldübernahme durch den Gläubiger noch genehmigt werden, nachdem sich die Vertragsparteien über die Erfüllung des Kaufvertrags im Juli 1925 verglichen haben? **132**, 166. — 3) Auch ein einzelner Gegenstand kann Vermögen im Sinne von § 419 BGB. sein, wenn es der Verkehrsanschauung entspricht. **134**, 121 (124). — 4) Zum gesetzlichen Tatbestand des § 419 BGB. gehört — mindestens bei der Übertragung einzelner Gegenstände —, daß der Erwerber die Verhältnisse des Veräußerers kennt, aus denen sich ergibt, daß das ganze oder so gut wie das ganze Vermögen mit diesem einzelnen Gegenstand oder mit diesen einzelnen Gegenständen auf ihn übergeht. **134**, 121 (124flg.). — 5) Die Rückwirkung der Genehmigung einer Schuldübernahme kann sich auch auf einen Zeitraum erstrecken, in dem die Schuldübernahme dem Gläubiger noch nicht mitgeteilt war. **134**, 185. — 6) Eine auf § 419 BGB. gestützte Klage kann nicht mit der Begründung abgewiesen werden, daß der Wert des übernommenen und noch im Eigentum des Übernehmers befindlichen Grundstücks eine Befriedigung des Klägers im Falle der Zwangsvollstreckung mit Rücksicht auf die dingliche Belastung des Grundstücks nicht erwarten lasse. **137**, 50. — S. jedoch **139**, 205. — 7) § 311 BGB. ist zwar dann nicht anwendbar, wenn sich jemand zur Übertragung eines fremden Vermögens oder seines Sondervermögens, z. B. des Fideikommißvermögens, verpflichtet, wohl aber dann, wenn eine juristische Person die Verpflichtung zur Übertragung ihres Vermögens eingeht. **137**, 348. — 8) Die Anwendbarkeit des § 419 BGB. setzt nicht voraus das Vorhandensein eines Rechtsgeschäfts nach § 311 BGB. Sie ist vielmehr (im Gegensatz zu § 311) auch dann gegeben, wenn Gegenstand des Vertrags die einzelnen Vermögensstücke sind, falls diese nur tatsächlich zusammen das ganze oder nahezu das ganze Vermögen ausmachen. **139**, 203. — 9) Nach § 419 Abs. 1 BGB. ist erforderlich, daß der Gläubiger bereits vor Abschluß des Übernahmevertrags eine Forderung gegen den Übergeber hatte. Befriedigt der Übernehmer Gläubiger des Übergebers, deren Forderungen schon vor Abschluß des Übernahmevertrags bestanden, so hat er nach § 419 in Verb. mit §§ 1991, 1978 Abs. 3 BGB. Anspruch auf Ersatz seiner Aufwendungen aus dem übernommenen Vermögen. **139**, 199. — 10) § 419 BGB. findet auch Anwendung auf Vermögensübertragungen zu Sicherungszwecken. **139**, 199. — 11) Zu den Gläubigern nach § 419 Abs. 1 BGB. kann auch der Übernehmer selbst gehören, falls er bereits vor Abschluß des Vertrags eine Forderung gegen den

Übergeber hatte. Wegen solcher Forderungen kann sich der Übernehmer aus dem übernommenen Vermögen ohne Rücksicht auf andere Gläubiger befriedigen, und zwar im vollen Umfang. **139,** 202. — 12) Begriff der Vermögensübernahme. Mitzählung von Grundstücken als zum Vermögen gehörig, auch wenn sie überlastet sind. Ob die von der Vermögensübernahme ausgeschlossenen Vermögensgegenstände im Verhältnis zum ganzen Vermögen unbedeutend waren oder nicht, ist Tatfrage. **139,** 210. — 13) Zur Anwendung der Saldotheorie auf Bereicherungsansprüche aus Knebelverträgen. Begrenzung der ausgleichsfähigen Geschäfte. Der die Grundlage der Bereicherung bildende Tatbestand ist zu beschränken auf die mit und seit Abschluß des Knebelvertrags zustandegekommenen neuen Kreditgeschäfte, und dies auch nur dann, wenn zu ihrer Vornahme eine Verpflichtung bestand oder doch vorausgesetzt wurde. **139,** 208.

II. Gesetzlicher Übergang von Schuldverbindlichkeiten.

§ 115. Erfüllung (Zahlung). Annahme als Erfüllung. Leistung an Erfüllungsstatt. Hingabe erfüllungshalber. Teilleistung. Quittung.

§ 116. Hinterlegung.

§ 117. Aufrechnung.

1) Ist eine gegen den Ersteher nach § 118 ZVG. begründete Forderung auf Berichtigung des Bargebots nicht dem Gläubiger der Hypothek, auf die der Erlösanteil fiel, übertragen worden, sondern einem Pfändungsgläubiger, der zwischen Zuschlag und Verteilungstermin den Erlösanspruch des Hypothekengläubigers gepfändet hatte, so kann der Ersteher seine für den Pfändungsgläubiger durch Hypothek nach § 128 ZVG. gesicherte Ersteherschuld tilgen durch Aufrechnung mit einer persönlichen Forderung, die ihm zur Zeit der Pfändung gegen den Hypothekengläubiger erwachsen war. **136,** 321.

§ 118. Erlaß.

§ 119. Vereinigung von Forderung und Schuld. Schulderneuerung. Schuldumwandlung (Novation).

1) Die Novation führt, indem sie ein neues Schuldverhältnis an die Stelle des alten setzt, den Untergang des letzteren dergestalt herbei, daß keiner der Beteiligten mehr auf das alte Schuldverhältnis zurückgreifen kann. **134,** 155.

§ 120. Sonstige Erlöschungsgründe (Kündigung usw.). Verwirkung.

a) Kündigung.

Über Kündigung von Miet- und Pachtverträgen s. nachstehend § 124.

b) Verwirkung.

Die Verwirkungsfälle auf den verschiedenen Rechtsgebieten sind zusammengestellt im alphabetischen Register unter „Verwirkung".

Zweites Kapitel. Einzelne Schuldverhältnisse.

1. Verträge und vertragsähnliche Verhältnisse.

§ 121. Kauf.

I. Begriff. Gegenstand. Abschluß.

— — — — — — — — — — — —

II. Nebenverträge. Bedingter Kauf. Eigentumsvorbehalt. Sicherungskauf. Vertragsstrafe.

(S. auch nachstehend zu X und § 36 II.)

1) Anwendbarkeit des Gesetzes über die Abzahlungsgeschäfte auf verdeckte Abzahlungsgeschäfte (der Verkäufer arbeitet Hand in Hand mit einem „Finanzinstitut", das zwar als selbständige Rechtspersönlichkeit auftritt, wirtschaftlich aber mit ihm identisch ist). **131,** 213 (225). — 2) Verkauf von Maschinen unter Eigentumsvorbehalt. Sicherungsübereignung der Maschinen seitens des Vorbehaltskäufers an einen Dritten vor Vollbezahlung des Kaufpreises. Die Anwartschaft des Vorbehaltskäufers begründet kein dingliches Recht. Daher bedarf es für den Eigentumserwerb des Sicherheitskäufers einer besonderen Übertragungshandlung zwischen Vorbehaltsverkäufer und Drittem. Soll die Übertragung durch ein Insichgeschäft des Vorbehaltskäufers als stillen Vertreters geschehen, so bedarf dieses zu seiner Wirksamkeit der Kenntlichmachung nach außen. **140,** 223. — 3) Der Verkäufer, der eine Sache unter Eigentumsvorbehalt verkauft und auf den Käufer den unmittelbaren Besitz übertragen hat, bleibt nach der reichsgerichtlichen Rechtsprechung, da er hiermit den Vertrag noch nicht vollständig erfüllt hat, dem Käufer bis zur vollständigen Zahlung des Kaufpreises weiterhin zur Vertragserfüllung verpflichtet. Ob diese Auffassung allerdings in jeder Beziehung aufrecht erhalten werden kann, bleibt offen. Denn jedenfalls vollzieht sich der Eigentumserwerb des Vorbehaltskäufers, wenn dieser den Kaufpreis vollständig bezahlt, ohne Mitwirkung des Verkäufers. **140,** 226.

III. Abnahme. Abruf. Abnahme- und Zahlungsverzug des Käufers. Deckungsverkauf des Verkäufers. Annahmeverzug des Käufers.

— — — — — — — — — — — —

IV. Lieferungsverzug des Verkäufers. Deckungskauf des Käufers.

— — — — — — — — — — — —

V. Mängel im Recht. Eviktionsleistung.

1) Wie gestaltet sich die Rechtslage zwischen Verkäufer und Käufer eines Grundstücks, wenn der Eigentumsübertragung an den Käufer ein diesem beim Kaufe bekannt gewordenes relatives Veräußerungsverbot mit dinglicher Kraft entgegensteht? **132,** 145. — 2) In dem Falle zu 1 hat der

durch ein solches Verbot Geschützte bei einer dem Verbot zuwider erfolgten Eigentumsübertragung einen Anspruch auf Berichtigung des Grundbuchs; Rückauflassung kommt nicht in Frage. **132,** 145.

VI. Mängel der Sache. Fehlen zugesicherter Eigenschaften. Gewährleistung. Wandlung. Preisminderung. Schadensersatz wegen Nichterfüllung. Verjährung der Gewährleistungsansprüche.

(Schadensersatz wegen Nichterfüllung s. § 95 III; Untersuchung der Ware und Mängelanzeige nach Handelsrecht § 239.)

1) Öffentlich-rechtliche Baubeschränkungen sind als Sachmängel zu beurteilen. **131,** 343. — 2) Im allgemeinen hat der Käufer nicht die Pflicht, vor dem Kaufabschluß den Kaufgegenstand auf verborgene Mängel zu untersuchen und nach deren Vorhandensein Erkundigungen einzuziehen. Ausnahmen von diesem Satze sind zu machen, einmal dann, wenn besondere Umstände den Käufer zur Vorsicht mahnen müssen, und ferner dann, wenn dem Käufer eine besondere Sachkunde innewohnt. **131,** 343. — 3) Welche Dienststelle kommt beim preußischen Staat als Käufer eines Grundstücks in Betracht, wenn es sich um die Frage handelt, ob dem Käufer ein Mangel nach § 460 BGB. infolge grober Fahrlässigkeit unbekannt geblieben ist? **131,** 343. — 4) Wann liegt eine unerhebliche Wertminderung im Sinne von § 459 Abs. 1 Satz 2 BGB. vor? **131,** 343. — 5) Zusicherung über die Höhe der Friedensmiete als Zusicherung über eine Eigenschaft des Kaufgrundstücks. **132,** 78; **134,** 86. — 6) Welche Ansprüche stehen dem Käufer zu, der von einem Mündel, vertreten durch seinen gesetzlichen Vertreter, ein Grundstück gekauft hat, wenn der Vertreter nicht vorhandene Eigenschaften zugesichert oder vorhandene Eigenschaften verschwiegen hat? **132,** 76. — 7) Aus einem formungültigen, nach § 313 Satz 2 BGB. wirksam gewordenen Kaufvertrag über ein Grundstück entsteht ein Gewährleistungsanspruch erst mit Wirksamwerden des Vertrags, regelmäßig also erst mit der Eintragung. Von diesem Zeitpunkt ab läuft demgemäß auch die Verjährungsfrist des § 477 BGB. **134,** 83. — 8) Ist es im vorigen Falle auf die Rechte des Käufers von Einfluß, wenn er die zur Heilung erforderliche Eintragung im Grundbuch im Laufe eines Rechtsstreits erwirkt, in welchem er Rechte nach § 459 flg. BGB. wegen Fehlens zugesicherter Eigenschaften geltend macht? **134,** 83. — 9) Im Falle Nr. 7/8 ist ein Vorbehalt nach § 464 BGB. für den Zeitpunkt der Eintragung nicht erforderlich. **134,** 83. — 10) Der Käufer ist im Falle Nr. 7/8 rechtlich nicht gehindert, den Kaufvertrag beim Fehlen zugesicherter Eigenschaften schlechthin als nicht erfüllt anzusehen und unter Rückgabe der Sache Erstattung eines der Anzahlung gleichkommenden Betrages als Schadensersatz wegen Nichterfüllung zu fordern. Macht er hierbei nur einen Teil seines Schadens geltend, so kann gegebenenfalls diesem Teilanspruch gegenüber das Zurückbehaltungsrecht des Verkäufers wegen erheblich weiteren Schadens des Käufers verneint werden. **134,** 83. — 11) Der Ausschluß der Gewährshaftung für unerhebliche Wertminderung greift nicht Platz beim Fehlen vertraglich zugesicherter Eigenschaften. **134,** 88. — 12) Fahrlässige Unkenntnis des Käufers nach § 460

Satz 2 BGB. ist unbeachtlich gegenüber Gewährleistungsansprüchen wegen Fehlens zugesicherter Eigenschaften. **134,** 89. — 13) Zu den Ansprüchen, die, wenn ihre eigene Verjährung gehemmt oder unterbrochen ist, dadurch gleichzeitig nach § 477 Abs. 3 BGB. die Hemmung oder Unterbrechung der Verjährung der im Abs. 1 bezeichneten Ansprüche bewirken, gehört auch der auf arglistiges Verschweigen des Mangels gestützte Schadensersatzanspruch. **134,** 272. — 14) Zum Begriff des Fehlers nach § 459 BGB. Ein echtes Gemälde eines alten Meisters ist fehlerhaft gegenüber dem „nach dem Vertrage vorausgesetzten Gebrauch", wenn es von einem anderen Meister stammt als demjenigen, dem beide Parteien es zugeschrieben haben. **135,** 339. — 15) Über das Verhältnis der Rechte wegen Sachmängel beim Kauf einer bestimmten Sache zu den Rechtsbehelfen der Anfechtung wegen Irrtums, der mangelnden Geschäftsgrundlage, des Verschuldens beim Vertragsschluß und der ungerechtfertigten Bereicherung. **135,** 340. — 16) Verlangt der Grundstückskäufer mit Recht die Wandlung und erklärt sich der Verkäufer damit einverstanden, so bedarf diese Einigung der Form des § 313 BGB. auch dann nicht, wenn der Käufer bereits Eigentümer des Grundstücks geworden war, die Pflicht zur Rückübereignung des Grundstücks dabei zum Ausdruck kommt und die Erstattung des Kaufpreises geregelt wird. **137,** 294. — 17) Die Vorschrift des § 469 Satz 2 BGB., gegebenenfalls in Verbindung mit § 480 Abs. 1 und 2 BGB., ist auch dann anwendbar, wenn ein Teil der Ware, der vorweg geliefert worden war, mangels rechtzeitiger Mängelrüge gemäß § 377 HGB. als genehmigt gelten sollte. **138,** 331. — 18) Nach ständiger reichsgerichtlicher Rechtsprechung ist die Anfechtung wegen Irrtums nicht gegeben, wenn und soweit nach den Sonderbestimmungen der §§ 459 flg. BGB. die Gewährschaftshaftung wegen Sachmängel dem Käufer Schutz gewährt, wenn also die Übergabe bereits erfolgt ist. **138,** 356.

VII. Rechtsverhältnisse aus dem Kauf im übrigen (Lasten, Erfüllungsort, Abladegeschäft, Cif-Klausel, Übergabe, Zahlung, Stundung, Rücktritt, Verjährung usw.).

1) Die Lieferungs-Freizeichnungsklausel ist eine Gefahrklausel. Daraus ergibt sich, daß von ihr nur zukünftige und noch ganz ungewisse Gefahren gedeckt werden sollen, nicht auch solche Ereignisse, deren sicherer oder möglicher Eintritt dem durch die Klausel begünstigten Vertragsteil bei Vertragsschluß bekannt, dem anderen Teil aber unbekannt und verschwiegen war. **132,** 305. — 2) Hat bei einem Kaufvertrag über ein Zeitungsunternehmen mit zeitlich unbeschränkt vereinbartem Wettbewerbsverbot der Verkäufer, der den Kaufgegenstand übergeben hat, den Vertrag im Sinne von § 454 BGB. mit der Wirkung erfüllt, daß er bei Leistungsverzug des Käufers nicht vom Vertrag zurücktreten kann? (Verneint.) **133,** 113. — 3) An der bisherigen Rechtsprechung, wonach die kurze Verjährung des § 477 BGB. auch für den Kauf eines Erwerbsgeschäfts gilt (RGZ. Bd. 63 S. 57, Bd. 98 S. 289), wird trotz der Bedenken des Schrifttums festgehalten. In besonderen Fällen kann durch eine, auch stillschweigend mögliche Vereinbarung einer Garantie geholfen werden. **138,** 354.

VIII. Nichtigkeit und Anfechtung des Kaufvertrags. Überschreitung von Höchst- und Richtpreisen.

(Über Anfechtung wegen Irrtums und arglistiger Täuschung s. § 31 II und III; über Formnichtigkeit beim Grundstücksveräußerungsvertrag s. § 33 I.)

IX. Kauf nach und auf Probe (Besicht). Wiederkauf (Rückkauf). Wiederverkauf. Vorkauf.

1) Der Vorkaufsberechtigte ist nicht gebunden an die Ausübung des Vorkaufsrechts, wenn nach Ausübung des Vorkaufsrechts der Vorkaufsverpflichtete gemäß § 508 Satz 2 BGB. die Erstreckung des Vorkaufs auf andere Sachen verlangt. **133,** 76. — 2) Die rechtskräftige Verurteilung zur Auflassung auf Grund eines eingetragenen Wiederkaufsrechtes enthält noch keine rechtskräftige Feststellung des Wiederkaufsrechtes selbst. Der Verurteilte kann aber die Löschung des Wiederkaufsrechtes im Wege der Grundbuchberichtigungsklage dann nicht mehr verlangen, wenn ihm infolge seiner Verurteilung jedes Rechtsschutzinteresse an der Löschung fehlt. **135,** 33. — 3) In welchem Sinne besteht und wie wirkt das Formerfordernis des § 313 BGB., wenn ein schriftlicher Mietvertrag seine Geltung von der Bedingung abhängig macht, daß es zur notariellen Beurkundung des darin vorgesehenen Vorkaufsrechts kommt? **137,** 29. — 4) Sind bei einem Kauf „Musterkonvenienz vorbehalten" die Muster dem Käufer übersandt, so gilt sein Schweigen nicht entsprechend § 496 Satz 2 BGB. als Billigung, sondern der auf Probe (Besicht) abgeschlossene Kaufvertrag wird mangels zweifelsfrei erklärter Billigung der Muster hinfällig. **137,** 297. — 5) Die Vorschrift in § 496 Satz 2 BGB. ist eine Sonderregelung, die von dem Grundsatz abweicht, daß bei bedingten Geschäften, deren Durchführung vom Willen des bedingt berechtigten abhängt, dessen Wille, den Vertrag unbedingt zu machen, in die Erscheinung treten muß. **137,** 297.

X. Gesetz v. 16. Mai 1894 betr. die Abzahlungsgeschäfte.

1) Zur Annahme eines Abzahlungsgeschäfts ist es nicht erforderlich, daß die einzelnen Tilgungsraten von vornherein ziffernmäßig bestimmt sind. **136,** 137. — 2) Die Abrede, daß der Käufer über den Kaufpreisbetrag sein Akzept zu geben habe, dessen Einklagung dem Verkäufer oder seinem Nachmann die vorzeitige Einziehung des Preises ermöglicht, verstößt, weil sie entgegen § 4 Abs. 2 AbzG. den ganzen Entlastungsbeweis dem Käufer aufbürdet, gegen die zwingende Vorschrift des Gesetzes und ist daher gemäß § 134 BGB. nichtig. **136,** 137. — 3) Kann der Abzahlungskäufer, der dem Verkäufer zahlungshalber sein Akzept über den Kaufpreis gegeben hat, die Einwendungen aus dem Abzahlungsgeschäft auch dem den Absatz des Verkäufers finanzierenden Geldgeber entgegensetzen, wenn dieser die Ansprüche aus dem an ihn indossierten Wechsel geltend macht? **136,** 137. — 4) Der Ermittlung des Wertes der Überlassung des Gebrauchs oder der Benutzung der verkauften Sache nach § 2 kann ein Mietpreis nur zugrunde gelegt werden, wenn ein üblicher Mietzins besteht; andernfalls ist der Wert der Überlassung durch Schätzung zu bestimmen. Die Wertminderung ist nach dem gemeinen Wert der Sache im Zeitpunkt der Übergabe und der Rückgabe

unter Berücksichtigung der Lage des einzelnen Falles festzustellen. **138,** 28. — 5) Als Ausübung des Rücktrittsrechts gilt es schon, wenn der Verkäufer (auch ohne die Absicht, zurückzutreten) zur Sicherung seiner Restkaufgeldforderung auf Grund seines Eigentumsvorbehalts eine einstweilige Verfügung vollstrecken läßt, wonach die auf Abzahlung verkaufte Sache einem Sequester zur vorläufigen Aufbewahrung zu übergeben ist. **139,** 205.

§ 122. Tausch.

---

§ 123. Schenkung. Schenkungsversprechen.

---

§ 124. Miete. Pacht. Jagdpacht.

I. Miete.

1) Aus der gesetzlichen Pflicht des Vermieters zur Gebrauchsüberlassung folgt noch nicht schlechthin die Verpflichtung, dem Mieter von Geschäftsräumen einen ihm fühlbaren Wettbewerb fernzuhalten. Vielmehr bemißt sich der Umfang der letzteren Verpflichtung nach der besonderen Lage des Falles unter Berücksichtigung der §§ 133, 157, 242 BGB. **131,** 274. — 2) Zum Begriff der eingebrachten Sache. **132,** 116 (118flg.). — 3) Auch bei einem ursprünglich ordnungsmäßigen Mietvertrag muß gegenüber dem Einwand aus § 49a des MieterschutzGes. der gesamte Begehungstatbestand des § 49a erörtert werden, der Abschluß sowohl wie die auf Erfüllung gerichteten Handlungen des Forderns und Annehmens. Aber weil der Mieter grundsätzlich die durch Bemessung der Vertragszeit beim Vertragsschluß übernommene Gefahr der Veränderung tragen muß, wird in aller Regel der ordnungsmäßig abgeschlossene Vertrag alle ihm entsprechenden Zinsforderungen decken. In Ausnahmefällen wird indes der Vermieter nicht auf seinem Vertragsrecht bestehen können, ohne die vertragliche Gefahrübernahme des Mieters unangemessen im Sinne von § 49a auszunutzen. **134,** 99. — 4) Zur Frage der Rückforderung überhobener Mietzinsbeträge aus der Zeit der PreistreibereiVo. **134,** 99 (107). — 5) Die Sachbefugnis des Hauptvermieters, nach § 556 Abs. 3 BGB. gegen den Untermieter vorzugehen, entfällt bei Rücktritt des Hauptvermieters von dem mit dem Untervermieter geschlossenen Mietvertrag. **136,** 33. — 6) Für die Anwendung von § 49a MSchG. ist auch das Vorbringen des Vermieters erheblich, der nach Maßstäben des objektiven Nutzungswerts als angemessen gefundene Zins lasse ihm gar keinen Verdienst, ja decke nicht einmal seine Kosten. **136,** 165. — 7) Ein in Verträgen von 1920 und 1921 ausgesprochener Verzicht des Mieters auf eine durch künftige gesetzliche Bestimmungen etwa ermöglichte Änderung der Vertragsbedingungen steht der durch die IV. Notverordnung des Reichspräsidenten vom 8. Dezember 1931 II. Teil Kap. III § 1 zugelassenen außerordentlichen Kündigung nicht entgegen. **136,** 223. — 8) Erstreckt sich die von einer offenen Handelsgesellschaft als Vermieterin übernommene Verpflichtung, dem Mieter auf dem Mietgrundstück Wettbewerb fernzuhalten, auf die Gesellschafter persönlich? (Für den Streitfall bejaht.) **136,** 266. — 9) Zum Begriff der Voraus-

verfügung über den Miet- und Pachtzins im Sinne von § 1124 BGB. Ist im Mietvertrag ausgemacht, daß wegen der notwendigen, vom Mieter aufzuwendenden Kosten der Instandsetzung, die die Mietsache erst nutzbar macht, der ausgeworfene Mietbetrag für bestimmte Zeiten ganz oder teilweise „als beglichen gelten soll", so kann der enge Zusammenhang mit dem Wert der Vertragsleistung des Vermieters die Abmachung als eine solche kennzeichnen, die zur Festsetzung des Mietzinses gehört, nicht dagegen eine Verrechnung bereits vereinbarter Miete darstellt, also nicht als Vorausverfügung anzusehen ist. **136,** 407. — 10) Art. 8, 9 der MietkündigungsVo. vom 23. Dezember 1931 halten sich im Rahmen der dem Reichsjustizminister durch Teil II Kap. III der IV. NotVo. vom 8. Dezember 1931 erteilten Ermächtigung. **136,** 433. — 11) Die MietkündigungsVo. vom 23. Dezember 1931 findet auch Anwendung auf Kündigungen, die vor ihrem Erlaß auf Grund der IV. NotVo. vom 8. Dezember 1931 erfolgt sind. Eine Kündigung, die vorher an sich wirksam gewesen wäre, kann daher nachträglich durch die MietkündigungsVo. ihre Wirksamkeit verlieren. **136,** 433. — 12) Im Sinne von Art. 8 der MietkündigungsVo. vom 23. Dezember 1931 sind Räume mit der Bestimmung, daß der Mieter verpflichtet ist, den Gebrauch auszuüben, nur dann vermietet, wenn die Gebrauchspflicht ausdrücklich oder stillschweigend vereinbart worden ist. Zu den Umständen, aus denen sich diese stillschweigende Vereinbarung herleiten läßt, kann die besondere Art des Betriebes gehören, zu dem die Räume überlassen sind. **136,** 433. — 13) Die Feststellung, daß bei einer Gastwirtschaft die Überlassung des Unternehmens die Hauptleistung des Verpächters im Sinne von Art. 9 der MietkündigungsVo. vom 23. Dezember 1931 darstellt oder daß dies nicht der Fall ist, erfordert nähere Begründung aus den besonderen Umständen des Einzelfalls. **136,** 433. — 14) In welchem Sinne besteht und wie wirkt das Formerfordernis des § 313 BGB., wenn ein schriftlicher Mietvertrag seine Geltung von der Bedingung abhängig macht, daß es zur notariellen Beurkundung des darin vorgesehenen Vorkaufsrechts kommt? **137,** 29. — 15) Die Ausschließung des außerordentlichen Kündigungsrechts des Mieters bei baulichen Maßnahmen, die auf seinen Wunsch getroffen worden sind, setzt voraus, daß der Vermieter den damit verbundenen außerordentlichen Kostenaufwand getragen hat. Die Vereinbarung, daß der Mieter diesen außerordentlichen Aufwand verzinsen und tilgen müsse, steht der Ausschließung nicht notwendig entgegen. **137,** 117. — 16) Zur Auslegung der Vorschriften über die außerordentliche Kündigung am 5. Januar 1932 nach Teil II Kap. III § 2 Nr. 1 der Vierten NotVo. vom 8. Dezember 1931 und Art. 1 Abs. 3 der MietkündVo. vom 23. Dezember 1931. a) Waren vor der Ermäßigung des Mietzinses Sonderzahlungen für Heizung usw. zu leisten, so ist bei der Feststellung des Umfangs der Ermäßigung ein diesen Nebenleistungen entsprechender Betrag von dem ermäßigten Mietzins abzusetzen. b) Ist neben dem Mietzins ein Betrag auf die Grundvermögenssteuer vom Mieter zu zahlen, so ist dieser Betrag für die Vergleichung dem Mietzins hinzuzurechnen. c) Eine Mietermäßigung ist im Sinne des Art. 1 Abs. 3 MietkündVo. „lediglich mit Rücksicht auf § 49a MSchG. vereinbart", wenn die Beteiligten, also auch der Vermieter, mit der Vereinbarung erkennbar keinen anderen Zweck verfolgt haben als die Beseitigung des bestehenden oder vermeintlichen Verstoßes gegen § 49a MSchG. Der Beweis, daß der Wuchereinwand für die Vereinbarung entscheidend war, liegt dem Mieter ob. **137,** 218. — 17) Zwar hat das Reichsgericht für den Fall der Überlassung von Raum- und Betriebswert, insbesondere beim Gastwirtschaftsbetrieb, ständig angenommen, daß der Vertrag im Ganzen der Prüfung nach § 49a MSchG. unterfalle, wenngleich die unkörperlichen, jedenfalls nicht dem Raum anhaftenden Betriebswerte im Rahmen der gesamten Verhältnisse einer besonderen Beachtung bedürfen. Aber nicht jede Art von Raumnutzung fällt unter § 49a. Der Gebrauch muß in einem Verhältnis zu den Räumen stehen, das sich als wirkliche tatsächliche Gewalt über die Räume darstellt (nachzuprüfen für die Bewirtschaftung einer Wandelhalle im Theater). **138,** 24. — 18) Ob die Freigabe eines Miethauses aus der Konkursmasse auch die zu den früheren Terminen fällig gewordenen, vom Konkursbeschlag ergriffenen, aber vom Konkursverwalter noch nicht eingezogenen Mietzinsen umfaßt, ist nur eine Frage der Auslegung. Rechtlich waren sie mit ihrer Fälligkeit der Konkursmasse angefallen. **138,** 69. — 19) Ist der Untermieter in den vor dem 15. Juli 1931 abgeschlossenen Hauptmietvertrag nach diesem Tag als Mitmieter eingetreten, so steht das Recht zur außerordentlichen Kündigung nach Teil II Kap. III § 1 der Vierten NotVo. vom 8. Dezember 1931 keinem der Mitmieter zu. **138,** 183. — 20) Mitmieter können den Mietvertrag, sofern dieser nichts abweichendes bestimmt, nur gemeinsam kündigen. **138,** 183. — 21) Bei Prüfung der Frage, ob eine Einrichtung, mit der ein Mietgrundstück versehen wurde, als außergewöhnlich kostspielig zu gelten hat, ist stets zu beachten, daß nach Sinn und Zweck der Ausnahmevorschriften (Vierte NotVo. vom 8. Dezember 1931 Teil II, Kap. III § 2 Nr. 2; Vo. vom 23. Dezember 1931 Art. 2) derjenige Vermieter geschützt werden soll, der sich auf Wunsch des Mieters dazu herbeigelassen hat, den üblichen Kostenaufwand für bauliche Arbeiten oder Einrichtungen in einem besonderen Maß zu überschreiten, weil er sich aus der Erfüllung des Mietvertrags mit Rücksicht auf die Dauer des Vertrags oder Höhe des Mietpreises einen ausreichenden geschäftlichen Ertrag von den Aufwendungen versprach. Somit muß der Vermieter mit der Herstellung der Einrichtung ein Wagnis auf sich genommen haben, welches das bei einer derartigen Vermietung übliche Wagnis wesentlich übersteigt. **138,** 187. — 22) Über das Verhältnis von § 2 Nr. 2 der vorstehend (Nr. 21) genannten NotVo. Teil II Kap. III zu Art. 2 der Vo. vom 23. Dezember 1931. **138,** 192. — 23) Die Gebrauchspflicht nach Art. 8 der DurchfVo. vom 23. Dezember 1931 zur IV. NotVo. vom 8. Dezember 1931 muß eine ausdrücklich oder stillschweigend übernommene Rechtspflicht sein. Sie ist nicht schon dann gegeben, wenn sich eine Gebrauchspflicht mittelbar aus den Pflichten des Mieters zur Obhut und Rückgabe nach § 556 BGB. ergibt. **138,** 192, 202. — 24) Eine Entschädigungspflicht aus Art. 153 RVerf. entfällt für den Schaden, der dem Verfügungsberechtigten durch die Einweisung eines zahlungsunfähigen Zwangsmieters entsteht (s. § 4 Abs. 2 WohnMangelG.). **138,** 309. — 25) Planmäßiges ständiges Versagen der Genehmigung zur Untervermietung kann einen Verstoß gegen § 276 BGB. enthalten, falls es darauf zielt, das dem Mieter vertraglich zugestandene, aber von der Genehmigung des Vermieters im Einzelfall abhängig gemachte Recht zur Untervermietung zu vereiteln und den Mieter zur Aufgabe des Mietvertrags zu zwingen. **138,** 359. — 26) Vierte NotVo. vom 8. Dezember 1931 und MietkündVo. vom 23. Dezember 1931. Die Kündigung eines Miet- oder Pachtverhältnisses über gewerbliche Räume ist, sofern nicht der Tatbestand des Art. 9 Abs. 2 MietkündVo. vorliegt, nicht deshalb ausgeschlossen, weil sie die wirtschaftliche Einheit lösen würde, in der das Miet- oder Pachtverhältnis mit anderen Vereinbarungen der Beteiligten steht. **140,** 65. — 27) Aus der „Natur des Schuldverhältnisses" — BGB. § 269 — ist beim Grundstücksmiet- oder -Pachtverhältnis nicht zu entnehmen, daß der Miet- oder Pachtzins an dem Ort zu leisten sei, wo das vermietete oder verpachtete Grundstück liegt. **140,** 67. — 28) „Auf Wunsch" oder „nach den Wünschen" des Mieters ist eine bauliche Arbeit, die Errichtung der Räume oder eine Einrichtung dann vorgenommen, wenn sich der Vermieter vor Abschluß des Mietvertrags oder während dessen Dauer einer auf die Vornahme gerichteten Willensäußerung des Mieters gegenübergestellt sah, die ihn bewog, im Hinblick auf das Mietverhältnis den außergewöhnlichen Kostenaufwand zu machen. **140,** 94. — 29) Die Festsetzung der Friedensmiete durch das Mieteinigungsamt ist für das Gericht auch dann bindend, wenn das Mieteinigungsamt rechtsirrig nur das Vorbringen des Antragstellers über den streitigen Zustand der Räume berücksichtigt hat, anstatt über den Zustand eigene Erhebungen anzustellen. **140,** 144. — 30) Bei Räumen, für die das Mieterschutzgesetz gemäß der 4. NotVo. vom 8. Dezember 1931 (Teil II Kap. IV Art. I) außer Kraft getreten ist, entfällt die Zuständigkeit des Mieteinigungsamts für einen Streit über die Höhe der gesetzlichen Miete, und zwar auch dann, wenn der Streit eine vor der Lockerung liegende Zeit betrifft. **140,** 144. — 31) Darf bei Aufwertung der Vertragsmiete für die Räume eines Lichtspieltheaters ein mitvermieteter Hausflur außer acht bleiben, weil er auch von anderen Personen als Durchgang benutzt wird? **140,** 144. — 32) Über die rechtliche Grundlage der relocatio tacita nach § 568 BGB. **140,** 316 flg. — 33) Die Kohlenrückvergütung, die eine Konsumgenossenschaft ihren Bezieher-Genossen in ständig gleich hoch gehaltenen Sätzen gemäß dem Umfang des Kohlenbezugs dieser Genossen gewährt, ist keine Dividende für die genossenschaftlichen Leistungen, sondern eine einem Rabatt gleichzuachtende Vergünstigung. Im Verhältnis zwischen dem Bezieher-Genossen als Vermieter und seinen Mietern verbleibt sie bei der Umlegung von Heizungskosten nach Gesetz oder Vertrag nicht dem Vermieter. Die unrichtige Angabe der Genossenschaft hierüber in Werbeschreiben ist eine Angabe über geschäftliche Verhältnisse nach § 3 UnlWG. **140,** 322.

II. Pacht.

(Erbpacht s. § 49.)

1) Zum Begriff der eingebrachten Sache. Dazu gehören auch die auf dem Pachtgrundstück erzeugten Sachen, z. B. die Ziegel einer gepachteten Ziegelei. **132,** 116. — 2) Außerordentliche Kündigung nach der DurchfVo. vom 23. Dezember 1931 (RGBl. I S. 796). a) Ist ein wirt-

schaftliches Unternehmen mit gewerblichen Räumen verpachtet, so ist für die Frage, ob gemäß Art. 9 Abs. 2 die Überlassung des Unternehmens Hauptleistung ist, der in der Überlassung der Räume liegende Wert abzuwägen gegen die Werte, die in der Überlassung der sonstigen körperlichen und unkörperlichen Bestandteile des Unternehmens (oder Betriebs) stecken. Für diese Abwägung maßgebend ist die Verkehrsanschauung. b) Die Gebrauchspflicht nach Art. 8 muß eine ausdrücklich oder stillschweigend übernommene Rechtspflicht sein. Sie ist nicht schon dann gegeben, wenn sich eine Gebrauchspflicht mittelbar aus den Pflichten des Pächters zur Obhut und Rückgabe nach §§ 581 Abs. 2, 556 BGB. ergibt. **138,** 192. — 3) Art. 9 Abs. 2 der vorstehend genannten DurchfVo. ist keine Ausnahmevorschrift, sondern eine authentische Auslegung zu Teil II Kap. III § 3 der Vierten NotVo. **138,** 199. — 4) Bei Verpachtung einer im Betrieb befindlichen Malzfabrik können die Umstände ergeben, daß nach der Verkehrsanschauung die Überlassung des Unternehmens im Sinne der zu 3 genannten DurchfVo. die Hauptleistung des Verpächters ist. Für einen Beweis des ersten Anscheins ist hier kein Raum, da er beschränkt ist auf Fälle des regelmäßigen Geschehensablaufs, also auf Fälle, in denen ein gewisser Tatbestand nach der Erfahrung des Lebens auf eine bestimmte Ursache hinweist. **138,** 199. — 5) Auch bei Pachtverträgen über Schankwirtschaften kommt es für die Frage, ob sich die Überlassung des Unternehmens als die Hauptleistung des Verpächters im Sinne von Art. 9 Abs. 2 der MietkündVo. vom 23. Dezember 1931 darstellt und ob sich eine Gebrauchspflicht des Pächters annehmen läßt, auf die Gestaltung des einzelnen Falles an. In ersterer Beziehung ist zu prüfen, ob angenommen werden kann, daß gegenüber den für den Wirtschaftsbetrieb bestimmten und dazu eingerichteten Räumen das darin geführte Unternehmen die überwiegende Bedeutung hat, und zwar im Hinblick auf die darin angelegten Betriebswerte, einschließlich der immateriellen Werte, auf die Eigenschaften und den Ruf des gegenwärtigen Betriebsinhabers oder Betriebsleiters, möglicherweise auch die an seine Person, seine Familie oder an die Räume geknüpften Überlieferungen, auf die davon abhängige Anziehungskraft des Betriebs, kurz auf die Gesamtheit aller Verhältnisse, die nach der Verkehrsauffassung die Eigenart oder den besonderen Wert des Unternehmens ausmachen. **138,** 202. — 6) Für die Annahme einer neben der Obhuts- und Rückgabepflicht bestehenden Gebrauchspflicht des Pächters im Sinne von Art. 8 der MietkündVo. vom 23. Dezember 1931 müssen beim Fehlen einer besonderen Abmachung Tatumstände vorliegen, die den Willen der Parteien ergeben, daß der Pächter zur ständigen Aufrechterhaltung des Geschäftsbetriebs gehalten sein soll. Das regelmäßig bestehende Interesse des Verpächters an der Fortführung des Betriebs zur Erhaltung der Kundschaft und der Gewerbeerlaubnis genügt dazu für sich allein nicht. **138,** 202. — 7) Rechtfertigt das dem Verpächter zustehende Recht, die Erlaubnis zur Unterverpachtung zu versagen, eine planmäßige und ständige Versagung mit dem Ziel, den Pächter zur Aufgabe der Pacht zu zwingen? — s. vorstehend zu I Nr. 25 — **138,** 359. — 8) Die Übertragung des Kleiderablagebetriebs in Theatern u. dgl. ist nur dann Pachtvertrag, wenn der Übernehmer berechtigt sein soll, die Früchte, die Erträge des

Betriebs, für sich d. h. für seine eigene Rechnung, nicht für die des anderen Teiles zu ziehen, und bloß schuldrechtlich gehalten ist, eine Gegenleistung durch Bezahlung bestimmter Geldbeträge oder durch Ablieferung eines bestimmten Teiles der Einnahmen zu bewirken. Kein Pachtvertrag ist dagegen vorhanden, wenn der Vertragschließende als Verwalter der Kleiderablage die vereinnahmten Gebühren im Namen und für Rechnung der Theaterleitung einzieht, also ohne den Willen dinglichen Rechtserwerbs für sich, seinerseits aber nur einen schuldrechtlichen Anspruch gegen den anderen Teil auf Überlassung eines Anteils an der Einnahme zur Abgeltung der von ihm übernommenen Vertragspflichten geltend machen kann. **140,** 206. — 9) Pachtzins im Sinne von § 1 der Vo. des Reichspräsidenten über landwirtschaftliches Vermittlungsverfahren, Vollstreckungsschutz und Pächterschutz vom 27. September 1932, Kap. 3 ist jede geldwerte Vertragsleistung des Pächters gegenüber dem Verpächter, die sich nach der Verkehrsauffassung wirtschaftlich als Teil oder Ergänzung des Pachtentgelts darstellt, so auch die vertragsmäßig vom Pächter übernommene Entrichtung der Feuerversicherungsprämien. **140,** 259. — Vgl. noch über vertraglichen Verzicht des Pächters auf sein Fruchtziehungsrecht **138,** 237 und wegen der MietKündVo. vom 23. Dezember 1931 vorstehend zu I unter „Miete".

III. Jagdpacht.

§ 125. Leihe. Verwahrung.

I. Leihe.

II. Verwahrung.

§ 126. Vertragsverhältnis zwischen Wirten und ihren Gästen. Einbringung von Sachen bei Gastwirten.

§ 127. Darlehen. Kreditvertrag. Sparkasseneinlagen.

1) Welche Schuldverhältnisse werden dadurch begründet, daß eine Sparkasse dem Kreditsucher ein „Gefälligkeitssparbuch" über eine nichtgemachte Einlage ausstellt, damit dieser das Buch als Kreditunterlage benutze? (Verpflichtung der Sparkasse wie ein Darlehnsschuldner.) **131,** 239.

§ 128. Dienstvertrag. Tarifvertrag.

a) Dienstvertrag.

1) Der Architektenvertrag als Dienstvertrag, nicht als Werkvertrag. **137,** 84. — 2) Hatte der Architekt bei Entgegennahme des Bauauftrags es bindend übernommen, für die Einhaltung einer bestimmten Bausumme einzustehen, so liegt eine Garantiezusage vor, die einen Nebenbestandteil des Dienstvertrags bildet. **137,** 83. — 2a) Erhebt der Bauherr wegen Überschreitung der Bausumme gegen den Architekten Ansprüche auf Zahlung

des Unterschiedsbetrags, so handelt es sich um einen Erfüllungs-, nicht um einen Schadensersatzanspruch. **137**, 83. — 3) Der Einwand des beklagten Architekten, der Bauherr habe eigenmächtige Überschreitungen vorgenommen, ist nicht nach § 254 BGB. zu beurteilen; ebensowenig ist der Einwand, der Bauherr habe infolge der wirklichen Art der Bauausführung nunmehr ein wertvolleres Gebäude, schon nach den Grundsätzen der Vorteilsausgleichung gerechtfertigt. Vielmehr sind folgende Grundsätze maßgebend: Der Bauherr bedarf zu jeder Abweichung von dem dem Vertrag zugrunde liegenden Bauplan der vorgängigen oder nachträglichen Zustimmung des Architekten. Hat der Bauherr ohne Zustimmung des Architekten Sonderwünsche durchgesetzt, so darf der Architekt dies nicht zum Anlaß nehmen, sich seiner Verbindlichkeit aus der Garantiezusage völlig enthoben zu erachten. Aber auch der Bauherr darf nicht bei Erteilung von Weisungen an die bauausführenden Personen einseitig vorgehen und sich der Erwartung hingeben, der Architekt werde bei Überwachung des Baues dafür Sorge tragen, daß die Bausumme doch würde eingehalten werden. Vielmehr bemißt sich die Frage nach §§ 157, 242 BGB. Aufwendungen für einseitige und ungenehmigte Sonderwünsche des Bauherrn sind abzusetzen; im übrigen bleibt die Garantiehaftung bestehen. **137**, 83. — 4) Der Dienstverpflichtete, der einen Schadensersatzanspruch auf § 816 BGB. stützt, hat zunächst nur zu beweisen, daß tatsächlich Mängel vorlagen, die nach dem natürlichen Verlaufe der Dinge geeignet waren, die später eingetretenen Schäden hervorzurufen. Gelingt dem Dienstverpflichteten dieser Nachweis, dann fällt dem Dienstberechtigten der Gegenbeweis zu, nicht nur dafür, daß ihn und denjenigen, für den er nach § 278 BGB. zu haften hat, kein Verschulden trifft, sondern auch dafür, daß besondere Umstände eine andere Ursache des Unfalls erkennen lassen und damit die vom Dienstverpflichteten zunächst dargelegten Mängel als Ursache oder Mitursache ausschließen. **138**, 37. — 5) Die Herabsetzung einer Dienstvergütung gemäß der Vo. des Reichspräsidenten vom 6. Oktober 1931 ist zulässig, wenn diese als übermäßig hoch anzusehen und deshalb die Weiterzahlung dem Dienstberechtigten nicht zuzumuten ist. Den Prüfungsmaßstab bildet entweder die Beachtung der besonderen Geschäfts- und Vermögenslage des Dienstberechtigten oder die Rücksicht auf die veränderte allgemeine Wirtschaftslage. Die Gründe, die zu der Veränderung der einen oder der anderen geführt haben, bleiben ebenso außer Betracht wie die persönlichen Verhältnisse des Verpflichteten. Grundsätzlich ist ein Jahreseinkommen von 30000 RM. neben einem Anspruch auf Ruhegehalt und Witwengeld als übermäßig hoch anzusehen. **139**, 230. — 6) Arztvertrag. Zur Frage der Haftung des Arztes für Röntgenverbrennungen, die auf Versehen der Röntgenschwester zurückzuführen sind, wenn die zu behandelnde Person auf Anweisung des Arztes in einer von anderer Seite betriebenen Röntgenanstalt bestrahlt worden war. Unter Umständen kann auch in einem solchen Falle die Röntgenschwester als Erfüllungsgehilfin des Arztes angesehen werden. **139**, 255. — 7) Welches Gemeinwesen „Dienstherr" ist, bestimmt sich danach, von welchem Gemeinwesen der betreffende Beamte angestellt ist und besoldet wird, dagegen nicht danach, wessen Hoheitsrechte er ausübt. **139**, 296. — 8) Wenn das Gesetz einer Prozeßpartei das Recht einräumt, die Erfüllung der eingeklagten Verbindlichkeit aus Rechtsgründen zu unterlassen, z. B. Einwand der Unklagbarkeit von Börsentermingeschäften, so hat der Rechtsanwalt, sofern er sich nicht ohne weiteres zur Erhebung des Einwandes für befugt hält, die Partei auf diese rechtliche Möglichkeit hinzuweisen und ihre Entscheidung einzuholen. Dies gilt auch dann, wenn der Rechtsanwalt einen Rechtsstreit übernimmt, in dem die Partei bereits vorher durch einen Rechtsanwalt vertreten gewesen war, der diesen Einwand nicht erörtert hatte. Ebenso gilt es dann, wenn die Erhebung des Einwands auf den Bruch eines Versprechens hinausläuft und deshalb Kredit und Ansehen dessen, der sich eines solchen Einwands bedient, gefährden kann. **139,** 358. — 9) Eine Abfindung, die einem ausscheidenden Vorstandsmitglied für seine Einwilligung in die vorzeitige Aufhebung seines Dienstvertrags zugesagt ist, unterliegt, auch wenn ihre Zahlung in mehreren vierteljährlich fälligen Teilbeträgen erfolgt, nicht gemäß der Vo. des Reichspräsidenten vom 6. Oktober 1931 der Herabsetzung. **140,** 18. — 10) Wird im Vergleichsverfahren einer Aktiengesellschaft der Dienstvertrag eines Vorstandsmitgliedes mit Ermächtigung des Vergleichsgerichts vorzeitig gekündigt, so erlischt damit nicht ohne weiteres eine Vertragsbestimmung, wonach das Vorstandsmitglied für eine bestimmte Zeit nach Beendigung des Dienstverhältnisses gegen Entschädigung zur Wettbewerbsenthaltung verpflichtet ist. **140,** 294. — 11) Über die Beziehung von Dienstvertrag und Vertretungsmacht des Geschäftsführers einer GmbH. **140,** 313. — 12) Zur stillschweigenden Verlängerung eines Dienstverhältnisses nach § 625 BGB. Keine Rechtsvermutung für den Abschluß eines Verlängerungsvertrags, sondern Rechtswirkung gewisser objektiver Tatsachen. Keine stillschweigende Verlängerung, wenn vor Ablauf des Vertrags von einer Seite seiner Verlängerung zu den bisherigen Bedingungen widersprochen worden ist. **140,** 314 (317).

b) Tarifvertrag.

— — — — — — — — — — — —

§ 129. Werkvertrag.

1) Der Theaterbesuchsvertrag als Werkvertrag. **133,** 389.

§ 130. Mäklervertrag.

— — — — — — — — — — — —

§ 131. Auslobung.

— — — — — — — — — — — —

§ 132. Unbenannte Verträge nach dem BGB. Verträge über Handlungen nach früherem preußischen Recht.

I. Unbenannte Verträge.

— — — — — — — — — — — —

II. Verträge über Handlungen nach PrALR.

— — — — — — — — — — — —

§ 133. Auftrag. Geschäftsführung ohne Auftrag.

I. Auftrag. Kreditauftrag.

1) Über die Verpflichtung des Beauftragten zur Herausgabe des aus der Geschäftsführung Erlangten in folgendem Falle: die klagende Stadtgemeinde und eine Gasgesellschaft hatten ein gemischt-wirtschaftliches Unternehmen in Form einer GmbH. gegründet; nach der Satzung faßten die Gesellschafter ihre Beschlüsse in Gesellschafterversammlungen, zu denen die Stadt 6, die Gasgesellschaft 3 Vertreter entsandte. In einer Gesellschafterversammlung war beschlossen worden, daß an die Vertreter 10% der jährlichen Gesamtausschüttungen als Vergütung zu zahlen seien. So hatte der eine verklagte städtische Vertreter 13000 RM. erhalten, die die Stadt mit der Klage verlangte und zugesprochen erhielt. **137,** 305. — 2) Umfang der Pflicht einer Genossenschaftsbank zur Auskunft über einen ihrer Kunden, wenn ein Genosse sie um Rat fragt, und zwar im Falle widerstreitender eigener Interessen der Bank. **139,** 103.

II. Geschäftsführung ohne Auftrag.

1) Vertragswidriger Abbau seitens des Bergwerks-Verpächters im verpachteten Grubenfeld des Bergwerks-Pächters als unechte Geschäftsführung. **135,** 94. — 2) Ansprüche des getäuschten Verkäufers, wenn sein Abkäufer die Sache mit bedeutendem Mehrerlös weiterverkauft und jener den Vertrag wegen arglistiger Täuschung angefochten hat. Grundsätze der unechten Geschäftsführung. **138,** 49.

§ 134. Gesellschaft. Gesellschaftsähnliche Vertragsverhältnisse.

I. Gesellschaft.

1) Über den Befreiungsanspruch des ausscheidenden Gesellschafters, insbesondere dann, wenn dieser für Geschäftsverbindlichkeiten ihm gehörige Gegenstände sicherungshalber dem Gläubiger übereignet hat. **132,** 29. — 2) Wann ist eine bürgerlich-rechtliche Gesellschaft auf bestimmte Zeit eingegangen? (Es wird verneint, daß eine auf bestimmte Zeit eingegangene Gesellschaft mit Verlängerungsmöglichkeit wegen dieser Möglichkeit zu einer auf unbestimmte Zeit laufenden Gesellschaft werde.) **136,** 236 (241). — 3) Mitglied einer bürgerlich-rechtlichen Gesellschaft kann auch eine andere bürgerlich-rechtliche Gesellschaft sein. Das Recht zur Kündigung aus wichtigem Grunde nach § 723 Abs. 1 Satz 2 BGB. steht dann auch dem einzelnen Mitglied der beitretenden Gesellschaft auf Grund seiner Sonderinteressen zu. Dies gilt auch, wenn die Ober-Gesellschaft ein Kartell ist. **136,** 236. — 4) Die Entscheidung über die Fortsetzung der Mitgliedschaft über den bestimmten Endtermin erfordert im vorigen Falle innerhalb der beigetretenen Gesellschaft Einstimmigkeit der Mitglieder; doch kann die Entscheidung einer Mehrheit oder einem Organ der Gesellschaft übertragen werden, sofern dadurch nicht die Befugnis des einzelnen Gesellschafters beeinträchtigt wird, seine Mitgliedschaft jederzeit aus wichtigem Grunde zu kündigen. **136,** 236. — 5) Geltung des Grundsatzes der Stimmenthaltung bei Interessenkollision für die bürgerlich-rechtliche Gesellschaft. **136,** 236 (243).

II. Gesellschaftsähnliche Vertragsverhältnisse.

§ 135. Gemeinschaft.

§ 136. Gewagte Geschäfte. Spiel. Wette.

1) Zwar muß grundsätzlich der Geschäftsherr die vorhandene positive Kenntnis seines Agenten von der Spielabsicht des Geschäftsgegners gegen sich gelten lassen; anders jedoch dann, wenn der Geschäftsgegner wußte oder sich sagen mußte, daß der Geschäftsherr bei Kenntnis der Tatsache nicht abgeschlossen hätte, und wenn der Geschäftsgegner zugleich damit rechnet, daß der Geschäftsherr die Tatsache von dem Agenten nicht erfahren werde (Handeln wider Treu und Glauben; Kollusion). Welche Rechtsfolgen treten dann ein: Wegfall des ganzen Geschäfts oder nur Wegfall der Beachtlichkeit jener Spielabsicht? **134,** 67.

§ 137. Versicherung.

(Seeversicherung § 254.)

I. Allgemeine Grundsätze. Auslegung von Versicherungsbedingungen.

1) Unter „Gefahr" im Sinne von § 16 Abs. 1 VVG. ist die Gefahr des Versicherers zu verstehen, daß er auf Grund des Vertrags, sei es mit Recht oder mit Unrecht (Betrugsgefahr), in Anspruch genommen wird, nicht die Gefahr des Versicherungsnehmers, daß er den Schaden erleidet, gegen den er sich versichert. **132,** 386. — 2) Bloßer Verdacht des Versicherungsbetrugs, dem Möglichkeiten von derselben Wahrscheinlichkeit gegenüberstehen, erbringt keinen Beweis des ersten Anscheins. **132,** 388. — 3) Verpflichtung des Geschäftsherrn durch Handlungen Angestellter, die er duldet. Anwendung dieses Grundsatzes auf zwei Versicherungsgesellschaften, von denen jede die Angestellten der anderen Gesellschaft für sich mit arbeiten läßt, in bezug auf Deckungszusagen. **133,** 97. — 4) Eine „Obliegenheit" ist keine irgendwie erzwingbare, bei Nichterfüllung in eine Schadensersatzpflicht übergehende Verbindlichkeit, sondern nur eine Voraussetzung für die Erhaltung des Anspruchs aus dem Versicherungsvertrage. **133,** 122. — 5) Die Versicherung von Juwelen und Pelzsachen (Wertsachenversicherung) am Wohnort und auf Reisen gegen Verlust und Beschädigung ist nicht als Transportversicherung anzusehen. Daher ist § 187 VVG. nicht anwendbar; es verbleibt bei der Beschränkung der Vertragsfreiheit nach § 6 VVG. **134,** 133. — 6) Zur Verpflichtung des Versicherers, die Versicherungssumme zu verzinsen. **134,** 133 (138 flg.). — 7) Die Anzeigepflicht nach § 16 Abs. 1 VVG. dauert auch nach der Antragstellung fort bis zum Zustandekommen des Vertrags. **134,** 152. — 8) Zur Auslegung der sog. Infektionsklausel. **135,** 136. — 9) § 15 VVG. bezieht sich nur auf Sachen, die überhaupt keiner Zwangsvollstreckung unterliegen, nicht aber auf Grundstückszubehör, das bloß von der Mobiliarvollstreckung ausgeschlossen ist (§ 865 Abs. 2 ZPO.).

135, 159. — 10) Zum Begriff „Repräsentant" des Versicherungsnehmers. **135,** 372. — 11) Wird der Versicherer von der Verpflichtung zur Zahlung der Brandentschädigung frei, wenn der Vater des minderjährigen Versicherungsnehmers durch Brandstiftung den Versicherungsfall herbeiführt? (Verneint für den Fall, daß der Vater das minderjährige Kind mit Genehmigung des Vormundschaftsgerichts ermächtigt hat, das betreffende Erwerbsgeschäft selbständig zu betreiben.) **135,** 370. — 12) § 32 Satz 2 VVG. bezieht sich nicht auf solche Obliegenheiten, die erst nach dem Eintritt des schädigenden Ereignisses, also nach Verwirklichung der Gefahr, zu erfüllen sind. **136,** 372. — 13) § 15 der Allg. Versicherungsbedingungen für die Todesfallversicherung (1924): Eine Verfügung im Sinne von § 15 Abs. 2 das. liegt auch in der Bezeichnung eines anderen Verfügungsberechtigten. Sie bedarf daher ebenfalls des schriftlichen Einverständnisses des Versicherten. **136,** 395. — 14) Vorläufiger Deckungsvertrag und endgültiger Versicherungsvertrag sind selbständige Verträge, sofern nicht etwas anderes deutlich vereinbart ist. Aus einem nachträglichen Verschweigen bei Abschluß des endgültigen Versicherungsvertrags kann also der Versicherer keine Befreiung von seiner Haftung aus der Deckungszusage herleiten. **140,** 318.

II. Versicherung auf Gegenseitigkeit.

1) Gibt es, entsprechend der Vorschrift des § 306 HGB., eine liquidationslose Verschmelzung von Versicherungsvereinen auf Gegenseitigkeit mit der Wirkung der Gesamtrechtsnachfolge? (Verneint.) **133,** 102.

III. Versicherungsagenten.

1) Verpflichtung des Geschäftsherrn durch Handlungen Angestellter, die er duldet. Anwendung dieses Grundsatzes auf zwei Versicherungsgesellschaften, von denen jede die Angestellten der anderen Gesellschaft für sich mitarbeiten läßt, in bezug auf Deckungszusagen. **133,** 97.

IV. Feuerversicherung.

1) Der Hypothekengläubiger muß die landesgesetzlichen Vorschriften gegen sich gelten lassen, die zur Sicherung der Verwendung der bei der Feuerversicherung zu leistenden Entschädigungssumme erlassen worden sind. **131,** 149. — 2) Wird bei einer Feuerversicherung nach den Versicherungsbedingungen die Entschädigung nur gezahlt zum Wiederaufbau gleichartiger, denselben Zwecken dienender Gebäude an derselben Stelle, so ist der Wiederaufbau als eine Obliegenheit im Sinne von § 6 Abs. 2 VVG. anzusehen. Wenn also dem Versicherungsnehmer der Wiederaufbau unmöglich geworden ist, so steht ihm das Recht zur Seite, nach § 6 Abs. 2 nachzuweisen, daß er den Wiederaufbau weder vorsätzlich noch aus grober Fahrlässigkeit unterlassen hat. **133,** 117. — 3) Wird der Versicherer von der Verpflichtung zur Zahlung der Brandentschädigung frei, wenn der Vater des minderjährigen Versicherungsnehmers durch Brandstiftung den Versicherungsfall herbeiführt? (Verneint für den Fall, daß der Vater das minderjährige Kind mit Genehmigung des Vormundschaftsgerichts ermächtigt hat, das betreffende

Erwerbsgeschäft selbständig zu betreiben.) **135,** 370. — 4) Vorläufige Deckungszusage bei der Feuerversicherung s. unter I Nr. 14. — 5) Über Wahrung der bei der Feuerversicherung vorgeschriebenen Frist für die Anzeigeerstattung. **140,** 318.

V. Lebens- und Unfallversicherung.

1) Kann aus einem Lebensversicherungsvertrage, der den Versicherer — eine unter Reichsaufsicht stehende ausländische Versicherungsunternehmung — verpflichtet, beim Eintritt des Versicherungsfalles neben der Versicherungssumme einen Gewinnanteil zu vergüten, der Versicherte über die im Aufwertungsstockverfahren ihm zugeteilten Beträge hinaus noch weitere Aufwertungsansprüche erheben? (Verneint.) **131,** 359. — 2) Auslegung des § 1 Abs. 2 AVB.: „Die Leistungspflicht der Gesellschaft beginnt mit der Zahlung der ersten Prämie, vorausgesetzt, daß der Versicherte seit der ärztlichen Untersuchung bzw. der Antragstellung nicht erheblich erkrankte"; dies bedeutet: entscheidend soll sein der objektive Eintritt der Krankheit, nicht dagegen der Zeitpunkt, wo die Krankheit „in die Erscheinung tritt". **134,** 148. — 3) Zum Begriff des Unfalls, wenn sich ein Arzt gegen Infektionen bei Ausübung seines Berufs versichert hat. Übertragung des Ansteckungsstoffs durch Anhauchen oder Anhusten fällt unter die sog. Infektionsklausel („Einspritzen infektiöser Massen"). **135,** 136. — 4) Der Widerruf einer Bezugsberechtigung ist eine dem Versicherer gegenüber abzugebende empfangsbedürftige Willenserklärung. Ein Verzicht auf das Zugehen dieser Erklärung liegt nicht schon in der Vereinbarung der Inhaberklausel. **136,** 49. — 5) Zur Abtretung oder Verpfändung oder sonstigen Verfügung über die Rechte aus der Lebensversicherung bei Versicherung für den Fall des Todes eines anderen (§ 159 Abs. 2 VVG.) bedarf es nicht der schriftlichen Einwilligung des zu Versichernden. Sie kann aber im Versicherungsvertrag festgesetzt werden. In diesem Falle bewirkt eine ohne schriftliche Einwilligung vorgenommene Abtretung keinen Vermögensübergang. Die Heilung der Unwirksamkeit tritt dann auch nicht dadurch ein, daß dem Abtretenden die Versicherungssumme später anfällt. **136,** 395. — 6) Die nachträgliche Bestimmung eines Bezugsberechtigten nach § 166 VVG. ist eine empfangsbedürftige Willenserklärung. Sie muß daher (abgesehen von dem Ausnahmefall des § 332 BGB.) dem Versicherer gegenüber erklärt werden; Erklärung gegenüber dem Bezugsberechtigten genügt nicht. **140,** 30. — 7) Die Vorschrift in § 332 BGB. ist für das Versicherungsrecht dahin zu erweitern, daß der Versicherungsnehmer im Zweifel nicht nur eine von Anfang an getroffene Bezugsberechtigung durch letztwillige Verfügung auf einen anderen umstellen, sondern daß er sie durch eine solche auch erstmalig bestimmen kann. **140,** 33.

VI. Haftpflichtversicherung. Kreditversicherung. Sonstige Versicherungen.

1) Die Auto-Kaskoversicherung ist zwar Transportversicherung, aber in den §§ 129 flg. VVG. nicht geregelt (vgl. RGZ. 72, 418; 86, 215). Deshalb gilt für diese Versicherung beim Fehlen entgegenstehender (an sich zulässiger)

Abreden § 61, nicht § 130 S. 1 VVG. **132,** 208. — 2) Die sog. Wertsachenversicherung (Versicherung von Juwelen und Pelzsachen auf Reisen und am Wohnort) ist wesensverschieden von der Transportversicherung. **134,** 137. — 3) Auch nach Aufhebung des Konkursverfahrens infolge Zwangsvergleichs kann der Geschädigte von dem früheren Gemeinschuldner die volle Befriedigung seines Schadensersatzanspruches aus dessen Versicherungsforderung verlangen und ist nur wegen seines Ausfalles hierbei beschränkt auf die Zwangsvergleichsquote. **135,** 295. — 4) Das rechtliche Interesse des Haftpflichtversicherungsnehmers an der alsbaldigen Feststellung, daß ihm Versicherungsschutz zu gewähren sei, ist stets gegeben, wenn ein Haftpflichtanspruch gegen ihn geltend gemacht wird, mag dieser begründet sein oder nicht. **135,** 368. — 5) Es ist unrichtig, das rechtliche Feststellungsinteresse deshalb zu verneinen, weil die Verfolgung des geltend gemachten Haftpflichtanspruchs höchst unwahrscheinlich sei, jedenfalls aber der Abweisung verfallen müsse. **135,** 368. — 6) Grundsätzlich ist im Feststellungsverfahren zwischen Versicherungsnehmer und Versicherer (s. vorstehend zu 4 und 5) auch nicht darüber zu entscheiden, ob der geltend gemachte Haftpflichtanspruch unter den vertraglichen Versicherungsschutz fällt; Ausnahmen sind jedoch möglich. **135,** 368. — 7) Verletzt bei der Haftpflichtversicherung der Versicherte aus grober Fahrlässigkeit die ihm in den Versicherungsbedingungen auferlegte Pflicht, ein wegen des Schadensfalls eingeleitetes Strafverfahren anzuzeigen, so hängt die für diesen Fall bedungene Verwirkung seines Haftpflichtanspruchs nicht davon ab, ob die Unterlassung der Anzeige einen Einfluß auf die Geltendmachung oder den Umfang des Entschädigungsanspruches des Verletzten gehabt hat. Eine ausdehnende Auslegung oder entsprechende Anwendung der §§ 32 Satz 2 oder 154 Abs. 2 VVG. in dieser Richtung ist unzulässig. **136,** 370.

VII. Reichsversicherungsgesetze. Allgemeines.

1) Die Vorschrift des § 1488 RVO. ist kein Schutzgesetz, wohl aber die Vorschriften der §§ 1492 bis 1494. **138,** 165.

VIII. Reichskrankenversicherung.

1) Die in § 59 der Seemannsordnung vorgesehene Verpflichtung des Reeders, für einen Schiffsmann Krankenfürsorge zu gewähren, der nach Antritt des Dienstes oder nach der Anmusterung wegen einer Krankheit oder Verletzung der Heilbehandlung bedarf oder arbeitsunfähig geworden war, ist im Rahmen des Ges. vom 16. Dezember 1927 (RGBl. 1927 I S. 337) Art. 2 in besonderer Weise und unabhängig von der Frage geregelt, ob der abgeschlossene Heuervertrag noch besteht oder nicht. **135,** 255. — 2) Wenn ein Schiffsmann im Auslande wegen einer Krankheit oder Verletzung das Schiff hat verlassen müssen, erstreckt sich die nach § 59 der Seemannsordnung begründete Pflicht des Reeders zur Krankenfürsorge nicht nur auf diese Verletzung und ihre Folgen, sondern auch auf weitere Erkrankungen oder Verletzungen, die der Schiffsmann während der Fürsorgezeit erleidet. **135,** 255. — 3) Ein ohne Mitwirkung des in § 368k RVO. vorgesehenen Vertragsausschusses abgeschlossener kassenärztlicher Gesamtvertrag

(Kollektivvertrag) ist nach § 125 Satz 1 BGB. nichtig. **138,** 365. — 4) Das gleiche wie zu 3) gilt von einem Kassenarztvertrag, der unter der Herrschaft des § 18 der Vo. vom 30. Oktober 1923 und des darin erwähnten Berliner Abkommens nebst Ausführungsbestimmungen unter Umgehung des Vertragsausschusses von den Parteien abgeschlossen worden ist. **138,** 365.

IX. Reichsunfallversicherung.

1) Die Berufsgenossenschaft, die nach §§ 898, 1542 RVO. im Umfang ihrer Leistungen in die Ansprüche des Entschädigungsberechtigten eintritt, muß sich von mitverpflichteten Gesamtschuldnern die Einwendungen entgegenhalten lassen, die gegen den Betriebsunternehmer hätten erhoben werden können, wenn dieser an Stelle der Berufsgenossenschaft die Leistungen zu machen gehabt hätte. Daher Minderung des Rückgriffsanspruchs um den Anteil des mitschuldigen Unternehmers. **134,** 293. — 2) Die satzungsgemäß bestimmte Vertretungsbefugnis des Vorsitzenden des Vorstandes einer Berufsgenossenschaft für den Vorstand berechtigt ersteren zwar, für den Vorstand die nach § 906 RVO. als Klagevoraussetzung erforderliche Mitteilung zu machen. Dieser Mitteilung muß aber ein Beschluß des Vorstands selbst tatsächlich zugrunde liegen, es sei denn, daß der Vorsitzende satzungsgemäß zur Beschlußfassung an Stelle des Vorstandes ermächtigt ist. Eine bloße Übung genügt nicht. **135,** 19. — 3) Die während des Rückgriffprozesses nach §§ 903, 906 RVO. lediglich in einem Schriftsatz des Prozeßbevollmächtigten der Berufsgenossenschaft enthaltene Behauptung, der Vorstand habe das bisher bloß vom Vorsitzenden ausgegangene Regreßverlangen beschlußmäßig gebilligt und bestätigt, ersetzt nicht die nach § 906 RVO. erforderliche schriftliche Mitteilung. **135,** 19. — 4) Unter „erster rechtskräftiger" Feststellung der Entschädigungspflicht der Genossenschaft nach § 907 RVO. ist nicht der noch nicht formell rechtskräftige Bescheid der Feststellungskommission einer Berufsgenossenschaft zu verstehen, durch den dem Unfallverletzten eine Rente gewährt wird, wenngleich der Berufsgenossenschaft kein ordentliches Rechtsmittel gegen den Bescheid zusteht und der Bescheid in der Berufungsinstanz nicht zum Nachteil des Unfallverletzten abgeändert werden kann, also relativ rechtskräftig ist. Die formelle Rechtskraft des Bescheides, tritt erst ein nach fruchtlosem Ablauf der Rechtsmittelfrist oder nach Erledigung des Instanzenzugs. **135,** 298. — 5) Kann die mit dem Führerschein ausgestattete Tochter des Kraftwagenhalters, die neben einem angestellten Kraftwagenführer den Wagen nach ihrer Wahl gelegentlich auf kurzen Fahrten steuert, als Bevollmächtigte des Betriebsunternehmers angesehen werden? **136,** 345. — 6) Unter einem Bevollmächtigten des Betriebsunternehmers nach § 899 RVO. ist eine Person zu verstehen, die einerseits mit einer gewissen Selbständigkeit im Rahmen des Betriebes den Unternehmer zu vertreten befugt und anderseits zur Wahrnehmung entsprechender Geschäfte verpflichtet ist. **136,** 345. — 7) Zur Frage der Bindung der ordentlichen Gerichte an die Entscheidungen der Behörden der Unfallversicherung. **136,** 345. — 8) Die im Dritten Gesetz über Änderungen in der Unfallversicherung vom 20. Dezember 1928

(RGBl. I S. 405) bestimmte Rückwirkung hat nicht die Bedeutung, daß Schadensersatzansprüche, die in der Rückwirkungszeit erworben worden sind, beseitigt wurden. **137,** 81.

X. Reichs-Invaliditäts- und Altersversicherung.

1) Die Vorschrift des § 1488 RVO. ist kein Schutzgesetz, wohl aber die Vorschriften der §§ 1492 bis 1494. **138,** 165.

XI. Angestelltenversicherung.

---

§ 138. Leibrente.

1) Die Leibrente ist nach BGB. ein einheitliches nutzbares Recht, das dem Berechtigten für die Lebenszeit eines Menschen eingeräumt ist und dessen Erträge aus fortlaufend wiederkehrenden gleichmäßigen Leistungen in Geld oder vertretbaren Sachen bestehen. Es gehört zum Wesen einer Leibrente, daß die fortlaufend wiederkehrenden Leistungen gleichmäßig und deshalb bestimmt sind. Mit diesem Erfordernis ist vereinbar, daß für die an sich bestimmte Jahresrente in gewissen Fällen eine bestimmte Ermäßigung eintritt. Unvereinbar ist damit, daß die Einzelleistungen lediglich abhängen von künftigen wirtschaftlichen Voraussetzungen, z. B. von der Ergiebigkeit einer Anwaltstätigkeit oder eines Landgutes. **137,** 259.

§ 139. Bürgschaft. Garantieversprechen.

I. Bürgschaft.

1) Die Befreiung des Bankiers von der Aufwertungspflicht nach § 66 AufwG. kommt auch dessen Bürgen zugute, selbst wenn er sich als Selbstschuldner verbürgt hatte. **134,** 126. — 2) Bürgschaft für die Kaufpreisforderung aus einem Schwarzkauf; die Formvorschriften des § 313 BGB. gelten nicht für solche Bürgschaftsübernahme; Wirksamwerden der Bürgschaft mit Wirksamwerden der Hauptforderung durch Heilung des Formmangels des Schwarzkaufs nach § 313 Satz 2 BGB. **134,** 243. — 3) Der Zollbürge erwirbt durch Zahlung den bisherigen Zollanspruch mit dem Vorrecht aus § 61 Nr. 2 KO. **135,** 25. — 4) In Übereinstimmung mit RGZ. Bd. 76 S. 195 ist angenommen: Die Vorschrift in § 774 Abs. 1 Satz 2 BGB. hindert nur, daß der Eintritt des Bürgen die Rechtsstellung des Gläubigers, zu deren Verstärkung die Bürgschaft diente, rechtlich beeinträchtigt; sie kann aber nicht dazu führen, daß der Gläubiger auch wegen aller anderen denkbaren Rechtsstellungen einen Vorrang vor dem Bürgen als Rückgriffgläubiger zu beanspruchen hätte. Zusammenstellung der Rechtsprechung zu dieser Frage. **136,** 40. — 5) Gemäß dem vorigen Grundsatz (zu 4) braucht im Konkurse des Zollschuldners der Bürge der gestundeten Zollforderungen gegenüber der Geltendmachung anderer ungestundeter und unverbürgter Zollforderungen nicht zurückzutreten. **136,** 40. — 6) Darf eine Bank eine durch Bürgschaft gesicherte Kreditforderung in die zwischen ihr und dem Kreditschuldner bestehende laufende Rechnung einstellen? **136,** 178. — 7) Unter welchen Voraussetzungen kann der Bürge

verlangen, daß die Leistungen des Hauptschuldners vorzugsweise auf die verbürgte Schuld verrechnet werden? **136,** 178. — 8) Der Bürge ist zur Verweigerung der Befriedigung nach § 770 Abs. 2 BGB. nicht berechtigt, wenn dem Gläubiger die Befugnis zur Aufrechnung gegenüber dem Hauptschuldner nach § 393 BGB. fehlt. Beruht die Forderung des Hauptschuldners, gegen die der Gläubiger nicht aufrechnen kann, auf demselben rechtlichen Verhältnis wie der Anspruch gegen den Bürgen, so kann der Bürge das Zurückbehaltungsrecht nach § 768 BGB. geltend machen. **137,** 34. — 9) Regelmäßig bleibt bei Nichtigkeit der Bürgschaftserklärung eines von mehreren Mitbürgen die Rechtswirksamkeit der anderen Bürgschaftserklärungen unberührt und gilt also insoweit § 139 BGB. nicht; doch können besondere Umstände des Einzelfalls auf einen anderen Willen der Parteien schließen lassen. **138,** 270. — 10) Der persönlich haftende Gesellschafter einer Kommanditgesellschaft kann für deren Schulden die Bürgschaft übernehmen; es handelt sich um eine echte Bürgschaft. **139,** 252. — 11) Übernimmt eine nicht börsentermingeschäftsfähige Person die Bürgschaft für eine Verbindlichkeit des Hauptschuldners aus einem voll wirksamen Börsentermingeschäft, so wird hierdurch eine klagbare Verbindlichkeit des Bürgen nicht begründet. **140,** 132. — 12) Was bedeutet es, wenn jemand erklärt, er stehe hinter einer Vertragspartei und hafte mit seinem Vermögen? **140,** 216. — 13) Die Bürgschaft für die Übereignungspflicht des Grundstücksverkäufers steht nicht unter der Formvorschrift des § 313 BGB., sondern unter der des § 766 das. **140,** 216.

II. Garantieversprechen.

— — — — — — — — — —

§ 140. Vergleich. Schiedsvertrag.

I. Vergleich.

(Prozeßvergleich § 324.)

1) Unter welchen Voraussetzungen kann ein im Vergleichswege erklärter Verzicht auf alle künftigen Ansprüche aus einer Körperbeschädigung trotz seiner Allgemeinheit in seiner Tragweite begrenzt sein? **131,** 278.

II. Schiedsrichtervertrag.

— — — — — — — — — —

§ 141. Schuldversprechen. Schuldanerkenntnis.

— — — — — — — — — —

§ 142. Anweisung. Kreditbrief. Schuldverschreibungen auf den Inhaber. Legitimationspapiere.

1) Zum Wesen der Anweisung gehört die Absicht, daß sich der Angewiesene durch besondere abstrakte Erklärung (§ 784 BGB.) gegenüber dem Anweisungsempfänger verpflichten soll. **133,** 255.

§ 143. Vorlegung von Sachen und Urkunden.

1) Kein rechtliches Interesse an Urkundeneinsicht nach § 810 BGB., wenn damit nur der Zweck verfolgt wird, aus den Urkunden die Unterlagen zu gewinnen für Schadensersatzansprüche gegen den Besitzer der Urkunden. **135,** 192.

2. Ungerechtfertigte Bereicherung. Unerlaubte Handlungen. Haftung für andere.

§ 144. Ungerechtfertigte Bereicherung.

1) Der Ausschluß des Rückforderungsrechts nach § 817 Satz 2 BGB. gilt nur bei bewußter Zuwiderhandlung gegen das Verbotgesetz. **132,** 33 (41). — 2) Wann gilt bei gegenseitigen Verträgen der mit einer Leistung bezweckte Erfolg als vereinbart? **132,** 238. — 3) Zur Frage der Beweislast bei einem Anspruch aus ungerechtfertigter Bereicherung. **132,** 386; s. auch Nr. 4, 19. — 4) Bei der condictio indebiti (§ 812 BGB.) hat der Bereicherungskläger zu beweisen, er habe zur Erfüllung einer Verbindlichkeit geleistet und diese Verbindlichkeit bestehe nicht. Der erstere Beweis ist schon dann erbracht, wenn es nach seiner bei der Leistung abgegebenen ausdrücklichen oder aus den Umständen erkennbaren Erklärung anzunehmen war. Behauptet der Bereicherungsbeklagte, daß der andere bei der Leistung das Fehlen seiner Verpflichtung hierzu gekannt habe (§ 814), so ist er seinerseits hierfür beweispflichtig. **133,** 275; s. auch Nr. 3, 19. — 5) Zu den mit herauszugebenden Nutzungen gehört nicht der Gewinn, den der Bereicherte nach rechtsgeschäftlicher Veräußerung des Erlangten aus dem damit Erworbenen gezogen hat. **133,** 283 (287). — 6) Wenn zwei als verkauft übergebene Grundstücke, von denen jedoch nur das eine Gegenstand eines formungültigen Kaufvertrags gewesen und auf den Namen des Käufers umgeschrieben worden ist, vom Käufer mit zusammenhängenden Fabrikgebäuden bebaut werden, dann gestaltet sich der Anspruch des Verkäufers aus ungerechtfertigter Bereicherung nach § 818 Abs. 2 BGB.: Das Grundstück mit dem damit verbundenen großen Fabrikunternehmen ist wirtschaftlich etwas anderes geworden, also die Herausgabe des Erlangten unmöglich geworden. **133,** 293. — 7) Rechtsstellung des Käufers im vorigen Falle analog § 915 Abs. 1 BGB. **133,** 296. — 8) Zur Frage der Rückforderung überhobener Mietzinsbeträge aus der Zeit der PreistreibereiVo. (Gesichtspunkt der Verwirkung). **134,** 99 (107). — 9) Wenn der Gerichtsvollzieher an den die Zwangsvollstreckung betreibenden Gläubiger irrigerweise einen Geldbetrag abführt, den der Vollstreckungsschuldner an den Gerichtsvollzieher zur Abwendung der von einem anderen Gläubiger betriebenen Vollstreckung gezahlt hat, so wird der erstgenannte Gläubiger auf Kosten des anderen Gläubigers bereichert. **134,** 141. — 9a) Hat der Konkursverwalter — gegebenenfalls der Gemeinschuldner — einen Anspruch aus ungerechtfertigter Bereicherung wegen Leistungen, die auf Grund eines Grundstückskaufvertrags bewirkt wurden, der deshalb nicht zur Ausführung gelangte, weil der Konkursverwalter die Erfüllung ablehnte? Wie verhält sich dieser Anspruch zum Schadensersatzanspruch des Gegners? Nach welchen Vorschriften findet in diesem Falle die Auseinandersetzung wegen der

Nutzungen und Verwendungen statt? **135,** 167 (s. hierzu Syst. Reg. § 355 Nr. 5). — 10) Kein Bereicherungsanspruch nach Verjährung des Wandlungsanspruches. **135,** 340 (347). — 11) Einrede der gegenwärtigen Arglist gegen einen Bereicherungsanspruch (Vertrag mit Wohnungsamt auf Befreiung von der Beschlagnahme gegen Zahlung einer Summe; Rückforderung des Gezahlten nach Aufhebung der Zwangswirtschaft). **135,** 374. — 12) Ist ein Vertragsverhältnis, auf Grund dessen beiderseitige Verpflichtungen entstanden und erfüllt worden sind, nichtig, so ist nur derjenige Teil mit einem Bereicherungsanspruch belangbar, bei dem sich nach Abzug der Gegenleistung ein Überschuß ergibt. **135,** 377; s. auch Nr. 16, 22. — 13) Wird die Rückzahlung des auf Grund eines formnichtigen Darlehnsvertrags hingegebenen Kapitals als ungerechtfertigte Bereicherung gefordert, so sind die vom Empfänger des Geldes in der Zwischenzeit ohne Rechtsgrund gezahlten vermeintlichen Darlehnszinsen in Abzug zu bringen. **136,** 135. — 14) Von der strengeren Haftung nach § 819 Abs. 1 BGB. muß der Empfänger dann verschont bleiben, wenn er gewußt oder angenommen hat, daß der Leistende selbst den Mangel des Rechtsgrundes kennt. Beweispflichtig hierfür ist der Empfänger. **137,** 171. — 15) Soweit es sich bei der Auseinandersetzung zwischen Eigentümer und Besitzer um den Umfang der Pflicht des Besitzers zur Herausgabe der gezogenen Nutzungen handelt, stellen die §§ 987 flg. BGB. eine erschöpfende Sonderregelung dar, die den allgemeinen Vorschriften des Bereicherungsrechts in den §§ 812 flg. BGB., diese ausschließend, vorgeht. Soweit in RGZ. Bd. 129 S. 307 eine abweichende Ansicht vertreten war, ist sie aufgegeben worden. **137,** 206. — 16) Über die sog. Saldotheorie, insbesondere bei Ungleichartigkeit der beiderseitigen Leistungen. **137,** 336 flg.; s. auch Nr. 12, 22. — 17) Veräußert ein Lagerhalter mit Zustimmung eines anderen, der sich für den Eigentümer hält, das Lagergut an gutgläubige Käufer, so ist nicht der andere, sondern der Lagerhalter derjenige, der in einer dem wahren Eigentümer gegenüber wirksamen Weise im Sinne von § 816 BGB. über das Lagergut verfügt hat. **137,** 356. — 18) Was ist unter dem „durch die Verfügung Erlangten" im Sinne des § 816 Abs. 1 Satz 1 BGB. zu verstehen? (Fall des Verkäufers, der den Vertrag wegen arglistiger Täuschung angefochten hat, wenn sein Abkäufer die Sache zu einem erheblich höheren Preise weiterverkauft hat.) **138,** 45 (47). — 19) Wer das zur Erfüllung einer Verbindlichkeit Geleistete zurückfordert, weil er unter Vorbehalt geleistet habe, muß den Vorbehalt beweisen. **138,** 122; s. auch Nr. 3, 4. — 20) Über das Verhältnis der Bereicherungshaftung nach §§ 812 flg. BGB. zur Haftung nach Beitreibung auf Grund vorläufiger Vollstreckbarkeit nach § 717 Abs. 3 ZPO. **139,** 17. — 21) Wenn die Hypothek eines in der Zwangsversteigerung zur Hebung gelangten Gläubigers nicht rechtswirksam bestellt war, so ist er auf Kosten des nachstehenden Hypothekengläubigers, der ausgefallen ist, ungerechtfertigt bereichert. Dieser kann, ohne im Verteilungstermin Widerspruch erhoben zu haben, nach § 812 BGB. die Herausgabe der Bereicherung verlangen. **139,** 120. — 22) Zur Anwendung der Saldotheorie auf Bereicherungsansprüche aus Knebelverträgen. Begrenzung der ausgleichsfähigen Geschäfte auf die mit und seit Abschluß des Knebelvertrags zustandegekommenen Kreditgeschäfte, und zwar auch auf sie nur dann, wenn zu ihrer Vornahme eine Verpflichtung bestand oder doch vorausgesetzt wurde. **139,** 208; s. auch Nr. 12, 16. — 23) Bereicherungsanspruch als Form der Geltendmachung des Grundbuchberichtigungsanspruchs (neben dem dinglichen Berichtigungsanspruch nach § 894 BGB.). **139,** 355.

§ 145. Unerlaubte Handlungen des BGB. (§§ 823—852 BGB.).

(Schadensersatz außerhalb vertraglicher Verhältnisse s. § 95 IV.)
(Mitwirkendes Verschulden s. § 95 II.)

I. Allgemeines.

1) Wer die Frau eines Arztes körperlich verletzt, kann nicht verlangen, daß ihr Mann sie unentgeltlich behandelt, sondern haftet auf Ersatz der Behandlungskosten. **132,** 223. — 2) Ablehnung des strafrechtlichen Gesichtspunktes der fortgesetzten Handlung für die privatrechtliche Betrachtungsweise. **134,** 335. — 3) Unter besonders gearteten Umständen kann die samtverbindliche Haftung von Ausgleichsverpflichteten gegenüber dem Anspruch des Ausgleichsberechtigten in Anwendung des § 254 BGB. auch dann angenommen werden, wenn der Ausgleichsberechtigte im Innenverhältnis durch § 254 BGB. nicht völlig haftfrei gestellt wird. **136,** 275. — 4) Zur Anwendbarkeit des § 278 BGB. im Falle des § 839 Abs. 3 BGB. **138,** 117. — 5) Die vorbeugende Unterlassungsklage ist auch ohne Verschulden auf Grund objektiv rechtswidrigen Handelns gegeben, unabhängig davon, daß die unerlaubte Handlung unter Strafe gestellt ist. **138,** 232. Vgl. Nr. 8. — 6) Allgemeines über die Ableitung des Unterlassungsanspruchs aus Gesetzesvorschriften, die ausdrücklich nur eine Schadensersatzpflicht bestimmen oder eine öffentliche Strafe für die Zuwiderhandlung androhen. **138,** 276. — 7) Nach der ständigen Rechtsprechung des Reichsgerichts schließen die Sonderbestimmungen in § 839 BGB. die allgemeinen Vorschriften der §§ 823, 826 aus. **139,** 152. — 8) Über die vorbeugende Unterlassungsklage. Zum mindesten da, wo der strafrechtliche Schutz nicht hinreicht, muß gegenüber drohenden Beeinträchtigungen der Ehre und des Kredits durch herabsetzende Äußerungen ein solcher Unterlassungsanspruch in entsprechender Anwendung des § 1004 BGB. gewährt werden. Verschulden des Urhebers der Bedrohung bildet keine Voraussetzung dafür. Dagegen hat der Kläger die Beweislast für die Unwahrheit der aufgestellten oder verbreiteten Behauptung; ausgenommen hiervon sind u. a. Äußerungen in beleidigender Form. Kein Unterlassungsanspruch gegenüber Äußerungen in Ausübung öffentlich-rechtlicher Befugnisse oder Verpflichtungen. **140,** 392 (402); s. auch Nr. 5.

II. Die einzelnen unerlaubten Handlungen.

1) Anhaltender oder drohender Schneefall befreit nicht unter allen BGB.
Umständen von der Pflicht zum Streuen. **133,** 226. — 2) Über mittelbare § 823
Verletzung. Derjenige, der ein Kind überfährt, ist auch für die bei der Mutter des Kindes eingetretene Schreckwirkung schadensersatzpflichtig, da (im vorliegenden Falle) der adäquate Ursachenzusammenhang gegeben war und der Beklagte mit dem Schrecken der Eltern und den möglichen Schreckwirkungen rechnen mußte. **133,** 270. — 3) Im vorigen Falle trifft die gleiche

Schadensersatzpflicht auch den, der den Schädiger zu seiner Verrichtung bestellt hatte. **133,** 270. — 4) Wer einer fremden Frau beigewohnt hat, muß bis zum Ablauf einer gewissen Zeit immer mit der Gefahr rechnen, angesteckt zu sein, wenn er nicht besonderen Anlaß hat, von der Gesundheit der Frau überzeugt zu sein, insbesondere wenn jene Frau dem Geschlechtsverkehr leicht zugänglich gewesen ist. Er handelt daher fahrlässig, wenn er vor Ablauf gewisser Zeit einer anderen Frau beiwohnt. **135,** 9. — 5) Zwar ist unter gewissen Voraussetzungen der eingerichtete und ausgeübte Gewerbebetrieb ein geschütztes Rechtsgut im Sinne von § 823 Abs. 1 BGB. Dies gilt aber nur dann, wenn sich der Eingriff unmittelbar gegen den Bestand des Gewerbebetriebs richtet; dagegen fällt die Aussicht auf Erwerb und Gewinnung von Kundschaft nicht mit dem Gewerbebetrieb als solchem zusammen und ist nicht in dieser Weise geschützt. **135,** 247. — 6) Schutzgesetze nach § 823 Abs. 2 zu Gunsten einzelner, insbesondere anderer Gewerbeunternehmer ist weder die Satzung eines nicht rechtsfähigen Vereins noch sind es die §§ 33, 147 Nr. 1 GewO. **135,** 242. — 7) Erfüllung der Streupflicht einer katholischen Pfarrgemeinde durch den Kirchenvorsteher nach § 1 Ges. vom 24. Juli 1924 (Preuß. GS. S. 585). **136,** 1. — 8) § 7 Abs. 3 KraftfG. ist anzuwenden, wenn das Verschulden des Halters sich darin erschöpft, daß er die Benutzung des Fahrzeugs ermöglicht; die allgemeine Vorschrift des § 823 BGB. hingegen, wenn sein Verschulden eine darüber hinausgehende Bedeutung hat (fahrlässige Ausübung des Gewerbebetriebs überhaupt, z. B. mangelhafte Erkundigung über die Person des Führers bei seiner Einstellung). **136,** 15. — 9) Wann kann eine Gemeinde, die an der See Einrichtungen für die Bequemlichkeit und Sicherheit der Badenden getroffen hat, wegen Verletzung der Verkehrssicherungspflicht für Unfallschäden in Anspruch genommen werden? **136,** 228. — 10) Ein Sportverein haftet für Personen- oder Sachschäden, die (z. B. durch einen abirrenden Fußball) bei der Benutzung seines Sportplatzes infolge von ungenügender Umzäunung in der Nachbarschaft des Platzes entstehen, auch dann, wenn die schadenstiftende Sportübung unbefugt von Nichtmitgliedern ausgeführt wurde; mindestens gilt dies dann, wenn keine ausreichenden Vorkehrungen zur Fernhaltung unbefugter Spieler getroffen worden sind. **138,** 24. — 11) § 1 des Gesetzes über die Sicherung der Bauforderungen ist ein Schutzgesetz zu Gunsten der Baubeteiligten im Sinne von § 823 Abs. 2 BGB. **138,** 156. — 12) Ein schuldhafter Verstoß gegen § 1 BaufordG. gibt den unbefriedigt gebliebenen Baubeteiligten Anspruch auf Schadensersatz (näheres s. in § 161a des Syst. Reg.). **138,** 156. — 13) Allgemeines über den Begriff des Schutzgesetzes. **138,** 168, 170, 229. — 14) Die §§ 1492 bis 1494 RVo. sind Schutzgesetze nach § 823 Abs. 2 BGB., nicht dagegen die Vorschrift des § 1488 RVO. **138,** 165. — 15) § 41a GewO. sowie § 9 AngAZVo. (vom 18. März 1919 — RGBl. S. 315 —) sind Schutzgesetze im Sinne des § 823 Abs. 2 BGB. zugunsten aller Betriebsinhaber und daher auch jedes einzelnen von ihnen gegenüber der unerlaubten Konkurrenz anderer Betriebe, begangen durch Offenhaltung ihrer Geschäfte an Sonn- und Feiertagen (GewO. § 41a) sowie an Werktagen nach 7 Uhr abends (AngAZVo. § 9). **138,** 219. — 16) Kann ein Pfändungspfandrecht an einer Forderung durch

Zahlung oder Aufrechnung verletzt werden? **138,** 252. — 17) Ablehnung der Haftung eines Arztes für Schäden durch Röntgenbestrahlung nach §§ 823, 831 BGB., wenn eine von ihm behandelte Person auf seine Anweisung in einer von dritter Seite betriebenen Röntgenanlage bestrahlt worden ist und hierbei durch Versehen der Röntgenschwester Verbrennungen erlitten hat. Mögliche Haftung des Arztes aus dem Arztvertrag, wobei die Röntgenschwester als seine Erfüllungsgehilfin in Betracht kommt. **139,** 255. — 18) Über Gesundheitsbeschädigung als Grundlage von Ansprüchen aus § 823 Abs. 1 und 2, §§ 826, 842, 843, 847 BGB. **140,** 392. — 19) Über Ehrverletzung als Grundlage von Schadensersatzansprüchen nach § 823 Abs. 2 BGB. in Verb. mit §§ 185 flg. StGB. und § 824 BGB. Die Ehrverletzung gibt als solche niemals einen Schmerzensgeldanspruch, sondern in Geld immer nur einen solchen auf Ersatz des durch die Ehrverletzung adäquat verursachten Vermögensschadens. **140,** 392. — 20) Die Aufnahme ehrenrühriger Behauptungen in Streitschriften und Anzeigen an die zu ihrer Nachprüfung berufenen Stellen (Gerichte, Ehrengerichte) unterliegt einem milderen Maßstab als die Aufnahme in Schriften anderer Art. Der Schreiber darf nämlich in jene Schriften auch Behauptungen aufnehmen, die er nicht nachgeprüft hat oder nicht nachprüfen konnte, sofern nur deren Unhaltbarkeit oder besondere Bedenklichkeit für ihn nicht von vornherein offen auf der Hand lag. **140,** 392. — 21) Steht fest, daß jemand unwahre ehrenrührige oder kreditgefährdende Behauptungen über einen anderen verbreitet hat, ist aber nicht aufgeklärt, welchen Personen gegenüber dies geschehen ist, so kann der Verletzte von dem Täter hierüber Auskunft verlangen. **140,** 403.

BGB. § 824

1) Die Besonderheit des § 824 BGB. liegt nicht darin, daß er der vorsätzlichen Ehrverletzung die fahrlässige zur Seite stellt, sondern er macht sich zu eigen die Ausdehnung des Strafschutzes in § 187 StGB. auf die Behauptung oder Verbreitung solcher Tatsachen, die dazu angetan sind, den Kredit zu gefährden, wobei der Kreditgefährdung die Herbeiführung sonstiger Nachteile für Erwerb oder Fortkommen gleichgestellt sind und für beide Fälle neben das Kennen der Unwahrheit der Behauptung wahlweise das Kennenmüssen als gleichwertiges Tatbestandsmerkmal gesetzt ist. **140,** 392. — 2) Eine Ehrverletzung kann Schadensersatzansprüche nach § 823 Abs. 2 BGB. in Verb. mit §§ 185 flg. StGB., §§ 824, 826 BGB. begründen, niemals aber als solche einen Anspruch auf Schmerzensgeld. **140,** 392. — 3) Über die Auskunftspflicht dessen, der über einen anderen kreditgefährdende Behauptungen aufgestellt hat, s. zu § 823 Nr. 21.

BGB. § 826

1) Inwieweit liegt in der von einem Elektrizitätswerk vorgenommenen Verhängung der Stromsperre über ein unter Zwangsverwaltung stehendes Unternehmen eine sittenwidrige Ausnutzung der Monopolstellung? **132,** 273. — 2) Unter welchen Voraussetzungen verstößt Erwirkung von Vollstreckungsbefehlen für sittenwidrig erlangte Ansprüche gegen die guten Sitten? **132,** 273. — 3) Wenngleich kein Abschlußzwang für städtische oder private Theater besteht ,selbst nicht bei tatsächlicher Monopolstellung, so kann doch die Weigerung der Theaterleitung, mit jemand (z. B. einem mißliebigen Kritiker) einen Theaterbesuchsvertrag abzuschließen, unter § 826 BGB. fallen, wenn sie ohne sachlichen Grund erfolgt oder um einen Druck auf die

Kritik auszuüben. **133,** 388. — 4) In der völlig ungeregelten Kassenführung eines Obersekretärs beim preuß. Provinzialschulkollegium, der nebenamtlich die Kassengeschäfte eines staatlichen Gymnasiums zu führen hat, kann eine unerlaubte Handlung nach § 826 BGB. gefunden werden. **135,** 1. — 5) Ausnutzung fremder Arbeit als Verstoß gegen die guten Sitten. **135,** 385 (395). — 6) Unter welchen Umständen kann ein Kreditgeber, dessen Schuldner einem anderen eine übermäßige und undurchsichtige Sicherung gewährt hatte, bei deren Kenntnis er ihm den Kredit nicht eingeräumt hätte, von dem anderen Kreditgeber Ersatz des durch seine Kredithingabe erwachsenen Schadens verlangen? Unterscheidung von Kreditbetrug und bloßer Gläubigergefährdung. Bei Kreditbetrug Ersatz des vollen Schadens, der dem späteren Kreditgeber durch seine Unkenntnis von der Sicherung entstanden ist. Bei bloßer Gläubigergefährdung nur Ersatz des Ausfalls, der dadurch verursacht ist, daß die betreffende Sicherung aus dem Vermögen des Schuldners gegeben worden ist. **136,** 247. — 7) Für den Tatbestand der sittenwidrigen Kredittäuschung gegenüber anderen Gläubigern ist Knebelung des Schuldners nicht erforderlich. Nur wenn die Maßnahmen, die eine sittenwidrige Knebelung des Schuldners bedeuten, zugleich seinen Gläubigern die Mittel entziehen, die zu ihrer Befriedigung hätten dienen können, kann in den Maßnahmen unter Umständen eine unerlaubte Handlung gegen die Gläubiger gefunden werden. Die Knebelung des Schuldners für sich allein kann nur Nichtigkeit nach § 138 BGB. zur Folge haben. **136,** 293. — 8) Die Annahme, daß eine Bank durch Hereinnahme von Sicherungen andere Gläubiger sittenwidrig geschädigt habe, wird nicht dadurch ausgeschlossen, daß die Bank sich hat leiten lassen von der Sorge für die Sicherung der ihr anvertrauten fremden Gelder oder durch die Belange der im Betriebe des Schuldners beschäftigten Angestellten und Arbeiter. **136,** 293. — 9) Weiß die Bank, daß der Schuldner auch mit anderen Banken in Geschäftsverbindung steht und auch für die von ihnen erhaltenen Kredite Sicherungen gegeben hat, dann muß sie bei Prüfung der Frage, ob nicht ihre eigenen Sicherungen den ungedeckten Gläubigern Schaden zufügen werden, auch die den anderen Banken gegebenen Sicherheiten mit in Betracht ziehen. Ist sie darüber nicht genau unterrichtet, drängt aber die ihr bekannte Sachlage ihr die Vermutung auf, daß der Schuldner auch anderen Gläubigern bereits erhebliche Sicherungen gegeben habe, so handelt sie, falls sie Erkundigungen unterläßt und sich der Erkenntnis verschließt, daß durch ihre Sicherungsmaßnahmen in Verbindung mit denen anderer Sicherungsnehmer die ungesicherten Gläubiger geschädigt werden können, grob leichtfertig und damit sittenwidrig. **136,** 293. — 10) Für den Tatbestand einer Kredittäuschung ist es nicht erforderlich, daß besondere Veranstaltungen zur Geheimhaltung unternommen worden sind, zumal wenn die Geheimhaltung der Natur der Sache nach eine Selbstverständlichkeit war. **136,** 295. — 11) Der Täter braucht im Falle des § 826 BGB. nicht die Sittenwidrigkeit seines Tuns zu erkennen, wenn er nur die tatsächlichen Umstände kennt, die sein Handeln sittlich verwerflich machen. **136,** 298. — 12) Genügt die Ausnützung fremden Vertragsbruches zum Tatbestand des Sittenverstoßes (UnlWG. § 1)? **140,** 137 (141). — 13) Sittenwidrige Patenterwirkung (Patenterschleichung,

Patentruhe). **140,** 184. — 14) Eine Ehrverletzung kann Schadensersatzansprüche nach § 823 Abs. 2 BGB. in Verb. mit §§ 185 flg. StGB., §§ 824 und 826 BGB. begründen, niemals aber als solche einen Schmerzensgeldanspruch. **140,** 392. — 15) Auch die bewußt leichtfertige Aufstellung ehrverletzender Behauptungen kann als sittenwidrige Handlung nach § 826 BGB. erscheinen. Eine Pflicht zur Schadloshaltung in Geld entsteht aus solchem Vorgehen nach § 826 aber nur, wenn der Täter mindestens mit der nicht bloß entfernten Möglichkeit einer Schädigung des Vermögens des Betroffenen durch sein Handeln rechnete und sie in Kauf genommen hat. **140,** 396. — 16) Über ehrenrührige Behauptungen in Schriftsätzen von Anwalt zu Anwalt s. vorstehend unter § 823 BGB. unter Nr. 20. — 17) Der Boykott verstößt als solcher nicht ohne weiteres gegen § 826 BGB., sondern nur dann, wenn mit ihm eine öffentliche Verrufserklärung verknüpft ist, die den Zweck und Erfolg hat, das gewerbliche Fortbestehen des Gegners völlig zu vernichten, oder wenn Verrufserklärungen ohne jede Angabe einer Tatsache oder mit aufreizendem Inhalt öffentlich verbreitet werden, oder wenn die Maßregel dessen, der den Boykott verhängt, in keinem billigen Verhältnis steht zu der Handlungsweise desjenigen, gegen den sich der Boykott richtet. **140,** 431.

1) Die Krankenkasse haftet dem Mitglied für die Folgen schuldhaft BGB.
unrichtiger Begutachtung durch den mit der Nachuntersuchung beauftragten § 831
Vertrauensarzt nach § 831, weil es sich um eine Verrichtung handelt, die der Krankenkasse im Rahmen ihrer Fürsorgepflicht selbst obliegt (außerdem nach § 278 BGB.). **131,** 67. — 2) Die Haftung aus § 831 BGB. setzt kein Verschulden des Angestellten voraus. **135,** 155. — 3) Zur Haftung des Kraftfahrzeughalters und seines mit der Beaufsichtigung des Führers bestellten Angestellten für Schäden, die auf einer Schwarzfahrt angerichtet werden. **135,** 149. — 4) Ein nicht rechtsfähiger Verein ist für den Schaden haftbar, den seine Vertreter in Ausführung von Verrichtungen, zu denen sie bestellt sind, einem Dritten widerrechtlich zufügen. **135,** 242. — 5) Der Kraftfahrzeughalter kann für Schwarzfahrten, die sein Führer unternimmt, nicht auf Grund des § 831 Abs. 1 BGB. in Anspruch genommen werden. **136,** 14, 16. — 6) § 831 BGB. findet auch auf den Staat und andere öffentlich-rechtliche Körperschaften insoweit Anwendung, als ihre Angestellten in Ausführung der ihnen in privatrechtlichen Unternehmerbetrieben ihrer Geschäftsherren obliegenden Verrichtungen Dritten Schaden zufügen. **139,** 151. — 7) Der Geschäftsherr haftet nach § 831 nicht für die unerlaubte Handlung des Angestellten, sondern er hat für die von ihm selbst in vermuteter Fahrlässigkeit begangene unerlaubte Handlung einzustehen. **140,** 386 (392).

a) Haftung im allgemeinen. 1a) Kann die Haftung einer öffentlich- BGB.
rechtlichen Körperschaft für schuldhafte Handlungen ihrer Beamten im § 839
Privatrechtsverkehr aus § 839 BGB. hergeleitet werden? **131,** 239. — 1) Unter welchen Voraussetzungen trifft den Richter ein Verschulden, wenn er einen auswärtigen Anwalt als Armenanwalt beiordnet? Unrichtige Gesetzesauslegung durch einen Richter stellt nur dann ein Verschulden dar, wenn gegen den klaren, bestimmten und völlig eindeutigen Wortlaut des

Gesetzes verstoßen worden ist; kein Verschulden dagegen bei unrichtiger Auslegung von Gesetzesbestimmungen, die für die Auslegung Zweifel erwecken, Unklarheiten enthalten und noch nicht durch eine höchstrichterliche Rechtsprechung geklärt sind. **133,** 137 (142); **135,** 116. — 2) Im Immobiliar-Zwangsversteigerungsverfahren können sowohl der Antrag auf Einleitung des Verfahrens wie der Anordnungs- und der Beitrittsbeschluß auf den Vollstreckungstitel zur näheren Bezeichnung des Anspruchs, wegen dessen das Verfahren betrieben wird, Bezug nehmen. Der Zwangsversteigerungsrichter, der dies bei Festsetzung des geringsten Gebots nicht berücksichtigt, handelt fahrlässig. **134,** 56. — 3) Die den Notaren in § 38 des Zuwachssteuergesetzes auferlegte Pflicht zur Mitteilung an die städtischen Wertzuwachssteuerämter liegt ihnen diesen gegenüber ob als Amtspflicht im Sinne von § 839 BGB., und zwar auch dann, wenn die Gemeinde eine selbständige Wertzuwachssteuerordnung eingeführt hatte. **134,** 311. — 4) Allgemeine Grundsätze über den Begriff der Amtspflicht, die der Beamte gegenüber einem Dritten hat. **134,** 321. — Zu vgl. auch nachstehend Nr. 5, 6, 20, 21, 23, 29, 35, 37. — 5) Gegenüber dem Gegner der das Armenrecht beantragenden Partei besteht keine Amtspflicht des Richters auf sachgemäße und erschöpfende Prüfung des zur Begründung des Antrages Vorgetragenen. **135,** 110; s. auch Nr. 4. — 6) Allgemeines über den Begriff der dem Beamten einem Dritten gegenüber obliegenden Amtspflicht. **135,** 113; s. auch Nr. 4. — 7) Über Amtspflichtverletzungen in Ermessenssachen. **135,** 117. Zu vgl. auch nachstehend Nr. 13, 14. — 8) Die in §§ 114b und 114c StPO. bestimmte Frist von 24 Stunden bildet auch bei der Vorführung auf Grund vorläufiger Festnahme regelmäßig die äußerste Frist zur Vorführung vor den Richter. Nur in Ausnahmefällen kann es gerechtfertigt erscheinen, die Festhaltung auch über den nächsten Tag hinaus auszudehnen. **135,** 161. — 9) Der Notar muß bei der Auskunfterteilung, falls sich die Fragestellung erkennbar darauf erstreckt, unter Umständen eine zukünftige Rechtsentwicklung mit in Betracht ziehen. Anfang Juni 1925 war mit einem baldigen Erlaß des Aufwertungsgesetzes und mit der rückwirkenden Aufrechnung zu rechnen. **135,** 321. — 10) Der Notar, der für eine von ihm errichtete Urkunde einen zu hohen Stempel berechnet, haftet dem Beteiligten, der den Stempel in ungerechtfertigter Höhe entrichtet, auf Ersatz des überhobenen Betrages. **136,** 45. — 11) Der einer fahrlässigen Amtspflichtverletzung schuldige Beamte kann erst dann auf Schadensersatz verklagt werden, wenn die Höhe dessen feststeht, was der Geschädigte nicht auf andere Weise erlangen kann; dies gilt auch für eine Klage auf Feststellung der Ersatzpflicht. **137,** 20. — 12) Sind Pfandsachen, die der Gerichtsvollzieher im Gewahrsam des Schuldners belassen hatte, abhanden gekommen, so ist der Gläubiger, der Schadensersatz verlangt mit der Behauptung, die Sachen seien an dem vom Gerichtsvollzieher anberaumten, aber schuldhaft nicht abgehaltenen Versteigerungstermin noch vorhanden gewesen, für diese Behauptung beweispflichtig. **137,** 153. — 13) Ermessensmißbrauch als Amtspflichtverletzung. **135,** 117; **137,** 156; **138,** 14, 263; **140,** 430. — 14) Nicht nur reine Willkür der Behörde verpflichtet zum Schadensersatz, sondern ein Ersatzanspruch ist auch schon dann begründet, wenn der Beamte bei Ausübung des ihm eingeräumten Ermessens in so hohem Maße fehlerhaft handelt, daß sein Verhalten mit den an eine ordnungsmäßige Verwaltung zu stellenden Anforderungen schlechterdings unvereinbar ist. **138,** 14. — 15) Die Entscheidungen des Reichskommissars für die Ablösung der Reichsanleihen alten Besitzes und der Reichsschuldenverwaltung sind keine „Urteile in einer Rechtssache" im Sinne von § 839 Abs. 2 BGB. **138,** 6. — 16) Die von den Behörden des Verfahrens für die Gewährung von Auslosungsrechten zu treffenden Entscheidungen und namentlich die Entschließungen gemäß § 27 Abs. 2 der 1. DurchfVo. haben nach pflichtmäßigem Ermessen zu ergehen. Sie unterliegen daher in Schadensersatzprozessen wegen behaupteter Amtspflichtverletzung der Nachprüfung durch die ordentlichen Gerichte nur in dem beschränkten Umfang, wie sie in der Rechtsprechung des Reichsgerichts für die Ermessensentscheidungen der Verwaltungsbehörden zugelassen ist. **138,** 6. — 17) Bei Anwendung des § 839 Abs. 3 BGB. — Nichtgebrauch eines Rechtsmittels — gegen eine durch ein Grundbuchversehen geschädigte Körperschaft öffentlichen Rechts wirkt das Verschulden eines Beamten, der zwar kein Willensorgan der Körperschaft ist, aber allgemein mit Besorgung der Hypothekenangelegenheit betraut war, in der das Versehen geschehen ist, auf Grund des § 278 BGB. gegen die Körperschaft. **138,** 114. — 18) Die in § 839 Abs. 1 Satz 2 BGB. vorgesehene Ersatzmöglichkeit kann auch auf Vertrag beruhen, z. B. auf einem Kreditversicherungsvertrag. **138,** 209. — 19) Wann und unter welchen Voraussetzungen kann unterlassenes oder ungenügendes Einschreiten der preußischen Wasserpolizeibehörden gegen die mißbräuchliche Benutzung eines Wasserlaufs eine den Staat zum Schadensersatz verpflichtende Amtspflichtverletzung enthalten? **138,** 259. — 20) „Dritte" im Sinne von § 839 BGB. sind nicht nur die bei dem Amtsgeschäft unmittelbar Beteiligten, sondern alle Personen, deren Interesse nach der besonderen Natur des Amtsgeschäfts durch dieses berührt und in deren Rechtskreis dadurch eingegriffen werden kann, auch wenn sie durch die Amtsausübung nur mittelbar und unbeabsichtigt betroffen werden. **138,** 313; s. auch Nr. 4. — 21) Die Beamten des Wohnungsamts (auch des Mieteinigungsamts) haben nur Amtspflichten gegenüber den in § 4 WohnMangelG. genannten Verfügungsberechtigten, nicht gegenüber einem späteren Erwerber des Hauses. **138,** 309; s. auch Nr. 4. — 22) Eine Entschädigungspflicht aus Art. 153 RVerf. entfällt für den Schaden, der dem Verfügungsberechtigten durch die Einweisung eines zahlungsunfähigen Zwangsmieters entsteht. **138,** 309. — 23) Dem beamteten Führer eines Paketpost-Kraftwagens liegt zwar die Amtspflicht ob, die zur Sicherheit des Straßenverkehrs erlassenen Vorschriften zu beachten und unbeteiligten Straßenbenutzern keinen Schaden zuzufügen. Aber diese Amtspflicht ist keine solche, die ihm einem Dritten gegenüber obliegt. Daher hat § 839 BGB. außer Anwendung zu bleiben. Der Beamte haftet vielmehr nach §§ 823 flg. BGB. und § 18 KFG. wie der Angestellte eines privaten Unternehmens. **139,** 149; s. auch Nr. 4. — 24) Nach der ständigen reichsgerichtlichen Rechtsprechung schließen die Sonderbestimmungen in § 839 BGB. die allgemeinen Vorschriften der §§ 823, 826 BGB. aus. **139,** 152. — 25) Haftet der Notar, der einen ungültigen Protest aufgenommen hat, dem dadurch geschädigten Wechselinhaber auch für die Kosten eines Wechselregreßprozesses, in dem die Klage des Inhabers wegen Nichtigkeit des Protestes abgewiesen worden ist? **139,** 193. — 26) Welches Gemeinwesen, ob der Staat oder eine andere Körperschaft des öffentlichen Rechts, Dienstherr im Sinne von § 12 GBO. ist („in deren Dienste der [Grundbuch-] Beamte steht"), bestimmt sich nach Landesrecht; was hingegen unter „Dienstherr" im angegebenen Sinne zu verstehen ist, bestimmt sich nach Reichsrecht. Und zwar kommt es, wie im Art. 131 RVerf., so auch nach § 12 GBO. für die Frage, welches Gemeinwesen die Haftung trifft, nur darauf an, von welchem Gemeinwesen der betreffende Beamte angestellt ist und besoldet wird, nicht aber darauf, wessen Hoheitsrechte er ausübt. **139,** 296. — 27) Bei Amtspflichtverletzung durch Nichterwähnung eines Nacherben in dem dem Vorerben erteilten Erbschein kann der Nacherbe schon vor Eintritt des Nacherbfolgefalls auf Feststellung einer Ersatzpflicht des Staats für den Schaden klagen, der dem Nacherben durch unwirtschaftliche Verwaltung der Erbmasse seitens des Vorerben erwachsen ist und in Zukunft noch erwachsen wird. **139,** 343. — 28) Bei einem Anspruch aus fahrlässiger Amtspflichtverletzung bildet das Fehlen anderweitiger Ersatzmöglichkeit einen Teil des Tatbestands, aus dem der Anspruch hergeleitet wird. Er gehört deswegen zur Klagbegründung. Daher ist die Frage anderweitiger Ersatzmöglichkeit nicht auf die Zukunft, sondern auf den Zeitpunkt der Klagerhebung abzustellen. **139,** 349. — 29) Es besteht keine Amtspflicht des pfändenden Gerichtsvollziehers gegenüber demjenigen, der dem Vollstreckungsgläubiger für den Eingang der Schuld haftet. **140,** 41; s. auch Nr. 4. — 30) Wird ein preußischer Kreiskommunalbeamter vom Landrat zur Erledigung staatlicher Geschäfte herangezogen, so haftet für Amtspflichtverletzungen, die der Beamte hierbei in Ausübung der ihm anvertrauten öffentlichen Gewalt begeht, nicht der Staat, sondern der Kreis. Die Doppelstellung, die nach der Rechtsprechung des Reichsgerichts der preußische Landrat im Bereich der Amtshaftung innehat, haben die Kreiskommunalbeamten nicht. **140,** 126. — 31) In bezug auf die Frage der Amtshaftung nimmt der preußische Landrat eine Doppelstellung ein. Soweit er staatliche Aufgaben zu erfüllen hat, haftet für ihn der Staat; soweit er für den Kreiskommunalverband tätig wird, haftet dieser. **140,** 127. — 32) Für Amtspflichtverletzungen eines Beamten haftet das Gemeinwesen, das ihn angestellt hat, ohne daß es darauf ankommt, ob er im Einzelfall ein eigenes Hoheitsrecht dieses Gemeinwesens oder ein nur übertragenes ausübt. Freilich muß die Ausübung öffentlicher Gewalt in den Bereich der Dienste fallen, die der Beamte auf Grund seiner Anstellung durch die öffentliche Körperschaft leistet. **140,** 127. — 33) § 839 BGB. ist nicht anwendbar, wenn ein Nichtbeamter unbefugt eine Handlung vornimmt, die nur kraft eines Amtes vorgenommen werden darf (angewandt auf einen Notarvertreter, der bereits vor Beginn der Wirksamkeit seiner Bestellung zum Vertreter notarielle Geschäfte vorgenommen hat; die rechtliche Grundlage seiner Haftung ist offen gelassen). **140,** 129. — 34) Amtshaftung des Notars für seinen Vertreter. **140,** 129 (131). — 35) Die Eintragung des gesetzlichen Vertreters, der für den gesetzlich Vertretenen den Offenbarungseid geleistet hat, in das Offenbarungseidsverzeichnis ohne Angabe des Vertretungsverhältnisses enthält eine Amtspflichtverletzung gegenüber allen denen, die das Schuldnerverzeichnis einsehen. Die fehlerhafte Eintragung kann die Haftung des Staates auch gegenüber dem begründen, der in der Annahme, der gesetzliche Vertreter habe den Offenbarungseid für sich geleistet, den Abschluß eines Vertrages mit ihm unterlassen und sich dadurch den Gewinn hat entgehen lassen, der durch den Vertrag zu erzielen war. Möglichkeit mitwirkenden Verschuldens des Benutzers des Schuldnerverzeichnisses, der damit rechnen muß, daß Irrtümer vorkommen. **140,** 152; s. auch Nr. 4. — 36) Die Prüfungspflicht des Registerrichters bei Anmeldungen zum Genossenschaftsregister ist nicht bloß eine formelle, sondern in gewissem Umfang auch eine materielle. Ergeben sich aus den ihm vorgelegten Unterlagen oder dem ihm sonst amtlich bekannt gewordenen Sachverhalt Bedenken, ob nicht z. B. die Beschlüsse, deren Eintragung begehrt wird, schlechthin nichtig sind, so muß er dem Bedenken nachgehen. Diese Prüfungspflicht hat der Registerrichter auch gegenüber den einzelnen Genossen. **140,** 174. — 37) Nach der Rechtsprechung des Reichsgerichts ist die Frage, ob dem Beamten eine Dienstpflicht gegenüber einem „Dritten" obliegt, unter Berücksichtigung des Amtskreises des Beamten und der Art der Geschäfte, die er verrichtet, zu beurteilen. Ist der Zweck der Amtspflicht nur die Aufrechterhaltung der öffentlichen Ordnung oder das Interesse des Staates an einer ordentlichen Amtsführung des Beamten, so handelt es sich nicht um eine Amtspflicht des Beamten gegenüber einem „Dritten". Anderseits vertritt das Reichsgericht in ständiger Rechtsprechung den Grundsatz, daß der Beamte jedem „Dritten" gegenüber die Amtspflicht hat, die Grenzen seiner Zuständigkeit einzuhalten und daß eine schuldhafte Amtsüberschreitung eine Schadensersatzpflicht gemäß § 839 BGB. jedem gegenüber begründet, der durch sie geschädigt worden ist. **140,** 427, 428; s. auch Nr. 4.

b) Zu Abs. 3. 1) Es genügt leichtes Verschulden des Verletzten, um die Klagabweisung zu begründen (Nichtprüfung der Mitteilung des Registergerichts, aus der die Unvollständigkeit der Eintragung ersichtlich war). Einwendungen gegen Verfügungen des Rechtspflegers beim Registerrichter oder im Wege der Dienstaufsichtsbeschwerde sind Rechtsmittel i. S. von § 839 Abs. 3. **131,** 12; s. auch **138,** 114. — 2) Über den Begriff „Rechtsmittel" nach § 839 Abs. 3. **138,** 116. — 3) Zur Anwendung des § 839 Abs. 3 BGB. genügt regelmäßig die ordnungsmäßige Einlegung des Rechtsmittels. In ganz besonderen Fällen, in denen das Rechtsmittel nur formell und nicht, um einen sachlichen Erfolg zu erzielen, eingelegt wird, kann unter Umständen eine Einlegung („Gebrauch") des Rechtsmittels als nicht erfolgt angesehen werden. **138,** 309.

1) Der Schädiger hat im Falle der Tötung die Kosten der standesmäßigen Beerdigung zu tragen. Hierunter können auch die Kosten für ein angemessenes Grabmal mit Inschrift fallen. **139,** 393. BGB. § 844

1) Bei Bemessung der Höhe des Schmerzensgeldes kann ein besonders schweres Verschulden des Schädigers berücksichtigt werden (der III. Zivilsenat hält seine gegenteilige Auffassung [Urt. v. 11. März 1910, BayZ. 1910, 217] in ihrer Allgemeinheit nicht aufrecht). Dagegen bleibt die Haftpflichtversicherung des Schädigers dafür außer Betracht. **136,** 60. — 2) Eine Ehrverletzung als solche begründet niemals einen Schmerzensgeldanspruch, BGB. § 847

sondern in Geld immer nur einen solchen auf Ersatz des durch die Ehrverletzung adäquat verursachten Vermögensschadens. **140,** 392. — 3) Verhältnis von Vermögensschaden und Schmerzensgeld. Bei diesem handelt es sich um eine Vergütung für erlittene körperliche Schmerzen, Verunstaltungen und Schmälerungen des körperlichen oder seelischen Wohlbefindens, mit denen eine Schädigung des Erwerbs nicht verbunden ist. **140,** 392.

§ 146. Haftung für das Verschulden anderer.

(Haftung aus § 278 BGB. s. § 102; Haftung aus § 831 BGB. s. § 145 II zu § 831; Haftung öffentlich-rechtlicher Körperschaften für das Verschulden ihrer Beamten s. § 147.)

— — — — — — — — — — — —

§ 147. Haftung öffentlich-rechtlicher Körperschaften für das Verschulden ihrer Beamten bei Ausübung öffentlicher Gewalt und wegen des bei Unruhen entstandenen Schadens (Tumultschaden).

I. Haftung für Verschulden von Beamten bei Ausübung der öffentlichen Gewalt.

(S. auch § 145 zu BGB. § 839.)

1) Eine Stadtgemeinde haftet gemäß Art. 131 RVerf. für den Schaden, den ein von ihr ordnungsmäßig bestellter Berufsvormund durch pflichtwidriges, schuldhaftes Verhalten einem seiner Fürsorge anvertrauten Mündel zufügt. **132,** 257. — 2) Fahrlässiges Verhalten des Zwangsversteigerungsrichters, der nicht beachtet, daß sowohl der Antrag auf Zwangsversteigerung eines Grundstücks wie der Anordnungs- oder der Beitrittsbeschluß auf den Vollstreckungstitel zur näheren Bezeichnung des Anspruchs, wegen dessen das Verfahren betrieben wird, Bezug nehmen können, und der deshalb das geringste Gebot nicht richtig berechnet. **134,** 56. — 3) Bei der ersten Gruppe von Beamten, wegen derer keine (nach § 839 BGB. bestimmte) Haftung der öffentlichen Körperschaft besteht, nämlich bei denjenigen Beamten, die ausschließlich auf den Bezug von Gebühren angewiesen sind, kommt es nicht darauf an, ob sie die Gebühren aus der öffentlichen Kasse oder unmittelbar von den Beteiligten zu beziehen haben (ebenso Urt. vom 20. November 1931 III 19/31). **134,** 178. — 4) Über den Begriff der Amtspflicht, die dem Beamten einem Dritten gegenüber obliegt (verneint bezüglich des Gegners der Armenrechtspartei bei Prüfung des Armenrechtsgesuches). **135,** 110, 113. — 5) Für die Frage, in wessen Dienst der Beamte steht, ist regelmäßig seine Ernennung entscheidend, während es nicht von Bedeutung ist, wessen Hoheitsrechte er im einzelnen Falle ausgeübt hat. **137,** 39. — 6) Die Verantwortlichkeit für einen preußischen Gerichtsvollzieher, der im Auftrage einer preußischen Landschaft im Verwaltungszwangsverfahren Geldbeträge beigetrieben und nicht abgeliefert hat, trifft den preußischen Staat und nicht die landschaftliche Kreditanstalt. **137,** 38. — 7) Nicht nur reine Willkür der Behörde verpflichtet zum Schadensersatz, sondern ein Ersatzanspruch ist auch schon dann begründet, wenn der Beamte bei Ausübung des ihm eingeräumten Ermessens in so hohem Maße fehlerhaft handelt,

daß sein Verhalten mit den an eine ordnungsmäßige Verwaltung zu stellenden Anforderungen schlechterdings unvereinbar ist. **138,** 14. — 8) Der Staat haftet aus einem Unfall beim Betriebe eines von einem Polizeibeamten geführten Polizeistreifenkraftwagens nicht nur als Halter des Fahrzeugs, sondern auch auf Grund des nach § 18 KFG. zu vermutenden Verschuldens des Kraftwagenführers. **140,** 415. — 9) § 89 BGB. bezieht sich nur auf die Handlungen, die von den verfassungsmäßig berufenen Vertretern des Fiskus in Ausführung privatrechtlicher Verrichtungen vorgenommen worden sind. **140,** 426. — 10) Greift die Justizverwaltung schuldhaft in die richterliche Unabhängigkeit ein, so haftet der Staat jedem Dritten für den ihm hieraus entstandenen Schaden. Hierunter fällt auch das freie richterliche Ermessen in der Auswahl der Zeitungen für die Bekanntmachung gerichtlicher Verfügungen (Art. 102 RVerf.). **140,** 423. — 11) Die Landesjustizverwaltung ist befugt, in der Geschäftsanweisung für die Gerichtsvollzieher und in Ergänzungsanordnungen hierzu allgemeine Bestimmungen über die Auswahl der zu Bekanntmachungen durch die Gerichtsvollzieher bestimmten Zeitungen zu treffen. Auch dann, wenn sich die Justizverwaltung hierbei von unsachlichen Erwägungen zum Nachteil eines bestimmten Zeitungsunternehmens leiten lassen sollte, würde diesem noch nicht ohne weiteres ein Schadensersatzanspruch gegen den Staat erwachsen, es sei denn, daß der Fall der Willkür vorläge. **140,** 423 (näheres hierüber auf S. 430).

II. Haftung für Tumultschäden.

— — — — — — — — — — — —

III. Haftung für die durch den Krieg verursachten Personenschäden.

— — — — — — — — — — — —

§ 148. Entschädigung der im Wiederaufnahmeverfahren freigesprochenen Personen (Reichsgesetz vom 20. Mai 1898). Entschädigung für unschuldig erlittene Untersuchungshaft (Reichsgesetz vom 14. Juli 1904). Entschädigung wegen ungerechtfertigter Arrestausbringung.

1) Einem Staatenlosen steht kein Entschädigungsanspruch für unschuldig erlittene Untersuchungshaft zu. **133,** 212.

§ 149. Fälschung. Diebstahl. Unterschlagung. Hehlerei. Untreue.

— — — — — — — — — — — —

§ 150. Wucher.

— — — — — — — — — — — —

§ 151. Übertretung von Baupolizeigesetzen.

— — — — — — — — — — — —

§ 152. Störung in der Benutzung öffentlicher Wege, Gewässer und Anstalten.

(S. §§ 82, 83, 84.)

— — — — — — — — — — — —

§ 153. Benachteiligung der Gläubiger durch Rechtshandlungen des Schuldners. Anfechtung außerhalb des Konkurses. Anfechtungsgesetz vom 11. Juli 1879/20. Mai 1898.

1) Weil die Anfechtung nur obligatorische Kraft hat, darf der Anfechtungskläger, für den im Wege der Zwangsvollstreckung eine Hypothek auf dem Grundstück des Schuldners eingetragen worden ist, und der die vorher zugunsten des Beklagten erfolgte Eintragung einer Hypothek anficht, den Klagantrag nicht dahinstellen, daß der Anfechtungsgegner verurteilt werde, der Zwangshypothek den Vorrang vor der angefochtenen Hypothek einzuräumen. (Statt dessen Antrag auf Einwilligung der Auszahlung des Erlöses, der bei der Zwangsversteigerung auf die angefochtene Hypothek entfällt). **131,** 340. — 2) Die Anfechtungsklage ist nur gegen den Empfänger des anfechtbaren Erwerbs zu richten, nicht auch gegen den Schuldner. **131,** 340 (343). — 3) Eine mittelbare Zuwendung aus dem Vermögen des Schuldners ist auch dann anfechtbar, wenn der Schuldner zuvor noch keinen Anspruch auf das dem Dritten Zugewendete hatte. **133,** 290. — 4) Auch bei reinen Erfüllungsgeschäften kongruenter Deckung ist der Anfechtungsbeklagte in vollem Umfang dafür beweispflichtig, daß ihm eine Absicht des Schuldners, seine Gläubiger zu benachteiligen, nicht bekannt war. Die Annahme, daß bei kongruenter Deckung eine Benachteiligungsabsicht fehle, kann zwar als Erfahrungssatz gewürdigt werden. Stellt aber der Kläger eine Behauptung auf, die auf eine solche Absicht schließen läßt, so muß sie der Beklagte durch Gegenbeweis entkräften. **136,** 109.

§ 154. Außerehelicher Beischlaf.

— — — — — — — — — —

§ 155. Urheberrecht an Werken der Literatur und Tonkunst, der bildenden Künste und der Photographie.

I. Urheberrecht an Werken der Literatur und Tonkunst. Ges. v. 19. Juni 1901/22. Mai 1910. (LitUrhG.)

1) Die ihrem Wesen nach ausschließliche Befugnis des Urhebers strebt in ihrer Anwendung auf das Verkehrsleben danach, daß tunlichst überall, wo aus dem Geisteswerke geldwerter Gewinn gezogen werden kann, der Urheber an diesem teilhaben soll. **134,** 198. — 2) Urheberrechtliche Befugnisse können, sei es dem Stoffe, sei es der Ausübung nach, in verschiedenstem Umfang übertragen werden. So konnte schon in den 1890er Jahren ein Vertrag dahin eingegangen werden, daß er das Recht zur dereinstigen Verfilmung oder Rundfunksendung mit übertrug (obwohl beides noch unbekannt war); nur mußte ein so weit gehender Wille nach Ausdruck, Umständen und Geschäftszweck deutlich zu erkennen sein. **134,** 198. — 3) Ein Vertrag, der das ganze Urheberrecht veräußert, erstreckt sich auch auf die Befugnis, das Werk auf Vorrichtungen für Instrumente zu übertragen, die der mechanischen Wiedergabe für das Gehör dienen. **134,** 198. — 4) Darstellung der geschichtlichen Entwicklung des literarischen Urheberrechts. **134,** 198. — 5) Der Titel ist stets ein Teil des Werkes. Sein Wesen erschöpft sich nicht notwendig in dem Zwecke, das Werk im geistigen und geschäftlichen

Verkehr als Kennwort oder Name zu bezeichnen. **135,** 209. — 6) Ein Werktitel kann, obwohl selten, schon für sich allein nach Gedankengehalt und Ausdrucksform ein schutzfähiges Schriftwerk bilden. Viele Werkbezeichnungen sind ungeschützt (Freititel). **135,** 209. — 7) Werkbezeichnungen, die keine Freititel, aber auch nicht schon für sich allein schutzfähig sind, werden als Teil des Werkes nach den Grundsätzen geschützt, die bei Teilnachdruck gelten. **135,** 209. — 8) Fälle, in denen ein Titel mit einem ganz anderen Werke verbunden wird, als mit dem, wozu er ursprünglich gehörte, sind nicht aus § 9, sondern aus § 41 LitUrhG. zu beurteilen: Teilnachdruck. **135,** 209. — 9) Sendung eines Werkes der Tonkunst durch Rundfunk ist keine Vervielfältigung des Werkes; ebensowenig ist Rundfunk ein zur mechanischen Wiedergabe für das Gehör dienendes Instrument. Dagen ist rundfunkmäßige Wiedergabe von Werken der Tonkunst eine öffentliche Aufführung und gewerbsmäßige Verbreitung. **136,** 380, 381. — 10) Wer das durch Rundfunk gesendete Werk in seinem dem Rundfunk angeschlossenen Lautsprecher ertönen läßt, veranstaltet keine neue selbständige Aufführung; er nimmt auch keine neue selbständige Verbreitung vor. Gewerbsmäßiges Handeln (Aufstellung der Lautsprecher in Gaststätten usw.) ändert daran nichts. **136,** 377. — 11) Ist ein Werk berechtigterweise durch Rundfunk gesendet und also verbreitet worden, so erschöpft sich damit die Verbreitungsbefugnis des Urheberberechtigten für diese Sendung. Er kann durch Vertrag mit der Sendegesellschaft die Verbreitungsbefugnis und deren Ausübung zwar mit schuldrechtlicher Wirkung für diese Gesellschaft, aber nicht mit dinglicher Wirkung Dritten gegenüber urheberrechtlich regeln. **136,** 377. — 12) „Geschütztes Werk" nach § 62 LitUrhG. ist nur ein solches, das beim Inkrafttreten des Gesetzes bereits nach früherem Recht Urheberschutz genoß; es genügt nicht, daß es erst nach dem neuen Gesetz des Schutzes fähig ist. **139,** 327. — 13) Der § 11 Abs. 4 des UrhG. vom 11. Juni 1870 bezieht sich nur auf namenlose Werke und solche unter falschem Namen, solange sie namenlos oder falschnamig sind. Sie hören auf, dies zu sein, sobald der wahre Name des Urhebers auf dem Titelblatt oder unter der Zueignung oder der Vorrede angegeben wird. **139,** 327. — 14) Zu einer Gesamtausgabe (VerlagsG. § 2) gehört zwar nicht, daß sie sämtliche Werke des Urhebers umfaßt. Sie muß aber ein einigermaßen vollständiges, abgerundetes Bild vom Wesen des Künstlers als Werkschöpfer, von der Art seines Schaffens, von den Hauptgegenständen und leitenden Gedanken seiner Werke, von der Darstellungsweise und den Kunstmitteln gewähren, mit denen er arbeitet. **139,** 327. — 15) Auch im Urheberrecht kann durch langjähriges schweigendes Dulden des Berechtigten für den, der in dessen Befugnisse eingreift, ein Verkehrsbesitzstand erwachsen, den zu beseitigen mit dem Grundsatze von Treu und Glauben nicht vereinbar wäre. **139,** 327. — 16) Der sachliche Inhalt des Rundfunk-Wochenprogramms beruht zwar auf Vorarbeiten von erheblicher ordnender Geistestätigkeit und mannigfachen Überlegungen. Dieses geistige Wirken richtet sich aber nicht auf die Herstellung eines Schrift- oder sonstigen Sprachwerks, sondern auf eine zweckmäßige Vortragsfolge. Die dabei vorgenommenen Aufzeichnungen dienen keinem schriftstellerischen Zwecke. Urheberrechtlicher Schutz des Programms ist nicht gerechtfertigt, weil es an selbständigem Gedankeninhalt und an der eigenpersönlichen Form fehlt. **140,** 137. — 17) Dem Urheber eines Werkes steht ein ausschließliches Recht (§ 11) auf Wiedergabe (Aufführung, Vorführung) im Tonfilm (Tonbildfilm) zu. Das gilt sowohl für die Musik wie für den Worttext. Die Vertonfilmung ist eine Bearbeitung des Werkes (§ 12 Abs. 1), fällt aber unter keines der besonderen Beispiele des Gesetzes (§ 12 Abs. 2), insbesondere also nicht unter die Vorschriften über mechanische Wiedergabe von Werken der Tonkunst. Der Urheber, der einen die Herstellung eines Tonfilms mitumfassenden Verwertungsvertrag schließt, erlaubt dadurch die Bearbeitung des Werkes. Diese Erlaubnis erstreckt sich grundsätzlich auf die Übertragung des Aufführungsrechts, weil in der Regel jede Herstellung eines Tonfilms dessen schließliche Aufführung bezweckt. **140,** 231. — 18) Die Übertragung von Urheberrechten an einzelnen Werken, die künftig erst noch geschaffen werden sollen, ist grundsätzlich zulässig. **140,** 231 (249). — 19) Beurteilung eines Vertrags, durch den der Textverfasser und der Tonsetzer das gesamte Urheberrecht an einem Werk (einschließlich Aufführungs- und Verfilmungsrecht und Recht zur mechanischen Wiedergabe) übertragen haben, und nunmehr streitig geworden ist, ob der Tonfilm darin mit enthalten sei. Da zur Zeit des Vertragsschlusses der Tonfilm zwar bekannt, jedoch noch nicht so vervollkommnet war, daß er praktisch brauchbar gewesen wäre, so würde trotz des umfassenden Ausdrucks das Vertonfilmungsrecht an sich nicht einbegriffen sein. Dennoch ist es im Streitfall als mitübertragen angesehen worden, weil die Gegenleistung so bestimmt worden war, daß sie sich auch unvorhersehbaren künftigen Möglichkeiten technischer Entwicklung von selbst anpaßte und die sonstigen Umstände gleichfalls für einen umfassenden Übertragungswillen sprachen. **140,** 255.

II. Urheberrecht an Werken der bildenden Künste und der Photographie. Ges. v. 9. Januar 1907.

1) Einer genauen Nachbildung der Natur (z. B. künstliche Blumen) kann nicht grundsätzlich die für ein Kunstwerk nötige Eigentümlichkeit abgesprochen werden. Ob eine Naturnachahmung den Ausdruck eigenpersönlicher Schöpferkraft aufweist, ist Frage des einzelnen Falles. Vollkommenheit der Form kann ausgleichen, was an Gedankengehalt fehlt. **135,** 385. — 2) Die Nachbildung eines bereits vorhandenen Werkes (§ 15 Abs. 2 KunstschutzG.) umfaßt nicht die Nachahmung natürlicher Blumen durch Herstellung künstlicher. **135,** 385. — 3) Erzeugnisse des Kunstgewerbes sind als Werke der bildenden Künste schutzfähig, wenn der zur Zweckmäßigkeit der Form hinzukommende ästhetische Überschuß — gleichviel, welches sein künstlerischer Wert ist — einen solchen Grad erreicht, daß nach den im Leben herrschenden Anschauungen von Kunst gesprochen werden kann. Anwendung dieses Grundsatzes auf Gegenstände, die für einen Gebrauchszweck bestimmt sind und unter dem Einfluß neuzeitlichen Kunstgeschmacks stehen („neue Sachlichkeit"). Können bekannte einfache Grundformen, wie Vierkant und Walze, im rechten Winkel ebenmäßig zur Türklinke ohne schmückende Zutat verbunden, schon durch die bloße Erfüllung des Zweckes eine eigenartige künstlerische Schöpfung darstellen? **139,** 214.

§ 156. Verlagsrecht.

(Ges. v. 19. Juni 1901/22. Mai 1910.)

1) Darstellung der geschichtlichen Entwicklung des Verlagsrechts. **134,** 212. — 2) Ob der Besteller in seinem Plane dem Verfasser den Inhalt des Werkes sowie die Art und Weise der Behandlung „genau" vorgeschrieben hat, muß nach Vertragsinhalt und Umständen beurteilt werden (vgl. § 47 VerlagsG., sog. Bestellvertrag). Es ist bejaht worden in einem Falle, wo der Verfasser es übernahm, als einer von drei Mitarbeitern einer volkstümlichen BGB.-Ausgabe, die einschließlich Gesetzestext etwa 440 Seiten umfassen sollte, in ungefähr 2 Wochen gemeinverständliche Erläuterungen zum Allgemeinen Teil, Sachenrecht, Erbrecht und Mietsrecht von mindestens 48 Druckseiten Umfang („Vorbemerkungen" zu den Abschnitten des Gesetzes) nach dem Vorbild einer anderen volkstümlichen BGB.-Ausgabe gleichen Umfangs anzufertigen. **140,** 103. — 3) Die Abrede in einem Verlagsvertrage, daß bei Verhinderung oder Ablehnung des Verfassers der Verleger die Bearbeitung der neuen Auflage einem geeigneten Dritten übertragen darf, verstößt (auch bei wissenschaftlichen Werken) nicht schlechthin gegen die guten Sitten. Es kommt auf den einzelnen Fall an, namentlich auf Gegenstand und Eigenart des Werkes, auch auf die Persönlichkeit des Verfassers. **140,** 264. — 4) Der Verleger kann den Ladenpreis für jede Auflage auch dann bestimmen, wenn die Vergütung des Verfassers in einem Hundertsatz des Ladenpreises jedes verkauften Stückes besteht. **140,** 264. — 5) In § 35 Abs. 1 Satz 1 VerlagsG. ist die Voraussehbarkeit allgemein zu verstehen. Es genügt nicht, daß gerade der Verfasser die mögliche Veränderung der Umstände tatsächlich nicht vorausgesehen hat. **140,** 264.

§ 157. Erfinderrecht. Patentrecht. Lizenzverträge. Patentanwälte.

I. Erfinderrecht.

1) Anregungen zum Erfinden durch Erfahrungen, Vorarbeiten und Beobachtungen des Betriebes machen die Erfindung noch nicht zur Betriebserfindung. **131,** 328. — 2) Macht der Betriebsführer eines Kohlenbergwerks Erfindungen, welche dessen Sicherheit gegen Kohlenstaubexplosionen und schlagende Wetter erhöhen, als Diensterfindungen für das Unternehmen oder als freie Erfindungen für sich selbst? (Nach Lage des Einzelfalles im letzteren Sinne entschieden.) **131,** 328. — 3) Die Grundsätze über die Diensterfindung, wie sie in der reichsgerichtlichen Rechtsprechung feststehen, gelten noch in erhöhtem Maße für die Gesellschaftererfindung. **136,** 415. — 4) Erfindertätigkeit im Auftrage eines anderen, verbunden mit der Vereinbarung, daß der Erfinder die Erfindung auf seinen Namen zum Patent anmelden solle, daß aber gleichwohl alsbald mit der Erteilung das Patent dem anderen originär zustehen soll. **139,** 52. — 5) Hat der Angestellte bei der Schaffung einer Erfindung die im Betriebe gemachten Vorarbeiten verwertet, so kann von einer Diensterfindung des Angestellten nur die Rede sein, wenn die auf der eigenen geistigen Arbeit des Angestellten beruhende Zutat gegenüber dem sog. inneren Stande der Technik eine selbständige Erfindung darstellt. **139,** 87. — 6) Über das Persönlichkeitsrecht an der

Erfindung. **139,** 87. — 7) Über das Recht des Erfinders, bei einer vom Dienstberechtigten zum Patent angemeldeten Diensterfindung im Anmeldungsverfahren mitzuwirken. **139,** 87. — 8) Hat der Angestellte seine dem Dienstherrn zustehende Erfindung einem Dritten bekanntgegeben, die dieser dann zum Patent angemeldet hat, so kann der Dienstherr das dem Dritten erteilte Patent nicht vindizieren. Er kann aber bei Verschulden des Dritten von diesem die Übertragung des Patents wegen widerrechtlicher Entnahme nach den Grundsätzen von § 823 BGB. verlangen. **140,** 53. — 9) Die Diensterfindung steht dem Dienstherrn zu, wenn sie während der Dauer des Dienstverhältnisses derartig fertig geworden ist, daß eine patentfähige Erfindung vorhanden ist, die sogleich angemeldet werden kann. Auch die während eines Urlaubs am Schlusse der Dienstzeit gemachte Erfindung steht in der Regel dem Dienstherrn zu. **140,** 53. — 10) An den Begriff der „fertigen" Erfindung — s. vorstehend Nr. 9 — dürfen nicht zu geringe Anforderungen gestellt werden; das allgemeine Wissen des Durchschnittsfachmanns, der nach der Patentschrift (d. h. mit der „fertigen" Erfindung) soll arbeiten können, darf nicht überschätzt werden. **140,** 53 (60).

II. Patentrecht. Lizenzverträge.

1) Liefert jemand einem anderen die Mittel zur Ausübung des einem Dritten patentierten Verfahrens, so kann der Lieferant aus dem Gesichtspunkt der Beihilfe zur Patentverletzung nur haftbar gemacht werden, wenn er sowohl wie sein Abnehmer das Patent vorsätzlich verletzt haben. Aber auch wenn dies nicht zutrifft, so ist doch eine Haftbarmachung des Lieferanten aus dem Gesichtspunkt der mittelbaren Patentverletzung möglich. **133,** 326. — 2) Handelt es sich im letzteren Falle um neutrale Teile, so ist eine mittelbare Benutzung des Verfahrens nur möglich, wenn der Verkäufer sie ausgesprochen zur Benutzung des geschützten Verfahrens angeboten und geliefert hatte (immer vorausgesetzt dabei, daß der Käufer die ihm so gelieferten Mittel auch patentverletzend benutzt). **133,** 326. — 3) Soweit der Patentinhaber Waren nach seinem Patent in den freien Verkehr hat gelangen lassen, sind diese Waren patentfrei geworden. Beschränkungen, die der Patentinhaber seinen Abkäufern in Bezug hierauf auferlegt, haben nur schuldrechtliche Bedeutung; Zuwiderhandlungen dagegen sind keine Patentverletzungen. **133,** 326. — 4) Das Vorbenutzungsrecht berechtigt den Vorbenutzer nicht, sich nun auch diejenigen Ausführungsformen zu eigen zu machen, die gerade der Patentinhaber gezeigt hat und die der Vorbenutzer dann als besonders zweckmäßig erkennt, gleichviel ob diese besonderen Ausführungsformen gegenüber dem allgemeinen Erfindungsgedanken selbst wieder erfinderisch sind oder nicht. **133,** 377. — 5) Die Anmeldung eines Schutzrechts beweist bloß den Erfindungsbesitz, ist jedoch nicht gleichbedeutend mit einer Benutzung der Erfindung selbst oder dem Treffen von Veranstaltungen dazu, begründet also für sich allein kein Vorbenutzungsrecht. **133,** 377. — 6) Ist eine ausschließliche Lizenz so begründet worden, daß sie auf einen Betrieb als Inhaber unübertragbar gestellt ist, so liegt der Fall der Pfändbarkeit nach § 851 Abs. 2 in Verb. mit § 857 ZPO. nicht vor. **134,** 91. — 7) Im Fall Nr. 6 ist bei Konkurs des Lizenznehmers der Konkursverwalter berechtigt, mit

der Auflösung des Betriebes die unübertragbare Betriebslizenz aufzugeben. **134,** 91. — 8) Zur Behandlung der sog. Konstruktionspatente: Muß nach dem Stande der Technik der Schutzumfang des Patents auf das darin offenbarte Neue beschränkt werden, so ist es hierfür rechtlich belanglos, ob dem verbleibenden Rest noch erfinderische Bedeutung zuerkannt werden könnte. **135,** 145. — 9) Welche Rechtsfolgen treten ein, wenn der Inhaber eines Verfahrenspatents jemandem eine nicht geschützte Maschine zur Ausübung des Verfahrens käuflich liefert, wenn insbesondere dazu außer der Maschine noch andere Gegenstände erforderlich sind? Kann schon dann der Käufer der Maschine das Verfahren ohne weiteres ausüben? **135,** 145. — 10) Hat der Patentinhaber gegen eine Umsatzvergütung ausschließliche Lizenz erteilt, so kann er bei Eingriffen in das Patent vom Patentverletzer als Entschädigung denjenigen Betrag verlangen, den er von seinem Lizenznehmer bei Ausführung der patentverletzenden Anlagen durch diesen erhalten haben würde. **136,** 320. — 11) Um die Wirkung des Ausstellungsschutzes zu erlangen, braucht der Patentanmelder nicht bereits im Erteilungsverfahren eine entsprechende Ausstellungspriorität zu beanspruchen. **137,** 64. — 12) Der Ausstellungsschutz für Erfindungen gilt auch dann, wenn nicht der spätere Anmelder, sondern sein Lizenznehmer oder der Zweiterwerber der Lizenz die Erfindung ausstellt. **137,** 64. — 13) Zur Rechtsnatur der Lizenzverträge im stempelsteuerrechtlichen Sinne; Behandlung als Rechtspacht. **137,** 358. — 14) Ein „Rechtsnachteil" im Sinne der Wiedereinsetzungsvorschriften ist allgemein als Verschlechterung der Rechtslage anzusehen; auch im Falle versäumter Ausschlußfrist für die Patent-Nichtigkeitsklage ist er gegeben. **138,** 346. — 15) Bei Wiedereinsetzungsgesuchen gegen die Versäumung einer fünfjährigen Frist sind in der Regel strengere Anforderungen an die Sorgfalt (bei der Frage, ob unabwendbarer Zufall) zu stellen, als bei kürzeren Fristen, die schnellere Entschließung fordern. **138,** 346. — 16) Im patentrechtlichen Nichtigkeitsstreit gibt es nur die drei Klaggründe des § 10 Abs. 1 Nr. 1 bis 3 PatG. Ist daher die auf fehlende Erfindungshöhe (§ 1 PatG.) gestützte Nichtigkeitsklage rechtskräftig abgewiesen worden, so kann nicht derselbe Nichtigkeitskläger gegen das nämliche Patent eine Nichtigkeitsklage wegen fehlender Neuheit (§ 2 PatG.) erheben. **139,** 3. — 17) Es ist rechtlich möglich, zu vereinbaren, daß der eine Teil für den anderen zur Lösung einer ihm gestellten technischen Aufgabe erfinderisch tätig werden und die fertige Erfindung dann zunächst auf seinen eigenen Namen zum Patent anmelden soll, mit der Wirkung aber, daß das Patent sogleich mit seiner Erteilung dem anderen unmittelbar (originär) zustehen soll. **139,** 52. — 18) Das vollständig vorweggenommene Konstruktionspatent. Sein unmittelbarer Gegenstand muß auch in diesem Falle den ihm von Reichspatentamt einmal erteilten Schutz weiterbehalten. Es geht nicht an, zur Vermeidung dieser Folge künstlich einen Unterschied zwischen Schutzgegenstand und Verletzungsform dadurch zu schaffen, daß Dinge, die mit dem Gegenstand der Erfindung nichts zu tun haben, als kennzeichnende Merkmale des Patents hingestellt werden. **139,** 155. — 19) Das allgemeine Wissen des Durchschnittsfachmanns, der nach der Patentschrift soll arbeiten können, darf nicht überschätzt werden. **140,** 60. — 20) Die Berufung gemäß § 33 PatG. kann auch durch Telegramm eingelegt werden. Erforderlich ist aber die handschriftliche Unterzeichnung der Urkunde, durch die die Absendung des Telegramms veranlaßt wird. Eine mit Maschinenschrift hergestellte Unterschrift genügt ebensowenig wie die Aufgabe des Telegramms mittels Fernsprechers. **140,** 72 (zu vgl. hiermit Syst. Reg. § 325 unter Nr. 6). — 21) Eine Patenterschleichung ist nicht nur dann anzunehmen, wenn der Anmelder das Reichspatentamt durch wissentliche ausdrückliche Irreführung über den Stand der Technik zur Erteilung des Patents veranlaßt hat, sondern auch dann, wenn er eine den Stand der Technik zunächst objektiv unrichtig darstellende Erklärung nach erlangter Kenntnis von der Unrichtigkeit gegenüber der Erteilungsbehörde stillschweigend aufrecht erhält und dadurch die Patenterteilung herbeiführt, obwohl er also die Unrichtigkeit seiner früheren Darstellung erkannt und sich auch der Erheblichkeit der ihm bekannt gewordenen Umstände für die Versagung des Patents bewußt geworden war. **140,** 184. — 22) Eine Patenterschleichung ist auch dann vorhanden, wenn der Anmelder durch Abreden mit anderen, von denen er eine Unterrichtung der Erteilungsbehörde über eine offenkundige Vorbenutzung der Erfindung befürchtet, verhindert hat, daß die Erteilungsbehörde den wahren Stand der Technik erfuhr, dessen Kenntnis, wie dem Anmelder zweifelsfrei erkennbar war, zur Versagung des Patents geführt hätte. **140,** 184. — 23) Über sittenwidrige Herbeiführung der Patentruhe nach Erteilung des Patents. **140,** 184. — 24) Zum Schutzumfang des „restlos" vorweggenommenen Patents: engste Beschränkung auf den aus dem klaren Wortlaut des Patentanspruchs ersichtlichen Gegenstand der Erfindung. Zugleich Erläuterung des Urteils in Bd. 139 S. 155 (vorstehend Nr. 18). **140,** 366.

III. Patentanwälte.

— — — — — — — — — —

§ 158. Musterschutz (Geschmacks- und Gebrauchsmuster).

I. Geschmacksmuster. Ges. v. 11. Januar 1876.

1) Daß künstliche Blumen (genau der Natur nachgebildet) Geschmacksmusterschutz erlangen, ist nicht grundsätzlich ausgeschlossen. **135,** 385.

II. Gebrauchsmuster. Ges. v. 1. Juni 1891/7. Dezember 1923 (RGBl. II S. 444).

1) Aus dem Inhalt der Anmeldung zum Gebrauchsmuster muß zu entnehmen sein — gegebenenfalls im Wege der Auslegung —, was als neue Raumform angemeldet werden soll; nur braucht es nicht ausdrücklich gesagt zu sein. Maßgebend hierfür sind nicht bloß die Schutzansprüche, sondern auch der gesamte übrige Inhalt der Anmeldung nebst Zeichnung und Modell. **133,** 260.

§ 159. Warenzeichenrecht (Markenschutz). Markenschutzgesetz vom 30. November 1874. Gesetz zum Schutz der Warenbezeichnungen vom 12. Mai 1894. Internationale Verträge über Zeichen usw.

I. Markenschutzgesetz v. 30. November 1874.

— — — — — — — — — —

II. Gesetz zum Schutze der Warenbezeichnungen v. 12. Mai 1894.

(Die Paragraphen ohne Zusatz bezeichnen diejenigen des Ges. v. 12. Mai 1894).

1) Vorbenutzungsrecht im Warenzeichenrecht. **132,** 382. — 2) Zur Verkehrsgeltung eines schlagwortartigen Bestandteils der ausländischen Firma in Deutschland („Chaussures Manon“). **132,** 374. — 3) Zum Unterschied der Herkunfts- und der Beschaffenheitsangabe (Hunyadi Janos). **134,** 38. — 4) Zur Frage der Verwirkung im Warenzeichenrecht. **134,** 38 (41). — 5) Die Bezeichnung „Herrenhäuser Pilsener“ als Beschaffenheitsangabe. **139,** 363. — 6) Der Ausstattungsschutz steht dem Warenzeichenrecht so gut wie gleichwertig gegenüber. Die Frage, welchem von beiden das Vorrecht im einzelnen Falle zusteht, entscheidet sich im wesentlichen nach der Priorität. **139,** 378.

III. Internationale Verträge über Zeichen usw.

1) Über den Inhalt des Art. 28 des zwischen den Staaten des Deutschen Zoll- und Handelsvereins und Frankreich abgeschlossenen Handelsvertrags vom 2. August 1862 und über das Verhältnis der beiden Absätze dieses Artikels zueinander (Abs. 2 nur Ausführungsbestimmung zu Abs. 1). **132,** 374. — 2) Wie bestimmen sich nach dem Grundsatz der Gegenseitigkeit in Art. 28 (vorstehend zu 1) und in Art. 2 des Unionsvertrags die Grenzen für die Berücksichtigung künftiger sachlicher und räumlicher Ausdehnungsmöglichkeiten eines französischen Geschäftsunternehmens, das wegen einer in Deutschland begangenen angeblichen Verletzung seines Firmenrechts vor deutschen Gerichten Schutz sucht? (Einschränkung gegenüber dem Eskimo-Pie-Urteil in RGZ. Bd. 117 S. 215). **132,** 374 (380). — 3) Das Recht der internationalen Verträge (Versailler Vertrag, Madrider Abkommen vom 14. April 1891 betr. die Unterdrückung falscher Herkunftsbezeichnungen [RGes. v. 21. März 1925]) hat nichts geändert an der rechtlichen Beurteilung der „Pilsener-Bier“-Frage. **139,** 363.

§ 160. Schutz gegen unlauteren Wettbewerb. Gesetz vom 7. Juni 1909.

(Die Paragraphen ohne Zusatz bezeichnen die des G. v. 7. Juni 1909.)

1) Auch die sog. Komparativreklame braucht nicht notwendig eine vergleichende Angabe tatsächlicher Art zu enthalten, sondern kann ähnlich der rein marktschreierischen Verwendung von Superlativen eine jedem als solche erkennbare, eines ernsthaften Hintergrundes entbehrende und nur in eigenartiger Form gefaßte übertriebene Anpreisung darstellen. **131,** 75. — 2) Der Wettbewerb einer öffentlichen Versicherungsanstalt (Feuersozietät) kann sittenwidrig sein, wenn er unter Bedingungen ausgeübt wird, die zwar an sich nicht zu beanstanden wären, aber den konkurrierenden privaten Versicherungsgesellschaften verschlossen sind. **132,** 296. — 3) Geprüfte Zahntechniker im Sinne von § 123 RVO., die sich als „staatlich geprüfte Dentisten“ bezeichnen, begehen dadurch keinen unlauteren Wettbewerb. **133,** 156. — 4) Der Titel einer einzelnen Zeitungs-Abteilung kann die besondere Bezeichnung einer Druckschrift im Sinne von § 16 UnlWG. darstellen. **133,** 189. — 5) Sittenwidriges Preisschleudern mit preisgebundenen

Waren, begangen durch Ausnützung fremden Vertragsbruchs, setzt Lückenlosigkeit des Preisbindungssystems in seinem theoretischen Aufbau und der praktischen Handhabung durch den Berechtigten voraus. Nicht das Preisunterbieten als solches, nicht schon der eigene Vertragsbruch oder die Teilnahme und Ausnützung fremden Vertragsbruchs an sich, sondern der Gesamttatbestand der Ausnützung des auf diese Weise gegenüber vertrags- und gesetzestreuen Mitbewerbern erlangten geschäftlichen Vorsprungs macht eine solche Geschäftsgebarung unlauter im Sinne von § 1 UnlWG. **133,** 330 (335, 336); s. hierzu ferner unter Nr. 15, 16. — 6) Zur Frage der Verwirkung im Wettbewerbsrecht. **134,** 38; s. auch Nr. 26. — 7) Auf wiederholte zum Schadensersatz verpflichtende unerlaubte Handlungen oder sittenwidrige Wettbewerbshandlungen, mögen sie auch einem einheitlichen Verletzungswillen entspringen, mehr oder weniger gleichartig sein und sich zeitlich mehr oder weniger unmittelbar aneinanderschließen, sind die strafrechtlichen Grundsätze der fortgesetzten Handlung, insbesondere in Bezug auf die Verjährung nicht zu übernehmen. Vielmehr erzeugt jede wiederholte Verletzungshandlung einen neuen Schadensersatzanspruch, der einer besonderen Verjährung unterliegt. **134,** 335. — 8) Es ist sittenwidrig und daher unzulässig, wenn ein Unternehmer, der auf gesunder kaufmännischer Grundlage zufolge seiner viel geringeren Gestehungskosten billiger verkaufen kann, von seinem finanziell übermächtigen Mitbewerber durch das Kampfmittel des rücksichtslosen Preisunterbietens gezwungen wird, entweder seine niedrigeren Verkaufspreise den höheren des Mitbewerbers anzupassen oder sich wirtschaftlich zugrunde richten zu lassen. **134,** 342. — 9) Zur Bedeutung des Zweckes von Wettbewerbshandlungen für die Frage ihrer Sittenwidrigkeit. **134,** 351. — 10) Sachliche Meinungsäußerungen im Kampf zweier Wirtschaftssysteme gegeneinander sind, soweit sie der Aufklärung dienen sollen und ihr Inhalt und ihre Fassung diesem Zwecke entsprechen, wirtschaftspolitische Kundgebungen ohne Wettbewerbscharakter. Sie verstoßen auch nicht gegen die Grundsätze eines lauteren Geschäftsverkehrs (und insofern nicht gegen die guten Sitten), wenn sie sich auf die Kritik des Systems beschränken, ohne ehrverletzende Angriffe gegen bestimmte Personen zu erheben. Der Umstand, daß die Richtigkeit dieser Meinungsäußerungen nicht streng bewiesen werden kann, macht sie nicht unlauter, sofern der Erklärende nur nicht bewußt oder grob fahrlässig unwahre Angaben gemacht, sondern seiner Überzeugung Ausdruck gegeben hat. **135,** 38. — 11) Auch bei Schriftwerkstiteln muß je nach der Kennzeichnungskraft zwischen starken und schwachen Titeln unterschieden werden. Ein schwacher Titel ist vorhanden, wenn die Werkbezeichnung nicht in sich selbst, durch Inhalt und Form, etwas Eigenpersönliches, frei Erfundenes darstellt, sondern nur einen Hinweis auf allgemein bekannte Tatsachen oder tatsächliche Beziehungen, deren Verwertung jedem freisteht. **135,** 209. — 12) Ein an sich schwacher Titel kann dadurch erstarken, daß er durch sehr weite und langdauernde Verbreitung zur Verkehrsgeltung gelangt. **135,** 209. — 13) Ausnutzung fremder Arbeit als Verstoß gegen die guten Sitten. **135,** 385. — 14) Voraussetzungen der Verwechslungsgefahr. **135,** 385. — 15) Über Preisbindungen der zweiten Hand bei Markenwaren. **136,** 65; s. auch Nr. 5. — 16) Zur Frage der Sittenwidrigkeit des Preisschleuderns bei Markenwaren, wenn zwar das Preisbindungssystem nicht lückenlos, aber die Ware auf unlauteren Schleichwegen beschafft worden ist. **136,** 65 (73); s. auch vorstehend zu Nr. 5. — 17) Die Vo. über die Preisbindungen von Markenwaren vom 16. Januar 1931 (RGBl. I S. 12) ist rechtsgültig. **136,** 65. — 18) Das Fernsprechwesen ist nach Art. 88 RVerf. ausschließlich Sache des Reichs. Die deutsche Reichspost unterliegt daher keinen wettbewerbsrechtlichen Grundsätzen, wenn sie das ihr für Herstellung von Fernsprechanschlüssen zugegangene Anschriftenmaterial nach Verwendung hierfür einem Privatunternehmen zur Herstellung eines „Branchen-Telephonbuches" gegen Entgelt überläßt, es amtlich empfiehlt und die Verwendung des Bildes des Reichsadlers auf dem Umschlag und dem Titelblatt des Buches gestattet. **137,** 57. — 19) Eine Rückentwicklung der längst zur Beschaffenheitsangabe gewordenen und als solche von der Rechtsprechung durch zahlreiche Entscheidungen (zuletzt RGUrt. vom 29. Oktober 1926, M. u. W. XXVI 148) anerkannten Bezeichnung „Steinhäger" zur ursprünglichen Herkunfsangabe hat nicht stattgefunden. **137,** 282. — 20) Grundsätze über die Frage, wann die Rückentwicklung einer Beschaffenheitsangabe zur Herkunftsangabe anzunehmen ist. **137,** 282. — 21) Es verstößt gegen die Grundsätze des lauteren Wettbewerbs, wenn eine Gemeinde ein bestimmungsgemäß der Jugendpflege dienendes, aus öffentlichen Abgaben der Gemeindeangehörigen errichtetes und unterhaltenes Gebäude dazu benutzt, mit gewerbetreibenden Gemeindeangehörigen (Gastwirten) in geschäftlichen Wettbewerb zu treten und deren Preise zu unterbieten. **138,** 174. — 22) Für den Unterlassungsanspruch genügt objektive Zuwiderhandlung, es sei denn, daß die Wiederholungsgefahr zu verneinen wäre. **138,** 180. — 23) Die Unterlassungsklage nach § 13 Abs. 3 UnlWG. ist gegen den Betriebsinhaber gegeben, wenn von einem seiner Angestellten oder Beauftragten Verstöße gegen die dort angeführten Vorschriften begangen worden sind, die den Unterlassungsanspruch gegen ihn selbst begründen würden, wenn er sie begangen hätte. **138,** 182. — 24) Die Bestimmung des § 13 Abs. 1 UnlWG. über die außerordentliche wettbewerbsrechtliche Klagebefugnis für die dort bezeichneten Gewerbetreibenden, aus §§ 1, 3 UnlWG. auf Unterlassung zu klagen, ist wegen Gleichheit des Rechtsgedankens sinngemäß auch auf Verletzungen des § 19 PatAnwG. anzuwenden, auch wenn also dadurch nicht unmittelbar in die Belange solcher Gewerbetreibender eingegriffen wird. **138,** 273. — 25) Die Verwendung der Berufsbezeichnung „Patentingenieur" durch Nichtpatentanwälte stellt eine Verletzung des § 19 PatAnwG. (§ 3 UnlWG.) dar, nachdem die Patentingenieure durch zahlreiche Veröffentlichungen in den letzten Jahren — etwa seit 1926 — über die angebliche Rechtsstellung der Inhaber dieser Berufsbezeichnung in weiten Kreisen des für Patentangelegenheiten in Betracht kommenden Publikums die irrige Auffassung begründet haben, sie ständen den Patentanwälten gleich nach wissenschaftlicher Vorbildung und Rechtsstellung, insbesondere auch im Verfahren vor dem Reichspatentamt. **138,** 273. — 26) Zur Frage der Verwirkung des Klagerechts im Falle der vorstehenden Nr. 24. **138,** 294; s. auch Nr. 6. — 27) Zur rechtlichen Beurteilung der „Pilsener-Bier"-Frage. Die Verwendung des Wortes „Pilsener", für sich allein gebraucht, ist Herkunftsangabe geblieben. Seine Benutzung zur Bezeichnung eines nicht aus Pilsen stammenden Bieres ist aber dann nicht zu beanstanden, wenn durch Zusätze, insbesondere durch eine für die beteiligten Kreise als andere Braustätte erkennbare Angabe, klargestellt wird, daß das Wort „Pilsener" nur als Beschaffenheitsangabe gebraucht ist. Letzteres ist der Fall, sofern der Zusatz ersichtlich örtlich ist, auch wenn die beteiligten Verkehrskreise einen Ort dieses Namens nicht kennen sollten. Als Maßstab für die Beurteilung genügender Klarstellung ist nicht der flüchtige Beschauer anzunehmen, sondern die beteiligten Kreise haben sich auf Grund der überaus zahlreichen jahrzehntelangen Verwendung solcher Bierbezeichnungen daran gewöhnt, sie aufmerksamer zu beachten und sie von denen des echten „Pilsener" zu unterscheiden. Bei Zusätzen, die nicht örtliche Angaben sind, kommt je nach Lage der Sache der Gesichtspunkt des redlich erworbenen schutzwürdigen Besitzstandes an der betreffenden Bezeichnung in Frage. **139,** 363. — 28) Die Behauptung, das betreffende deutsche Bier, für das die beanstandete Bezeichnung mit dem Worte „Pilsener" verwendet wird, sei nicht nach Pilsener Art gebraut, ist ein selbständiger Klagegrund neben dem der grundsätzlichen Unzulässigkeit der Verwendung des Wortes „Pilsener" für nicht in Pilsen gebrautes Bier. **139,** 363. — 29) Das Recht der internationalen Verträge (Versailler Vertrag, Madrider Abkommen) hat nichts geändert an der rechtlichen Beurteilung der „Pilsener-Bier-"Frage. **139,** 363. — 30) In allen Wettbewerbsfragen entscheidet stets die Auffassung des Verkehrs, und zwar die Verkehrsauffassung desjenigen Landes, in dem der Schutz beansprucht wird. **139,** 373. — 31) Zwar kann die in RGZ. Bd. 55 S. 199 vertretene Auffassung nicht aufrecht erhalten werden, der im Ausland begangene Wettbewerbsverstoß sei im Inland nach deutschem Recht verfolgbar, wenn er auf die geschäftlichen Beziehungen des Verletzten zurückwirken könne; der Verstoß sei dann so zu behandeln, als sei er im Inland begangen. Trotzdem ist im Ergebnis an der bisherigen Rechtsprechung festzuhalten: Alle Gewerbetreibenden, die im Inland ihre geschäftliche Hauptniederlassung haben, müssen untereinander ihren gesamten Wettbewerb auch für das Ausland nach den inländischen Vorschriften gegen den unlauteren Wettbewerb einrichten. Insofern ist deutsches Recht anwendbar auf sittenwidrige Wettbewerbshandlungen, die eine inländische deutsche Firma gegenüber einer ebenfalls im Inland ansässigen deutschen Firma im Ausland begangen hat. **140,** 25. — 32) Genügt die Ausnutzung fremden Vertragsbruchs zum Tatbestande des unlauteren Wettbewerbes? (Fall: Verschaffen von Rundfunkwochenprogrammen von Programmbeziehern, die durch das sog. Reverssystem gebunden sind). **140,** 137. — 33) Die Kohlenrückvergütung, die eine Konsumgenossenschaft ihren Bezieher-Genossen in ständig gleich hoch gehaltenen Sätzen gemäß dem Umfang des Kohlenbezugs dieser Genossen gewährt, ist keine Dividende für die genossenschaftlichen Leistungen, sondern eine einem Rabatt gleichzuachtende Vergünstigung. Im Verhältnis zwischen dem Bezieher-Genossen als Vermieter und seinen Mietern verbleibt sie bei Umlegung von Heizungskosten nach Gesetz oder Vertrag nicht dem Vermieter. Die unrichtige Angabe der Genossenschaft hierüber in Werbeschreiben ist eine Angabe über geschäftliche Verhältnisse nach § 3 UnlWG. **140,** 322.

§ 161. Gewerberecht. Gewerbewesen.

(Die Paragraphen ohne Zusatz bezeichnen die Reichsgewerbeordnung).

1) Das Recht der rheinischen Kirchengemeinden zur Leichenbeförderung ist durch die Gewerbeordnung nicht aufgehoben worden. **132,** 367. — 2) Gewerbesteuerpflicht der Rechtsanwälte. **133,** Anh. 29. — 3) Der eingerichtete und ausgeübte Gewerbebetrieb als geschütztes Rechtsgut. **135,** 247. — 4) Gewerbesteuerfreiheit der preußischen Eisenbahngesellschaften. **136,** 113. — 5) In § 154 Nr. 1 GewO. und in § 9 AngAZVo. vom 18. März 1919 (RGBl. S. 315) ist unter einem Betrieb in „Apotheken" nur der für Apotheken kennzeichnende Betrieb zu verstehen. Der Apotheker, der auch Waren führt, die mit dem eigentlichen Apothekergewerbe nichts zu tun haben, ist insoweit als gewöhnlicher Kaufmann anzusehen. Daß er diese Waren (z. B. Seifen, kosmetische Artikel) in den gleichen Räumen verkauft, in denen er sein Apothekergewerbe ausübt, ist ohne Bedeutung. Soweit in Apotheken an Sonn- und Feiertagen und nach 7 Uhr Abends andere Waren als Heilmittel und Gegenstände der Krankenpflege verkauft werden, liegt ein Verstoß vor gegen § 41a GewO. (Sonn- und Feiertagsruhe im Handelsgewerbe für alle offenen Verkaufsstellen) und gegen § 9 AngAZVo. (7 Uhr-Ladenschluß). **138,** 219. — 6) Schadensersatz auf Grund von § 26 GewO. kann nicht nur für die nach der Zeit der Klagerhebung liegenden, sondern auch für frühere Schädigungen gefordert werden. Die auf gegenteiliger Auffassung beruhende Rechtsprechung wird aufgegeben (RGZ. Bd. 104 S. 85; Bd. 105, S. 214; Bd. 127 S. 32). **139,** 29.

§ 161a. Gesetz über die Sicherung der Bauforderungen v. 1. Juni 1909.

1) § 1 des Gesetzes über die Sicherung der Bauforderungen ist ein Schutzgesetz zu Gunsten der Baubeteiligten im Sinne von § 823 Abs. 2 BGB. **138,** 156. — 2) Ein schuldhafter Verstoß gegen § 1 BauforbG. gibt den unbefriedigt gebliebenen Baubeteiligten Anspruch auf Schadensersatz bis zum Betrage des entfremdeten Baugeldes, auch wenn der Baugeldempfänger weder seine Zahlungen eingestellt hat noch in Konkurs geraten ist. Der Anspruch kann von jedem einzelnen dieser Baubeteiligten für sich verfolgt werden, und zwar in voller Höhe seines Ausfalls. Der Baugeldempfänger kann ihm nicht entgegenhalten, daß er gerade ihn niemals aus dem Baugeld befriedigt haben würde, sondern nur, daß er bereits anderen Baubeteiligten in voller Höhe des entfremdeten Baugeldes Ersatz geleistet habe. **138,** 156. — 3) Zu den Baubeteiligten gehören auch die Bauunternehmer (Generalunternehmer und Teilunternehmer) für den vollen Betrag des ihnen zustehenden Werklohns, auch soweit dieser eine Vergütung für die Leistungen ihrer Bauarbeiter und von ihnen herangezogenen Unter-Unternehmer und Lieferer darstellt. Die Verwendung des Baugeldes zu Zahlungen an einen solchen Unternehmer schließt jedoch Ersatzansprüche entfernterer Baubeteiligter nur entsprechend den Voraussetzungen aus, unter denen gemäß § 19 Abs. 2, § 18 BauforbG. die dingliche Sicherung der Letzteren entfällt. **138,** 156. — 4) Darin, daß ein Miteigentümer dem anderen die Einziehung und bestimmungsgemäße Verwendung des ihnen gemeinsam gewährten

Baugeldes überläßt, liegt kein Verstoß gegen das Gesetz, sofern dieser eine vertrauenswürdige Persönlichkeit ist oder doch ohne Verschulden von ihm dafür gehalten wird. Umfang und Inhalt der jenem dann noch obliegenden Überwachungspflicht bestimmt sich nach den Umständen. **138,** 156. — 5) Ein Baubeteiligter, der eine Zahlung aus dem Baugeld in Kenntnis ihrer Herkunft auf andere Forderungen gegen den Zahlenden verrechnet, beteiligt sich damit an der Baugeldentfremdung oder stimmt ihr doch zu und kann deshalb selbst daraus keine Ersatzansprüche herleiten. Ohne Rücksicht auf solche Kenntnis muß er sich die Anrechnung des dadurch etwa erlangten Vorteils auf den ihm durch dieselbe Handlung erwachsenen Schaden gefallen lassen. **138,** 156.

§ 162. Eisenbahnrecht. Kleinbahnen. Straßenbahnen.

(Eisenbahnfrachtgeschäft § 248.)

1) Der Deutschen Reichsbahn-Gesellschaft kommt hinsichtlich des § 12 Abs. 2 des Beamten-Unfallfürsorgegesetzes vom 18. Juni 1901 nicht dieselbe Stellung zu wie dem ehemaligen Unternehmen „Deutsche Reichsbahn" und wie dem Deutschen Reiche. Daher Haftung nicht ausgeschlossen gegenüber einem Postschaffner, der im Dienst beim Umsetzen eines Bahnpostwagens einen Unfall erlitt, auf Ersatz des Schadens, der im Unterschied seiner jetzigen Bezüge gegen sein früheres Gehalt besteht. **131,** 129. — 2) Ein Eingriff in fremdes Eigentum durch Immissionen fällt nicht unter § 25 des preuß. Eisenbahngesetzes vom 3. November 1838, solange er nicht eine Substanzbeschädigung der fremden Sache zur Folge hat. Aber auch aus § 14 das. läßt sich ein Schadensersatzanspruch nicht herleiten für solche Einwirkungen, die nach § 906 BGB. als ortsüblich zu dulden sind. **133,** 342. — 3) Die Vorschrift des § 14 des preuß. Eisenbahngesetzes vom 3. November 1838 ist durch § 37 des Reichsbahngesetzes vom 30. August 1924/13. März 1930 nicht außer Kraft gesetzt worden. **133,** 342. — 4) Über Inhalt und Voraussetzungen des Zustimmungsvertrags, den der Unternehmer einer Kleinbahn nach § 6 Abs. 1 des preuß. Kleinbahngesetzes vom 28. Juli 1892 mit den Wegeunterhaltungspflichtigen abschließt. **134,** 367. — 5) Über den Begriff der „Bahn im ganzen" nach § 6 Abs. 3 des preuß. Kleinbahngesetzes vom 28. Juli 1892. **134,** 367. — 6) Die Bestimmungen des § 12 Abs. 1 und 3 des Beamtenunfallfürsorgegesetzes vom 18. Juni 1901 gelten auch für das Verhältnis zwischen Reichsbahn-Gesellschaft und Reichsbahnbeamten. **140,** 369. — 7) Die Entscheidung darüber, ob eine einen Pensionsanspruch nach § 1 Abs. 1 BeamtenUnfFürsG. begründende Dienstunfähigkeit vorliegt, gebührt den Verwaltungsbehörden (die Frage, ob sich diese Bindung auch darauf bezieht, daß es sich um einen Betriebsunfall im Dienst der im § 1 genannten Dienststelle handelt, bleibt offen). Daher kann gegenüber der Reichsbahn-Gesellschaft, die gemäß § 12 BeamtenUnfFürsG. auf Ersatz des dem verunglückten Beamten zu zahlenden Ruhegehalts klagt, nicht eingewendet werden, der Unfall habe die Dienstunfähigkeit nicht herbeigeführt und die Zurruhesetzung sei deshalb nicht gerechtfertigt gewesen. **140,** 369. — 8) Der Begriff „Betriebsunfall" in § 1 BeamtenUnfFürsG.

ist derselbe wie in der Reichsversicherungsordnung. Daher findet die Vorschrift des § 545a RVO., daß der Weg zur Arbeitsstelle zum Betrieb gehört, auf die dem BeamtenUnfFürsG. unterliegenden Beamten Anwendung. **140,** 369.

§ 162a. Kraftfahrzeuge (Reichsgesetz über den Verkehr mit Kraftfahrzeugen vom 3. Mai 1909; Gesetz über Kraftfahrlinien vom 26. August 1925; Vo. über Kraftfahrzeugverkehr vom 5. Dezember 1925 mit Nachträgen.)

1) Welche Anforderungen sind an den Führer eines Kraftwagens zu stellen, wenn er ein anderes Kraftfahrzeug überholen will? **131,** 119. — 2) Nach § 8 Nr. 1 KraftfahrG. entfällt die Gefährdungshaftung des § 7 für jeden Insassen des fahrenden Kraftwagens; auf den Rechtsgrund der Beförderung kommt nichts an. **131,** 190. — 3) Zur Frage des Vorfahrtrechts und des Hauptverkehrswegs; die Polizeibehörde kann nicht in einer für den Kraftfahrzeugverkehr und für die Gerichte bindenden Weise anordnen, welche Wege als Hauptverkehrswege anzusehen sind und kann nicht mit solcher Wirkung allgemein den Begriff des Hauptverkehrswegs nach gewissen Merkmalen bestimmen. **132,** 100. — 4) Zum Begriff des Betriebs in § 7 des Kraftfahrzeuggesetzes; Ablehnung der maschinentechnischen Auffassung, wonach ein Betrieb des Kraftfahrzeuges nur vorliegt, solange die motorischen Kräfte des Fahrzeugs unmittelbar oder mittelbar auf das Fahrzeug einwirken; Stellungnahme zu RGZ. Bd. 122 S. 270 (273). **132,** 262. — 5) Steht bei der Urteilsfällung fest, daß künftige Schäden des Verletzten wegen Aufhebung oder Minderung seiner Erwerbsfähigkeit oder wegen Vermehrung seiner Bedürfnisse nicht mehr erwachsen werden, dann ist für Zusprechung einer Rente kein Raum und bleibt es bei der Regel der Kapitalzahlung. **133,** 179. — 6) Die Schadensersatzpflicht dessen, der mit einem Kraftwagen ein Kind tödlich überfahren hat, für die bei der Mutter des Kindes eingetretene Schreckwirkung läßt sich auf § 7 KFG. nicht stützen, weil eine solche Gesundheitsbeschädigung sich nicht „bei dem Betrieb eines Kraftfahrzeugs" ereignet hat. **133,** 270. — 7) Zum Begriff der Haltestelle einer Straßenbahn im Sinne des § 23 Abs. 2 KFVo. vom 16. März 1928 (nicht unbedingt nur die durch Tafeln gekennzeichneten Stellen, sondern auch übliche und offensichtliche Einsteigestellen). **133,** 308. — 8) Zur Haftung des Kraftfahrzeughalters und seines mit der Beaufsichtigung des Führers bestellten Angestellten für Schäden, die auf einer Schwarzfahrt angerichtet werden. **135,** 149. — 9) Allgemeines über Natur, Voraussetzungen und Umfang der Haftung des Kraftfahrzeughalters für Schwarzfahrten nach § 7 Abs. 3 KraftfG., §§ 823, 831 BGB. **136,** 4. — 10) Zur Entstehungsgeschichte des § 7 Abs. 3 KraftfG. **136,** 7. — 11) An die Erfüllung der besonderen Sorgfaltspflicht des Kraftfahrzeughalters nach § 7 Abs. 3 KraftfG. sind bei der Häufigkeit und besonderen Gefährlichkeit gerade der Schwarzfahrten im Interesse der Verkehrssicherheit die strengsten Anforderungen zu stellen. **136,** 9. — 12) Der Kraftfahrzeughalter kann für Schwarzfahrten, die sein Führer unternimmt, nicht auf Grund des § 831 BGB. in Anspruch genommen werden. **136,** 14; **136,** 16. — 13) § 7 Abs. 3 KraftfG. ist anzuwenden, wenn das Verschulden des Halters sich darin erschöpft,

daß er die Benutzung des Fahrzeugs ermöglicht, wenn also in dem Vorgange des Ermöglichens im einzelnen Falle das Verschulden des Halters liegt; die allgemeine Vorschrift des § 823 BGB. aber dann, wenn sein Verschulden eine darüber hinausgehende Bedeutung hat, wenn es sich also überhaupt als fahrlässige Verletzung der Halterpflichten, insbesondere als fahrlässige Verletzung des Gewerbebetriebes darstellt, z. B. wenn der Halter bei der Einstellung des Führers keine irgendwie geeignete Auskunft über dessen Persönlichkeit eingezogen hat. **136,** 15. — 14) Zum Umfang der Schadensersatzpflicht nach dem Kraftfahrzeuggesetz. **136,** 15. — 15) Der Schadensersatzanspruch einer Witwe, welcher auf Grund von § 39 Abs. 1 S. 2, § 40 Abs. 1 des Reichsversorgungsgesetzes Witwenbeihilfe und nach § 88 das. Zusatzrente bewilligt worden ist, aus unerlaubter Handlung geht nicht in Höhe der geleisteten beiden Beihilfebeträge kraft Gesetzes auf das Deutsche Reich über. Von den der Witwe gegen den Schädiger zustehenden Schadensersatzansprüchen sind jene beiden Beihilfebeträge nicht abzurechnen. **136,** 83. — 16) Nach § 24 der KFVo. vom 16. März 1928 hat das von rechts kommende Fahrzeug auch dann die Vorfahrt, wenn von beiden sich auf demselben Verkehrsweg begegnenden Fahrzeugen das eine in einen Seitenweg nach links einbiegen will und hierbei die Fahrbahn des anderen kreuzt. **136,** 273. — 17) Macht der Mann gemäß § 1380 BGB. Schadensersatzansprüche der Frau (§§ 7 flg. KFG., §§ 823 flg. BGB.) gegen Halter und Führer eines beim Zusammenstoß beteiligten Kraftwagens geltend, so können diese den gegen den Mann als Halter des von der Frau benutzten Kraftwagens begründeten Ausgleichsanspruch nach §§ 17, 18 KFG. oder §§ 840, 421, 426 BGB. den Ansprüchen der Frau nicht entgegenhalten. Denn diese bleiben Ansprüche der Frau und gehören zu ihrem Vermögen; dem Manne steht nur die Klagebefugnis zu. **138,** 1. — 18) Stirbt im Falle 17 der Mann, so geht bloß die unbeschränkte Klagebefugnis auf die Frau über. Nimmt sie den Rechtsstreit auf, so kann ihr demgemäß als Erbin des Mannes der Ausgleichsanspruch nur entgegengehalten werden, wenn der Mann ihr aus dem Unfall schadensersatzpflichtig war. **138,** 1. — 19) Beruht die Benutzung des Kraftwagens durch die Frau auf der gesetzlichen Unterhaltspflicht des Mannes nach § 1360 BGB., so ist der vom Mann gestellte Kraftwagenführer nicht Erfüllungsgehilfe des Mannes nach § 278 BGB. Die Verpflichtung des Mannes erschöpft sich in der Gestellung des Kraftwagens mit einem geeigneten, zuverlässigen Führer. Seine Haftung hierfür ist nach § 1359 BGB. zu beurteilen. Er haftet nicht für unversehrte Beförderung der Frau auf den einzelnen Fahrten. Diese dem Beförderungsvertrag eigene Haftung gilt nicht im Falle des § 1360 BGB. **138,** 1. — 20) Inwieweit haften der Halter und der Führer eines Kraftfahrzeugs für Schäden, welche ein Dieb mit dem Fahrzeug angerichtet hat? **138,** 320. — 21) Unter „Ermöglichen" der Benutzung des Fahrzeugs (§ 7 Abs. 3 Satz 2 KFG.) versteht man das Setzen von günstigen Bedingungen für die unbefugte Ingebrauchnahme, dagegen nicht etwa das Möglichmachen der letzteren, während diese sonst unmöglich gewesen wäre. **138,** 322. — 22) Der Herrenfahrer steht bei der Erfüllung der Verkehrssorgfaltspflichten in keiner Weise anders da als der Berufsfahrer. **138,** 324. — 23) Die erforderliche, nicht aber die verkehrsübliche Sorgfalt ist die Norm für die Verkehrssorgfaltspflicht. **138,** 325. — 24) Dem beamteten Führer eines Paketpost-Kraftwagens liegt zwar die Amtspflicht ob, die zur Sicherheit des Straßenverkehrs erlassenen Vorschriften zu beachten und unbeteiligten Straßenbenutzern keinen Schaden zuzufügen. Aber diese Amtspflicht ist keine solche, die er einem Dritten gegenüber hat. Daher ist § 839 Abs. 1 BGB. hierauf nicht anwendbar. Der Beamte haftet vielmehr nach §§ 823flg. BGB. und § 18 KFG. wie der Angestellte eines privaten Unternehmens. **139,** 149. — 25) Macht der Ehemann Schadensersatzansprüche aus einem Unfall seiner Ehefrau nicht nach § 1380 BGB., sondern kraft besonderer (in den Grenzen des § 850 Abs. 3 ZPO. sich haltender) Abtretung geltend, so kann infolge der Abtretung diesen Ansprüchen — anders als im Falle des § 1380 BGB. — ein mitwirkendes Verschulden des Ehemanns entgegengehalten werden. **139,** 289. — 26) Zur rechtlichen Beurteilung der in Nr. 25 bezeichneten Schadensersatzansprüche nach § 1356 Abs. 2 und § 1367 BGB. **139,** 289. — 27) Werden von dem Verletzten Ansprüche zugleich nach KFG. und nach BGB. erhoben, so ist der Erlaß eines Teilurteils, das die Haftung des Halters nur gemäß dem KFG. ausspricht, während die Beurteilung der weitergehenden Ansprüche noch vorbehalten wird, dann zulässig, wenn eine Abwägung mehrerer Unfallursachen, mithin eine Verteilung des Schadens, nicht in Frage kommt. Ist dagegen eine solche Abwägung erforderlich, so ist der Erlaß eines Teilurteils allein zur Haftung nach KFG. dann nicht möglich, wenn zur Beurteilung der Haftung nach § 831 BGB. noch weitere Erörterungen, insbesondere Beweiserhebungen, erforderlich sind. Denn die Anforderungen an den Halter nach § 831 BGB. decken sich im wesentlichen mit denen nach § 7 Abs. 2 KFG. und die Abwägung hat für alle Ansprüche nach § 17 KFG. zu geschehen. **139,** 302; **140,** 386. — 28) Das Verhalten des Führers kann im einzelnen Falle, sowohl nach § 7 Abs. 2 KFG. wie nach § 831 BGB. als geringe Verfehlung beurteilt werden; dagegen kann das Verschulden des Halters im Sinne beider Bestimmungen groß sein. Es ist daher denkbar, daß die Abwägung gegenüber dem Halter anders ausfällt als gegenüber dem Führer. **139,** 302. — 29) Das Überholen ist erfahrungsgemäß mit großen Gefahren für den Verkehr verbunden und muß deshalb mit besonderer Vorsicht vorgenommen werden. In jedem Falle hat der Kraftwagenführer die Vorschrift des § 17 Abs. 1 KFVo. auch beim Überholen zu beobachten. Aber schon die Beobachtung der allgemeinen im Verkehr erforderlichen Sorgfalt verbietet es dem Kraftwagenführer, in einen dem allgemeinen Verkehr offenstehenden Raum hineinzufahren, wenn er ihn überhaupt nicht übersehen kann. **140,** 386. — 30) Rechtsbegriffe der KraftfahrzeugVo. vom 15. Juli 1930: a) unübersichtliche Wegestelle nach § 23 Abs. 4, b) Sommerweg nach § 2 Abs. 3, c) Fußweg nach § 29. Insbesondere zu a): Wortlaut und Zweck der Vorschrift bieten keinen Anhalt dafür, daß Unübersichtlichkeit der Wegestelle nur dann vorliegt, wenn diese Eigenschaft durch die natürliche Beschaffenheit der Örtlichkeit hervorgerufen wird; es ist vielmehr grundsätzlich nicht ausgeschlossen, daß eine nach ihrer natürlichen Beschaffenheit übersichtliche Wegestelle durch die augenblickliche Verkehrslage, insbesondere durch einen die Übersicht hemmenden

Gegenstand zu einer unübersichtlichen Wegestelle wird. Zu c): Fußgängerwege sind nicht etwa nur solche, die mit besonderen Abgrenzungsmerkmalen versehen sind. **140,** 386. — 31) Der Staat haftet aus einem Unfall beim Betrieb eines von einem Polizeibeamten geführten Polizeistreifenkraftwagens nicht nur als Halter des Fahrzeugs, sondern auch auf Grund des nach § 18 KFG. zu vermutenden Verschuldens des Kraftwagenführers. **140,** 415. — 32) Aus Anlaß des Zusammenstoßes eines Privatkraftwagens mit einem Polizeistreifenkraftwagen machten neben dem Halter und Führer des Privatkraftwagens Insassen dieses Wagens Schadensersatzansprüche gegen den Fiskus geltend. Dieser verlangte hilfsweise die Feststellung der Verpflichtung des Führers und Halters des Privatkraftwagens, ihm den aus dem Zusammenstoß entstandenen Schaden zu ersetzen, insbesondere denjenigen, der ihm durch die an die Insassen des Privatwagens etwa zu bewirkenden Leistungen entstehen könnte. Wird in diesem Fall den Insassen Ersatz des vollen Schadens zugebilligt, im übrigen aber anteilige Haftung der Parteien für den dem Gegner entstandenen Schaden auf Grund des § 17 KFG. angenommen, so kann bei der Ausgleichung, falls nicht eine andere Haftung kraft Gesetzes gegeben ist, nicht derjenige Schaden zu Lasten des Führers und Halters des Privatkraftwagens berücksichtigt werden, der den Insassen seines Wagens entstanden und vom Beklagten zu ersetzen ist, da jener nach § 8 Nr. 1 KFG. den Insassen nicht haftet. **140,** 415.

§ 162b. Luftschiffahrt.

---

§ 163. Reichshaftpflichtgesetz vom 7. Juni 1871 (n. F. nach Art. 42 EG. z. BGB.).

(Die Paragraphen ohne Zusatz sind die des Haftpflichtgesetzes.)

1) Ist einem Unfallverletzten dafür Ersatz zu leisten, daß ihm nunmehr der Eintritt in ein Beamtenverhältnis unmöglich geworden ist, so umfaßt die Ersatzpflicht auch die Zahlung einer dem gesetzlichen Witwen- und Waisengelde gleichen Rente an seine Hinterbliebenen nach seinem künftigen Ableben. **135,** 372. — 2) Der Schädiger hat im Falle der Tötung die Kosten der standesmäßigen Beerdigung zu tragen. Hierunter können auch die Ausgaben für ein angemessenes Grabdenkmal mit Inschrift fallen. **139,** 393.

§ 164. Postrecht. Postwesen.

(Vgl. auch zu § 165.)

---

§ 165. Fernmelderecht. Fernmeldewesen. (Telegraph, Fernsprecher, Funk).

(Vgl. auch § 164.)

1) Jede Verlegung eines Verkehrswegs ist eine Einziehung des Weges im Sinne von § 3 Abs. 2 TelegrWegeG. Dabei ist es unerheblich, ob ein selbständiger oder unselbständiger Wegeteil eingezogen wird und ob die Einziehung auf Anregung und zu Nutzen des Wegeunterhaltungspflichtigen oder eines anderen geschieht. In jedem Falle hat die Telegraphenverwaltung die Änderungen, die an ihrer Telegraphenlinie infolge der Einziehung des Weges oder eines Wegeteiles erforderlich werden, auf ihre Kosten zu be-

wirken. Verlegung des Weges ist eine Änderung nach § 3 Abs. 1 das. **136,** 26. — 2) Zu der in § 6 Abs. 1 TelegrWegeG. vorgeschriebenen Ausführung gehört auch die Anbringung der Schutzvorkehrungen zur Vermeidung von Störungen der Telegraphenlinien; daher kein grundsätzlicher Unterschied zwischen „Ausführungsform" und „Schutzvorkehrung". Absatz 3 des § 6 regelt allein die Frage der Kosten solcher Schutzvorkehrungen. Schutzvorkehrungen im Sinne von Abs. 3 sind diejenigen besonderen Einrichtungen, die nur deshalb erforderlich sind, weil infolge der gemeinsamen Benutzung desselben Weges die besondere Anlage auf diejenige der Telegraphenverwaltung störend einwirkt. **140,** 87.

§ 166. Erzwungene Aufopferung von Rechten für das Gemeinwohl (§ 75 Einl. z. PrALR.).

1) Hält sich eine staatliche Anlage nur in den Grenzen der erlaubten Benutzung des fiskalischen Eigentums und muß sie deshalb der Nachbar nach den allgemeinen Eigentumsvorschriften sich gefallen lassen, so kann bei ihm von einem Opfer an besonderen Rechten und Vorteilen, das einen Entschädigungsanspruch aus § 75 auszulösen geeignet wäre, nicht die Rede sein. **134,** 256. — 2) Die Anwendung des § 75 setzt voraus, daß durch einen staatlichen Hoheitsakt, der sich gegen eine bestimmte Person oder einen bestimmt begrenzten Personenkreis richtet, ein subjektives Recht zu Gunsten eines anderen entzogen oder beschränkt wird; und zwar muß es sich bei dem Eingriff um einen rechtmäßigen staatlichen Akt handeln (andernfalls käme Art. 131 RVerf. in Frage). **137,** 167. — 3) Auch nach Aufhebung des preußischen Gesetzes über die Zulässigkeit des Rechtsweges in Beziehung auf polizeiliche Verfügungen vom 11. Mai 1842 durch § 79 des preußischen Polizeiverwaltungsgesetzes vom 1. Juni 1931 ist für Ansprüche aus § 75 Einl. z. PrALR. der Rechtsweg zulässig. **137,** 183. — 4) Die Entschädigung auf Grund des § 75 wird durch die Zweite NotVo. des RPräs. vom 5. Juni 1931 nicht ausgeschlossen. **139,** 285. — 5) Allgemeine Grundsätze über den Aufopferungsanspruch nach § 75 (im einzelnen in § 168 Nr. 9, 11—13). **140,** 276.

§ 167. Enteignung. Preußisches Enteignungsgesetz vom 11. Juni 1874.

(Die Paragraphen ohne Zusatz bezeichnen die des vorgenannten Gesetzes.)

1) Die Entschädigung für die Enteignung hat sich grundsätzlich nach einem bestimmten Zeitpunkte, und zwar dem der Zustellung des Entschädigungsfeststellungsbeschlusses, oder, wenn die Besitzübertragung früher liegt, nach deren Zeitpunkt zu richten. Spätere Ereignisse, die von außen herantreten und nicht etwa in der Beschaffenheit des Grundstücks selbst ihre Grundlage haben, müssen dagegen grundsätzlich unberücksichtigt bleiben. **131,** 125. — 2) Die §§ 29 und 30 der mecklenburg-schwerinschen Verordnung über die Enteignung von Grundeigentum in den Landstädten und deren Gebiet vom 21. Juli 1886 sind mit Art. 153 Abs. 2 der Reichsverfassung nicht vereinbar. **132,** 69. — 3) Liegt eine Enteignung vor, wenn die Festsetzung einer Baufluchtlinie den Charakter einer ortsgesetzlichen Regelung hat? **132,** 69. — 4) Regelung der Müllabfuhr in der Weise, daß dadurch

die bisherigen Müllkästen unverwendbar und die Vertragsansprüche der Grundstückseigentümer gegen einen Privatunternehmer auf billige Müllabfuhr entwertet werden, ist keine Enteignung, sondern eine das Eigentum betreffende Inhaltsbestimmung und -beschränkung im Sinne von Art. 153 Abs. 1 Satz 2. **133,** 124. — 5) Anordnungen, welche die Landespolizei zur Abwendung von Gefahren für die am Luftverkehr beteiligten Personen oder Sachen trifft, sind im sicherheitspolizeilichen Interesse erlassen. Stellen sie sich als eine Enteignung dar, so haftet für die Entschädigung der Staat. **135,** 308. — 6) Ein die Enteignung rechtfertigendes öffentliches Interesse im Sinne des Art. 109 EG. z. BGB. kann gefunden werden in der Verhütung einer Beunruhigung weiter Kreise der Bevölkerung, beruhend auf einer Verwirrung der allgemeinen Rechtsbegriffe, die notwendigerweise entsteht, wenn ein einen beträchtlichen Teil des Staatsgebiets umfassender Grundbesitz längere Zeit hindurch in ungeklärter Eigentumslage verbleibt und von einer Staatsbehörde gegen den Willen des früheren Besitzers, der sich noch als Eigentümer betrachtet, verwaltet wird. **136,** 211. — 7) Nach preußischem Recht ist im vereinfachten Enteignungsverfahren der Übergang des Eigentums allein von der Zahlung oder Hinterlegung der Entschädigungssumme abhängig, die der Regierungspräsident in der jeweils geltenden gesetzlichen Währung festgesetzt hat. **137,** 194. — 8) Zu § 12 Abs. 2: a) Die Anträge aus § 12 Abs. 2 (auf Sicherheitsleistung und Festsetzung der Entschädigung, wenn durch eine Beschränkung eine Benachteiligung des Eigentümers eintritt, die sich nicht im voraus abschätzen läßt) müssen schon vor dem Enteignungskommissar gestellt sein, um im Rechtswege weiter verfolgt werden zu können. Sie dürfen aber, wenn sie in der Klage fehlten, noch im zweiten Rechtszug erneuert werden. b) Darf nach dem Planfeststellungsbeschluß der Unternehmer die Flur nur vorbehaltlich des Anspruchs der Nutzungsberechtigten auf Ersatz jedes Flurschadens betreten, so kommt eine Entschädigung dafür im Enteignungsverfahren nicht in Betracht. c) Ist die Wahrscheinlichkeit sehr gering, durch den Eintritt eines drohenden Ereignisses einen Schaden zu erleiden, so lassen sich hierdurch Anträge aus § 12 Abs. 2 nicht begründen. **139,** 69. — 9) Eine Enteignung durch gesetzliche Anordnungen (hier kommt in Frage: Vorschriften über Einfuhrzölle und Einfuhrbeschränkungen) setzt voraus, daß es sich nicht um eine allgemeine, alle Staatsbürger gleichmäßig treffende Regelung von Vermögensrechten handelt, sondern um deren Entziehung oder Beschränkung durch Sondereingriffe. Die Gesetzgebung ist an keine anderen Schranken gebunden als an diejenigen, die sie sich selbst in der Verfassung oder in anderen Gesetzen gezogen hat. Bloß um einer Befristung willen, die das Gesetz seiner Anordnung beigefügt hat, eine solche Schranke anzunehmen, an die die Gesetzgebung ein für allemal gebunden sei, selbst ohne Rücksicht auf nachträgliche Änderungen der allgemeinen Verhältnisse, die für die Befristung maßgebend waren, verbietet sich schon aus der Erwägung, daß durch eine Befristung schlechthin subjektive Rechte noch nicht begründet werden. **139,** 177. — 10) Zum Begriff der angemessenen Entschädigung nach Art. 153 Abs. 2 Satz 2 RVerf. **139,** 278. — 11) Das Anwendungsgebiet des § 1 in Kap. III des 6. Teils der Zweiten Notverordnung zur Sicherung von Wirtschaft und Finanzen vom 5. Juni 1931 beschränkt sich nicht auf die eigentliche Fluchtliniengesetzgebung, sondern umfaßt alle Enteignungen auf dem Gebiete des Städtebaues im weitesten Sinne. Die Bestimmungen der §§ 1, 2 a. a. O. finden daher auch auf städtebauliche Maßnahmen in stadtähnlichen Ortschaften Anwendung. **139,** 285. — 12) Die Entschädigung auf Grund des § 75 Einl. z. ALR. (Aufopferungsklage) wird durch die vorgenannten Bestimmungen der 2. NotVo. nicht ausgeschlossen. **139,** 285.

§ 168. Preußisches Fluchtliniengesetz v. 2. Juli 1875.

1) In Preußen darf eine Gemeinde an sich (unbeschadet der Möglichkeit des Eingreifens von § 138 BGB. bei Mißbrauch) ihre Einwilligung zu einer bei der staatlichen Behörde beantragten Bauerlaubnis von Bedingungen wirtschaftlicher Art abhängig machen, insbesondere mit dem Antragsteller Vereinbarungen über die Abtretung der zu Straßen und Plätzen benötigten Grundflächen treffen. **133,** 361; zu vgl. auch **134,** 25. — 2) § 13 Abs. 1 Nr. 3 FlLG setzt die planmäßige Feststellung einer neuen Straße voraus; Plätze (Freiflächen) können in dieser Vorschrift den Straßen nicht gleichgestellt werden. Die Neufassung des § 13 durch das Pr.WohnungsG. vom 28. März 1918 hat insoweit den früheren Rechtszustand nicht geändert. **134,** 251. — 3) § 3 der 2. NotVo. des ReichsPräs. vom 5. Juni 1931 (RGBl. I S. 279) Sechster Teil Kap. III (RGBl. a. a. O. S. 309) ist rechtsgültig, auch soweit er zurückwirkt. **135,** 261. — 4) Zur Auslegung des vorstehend zu 3 bezeichneten § 3. **135,** 261. — 5) Der Entschädigungsanspruch aus § 3 (s. vorstehend zu 3 und 4) wird nicht ohne weiteres durch einen schon 1928 vorgenommenen freihändigen Verkauf des von der Freiflächenausweisung betroffenen Grundstücks an die Gemeinde ausgeschlossen. **135,** 261. — 6) Die §§ 1, 2 Teil 6 Kap. III der Zweiten Notverordnung vom 5. Juni 1931 (RGBl. I S. 279, 309) sind rechtsgültig, auch soweit sie sich auf die Vergangenheit beziehen. **137,** 183. — 7) Der auf Grund der Abtretung oder Freilegung nach § 13 Abs. 1 Nr. 1 und 2 FlLG. entstehende Entschädigungsanspruch erwächst dem Grundstückseigentümer zur Zeit dieser Vorgänge und geht nicht von selbst auf den Nachfolger im Grundstückseigentum über. **140,** 107. — 8) Zu den Straßen und Plätzen (auch Gartenanlagen, Spiel- und Erholungsplätzen) nach § 1 FlLG. in der Fassung von Art. 1 des preuß. Wohnungsgesetzes vom 28. März 1918 gehören nicht diejenigen sog. Freiflächen, welche keine Straßenteile und damit keine polizeilichen Verkehrsanstalten, sondern kommunale Einrichtungen werden sollen. **140,** 276 (279). — 9) Die Entschädigungspflicht nach § 75 Einl. z. ALR. besteht zwar gerade für solche Fälle, in denen das Gemeinwohl einen Eingriff in die Rechte des einzelnen erfordert, der Eingriff also nach dem öffentlichen Recht zulässig ist. Das schließt aber nicht aus, den Entschädigungsanspruch wegen einer von der Obrigkeit erzwungenen Aufopferung von Rechten zum Besten der Allgemeinheit auch bei schuldlos rechtswidrigen Eingriffen zu geben, die dem öffentlichen Gemeinwesen einen erstrebten Vorteil gebracht haben. **140,** 276 (283). — 10) Zur Haftung preußischer Gemeinden bei unzulässiger Versagung einer Bauerlaubnis. **140,** 276. — 11) Wird, wenn ein Baugesuch auf Grund einer unzulässigen Freiflächen-

ausweisung abgelehnt worden ist, die Entschädigungspflicht der Gemeinde beschränkt durch die Vorschriften in Kap. III des Sechsten Teils der Zweiten Vo. des Reichspräsidenten zur Sicherung von Wirtschaft und Finanzen vom 5. Juni 1931? **140,** 276. — 12) Der Aufopferungsanspruch nach § 75 Einl. z. ALR. ist kein Schadensersatzanspruch im eigentlichen Sinne, er gewährt keinen vollen Schadensersatz, sondern nur Wertersatz für das zum Nutzen der Allgemeinheit Aufgeopferte. **140,** 276. — 13) Unter ganz besonderen Umständen beschränkt sich die Entschädigung, die nach § 75 Einl. z. Preuß. ALR. bei Versagung einer Bauerlaubnis zu gewähren ist, nicht auf die nachteiligen Folgen der Nichtausführung des durch die Versagung vereitelten einzelnen Bauvorhabens, sondern kann die durch die Versagung veranlaßte Nichtausführung weiterer Bauvorhaben und die dadurch verursachte sonstige Beeinträchtigung der Verwertung des Grundstücks berücksichtigen. **140,** 276 (291 flg.).

§ 169. Reichsrayongesetz vom 21. Dezember 1871.

—————

§ 170. Reichsgesetz vom 30. Juni 1900, betr. die Bekämpfung gemeingefährlicher Krankheiten. Preußisches Gesetz vom 28. August 1905.

—————

§ 171. Schlachthäuser. Viehseuchen.

—————

§ 171a. Branntweinmonopolgesetz vom 26. Juli 1918/8. April 1922.

—————

Vierter Abschnitt. Familienrecht.

Erstes Kapitel. Ehe.

§ 172. Verlöbnis.

—————

§ 173. Eingehung der Ehe.

—————

§ 174. Anfechtung und Nichtigkeit der Ehe.

1) Nach welchem Recht hat der deutsche Richter eine Ehenichtigkeitsklage zwischen Ausländern zu beurteilen, wenn diese in einem fremden, nichtdeutschen Staate geheiratet und nach der Eheschließung eine andere Staatsangehörigkeit erworben haben? **132,** 416.

§ 175. Wirkungen der Ehe im allgemeinen. Persönliches Verhältnis der Ehegatten. Schlüsselgewalt der Ehefrau.

1) Wenn auch grundsätzlich die Ehefrau im Geschäft ihres Mannes nur Hilfsdienste zu leisten und es nicht selbständig zu führen hat, so kann

sich ihre Verpflichtung doch unter besonderen Verhältnissen erweitern, so wenn der Mann zum Kriegsdienst eingezogen ist; auch dann kommt es aber auf die Umstände des Einzelfalls an. **133**, 381.

§ 176. Klage auf Herstellung der ehelichen Gemeinschaft. Unterhaltspflicht während der Trennung.

— — — — — — — — — — —

§ 177. Eheliches Güterrecht vor dem Inkrafttreten des BGB.

— — — — — — — — — — —

§ 178. Gesetzliches Güterrecht des BGB.

1) Zwar ist der Mann nicht der gesetzliche Vertreter seiner Frau, und ebensowenig ist aus den Vorschriften über das Güterrecht des gesetzlichen Güterstandes allgemein eine ausdrückliche oder vermutete Vollmacht des Mannes zu rechtlich erheblichem Handeln für die Frau zu entnehmen. Aber nach der Verkehrsanschauung muß ein solches Handeln gerade bei rein tatsächlichen Vorgängen des täglichen Lebens zugelassen werden, wie z. B. bei der Entgegennahme von Sendungen ins Haus. **135**, 208. — 2) Der Ehemann, der ein zum eingebrachten Gut seiner Frau gehöriges Recht gemäß § 1380 S. 1 BGB. im eigenen Namen eingeklagt hat, bleibt zur Klage auch dann legitimiert, wenn sein Verwaltungs- und Nutznießungsrecht während des Rechtsstreits dadurch endet, daß es auf die Klage der Frau gemäß § 1418 BGB. aufgehoben wird; § 265 Abs. 3 ZPO. kann ihm jedenfalls dann nicht entgegengehalten werden, wenn das Urteil nach § 1380 S. 2 BGB. auch gegen die Frau wirkt. Dies ist der Fall, wenn mit der Klage Leistung an die Frau beantragt ist. **135**, 291. — 3) Wenn der Ehemann auf Grund von § 1380 S. 1 BGB. ein zum eingebrachten Gut gehöriges Recht im eigenen Namen einklagt, dann ist es doch immer das Recht der Frau, das er kraft seines Verwaltungsrechts geltend macht. **135**, 293. — 4) Der nach § 1424 BGB. erforderte gute Glaube der Beteiligten muß sich beziehen auf das Fortbestehen einer begründet gewesenen Verwaltungsbefugnis, nicht auf ein vermeintliches Verfügungsrecht aus eigenem Recht. **136**, 19. — 5) Macht der Mann gemäß § 1380 BGB. Schadensersatzansprüche der Frau (§§ 7 flg. KFG., §§ 823 flg. BGB.) gegen Halter und Führer eines beim Zusammenstoß beteiligten Kraftwagens geltend, so können diese den gegen den Mann als Halter des von der Frau benutzten Kraftwagens begründeten Ausgleichsanspruch nach §§ 17, 18 KFG. oder §§ 840, 421, 426 BGB. den Ansprüchen der Frau nicht entgegenhalten. Denn diese bleiben Ansprüche der Frau und gehören zu ihrem Vermögen; dem Mann steht nur die Klagebefugnis zu. **138**, 1. — 6) Beruht die Benutzung des Kraftwagens des Mannes durch die Frau auf dessen gesetzlicher Unterhaltspflicht nach § 1360 BGB., so ist der vom Mann gestellte Kraftwagenführer nicht Erfüllungsgehilfe des Mannes nach § 278 BGB. Die Verpflichtung des Mannes erschöpft sich in der Gestellung des Kraftwagens mit einem geeigneten, zuverlässigen Führer. Seine Haftung hierfür ist nach § 1359 BGB. zu beurteilen. Er haftet nicht für unversehrte Beförderung der Frau auf den einzelnen Fahrten. Diese — dem Beförderungsvertrag eigene — Haftung

gilt nicht im Falle des § 1360 BGB. **138,** 1. — 7) Macht der Ehemann Schadensersatzansprüche aus einem Unfall seiner Ehefrau nicht nach § 1380 BGB., sondern kraft besonderer (in den Grenzen gesetzlicher Zulässigkeit — § 850 Abs. 3 ZPO. — sich haltender) Abtretung geltend, so kann infolge der Abtretung — anders als im Falle des § 1380 — ein mitwirkendes Verschulden des Ehemanns entgegengehalten werden. Zur rechtlichen Beurteilung solcher Schadensersatzansprüche gemäß § 1356 Abs. 2 und § 1367 BGB. **139,** 289.

§ 178a. Eheverträge.

1) Wann ist die mit einem Erbvertrag verbundene Vereinbarung Verlobter, in ihrer Ehe solle das gesetzliche Güterrecht gelten, ein Ehevertrag im Sinne des § 2276 Abs. 2 BGB.? **133,** 20. — 2) Auch ohne allgemeine Regelung ihrer güterrechtlichen Verhältnisse können Eheleute für einzelne Vermögensstücke eine von ihrem sonstigen Güterstand abweichende Regelung vereinbaren. **133,** 351.

§ 179. Allgemeine Gütergemeinschaft.

1) Nach Beendigung der allgemeinen Gütergemeinschaft, die zwischen dem Ehemann und den gemeinschaftlichen Kindern nicht fortgesetzt wird, kann ersterer allein, ohne Zuziehung der Erbengemeinschaft ein noch zum ungeteilten Gesamtgut gehöriges Grundstück nicht verpachten; auch dann nicht, wenn das Grundstück fälschlich allein auf seinen Namen eingetragen ist. **136,** 19. — 2) Hat der Witwer über das zum Gesamtgut gehörige Grundstück einen Pachtvertrag nur für sich allein, nicht zugleich im Namen der Erbengemeinschaft abgeschlossen, so kann die Erbengemeinschaft den Pachtvertrag nicht formlos genehmigen. Sie kann ihm wohl beitreten; der Beitritt bedarf aber der Schriftform; andernfalls gilt der Pachtvertrag nur als für unbestimmte Zeit abgeschlossen. **136,** 19.

§ 180. Errungenschaftsgemeinschaft des BGB.

— — — — — — — — — — — — —

§ 181. Fahrnisgemeinschaft des BGB.

— — — — — — — — — — — — —

§ 182. Gütertrennung. Güterrechtsregister.

— — — — — — — — — — — — —

§ 183. Klage auf Aufhebung der ehelichen Gemeinschaft.

— — — — — — — — — — — — —

§ 184. Ehescheidung und ihre Folgen.

(S. auch § 335: Verfahren in Ehesachen.)

1) Wenn nach vorgekommenen Eheverfehlungen die Ehegatten sich wieder zur ehelichen Lebensgemeinschaft zusammenfinden und im Verlauf von mindestens einer Woche wiederholt miteinander Geschlechtsverkehr pflegen, so geht ein solches Verhalten über einen Versöhnungsversuch weit hinaus und kann nur als vollendete Verzeihung gewertet werden. **134,** 139. — 2) Über den Grundsatz der Einheitlichkeit der Entscheidung in Ehesachen.

Die darin ausgedrückte Besonderheit des Eheprozesses liegt für das Rechtsmittelverfahren darin, daß die nicht oder nicht in zulässiger Weise angefochtene Teilentscheidung des unteren Rechtszuges hier nur die Bedeutung eines das obere Gericht bindenden Zwischenentscheids hat, aber erst mit ihrer Aufnahme in die das Urteil über den ganzen Rechtsstreit zusammenfassende Schlußentscheidung und nach Maßgabe dieser Aufnahme rechtskräftig wird. **135,** 15. — 3) Das Armenrecht kann dem Rechtsmittelkläger auch bei Ehesachen mit Beschränkung auf die Klage oder auf die Widerklage gewährt werden; das muß geschehen, wenn das Rechtsmittel im übrigen aussichtslos ist. **135,** 15. — 4) Auch in Ehesachen hat die Gewährung des Armenrechts für die Klage nicht die Gebührenfreiheit des Widerklageverfahrens zur Folge und umgekehrt. Das gilt in der Rechtsmittelinstanz auch dann, wenn ein und dieselbe Partei das Rechtsmittel zur Klage und Widerklage eingelegt hat. **135,** 15. — 5) Ein durch teilweise Zurücknahme oder teilweises Unzulässigwerden erledigtes oder durch Teilverzicht eingeschränktes Rechtsmittel kann nicht nachträglich im Wege der Klagerweiterung auf den so abgeschlossenen Teil des Rechtsstreits erstreckt werden. **135,** 17. — 6) Die gesetzlichen Vorschriften über die „Eingehung der Ehe" in Art. 13 EG. z. BGB. umfassen auch die Nichtigkeits- und Anfechtungsgründe. **136,** 142. — 7) Wenn ein Ehegatte, der eine andere Staatsangehörigkeit besitzt oder bis zur Eheschließung besaß als der andere Teil (z. B. eine Ausländerin, die einen Deutschen geheiratet hat), vor dem deutschen Richter die Nichtigkeit der Ehe geltend macht, so ist jener nicht darauf beschränkt, nur solche Nichtigkeitsgründe vorbringen zu dürfen, die auch sein Heimatrecht als Nichtigkeitsgründe anerkennt. **136,** 142. — 8) Eine Ehescheidung, die in Sowjetrußland in der Weise vollzogen wird, daß die Ehegatten im beiderseitigen Einverständnis dem Standesbeamten die Scheidung anzeigen und dieser sie in die Standesamtsakten einträgt (so in Sowjetrußland bis 1. Januar 1927), ist nicht als Ehescheidung im Sinne des deutschen Rechts anzuerkennen. **136,** 142. — 9) Die Zustimmung zum Ehebruch muß der Ehebrecher beweisen, und zwar auch dann, wenn der Ehebruch nach § 1573 BGB. nur zur Unterstützung einer auf andere Tatsachen gegründeten Scheidungsklage geltend gemacht wird. **137,** 48. — 10) Klagt ein Ehegatte auf Herstellung der „ehelichen Gemeinschaft" und ergeht danach ein Urteilsspruch dieses Wortlauts, so ist davon in den weit überwiegenden Fällen die Herstellung der „häuslichen Gemeinschaft" mit umfaßt. Ein solches Urteil kann demnach unbedenklich als Grundlage für eine Scheidungsklage aus § 1567 Abs. 2 Nr. 1 BGB. verwendet werden. **137,** 102. — 11) Es ist in der reichsgerichtlichen Rechtsprechung anerkannt, daß die bösliche Absicht des Ehegatten, der dem Herstellungsurteil den Gehorsam versagt, verneint werden kann, wenn er an ein ehewidriges Verhalten des anderen Teils geglaubt hat, mag dieses auch in Wirklichkeit nicht bestanden haben. Ob aber der Glaube an ein (in Wirklichkeit nicht vorhandenes) ehewidriges Verhalten des anderen Ehegatten den zur Eheherstellung verurteilten Gatten zu der Annahme berechtigte, ihm stehe ein Scheidungsgrund oder wenigstens ein Recht zur Verweigerung der Eheherstellung nach § 1353 Abs. 2 Satz 1 BGB. zur Seite, muß mit besonderer Vorsicht geprüft werden.

137, 102. — 12) Der Umstand, daß der zur Eheherstellung verurteilte Ehegatte daran geglaubt hat, der andere habe sich während des entscheidenden Jahres ehewidrig verhalten, kann nur dann sein Fernbleiben rechtfertigen, wenn dieser Glaube bestimmend oder wenigstens mitbestimmend war für seinen Entschluß, nicht zu dem anderen Ehegatten zurückzukehren. **137,** 102. — 13) Fortsetzung eines Verkehrs kann wegen „objektiven" Verdachts ehewidriger Beziehungen Scheidungsgrund sein; Auseinandersetzung mit WarnRspr. 1932 Nr. 80. **138,** 73.

Zweites Kapitel. Verwandtschaft.

§ 185. Allgemeine Bestimmungen des BGB. Eheliche Abstammung. Personenstand.

---

§ 186. Unterhaltspflicht der Verwandten.

---

§ 187. Rechtsverhältnisse zwischen Eltern und Kindern im allgemeinen. Aussteuer und Ausstattung der Kinder.

---

§ 188. Elterliche Gewalt.

I. Erziehungs- und Aufsichtsrecht.

1) Über Bedeutung und Voraussetzungen der vorzeitigen Entlassung eines Minderjährigen aus der Fürsorgeerziehung; § 73 JWG. bezieht sich auch auf den Fall, daß die Unerziehbarkeit schon im Zeitpunkt der Anordnung der Fürsorgeerziehung vorlag, damals aber noch nicht erkennbar war. **133,** 24. — 2) Zuständig für die vorzeitige Entlassung eines Minderjährigen aus der Fürsorgeerziehung in den Fällen der §§ 72, 73 JWG. ist die Fürsorgeerziehungsbehörde. **133,** 24.

II. Elterliche Verwaltung und Nutznießung des Kindesvermögens.

1) Der elterliche Gewalthaber bedarf für den in einem gerichtlichen Vergleich ausgesprochenen Verzicht auf Herausgabe von Grundstücken und auf Berichtigung des Grundbuchs der vormundschaftsgerichtlichen Genehmigung. **133,** 259. — 2) Enthält ein Vergleich eine Verfügung über ein Grundstück, so kommt nicht § 1822 Nr. 12, sondern die besondere Vorschrift des § 1821 Abs. 1 Nr. 1 BGB. zur Anwendung. **133,** 259.

§ 189. Uneheliche Kinder. Legitimation.

1) Zur Klage auf Feststellung des Nichtbestehens der unehelichen Vaterschaft beim Vorliegen eines Vaterschaftsanerkenntnisses. **135,** 219. — 2) Ist das uneheliche Kind bei Abschluß eines Unterhaltungsvertrages mit seinem Vater durch seine Mutter als auftraglose Geschäftsführerin vertreten gewesen, welche die Erklärungen des Vaters angenommen hat, und haben

Vormund und Vormundschaftsgericht diese Geschäftsführung dann genehmigt, so können dem Kinde nach § 166 Abs. 1 BGB. solche Einwendungen entgegengesetzt werden, die aus dem Verhalten der Mutter bei Vertragsabschluß hergeleitet werden (z. B. Einrede des Scheinvertrags, der allgemeinen Arglist). **135,** 219.

§ 190. Annahme an Kindesstatt.

— — — — — — — — — — —

Drittes Kapitel. Vormundschaft und Pflegschaft.

§ 191. Gemeinsames. Vormundschaft über Minderjährige.

1) Die Einholung und Erteilung der vormundschaftsgerichtlichen Genehmigung eines Rechtsgeschäfts nimmt für sich allein dem Vormund nicht die Verpflichtung ab, es selbst auf die Vorteile und Nachteile hin, die es dem Mündel bringt oder nach den Erfahrungen des täglichen Lebens bringen kann, gewissenhaft zu prüfen. **132,** 260. — 2) § 1829 BGB. enthält eine Schutzvorschrift zu Gunsten des Mündels, die es lediglich dem pflichtmäßigen Ermessen des Vormunds anheimgibt, eine Nachricht der vormundschaftsgerichtlichen Genehmigung dem Vertragsgegner zu übermitteln oder dies zu unterlassen und so die Wirksamkeit des genehmigten Rechtsgeschäfts herbeizuführen oder zu vereiteln. **132,** 261. — 3) Steht die Veräußerung von einzelnen Geschäftsanteilen eines Minderjährigen an einer GmbH., deren Vermögen nur in einem Grundstück besteht, der Verfügung über ein Grundstück gleich und bedarf sie deshalb der vormundschaftsgerichtlichen Genehmigung? **133,** 7. — 4) Liegt in dem Verkauf von Geschäftsanteilen eines Minderjährigen an einer GmbH. die Veräußerung eines Erwerbsgeschäfts, wenn der Anteilseigner nur Treuhänder eines anderen ist? **133,** 7. — 5) Zum Begriff der Übernahme einer fremden Verbindlichkeit durch einen Minderjährigen. **133,** 7. — 6) Über die Folgen des Mangels der vormundschaftsgerichtlichen Genehmigung. **133,** 7. — 7) Enthält ein Vergleich eine Verfügung über ein Grundstück, so kommt nicht § 1822 Nr. 12, sondern die besondere Vorschrift des § 1821 Abs. 1 Nr. 1 BGB. zur Anwendung. **133,** 259. — 8) § 1814 BGB. bezieht sich nicht auf Wertpapiere des Mündels, die auf Stückekonto gutgeschrieben sind. Aber die Pflicht des Vormunds, sich mit der Gutschrift auf Stückekonto nicht zufrieden zu geben, sondern auf das Mündel das Eigentum an den Papieren übertragen zu lassen und die Papiere dann zu hinterlegen, kann sich aus §§ 1793, 1833 BGB. ergeben. **137,** 320. — 9) Die Erteilung der Genehmigung durch das Vormundschaftsgericht stellt gleichzeitig einen obrigkeitlichen Akt und ein privatrechtliches Rechtsgeschäft dar und hat in beiden Eigenschaften zur Voraussetzung, daß der Richter den Willen hat, die Genehmigung zu erklären. **137,** 345.

§ 192. Vormundschaft über Volljährige.

— — — — — — — — — — —

§ 193. Pflegschaft.

— — — — — — — — — — —

Fünfter Abschnitt. Erbrecht.

§ 194. Erbrecht. Erbschaft. Erbe. Gesetzliche Erbfolge.

— — — — — — — — — — —

§ 195. Anfall. Annahme und Ausschlagung der Erbschaft.

1) Ein gemeinschaftliches Testament, das nach dem Tode eines Ehegatten eröffnet wurde, ist auch dann, wenn sich die Verkündung wegen Untrennbarkeit der beiderseitigen Verfügungen auf den ganzen Inhalt erstreckt hat, in die amtliche Verwahrung zurückzubringen und nach dem Tode des überlebenden Ehegatten nochmals zu eröffnen. Ist das unterlassen worden, so hat für den Erben des überlebenden Ehegatten die Ausschlagungsfrist noch nicht zu laufen begonnen. **137,** 222.

§ 196. Nachlaß. Nachlaßverbindlichkeiten. Aufgebot der Nachlaßgläubiger.

— — — — — — — — — — —

§ 197. Haftung der Erben für die Nachlaßverbindlichkeiten.

1) Die Herausgabe im Wege der Zwangsvollstreckung zur Befriedigung der Nachlaßgläubiger nach § 1990 BGB. bedeutet das Geschehenlassen der Zwangsvollstreckung in die zum Sondervermögen gehörenden Gegenstände. Es bedarf dazu nicht immer einer Klage; der Schuldner kann sich zur Vermeidung von Kosten der sofortigen Zwangsvollstreckung nach § 794 Nr. 5 ZPO. unterwerfen. **137,** 53. — 2) Zur standesmäßigen Beerdigung nach § 1968 BGB. können auch die Ausgaben für ein angemessenes Grabmal gehören. **139,** 395.

§ 198. Nachlaßpflegschaft. Nachlaßverwaltung. Nachlaßgericht.

1) Der Schadensersatzforderung, die ein Nachlaßverwalter wegen Pflichtwidrigkeiten seines Vorgängers in dessen Konkurse geltend macht, steht das Vorrecht aus § 61 Nr. 5 KO. nicht zu. **135,** 305. — 2) Auch bei Anordnung einer Nachlaßverwaltung oder der Eröffnung des Nachlaßkonkurses über den Nachlaß des einen Gesellschafters einer offenen Handelsgesellschaft gilt die mit seinem Tode nach dem Gesellschaftsvertrag eingetretene Anwachsung des Gesellschaftsvermögens an den anderen Gesellschafter als eingetreten. Nur das Erlöschen des Anspruchs auf Zahlung des Abfindungsguthabens gilt als nicht eingetreten. **136,** 97.

§ 199. Erbschaftsanspruch.

— — — — — — — — — — —

§ 200. Mehrheit von Erben. Auseinandersetzung von Miterben. Ausgleichung. Verhältnis zu den Nachlaßgläubigern.

1) Kann der Nachlaßschuldner dem Grundbuchberichtigungsanspruch aller Miterben ein Zurückbehaltungsrecht entgegensetzen wegen schuldrechtlicher Ansprüche gegen alle oder einzelne Miterben? (Allgemein verneint für letzteren Fall; bejaht für ersteren Fall, wenn der Nachlaßschuldner gegen

alle Miterben einen Schadensersatzanspruch wegen sittenwidrigen Verhaltens [§ 826 BGB.] auf Geldzahlung hat und beide Ansprüche aus demselben Tatsachenzusammenhang erwachsen sind.) **132**, 81.

§ 201. Testamente.

I. Testamentserrichtung. Öffentliches Testament. Eigenhändiges Testament.

1) Ungültig ist ein Privattestament in Briefform, das nicht mit dem Namen des Erklärenden, sondern mit Worten wie „Eure treue Mutter" unterzeichnet ist. Anders kann unter besonderen Umständen die Unterzeichnung mit dem Vornamen zu beurteilen sein. **134**, 308. — 2) Die nach § 2231 Nr. 2 BGB. erforderliche Angabe des Ortes und des Tages der Errichtung eines eigenhändigen Testaments hat nicht die rechtliche Bedeutung einer Willenserklärung, sondern eines Zeugnisses und muß der Wahrheit entsprechen. **136**, 126. — 3) Die Echtheit des eigenhändigen Testaments begründet die Vermutung der Richtigkeit den darin enthaltenen Zeit- und Ortsangaben. **136**, 126. — 4) Die Gültigkeit eines privatschriftlichen Testaments, dessen Niederschrift sich über Mitternacht hinaus erstreckt, wird nicht dadurch in Frage gestellt, daß der Testator, ohne auf die vorgerückte Zeit zu achten, am Anfang oder am Schluß der Urkunde den bereits abgelaufenen Tag als den Tag der Errichtung angibt. **136**, 125. — 5) Unter welchen Voraussetzungen ist ein Privattestament in Briefform gültig, das mit dem abgekürzten Vornamen unterschrieben ist? **137**, 213. — 6) Ein gemeinschaftliches Testament, das nach dem Tode eines Ehegatten eröffnet wurde, ist auch dann, wenn sich die Verkündung wegen Untrennbarkeit der beiderseitigen Verfügungen auf den ganzen Inhalt erstreckt hat, in die amtliche Verwahrung zurückzubringen und nach dem Tode des überlebenden Ehegatten nochmals zu eröffnen. **137**, 222.

II. Testamentseröffnung.

1) Ein nach dem Tode des ersten Ehegatten eröffnetes und seinem Inhalt nach verkündetes gemeinschaftliches Testament bedarf der nochmaligen Eröffnung und Verkündung nach dem Tode des Überlebenden. **137**, 222.

III. Unwirksamkeit, Nichtigkeit, Anfechtung, Aufhebung und Widerruf des Testaments.

1) Anfechtung eines gemeinschaftlichen wechselbezüglichen Testaments, wenn der überlebende Ehegatte zur zweiten Ehe geschritten ist. Wann kann auch ein Rechtsirrtum des wiederverheirateten Ehegatten den Beginn der Anfechtungsfrist hindern? Entsprechende Anwendung des § 2285 BGB. auf das gemeinschaftliche wechselbezügliche Testament (mit dem Ergebnis, daß im vorliegenden Falle die überlebende zweite Ehefrau um ihr Anfechtungsrecht kommt, weil ihr Mann es aus Rechtsunkenntnis versäumt hatte, das gemeinschaftliche Testament anzufechten). **132**, 1. — 2) Kann die Ausübung des Rechts auf Anfechtung eines Erbvertrags als ein gegen die guten Sitten

verstoßendes Rechtsgeschäft nichtig sein, insbesondere dann, wenn der Erblasser die Voraussetzungen für die Anfechtung durch eine Annahme an Kindes Statt selbst geschaffen hat? **138**, 373.

IV. Inhalt des Testaments. Erbeinsetzung. Ausschließung von der Erbfolge. Auslegung der Testamente.

1) Ergänzende Testamentsauslegung; ihr Begriff und ihre Grundlagen; verschiedene Fälle aus der bisherigen Rechtsprechung. **134**, 280. — 2) Kann auf dem Wege ergänzender Testamentsauslegung in der Einsetzung der mit ihrem Namen genannten Ehefrau zur alleinigen Erbin die Einsetzung oder Ersatzberufung derjenigen Frau gefunden werden, mit welcher sich der Erblasser nach dem Tode der in seinem Testament Genannten verheiratet hat? **134**, 277. — 3) Zur Frage, ob eine hinterlassene schriftliche Erklärung in Briefform, bezeichnet als „letzter Wunsch", als bindende rechtsgeschäftliche Verfügung oder als unverbindlicher Wunsch aufzufassen ist. **134**, 309.

V. Ersatzerbe. Vorerbe. Nacherbe.

1) Der Nacherbe muß die Zwangsvollstreckung aus einer Hypothek dulden, die der befreite Vorerbe zur Sicherung einer eigenen Schuld an einem Nachlaßgrundstück bestellt hat. **133**, 263. — 2) Wenn der Vorerbe auf Grund einer zum Nachlaß gehörenden Hypothek die Zwangsversteigerung des belasteten Grundstücks betreibt und es ersteht, so wird das Grundstück nicht Bestandteil der Erbschaft. **136**, 353. — 3) Der Antrag auf Zwangsversteigerung des mit einer Nachlaßhypothek belasteten Grundstücks ist keine Verfügung über die Hypothek, sondern fällt unter den Begriff der Einziehung der Hypothekenforderung nach § 2114 Satz 1 BGB. **136**, 353. — 4) Ein ausdehnende Auslegung der Vorschrift des § 2111 BGB. ist nicht angängig, da es sich um eine auf Zweckmäßigkeitsgründen beruhende Ausnahmevorschrift handelt. **136**, 357.

VI. Gemeinschaftliches Testament. Wechselbezügliches Testament.

1) Anfechtung eines gemeinschaftlichen wechselbezüglichen Testaments, wenn der überlebende Ehegatte zur zweiten Ehe geschritten ist. Wann kann auch ein Rechtsirrtum des wiederverheirateten Ehegatten den Beginn der Anfechtungsfrist hindern? Entsprechende Anwendung des § 2285 BGB. auf das gemeinschaftliche wechselbezügliche Testament. **132**, 1.

VII. Testamentsvollstrecker.

1) Die Anordnung der Testamentsvollstreckung für ein zum Nachlaß gehöriges Handelsgeschäft kann nicht in das Handelsregister eingetragen werden. **132**, 138. — 2) Allgemeines zur Lehre vom Testamentsvollstrecker. Kann insbesondere der Erblasser den Erben in der Befugnis beschränken, die Entlassung des Testamentsvollstreckers wegen eines wichtigen Grundes beim Nachlaßgericht zu beantragen? (Verneint, auch für den Fall, daß der

Erblasser einem Schiedsgericht die Befugnis übertragen haben sollte, darüber zu entscheiden, ob der Erbe einen Antrag aus § 2227 BGB. stellen darf). **133,** 128. — 3) Der Testamentsvollstrecker kann den Ersatzanspruch geltend machen, der dem Erben aus einer Pflichtverletzung eines früheren Testamentsvollstreckers erwachsen ist. Denn die Vorschrift des § 2041 BGB. ist auf den durch einen Testamentsvollstrecker verwalteten Nachlaß auch dann anwendbar, wenn der Nachlaß einem Alleinerben zusteht. **138,** 132. — 4) §2041 als Anwendungsfall des Grundsatzes der sog. dinglichen Surrogation. **138,** 134. — 5) Der Testamentsvollstrecker muß sich, wenn er zum Nachlaß gehörende Rechte geltend macht, solche Einwendungen gefallen lassen, die dem Erben gegenüber begründet sind, soweit sie nicht auf Verfügungen des Erben beruhen, zu denen dieser nach § 2211 BGB. nicht befugt ist. **138,** 132. — 6) Der Erblasser kann nicht durch einen für den Erben unwiderruflichen Auftrag einem Anderen die Verwaltung eines Teiles seines künftigen Nachlasses rechtswirksam übertragen. Dazu bedarf es einer testamentarischen Anordnung. **139,** 41.

§ 202. Vermächtnisse. Schenkung von Todeswegen.

— — — — — — — — — — —

§ 203. Erbvertrag. Erbverzicht.

1) Die Tochter, die in einem früheren Erbvertrag des Vaters mit seiner Ehefrau zum Erben eingesetzt worden war, später bei Errichtung einer anderen letztwilligen Verfügung besonders herangezogen und um ihre Zustimmung zu einzelnen Verfügungen angegangen wird und die Zustimmung erteilt, hat damit als einwilligend zu gelten. **134,** 325. — 2) Kann die Ausübung des Rechts auf Anfechtung eines Erbvertrags als ein gegen die guten Sitten verstoßendes Rechtsgeschäft nichtig sein, insbesondere dann, wenn der Erblasser die Voraussetzungen für die Anfechtung durch eine Annahme an Kindes Statt selbst geschaffen hat? **138,** 373. — 3) Unzulässige Beschränkung der Rechte des Vertragserben dadurch, daß der Erblasser nachträglich einem anderen die Verwaltung eines Teiles des künftigen Nachlasses überträgt. **139,** 41.

§ 204. Pflichtteil.

1) Unter einer den Pflichtteilsberechtigten beeinträchtigenden Verfügung nach § 2332 Abs. 1 BGB. ist zu verstehen: a) wenn es sich um den Anspruch eines Abkömmlings aus § 2316 Abs. 2 handelt, die Verfügung von Todes wegen, durch die dem Abkömmling zwar ein die Hälfte des gesetzlichen Erbteils erreichender oder übersteigender Erbteil hinterlassen, aber weniger als die Hälfte desjenigen zugewendet wird, was auf seinen gesetzlichen Erbteil unter Berücksichtigung der Ausgleichspflicht bei der Teilung des Nachlasses entfallen würde; b) wenn es sich um einen Pflichtteilergänzungsanspruch aus §§ 2325, 2326 handelt, die in einer Verfügung unter Lebenden liegende Schenkung. **135,** 231. — 2) Für den Beginn der dreijährigen Verjährungsfrist des § 2332 Abs. 1 kommt es neben der Kenntnis vom Eintritt des Erbfalls nur auf die Kenntnis vom Inhalt und der Rechts-

wirksamkeit der den Pflichtteilsberechtigten beeinträchtigenden Verfügung an, dagegen nicht auf seine Kenntnis von der beeinträchtigenden Wirkung dieser Verfügung. **135,** 231. — 3) Die für den Beginn der kurzen Verjährungsfrist des § 2332 Abs. 1 BGB. erforderliche Kenntnis von der beeinträchtigenden Verfügung fehlt auch dann, wenn berechtigte Zweifel an der Wirksamkeit der letztwilligen Verfügung nur auf rechtlicher Beurteilung ihres Inhalts beruhen. **140,** 75.

§ 205. Erbunwürdigkeit.

— — — — — — — — — — — —

§ 206. Erbschein.

1) Nichterwähnung der Nacherbfolge in einem dem Vorerben erteilten Erbschein als Amtspflichtverletzung. **139,** 343.

§ 207. Erbschaftskauf.

1) Die Teilung des Nachlasses nimmt dem Miterben nur die Möglichkeit, das schuldrechtliche Geschäft des Erbschaftskaufs einheitlich durch eine dem § 2033 Abs. 1 BGB. entsprechende dingliche Verfügung zu erfüllen. Sie hindert ihn nicht daran, einen Erbschaftskauf abzuschließen. In einem solchen Falle muß er, wie das der Alleinerbe bei einem Erbschaftskauf immer nur tun kann, die einzelnen zur Erbschaft gehörigen Sachen und Rechte nach den dafür geltenden besonderen Vorschriften auf den Käufer übertragen. **134,** 296. — 2) Die Anwendung des § 2371 BGB. ist nicht auf die Fälle zu beschränken, in denen Verpflichtungs- und Erfüllungsgeschäft auseinanderfallen. Die Beobachtung der Formvorschrift ist daher auch dann erforderlich, wenn die Vertragschließenden ohne vorausgegangenen Abschluß eines schuldrechtlichen Vertrags sogleich die Übertragung des Erbteils vornehmen. Der Mangel der Form des § 2371 wird auch nicht durch die dem § 2033 entsprechende Übertragung des Erbteils geheilt. **137,** 171.

Sechster Abschnitt. Handelsrecht.

Erstes Kapitel. Der Handelsstand.

§ 208. Kaufleute. Handelsgewerbe. Handelsgeschäft. Zweigniederlassung.

— — — — — — — — — — — —

§ 209. Handelsregister.

1) Zu § 15 HGB. Pflicht des Kaufmanns, die Mitteilung des Registergerichts über eine von ihm beantragte Eintragung auf Richtigkeit und Vollständigkeit nachzuprüfen. **131,** 12. — 2) Die Anordnung der Testamentsvollstreckung für ein zum Nachlaß gehöriges Handelsgeschäft kann nicht in das Handelsregister eingetragen werden. **132,** 128. — 3) Die Prüfungspflicht des Registerrichters bei Anmeldungen zum Genossenschaftsregister ist nicht bloß eine formelle, sondern in gewissem Umfang auch eine materielle. Ergeben sich aus den ihm vorgelegten Unterlagen oder dem ihm sonst amtlich

bekannt gewordenen Sachverhalt Bedenken, ob nicht z. B. die Beschlüsse, deren Eintragung begehrt wird, schlechthin nichtig sind, so muß er dem Bedenken nachgehen. Diese Prüfungspflicht hat der Registerrichter auch gegenüber den einzelnen Genossen. **140,** 174.

§ 210. Handelsfirma. Fortführung eines Handelsgeschäfts.

1) Zu § 25 HGB. Pflicht des Kaufmanns, die Mitteilung des Registergerichts über eine von ihm beantragte Eintragung auf Richtigkeit und Vollständigkeit nachzuprüfen. **131,** 12. — 2) Die Mitteilung, daß bei Einbringung eines Handelsgeschäfts mit Firma in eine zu gründende Aktiengesellschaft der Ausschluß der Schuldenübernahme vereinbart worden sei, kann mit Wirkung gegen Dritte schon vor der Eintragung der Aktiengesellschaft ins Handelsregister gemacht werden, sofern nur der Fall der Simultangründung gegeben war (§ 188 HGB.). **131,** 27. — 3) Die Vorschriften des § 25 HGB. finden Anwendung auf den Pächter eines Handelsgeschäfts; ebenso auf den Verpächter, der das Geschäft nach Beendigung des Pachtverhältnisses unter der bisherigen Firma fortführt. **133,** 318. — 4) Die Frage der Firmengleichheit ist eine Rechtsfrage. **133,** 325. — 5) Für die Frage der Firmengleichheit kommt es nicht auf eine wort- und buchstabentreue Gleichheit, sondern darauf an, ob nach der Auffassung des Verkehrs die bisherige Firma fortgeführt wird. Konkreter Fall: Weglassen der Worte „& Sohn". **133,** 318 (325, 326). — 6) Die Mitschuld dessen, der gemäß § 25 HGB. für die Geschäftsschuld des früheren Geschäftsinhabers haftet, entsteht mit dem gleichen Inhalt und der gleichen Beschaffenheit, welche die Urschuld in diesem Augenblick hat, geht aber dann zum Teil ihren eigenen Weg. Die Verjährung, die bei Entstehung der Mitschuld für die Urschuld bereits läuft, setzt sich auch bei der neuen Mitschuld fort. Tatsachen hingegen, die in Bezug auf die Verjährung nur in der Person des einen Schuldners eintreten, z. B. eine Unterbrechung der Verjährung, wirken nach § 425 BGB. nur für oder gegen diesen. **135,** 104.

§ 211. Handelsbücher. Bilanz.

1) Zur Frage der Nichtigkeit von Gesellschafterbeschlüssen einer GmbH., insbesondere der Bilanzgenehmigung (Unvereinbarkeit mit den im öffentlichen Interesse gegebenen Vorschriften oder sonst mit dem Wesen der GmbH.; Sittenverstoß nur beachtlich bezüglich des Inhalts des Beschlusses). **131,** 141.

§ 212. Prokura. Handlungsvollmacht.

1) In der sog. unechten Gesamtvertretung nach §§ 125 Abs. 3, 232 Abs. 2 HGB. kann der Prokurist sowohl bei der Bestellung wie bei der Anmeldung eines Prokuristen mitwirken. **134,** 303.

§ 213. Handlungsgehilfen. Handlungslehrlinge. Wettbewerbsverbot (Konkurrenzklausel).

1) Kündigung des Dienstvertrags im Konkurs oder im Vergleichsverfahren des Dienstherren und Wettbewerbsverbot. **140,** 297 flg.

§ 214. Handlungsagenten.

1) Der Provisionsanspruch des Bezirksagenten wird nicht begründet, wenn der Geschäftsherr, um den Konkurs abzuwenden oder die notwendige sonstige Einstellung des Betriebes zu vermeiden, an seine Gläubiger zur Abgeltung ihrer Ansprüche Waren liefert. **140,** 80.

§ 215. Handelsmäkler.

1) Der Handelsmäkler, der einen Abschluß mit der Klausel „Kasse gegen Lagerschein" vermittelt, ist regelmäßig nicht verpflichtet, sich vom Vorhandensein der durch Lagerschein zu verkaufenden Ware zu überzeugen. Erfährt er nach Abschluß des Vertrags, daß die verkaufte Ware nicht vorhanden sei, so hat er zwar seinem Auftraggeber Mitteilung zu machen, jedoch nur bei sicherer Kenntnis, nicht schon auf Verdachtsgründe hin. Eine Pflicht zur Nachforschung besteht aber auch dann nicht. **138,** 94.

Zweites Kapitel. Handelsgesellschaften. (Gesellschaften m. b. H. Genossenschaften.)

§ 216. Die offene Handelsgesellschaft.

I. Errichtung.

— — — — — — — — — — —

II. Rechtsverhältnisse der Gesellschafter untereinander und zur Gesellschaft.

1) In der sog. unechten Gesamtvertretung nach § 125 Abs. 3 HGB. kann der Prokurist sowohl bei der Bestellung wie bei der Anmeldung eines Prokuristen mitwirken. **134,** 303. — 2) Erstreckt sich die von einer offenen Handelsgesellschaft als Vermieterin übernommene Verpflichtung, dem Mieter auf dem Mietgrundstück Wettbewerb fernzuhalten, auf die Gesellschafter persönlich? (Für den Streitfall bejaht.) **136,** 266.

III. Rechtsverhältnis der Gesellschaft und der Gesellschafter zu Dritten.

1) Erstreckt sich die von einer offenen Handelsgesellschaft als Vermieterin übernommenen Verpflichtung, dem Mieter auf dem Mietgrundstück Wettbewerb fernzuhalten, auf die Gesellschafter persönlich? (Für den Streitfall bejaht.) **136,** 266. — 2) Der ausgeschiedene Gesellschafter einer offenen Handelsgesellschaft haftet aus einem während seiner Mitgliedschaft geschlossenen Mietvertrag auch für die nach dem Ausscheiden mit der außerordentlichen Kündigung seitens der Gesellschaft gemäß § 29 Abs. 2 Nr. 1 und 2, § 30 VerglO. gegebenen Schadensersatzforderungen des Vermieters. **140,** 10.

IV. Auflösung und Liquidation der Gesellschaft. Ausscheiden einzelner Gesellschafter aus der Gesellschaft.

1) Daß die Vorschriften des § 138 HGB. und des § 738 BGB. auch für den Fall gelten, wenn der eine von zwei Gesellschaftern das Geschäft allein übernimmt, entspricht der ständigen Rechtsprechung des Reichsgerichts. **136,** 99. — 2) Wenn bei einer aus zwei Gesellschaftern bestehenden offenen Handelsgesellschaft im Gesellschaftsvertrage bestimmt ist, daß beim Tode des einen das Geschäft mit Aktiven und Passiven auf den überlebenden Gesellschafter übergehen soll, und wenn der verstorbene Gesellschafter vom überlebenden als alleinigem Erben beerbt wird, so tritt der Übergang des Gesellschaftsvermögens auf den überlebenden Gesellschafter nicht kraft Erbrechts, sondern kraft Anwachsung ein. Die Gesellschaft lebt daher nicht gemäß § 1976 BGB. wieder auf. Nur das Erlöschen des Anspruchs auf Zahlung des Abfindungsguthabens gilt als nicht eingetreten. **136,** 97.

§ 217. Kommanditgesellschaft.

1) Der persönlich haftende Gesellschafter einer Kommanditgesellschaft kann für deren Schulden die Bürgschaft übernehmen; es handelt sich um eine echte Bürgschaft. **139,** 252.

§ 218. Aktiengesellschaft.

I. Allgemeine Bestimmungen. Aktien.

1) Die Mitteilung, daß bei Einbringung eines Handelsgeschäfts mit Firma in eine zu gründende Aktiengesellschaft der Ausschluß der Schuldenübernahme vereinbart worden sei, kann mit Wirkung gegen Dritte schon vor der Eintragung der Aktiengesellschaft ins Handelsregister gemacht werden, sofern nur der Fall der Simultangründung gegeben war (§ 188 HGB.). **131,** 27. — 2) Satzungsgemäß gebundene Namensaktien im amtlichen Börsenhandel. **132,** 149. — 3) Ungültig sind Stimmvollmachten, die sich der von der Aktiengesellschaft abgelehnte Aufkäufer von satzungsgemäß gebundenen Namensaktien für letztere von seinen Vormännern hat erteilen lassen. **132,** 149.

II. Rechtsverhältnisse der Gesellschaft und der Gesellschafter.

1) Zur Auslegung des § 317 HGB. Ein „besonderer Vorteil" im Sinne von § 317 liegt dann vor, wenn ohne die Abstimmungsverpflichtung sich der andere Teil zu seiner Leistung überhaupt nicht oder nicht in der vereinbarten Art und Menge verstanden hätte. **132,** 33. — 2) § 211 HGB. steht der Geltendmachung von Geldentwertungsansprüchen für die Einlageforderungen auf Aktien an sich nicht im Wege. **134,** 265. — 3) § 221 HGB. hindert grundsätzlich nicht Aufrechnung durch die Gesellschaft. **134,** 268. — 4) Über Abtretbarkeit und Pfändbarkeit von Einzahlungsansprüchen auf Aktien der Aktiengesellschaft. **135,** 57. — 5) Zu den gesellschaftsrechtlichen Ansprüchen, welche im Falle der Vollfusion (liquidationslose Fusion) zweier Aktiengesellschaften auf die aufnehmende Gesellschaft übergehen, gehören auch die Rechte der

aufgenommenen Gesellschaft gegen ihre Aktionäre auf entgeltliche oder unentgeltliche Sonderleistungen, es sei denn, daß sich im Einzelfall aus der Natur dieser Rechte, der Satzung der aufgenommenen Gesellschaft oder dem Verschmelzungsvertrag etwas anderes ergibt. **136,** 313. — 6) Im vorigen Falle (5) werden die Rechte und Pflichten aus dem Sonderleistungsverhältnis beim Übergang auf die aufnehmende Gesellschaft regelmäßig einer Anpassung an die neuen Verhältnisse bedürfen. Oberster Grundsatz ist dabei § 276 HGB. Er ist indes nicht starr, sondern in gewissen Grenzen der Natur des Verhältnisses anzupassen. Enthält die Neuregelung eine wirkliche Erschwerung der Leistungspflicht, so bewendet es insoweit für die nicht zustimmenden Aktionäre der aufgenommenen Gesellschaft bei dem bisherigen Leistungsinhalt. Nur wenn letzteres nicht möglich ist, oder bei endgültiger Weigerung der aufnehmenden Gesellschaft werden die Aktionäre ihrer Sonderleistungspflichten ledig. **136,** 313.

III. Verfassung und Geschäftsführung. Organe.

1) Zur Anfechtung eines Bilanzgenehmigungsbeschlusses wegen Fehlens einer ordnungsmäßigen Gewinn- und Verlustrechnung, Bilanzverschleierung (Nichtaufführung von Vermögensstücken) und Irreführung der Aktionäre (Erteilung unrichtiger Auskunft). Hierfür gilt nicht (wie für Anfechtung wegen zu hoher Abschreibungen und Rücklagen) das Erfordernis des § 271 Abs. 3 S. 2 HGB. **131,** 192. — 2) Ungültig sind Stimmvollmachten, die sich der von der Aktiengesellschaft abgelehnte Aufkäufer von satzungsgemäß gebundenen Namensaktien für letztere von seinen Vormännern hat erteilen lassen. **132,** 149. — 3) Zur Frage der Sittenwidrigkeit von Generalversammlungsbeschlüssen auf Schaffung von Schutzaktien in Form von Stammaktien. **132,** 149. — 4) Die vor Ablauf der fünfjährigen Sperrfrist zustandegekommenen Vergleiche und Verzichte der Aktiengesellschaft auf Ansprüche aus der Gründung gegen die nach §§ 202—204 HGB. verpflichteten Personen können auch dann nicht wirksam werden, wenn im Vergleich oder in der Verzichtserklärung vorbehalten wurde, daß nach Ablauf der Fünfjahresfrist die Genehmigung der Generalversammlung eingeholt werde und dann diese Genehmigung erteilt worden ist. **133,** 33. — 5) Zur Frage der Rechtsgültigkeit von schuldrechtlichen Verträgen, die zwischen Aktionären einer Aktiengesellschaft über die Ausübung des Stimmrechts in der Generalversammlung, insbesondere bei Wahlen zum Aufsichtsrat, geschlossen werden. **133,** 90. — 6) In der sog. unechten Gesamtvertretung nach § 232 Abs. 2 HGB. kann der Prokurist sowohl bei der Bestellung wie bei der Anmeldung eines Prokuristen mitwirken. **134,** 303.

IV. Abänderungen des Gesellschaftsvertrages. Erhöhung des Stammkapitals.

1) Zu den gesellschaftsrechtlichen Ansprüchen, welche im Falle der Vollfusion (liquidationslose Fusion) zweier Aktiengesellschaften auf die aufnehmende Gesellschaft übergehen, gehören auch die Rechte der aufgenommenen Gesellschaft gegen ihre Aktionäre auf entgeltliche oder unentgeltliche

Sonderleistungen, es sei denn, daß sich im Einzelfall aus der Natur dieser Rechte, der Satzung der aufgenommenen Gesellschaft oder dem Verschmelzungsvertrag etwas anderes ergibt (zu vgl. im übrigen vorstehend zu II 6). **136,** 313.

V. Auflösung, Liquidation, Nichtigkeit und Konkurs der Gesellschaft.

— — — — — — — — — — — — — — —

§ 219. Kommanditgesellschaft auf Aktien.

— — — — — — — — — — — — — — —

§ 220. Gesellschaft mit beschränkter Haftung (GmbH.).

(Die Paragraphen ohne Zusatz sind die des Gesetzes v. 20. April 1892 betr. die Gesellschaften mbH. in der Fassung des Art. 11 EinfGzHGB.).

I. Errichtung.

1) Über den Umfang, in dem bei der Entstehung einer GmbH. Rechte und Pflichten aus Geschäften der Geschäftsführer der Gründungsgesellschaft auf die GmbH. mit Notwendigkeit übergehen. **134,** 122. — 2) Auslegung der Satzung s. unter II.

II. Rechtsverhältnisse der Gesellschaft und der Gesellschafter.

1) Pfändbarkeit des Anspruchs der GmbH. auf Leistung der Stammeinlagen. **131,** 147. — 2) Kann der Sicherheitszessionar von Geschäftsanteilen einer GmbH. gegenüber der Klage eines Gesellschaftsgläubigers, der die Stammeinlageforderung gepfändet hat, einwenden, daß er für Einlagen nicht hafte? **131,** 146; s. auch nachstehend Nr. 16. — 3) Ist es unzulässig und unwirksam, wenn sich ein Gesellschafter einer GmbH. verpflichtet, in der Gesellschafterversammlung für die Bestellung einer bestimmten Person zum Geschäftsführer zu stimmen? **131,** 179. — 4) Bei Erhöhung des Stammkapitals einer GmbH. haften die Übernehmer der neuen Stammeinlagen auch für die Fehlbeträge bereits vorhandener Stammeinlagen. **132,** 392. — 5) Steht die Veräußerung von einzelnen Geschäftsanteilen eines Minderjährigen an einer GmbH., deren Vermögen nur in einem Grundstück besteht, der Verfügung über ein Grundstück gleich und bedarf sie deshalb der vormundschaftsgerichtlichen Genehmigung? **133,** 7. — 6) Liegt in dem Verkauf von Geschäftsanteilen eines Minderjährigen an einer GmbH. die Veräußerung eines Erwerbsgeschäfts, wenn der Anteilseigner nur Treuhänder eines anderen ist? **133,** 7. — 7) Unterliegt der Anspruch einer GmbH. gegen ihre Gesellschafter auf Einzahlung der Stammeinlage der Pfändung? (Bejaht, wenn der Anspruch des Gläubigers gegen die Gesellschaft im Zeitpunkt des Wirksamwerdens des Pfändungs- und Überweisungsbeschlusses gegenüber dem gepfändeten Einzahlungsanspruch vollwertig ist.) **133,** 81; **135,** 57. — 8) § 19 GmbHG. bezieht sich nur auf die Aufrechnung gegen Verpflichtungen der Gesellschafter zu Einzahlungen auf die Stammeinlagen, nicht aber auf die Aufrechnung gegen Nachschußverbindlichkeiten im Sinne der §§ 26 flg. **133,** 298. — 9) Sinn und Zweck des § 30 GmbHG. ist, daß

die Gesellschaft eine nicht durch entsprechende Gegenleistung ausgeglichene Leistung dann nicht bewirken darf, wenn die Leistung auf Kosten des Stammkapitals gehen würde und der Leistungsempfänger bei Begründung der Verpflichtung der Gesellschaft zu ihren Gesellschaftern gehörte. Maßgeblichkeit des Zeitpunkts der Erfüllung für die Frage der Unversehrterhaltung des Stammkapitals; Maßgeblichkeit des Zeitpunkts der Begründung der Schuld für die Eigenschaft des Versprechensempfängers als Gesellschafter. **133,** 393. — 10) Die Vollmacht zur Abtretung von Anteilen einer GmbH. ist grundsätzlich formfrei. Abgesehen von den dem spekulativen Handel mit Geschäftsanteilen dienenden Blankovollmachten, bedarf es dazu nicht der Form des § 15 Abs. 3, 4 GmbHG., gleichviel ob durch die Vollmacht die Abtretung verdeckt und durch ihre Unwiderruflichkeit oder auf sonstige Weise mit der Vollmacht eine Bindung des Vollmachtgebers begründet wird. **135,** 70. — 11) Eine Abtretung der Geschäftsanteile mehrerer Gesellschafter an mehrere Erwerber ist nichtig, wenn sie nicht ergibt, welchen Anteil jeder erwerben soll. **135,** 70. — 12) Beschlüsse, die zu ihrer Gültigkeit der Zustimmung aller beteiligten Gesellschafter bedürfen, sie aber nicht erhalten, können für die zustimmenden Gesellschafter gültig sein, wenn sie wenigstens für diesen Fall so gewollt und in solcher Beschränkung rechtlich möglich sind. Dazu gehört, daß die Beschlüsse auch in ihrer Beschränkung auf die zustimmenden Gesellschafter nicht in die Rechte der anderen Gesellschafter eingreifen. Letzteres wäre der Fall bei einem Beschluß auf Verlängerung der satzungsmäßigen Dauer der Gesellschaft. **136,** 185. — 13) Sachlich-rechtlich kann die Zustimmung der in der Gesellschafterversammlung nicht vertretenen Gesellschafter formlos und auch durch schlüssige Handlungen rechtswirksam erteilt werden. Formalrechtlich kann aber der Registerrichter die Eintragung des Beschlusses davon abhängig machen, daß ihm der Nachweis der Zustimmung der in der Gesellschafterversammlung nicht vertreten gewesenen Gesellschafter in öffentlich beglaubigter Form erbracht wird. **136,** 185. — 14) Eine unzulässige Auszahlung des zur Erhaltung des Stammkapitals der GmbH. erforderlichen Vermögens kann auch darin bestehen, daß die Gesellschaft zur Sicherung des Kaufpreises, den ein Gesellschafter dem anderen durch Erwerb seines Geschäftsanteils schuldig wird, eine Hypothek an einem Gesellschaftsgrundstück bestellt, wenn dadurch im Zeitpunkt der Leistung aus dem Grundstück das Stammkapital verkürzt wird. Beurteilung des Falles, wenn die Hypothek bei der Zwangsversteigerung ausgefallen ist. **136,** 260. — 15) Der Geschäftsführer einer GmbH., der zugleich Gesellschafter ist, kann in dieser Eigenschaft in der Gesellschafterversammlung nicht mit abstimmen, wenn es sich darum handelt, ob er aus wichtigem Grunde vom Geschäftsführerposten abberufen werden soll. **138,** 98. — 16) Auch bei gewöhnlicher Sicherungsübereignung haftet der Anteilserwerber der Gesellschaft für rückständige Einlagen. So auch der Standpunkt in RGZ. Bd. 131 S. 146; nur ist dort mit Rücksicht auf die besonderen Umstände des Falles eine Ausnahme von dem allgemeinen Grundsatz anerkannt worden. **138,** 106; s. auch vorstehend Nr. 2. — 17) Das Kaduzierungsverfahren ist bei der sicherungshalber erfolgten Abtretung eines Geschäftsanteils gegenüber dem Anteilserwerber, nicht gegenüber dem durchzuführen, der den Geschäftsanteil sicherungshalber abgetreten hat. **138,** 106. — 18) Bei der Einmanngesellschaft bedarf es keines förmlichen Beschlusses auf Einforderung von Einzahlungen auf die Stammeinlagen; es genügt, daß der Alleingesellschafter ausdrücklich oder stillschweigend der Gesellschaft gegenüber seinen Willen zum Ausdruck bringt, die rückständige Einlage zu leisten. Dies geschieht z. B. dadurch, daß in den Büchern der Gesellschaft auf seine Veranlassung seine Einlageschuld als getilgt verbucht wird. Stellt sich hinterher heraus, daß die Buchung sachlich zu Unrecht geschehen ist, so kann sich ein solcher Gesellschafter gegenüber dem Einzahlungsverlangen der Gesellschaft nicht auf den Mangel des wirklichen Einzahlungswillens oder eines förmlichen Einzahlungsbeschlusses berufen. **138,** 106. — 19) Zu einem Beschluß der Gesellschafterversammlung einer GmbH. bedarf es auch dann nicht der Zustimmung des Pfandgläubigers, dem ein Geschäftsanteil verpfändet ist, wenn der Beschluß auf eine Vermehrung der den Gesellschaftern nach dem Gesellschaftsvertrag obliegenden Leistungen gerichtet ist. Erforderlich, aber auch genügend ist die Zustimmung des Gesellschafters selbst. **139,** 224. — 20) Wenn auch bei der Satzung einer GmbH. der Auslegung insofern engere Grenzen gezogen sind, als die wesentlichen Bestandteile der formbedürftigen Erklärung in der Urkunde selbst niedergelegt sein müssen und Nebenabreden und Sinndeutungen, die für Außenstehende gar nicht erkennbar sind, nicht zugelassen werden dürfen, so sind doch alle Behelfe zur Klärung herbeizuziehen, wenn es sich nur darum handelt, eine mehrfacher Deutung fähige Bestimmung der Satzung auszulegen. **140,** 303.

III. Vertretung und Geschäftsführung.

1) Zur Frage der Nichtigkeit von Gesellschafterbeschlüssen einer GmbH., insbesondere der Bilanzgenehmigung (Unvereinbarkeit mit den im öffentlichen Interesse gegebenen Vorschriften oder sonst mit dem Wesen der GmbH.; Sittenverstoß nur beachtlich bezüglich des Inhalts des Beschlusses; Bilanzgenehmigungsbeschlüsse sind sittlich „indifferent"). **131,** 141. — 2) Ist es unzulässig und unwirksam, wenn sich ein Gesellschafter einer GmbH. verpflichtet, in der Gesellschafterversammlung für die Bestellung einer bestimmten Person zum Geschäftsführer zu stimmen? **131,** 179 (zu vgl. jedoch **133,** 95). — 3) Ist eine GmbH. nach ihrer Auflösung durch Konkurseröffnung noch parteifähig, wenn das Konkursverfahren durch Ausschüttung der Masse beendigt worden ist? **134,** 91. — 4) Durch die Satzung kann ein besonderes Organ geschaffen werden, dem in weitem Umfang neben Obliegenheiten der Geschäftsführung auch Aufgaben übertragen werden können, die vom Gesetz der Gesellschafterversammlung zugewiesen sind. Gewisse Aufgaben allerdings, so z. B. die Beschlußfassung über Satzungsänderungen, sind vom Gesetz zwingend der Gesellschafterversammlung vorbehalten. Sie kann mithin als Gesellschaftsorgan durch die Satzung nicht beseitigt werden. **137,** 305. — 5) Durch die Satzung einer GmbH. kann rechtswirksam bestimmt werden, daß Gesellschafter mit mehreren Stimmen uneinheitlich abstimmen können, gleichviel, ob die Mehrstimmberechtigung aus einem oder mehreren Geschäftsanteilen herrührt. Dabei macht es keinen Unterschied, ob die Gesellschafter natürliche oder juristische Personen sind. Auch darauf kommt

es nicht an, ob im Einzelfall an solcher uneinheitlichen Abstimmung ein besonderes Interesse besteht. **137,** 305. — 6) Der Geschäftsführer einer GmbH., der zugleich Gesellschafter ist, kann in dieser Eigenschaft in der Gesellschafterversammlung nicht mitabstimmen, wenn es sich darum handelt, ob er aus wichtigem Grunde vom Geschäftsführerposten abberufen werden soll. **138,** 98. — 7) Die Organstellung (Vertretungsmacht) des Geschäftsführers einer GmbH. erreicht, soweit sie auf dem mit ihm geschlossenen Dienstvertrag beruht, notwendig zusammen mit dessen zeitlichem Ablauf ihr Ende, sodaß es bei zeitlicher Befristung des Dienstvertrages zu seiner Abberufung keines Gesellschafterbeschlusses bedarf. Eine stillschweigende Verlängerung des Dienstvertrages gemäß § 625 BGB. kommt nicht in Betracht, wenn vor Ablauf des Vertrages von einer Seite seiner Verlängerung zu den bisherigen Bedingungen widersprochen worden ist. **140,** 314.

IV. Abänderungen des Gesellschaftsvertrags. Erhöhungen des Stammkapitals.

V. Auflösung, Liquidation, Nichtigkeit und Konkurs der Gesellschaft.

§ 221. Eingetragene Genossenschaften.

(Die Paragraphen ohne Zusatz sind die des Genossenschaftsgesetzes vom 1. Mai 1889 in der Fassung v. 20. Mai 1898.)

I. Errichtung.

1) Eine Genossenschaft, welche die Erbauung von Kegelsporthallen und den Betrieb einer damit verbundenen Schankwirtschaft zum Gegenstand hat und die Absicht verfolgt, die mit der Ausübung des Kegelsportes verbundenen Geldausgaben der Mitglieder dadurch zu vermindern, bezweckt die Förderung der Wirtschaft ihrer Mitglieder und ist daher eintragungsfähig. **133,** 170.

II. Rechtsverhältnisse der Genossenschaft und der Genossen.

1) § 139 BGB. ist nicht anwendbar (auch nicht entsprechend anwendbar) auf Eintragungen im Genossenschaftsregister, die wirklich gefaßte und daneben andere Beschlüsse enthalten, die nicht oder nicht so gefaßt worden sind; der richtige Eintrag hat schlechthin Bestand. **132,** 22. — 2) Einzahlungsansprüche einer eingetragenen Genossenschaft auf Geschäftsanteil sind weder abtretbar noch pfändbar. **135,** 55. — 3) Einzahlungsansprüche der zu 2 genannten Art, die bei Eröffnung des Konkurses über eine Genossenschaft schon fällig sind, gehören zur Konkursmasse. **135,** 62. — 4) Über Abtretbarkeit und Pfändbarkeit des Anspruchs einer Genossenschaft auf rückständige Eintrittsgelder. **135,** 56. — 5) Eine Beitrittserklärung zu einer Genossenschaft mit unbeschränkter Nachschußpflicht, welche den in § 127 GenG. als Formerfordernis vorgeschriebenen ausdrücklichen Hinweis nicht enthält, ist nichtig. Dieser Mangel der Schriftform kann weder durch Eintrag in die

gerichtliche Liste der Genossen, noch durch jahrelange Teilnahme am genossenschaftlichen Leben geheilt werden. Ebensowenig vermag eine solche Beitrittserklärung die Verpflichtung zum Beitritt oder zur Abgabe einer formgerechten Beitrittserklärung zu begründen (zu vgl. für die Gen. m. u. Haftpflicht RGZ. Bd. 97 S. 307). **137,** 73. — 6) Bei der eingetr. Gen. m. b. Haftpflicht kann nach Eintritt der Liquidation der Geschäftsanteil durch Mehrheitsbeschluß nicht mehr erhöht werden. Ein solcher Beschluß ist schlechthin wirkungslos. **138,** 77. — 7) Über unheilbare Nichtigkeit von Generalversammlungsbeschlüssen einer Genossenschaft mit beschränkter Haftpflicht. **140,** 174. — 8) Über entsprechende Anwendung des § 97 Abs. 3 GenG. im Fall der Nichtigkeit eines Beschlusses, den Geschäftsanteil herabzusetzen, auf die Haftpflicht derjenigen Genossen, welche erst nach Eintragung des Herabsetzungsbeschlusses im Genossenschaftsregister der Genossenschaft beigetreten sind. **140,** 197. — 9) Der Beschluß über die Herabsetzung des Geschäftsanteils kann auch schon vor Ablauf des Sperrjahres (§ 90 GenG.) in das Genossenschaftsregister eingetragen werden und erlangt damit Wirksamkeit für die neu eingetretenen Genossen. Dagegen werden die bisherigen Genossen von ihren Einzahlungspflichten auf den früheren höheren Geschäftsanteil nur unter den Voraussetzungen der §§ 82 Abs. 2, 90 GenG. frei. Die Vorschrift des § 133 Abs. 2 GenG. gilt nicht für die Herabsetzung des Geschäftsanteils. **140,** 197. — 10) Nebenleistungspflichten bei der Gen. m. b. Haftpflicht. Zur Erweiterung bedarf es der Zustimmung der Genossen. **140,** 247. — 11) Über „Kohlenrückvergütung" an die Bezieher-Genossen bei einer Konsumgenossenschaft; ihre rechtliche Natur als Rabatt, nicht als Dividende. **140,** 322.

III. Vertretung und Geschäftsführung. Revision.

— — — — — — — — — — — —

IV. Ausscheiden einzelner Genossen. Auflösung, Liquidation, Nichtigkeit der Gesellschaft.

1) Bei der eingetr. Gen. m. b. Haftpflicht kann nach Eintritt der Liquidation durch Mehrheitsbeschluß der Geschäftsanteil nicht mehr erhöht werden. Ein solcher Beschluß ist schlechthin wirkungslos. **138,** 77. — 2) Den Genossenschaften im Liquidationszustand ist nicht schlechthin jede Satzungsänderung versagt; wohl aber sind Änderungen ausgeschlossen, die dem Zweck der Liquidation widersprechen. **138,** 77.

V. Konkursverfahren und Haftpflicht.

1) Hat ein im Anfechtungsprozeß nach § 111 GenG. erlassenes klageabweisendes Versäumnisurteil, das unzulässigerweise (§ 62 ZPO.) gegen einen Teil der klagenden Genossen ergangen ist, Rechtskraftwirkung nach § 111 Abs. 2 GenG. gegen die übrigen? **132,** 349; s. jedoch Nr. 5. — 2) Die in § 107 GenG. vorgeschriebene öffentliche Bekanntmachung und Ladung können nicht dadurch ersetzt werden, daß in dem zur Verkündung des Beschlusses über die Vollziehbarkeitserklärung einer Vorschußberechnung bestimmten Termin neuer Termin zur Erklärung über eine von dem Konkursverwalter anderweit aufzustellende Vorschußberechnung im Weg der Ver-

kündung bekanntgegeben wird. Die Vorschrift des § 329 ZPO. findet hier keine Anwendung. **137,** 243. — 3) Verletzung der Vorschriften über die Bekanntmachung des Erklärungstermins über eine Vorschußberechnung nach § 107 GenG. ist Grund für eine Anfechtungsklage aus § 111 GenG. **137,** 243. — 4) Über Nichtigkeit von Goldmarkumstellungsbeschlüssen einer Genossenschaft mit beschränkter Haftpflicht. **137,** 243. — 5) Ziel der Anfechtungsklage des § 111 GenG. ist nicht die Beseitigung der Vorschußberechnung im ganzen, sondern ihre Abänderung, soweit der Anfechtungskläger darin zum Umlageverfahren herangezogen ist, sei es überhaupt oder über einen bestimmten Betrag hinaus. Soweit in RGZ. Bd. 132 S. 349 eine abweichende Rechtsansicht vertreten sein sollte, wird sie aufgegeben, so schon im RGUrt. vom 10. Juni 1932 II 334/31. **139,** 168; s. jedoch vorstehend Nr. 1.

VI. Besondere Bestimmungen für Genossenschaften mit unbeschränkter Haftpflicht, mit unbeschränkter Nachschußpflicht und mit beschränkter Haftpflicht. Umwandlung von Genossenschaften.

Drittes Kapitel. Handelsrechtliche Vereinigungen.

§ 222. Stille Gesellschaft.

§ 223. Vereinigung zu einzelnen Handelsgeschäften.

Viertes Kapitel. Die Handelsgeschäfte.

1. Die Handelsgeschäfte im allgemeinen.

§ 224. Begriff und Abschluß der Handelsgeschäfte.

§ 225. Auslegung der Handelsgeschäfte.

(S. § 35.)

Vgl. „Klauseln“ im alphabetischen Register.

§ 226. Handelsgewohnheiten und Handelsgebräuche.

1) Zum Begriff des Handelsbrauches. **135,** 340 (346).

§ 227. Zeit und Ort der Leistung.

§ 228. Beschaffenheit der Ware. Maß. Gewicht. Währung.

1) Daß Dollarzahlung „effektiv“ beabsichtigt war, kann auch bei nicht ausdrücklichem Verlangen aus den Umständen des Falles entnommen werden, wenn entsprechende Tatsachen von einer sich aufdrängenden Schlüssigkeit gegeben sind. **138,** 52.

§ 229. Zinsen. Provision. Lagergeld.

— — — — — — — — — — —

§ 230. Pflicht zur Sorgfalt. Schadensersatz.

— — — — — — — — — — —

§ 231. Kontokorrent.

1) Wenn sich bei einem Kontokorrentverhältnis der Schuldner nach Saldoanerkenntnis auf die Unwirksamkeit der neben anderen Geschäften in der Abrechnung enthaltenen Börsentermin- und Spielgeschäfte beruft, so sind die Posten aus solchen Geschäften auf beiden Seiten der Rechnung als fortgefallen zu behandeln. (Aufgabe der bisherigen Rechtsprechung hierzu). **132,** 218. — 2) Der Anspruch auf Auszahlung eines Kontokorrentguthabens ist als eine künftige, auf einer gegebenen Rechtsgrundlage und einem bestimmten Rechtsverhältnis beruhende Forderung pfändbar. **135,** 139. — 3) Zur Höhe und Berechnung der Bankzinsen um die Zeit der Währungsfestigung. Berechnung nach dem höchsten Stande der Debetzinsen im Saldoabschnitte? **136,** 56. — 4) Darf eine Bank eine durch Bürgschaft gesicherte Kreditforderung in die zwischen ihr und dem Kreditnehmer bestehende laufende Rechnung einstellen? **136,** 178. — 5) Unter welchen Voraussetzungen kann der Bürge verlangen, daß die Leistungen des Hauptschuldners vorzugsweise auf die verbürgte Schuld verrechnet werden? **136,** 178. — 6) Es ist mit dem Wesen des Kontokorrents nicht unvereinbar, dessen Fortbestehen trotz Auszahlung des Saldos anzunehmen. Wird das Kontokorrent nach Auszahlung des Saldos fortgesetzt, so besteht das alte Verhältnis mit allen seinen Bestimmungen weiter. **140,** 219. — 7) Zulässig ist die Pfändung künftiger, über den nächsten Rechnungsabschluß hinausliegender Saldoguthaben aus einem Kontokorrentverkehr. Eine solche Pfändung ist indes nur wirksam für das erste bei einem periodischen Abschluß nach Ausbringung der Pfändung entstehende Guthaben, nicht aber für spätere Guthaben. Sobald ein Abschluß ein von der Pfändung erfaßtes Guthaben ergeben hat, erledigt sich die Pfändung. **140,** 219. — 8) Die Pfändung eines künftig entstehenden Kontokorrentguthabens wirkt nicht als Kündigung des Kontokorrentverhältnisses. **140,** 219.

§ 232. Giroverkehr. Scheck.

I. Giroverkehr.

— — — — — — — — — — —

II. Scheck.

— — — — — — — — — — —

§ 233. Kaufmännische Anweisungen und Verpflichtungsscheine. Orderpapiere. Inhaberpapiere. Indossament. Karten, Marken und ähnliche Urkunden.

1) Theatereintrittskarten. Eintrittsverweigerung als Einrede aus §§ 807, 796 BGB. **133,** 389.

§ 234. Handelsrechtliche Besonderheiten bei der Vertragsstrafe, der Bürgschaft, dem Schuldversprechen, dem Schuldanerkenntnis, dem Pfandverkauf.

— — — — — — — — — — —

§ 235. Guter Glaube beim Erwerbe von Eigentum und Pfandrechten an beweglichen Sachen und Inhaberpapieren im Handelsverkehr.

— — — — — — — — — — —

§ 236. Kaufmännisches Zurückbehaltungsrecht.

— — — — — — — — — — —

2. Handelskauf.

§ 237. Annahmeverzug des Käufers. Selbsthilfeverkauf des Verkäufers.

— — — — — — — — — — —

§ 238. Spezifikationskauf. Pflichten des Käufers.

— — — — — — — — — — —

§ 239. Untersuchung der Ware. Mängelanzeige (§ 377 HGB.).

1) Die Vorschrift des § 469 Satz 2 BGB., gegebenenfalls in Verbindung mit § 480 Abs. 1 und 2 BGB., ist auch dann anwendbar, wenn ein Teil der Ware, der vorweg geliefert worden war, mangels rechtzeitiger Mängelrüge gemäß § 377 HGB. als genehmigt gelten sollte. **138,** 331. — 2) Die Frage, ob bei Teillieferungen, die nicht bedungen sind, aber sich durch Erteilung besonderer Rechnungen eine gewisse Selbständigkeit beilegen, sofortige Untersuchung jeder Einzellieferung auf Mängel erforderlich ist, muß nach Treu und Glauben beurteilt werden. Sie ist bei Lieferungsgegenständen, die verschieden zusammengesetzt und deren vorweg gelieferte Teile nicht für sich allein verwendbar sind, im allgemeinen anders zu entscheiden als bei Massenartikeln von gleicher Beschaffenheit (nach WarnRspr. 1919 Nr. 154). **138,** 331. — 3) Das Gesetz stellt in § 377 HGB. nur die Pflicht zur Anzeige auf, nicht die Pflicht zur Untersuchung, und überläßt es dem Empfänger, ob und wie er sich Kenntnis von dem Mangel verschafft. **138,** 336.

§ 240. Distanzgeschäft. Sorge für die beanstandete Ware. Mängelanzeige (§ 377 HGB.).

— — — — — — — — — — —

§ 241. Fixgeschäfte.

— — — — — — — — — — —

§ 242. Börsentermingeschäfte. Börsengesetz v. 8./27. Mai 1908.

(Die Paragraphen ohne Zusatz sind die des Börsengesetzes.)

1) Zur Frage der Anwendbarkeit des deutschen Börsengesetzes auf Börsentermingeschäfte, die im Ausland zu erfüllen sind, wenn es sich um die Vereinigten Staaten von Amerika handelt. **134,** 67. — 2) Bezieht der Käufer auf Grund eines Prämiengeschäftes die Wertpapiere effektiv, so liegt kein selbständiges Kassageschäft vor, sondern die Abwicklung des Prämiengeschäfts; dieses ist regelmäßig ein Börsentermingeschäft. **136,** 106. — 3) Die Voraussetzungen des § 57 können auch dadurch erfüllt werden, daß der Verkäufer oder Kommissionär dem Kunden Miteigentum an den im Sammeldepot einer Zentralbank befindlichen Wertpapieren im Wege des constitutum possessorium verschafft. **139,** 114. — 4) Niemals genügen zur

Erfüllung des § 57 reine Buchungen und Beurkundungen ohne tatsächliche Leistung und Vermögensverschiebung. **139,** 115. — 5) Über die Pflicht des Rechtsanwalts, seine Partei auf die Möglichkeit des Termineinwands hinzuweisen. **139,** 358. — 6) Übernimmt eine nicht börsentermingeschäftsfähige Person die Bürgschaft für eine Verbindlichkeit des Hauptschuldners aus einem voll wirksamen Börsentermingeschäft, so wird hierdurch eine klagbare Verbindlichkeit des Bürgen nicht begründet. **140,** 132. — 7) Auf die Unwirksamkeit von Börsentermingeschäften kann sich jede der Vertragsparteien berufen. Die Erklärung des einen Teils, daß er die Unwirksamkeit nur zum Teil geltend machen wolle, ist daher jedenfalls dann ohne Bedeutung, wenn sich auch der andere Teil auf die Unwirksamkeit beruft. **140,** 345. — 8) Die Gutschrift auf Stückekonto ist keine Erfüllung nach § 57 BörsG. **140,** 347.

3. Bank-, Kommissions-, Speditions-, Lager- und Frachtgeschäft.

§ 243. Bank- und Bankiergeschäfte. Bankdepotgesetz v. 5. Juli 1896.

(Die Paragraphen ohne Zusatz sind die des Bankdepotgesetzes.)
(Giroverkehr § 232 I.)

1) § 8 Abs. 2 ist auch anwendbar auf die Verpfändung von Wertpapieren. **133,** 187. — 2) Zur Frage der Beweislast für den guten oder bösen Glauben des Pfandnehmers bei Verpfändung von Wertpapieren. **133,** 187. — 3) § 2 ist nicht anwendbar, wenn der Einkaufskommissionär Wertpapiere für den Kommittenten angeschafft, sie ihm aber noch nicht zu Eigentum übertragen hat. **135,** 319. — 4) Die Übersendung des Stückeverzeichnisses nach § 7 ist nicht der einzige Weg, auf dem der Kommissionär dem Kommittenten das Eigentum übertragen kann. Daneben bestehen die sonstigen Möglichkeiten, die das bürgerliche Recht für die Übertragung des Eigentums ohne gleichzeitige Übertragung des unmittelbaren Besitzes bietet; sie gelten auch für die Übertragung des Miteigentums. **139,** 116.

§ 244. Kommissionsgeschäft.

1) Der Verkaufskommissionär ist befugt, im Rahmen der Verkaufskommission das Eigentum an der Kommissionsware nicht nur auf den Käufer, sondern auch auf einen Dritten mittels Sicherungsübereignung für die Finanzierung eines Kommissions-Verkaufs zu übertragen. **132,** 196. — 2) Der Kommissionär, der auf Grund eines ungültigen Börsentermingeschäfts vom Kommittenten auf Rückgabe des Geleisteten in Anspruch genommen wird, kann sich nicht auf Wegfall der Bereicherung berufen, weil er das Empfangene an seinen Vertragsgegner weitergeleitet habe. Denn er hat im eigenen Namen abgeschlossen und muß das ihm vom Kommittenten Gezahlte als endgültig gezahlt gelten lassen. **138,** 122.

§ 245. Speditionsgeschäft.

1) Die Vorschrift in § 276 Abs. 2 BGB., wonach die Haftung für eigenes vorsätzliches Verschulden nicht im voraus vertraglich ausgeschlossen oder beschränkt werden kann, bezieht sich nicht auf die gesetzlich besonders und selbständig geregelte Verjährungsfrage. Nach § 225 Satz 2 kann vielmehr

auch für Ansprüche aus vorsätzlichem Verschulden die Verjährungsfrist abgekürzt werden; daher Gültigkeit von § 70 der Allg. Deutschen Spediteurbedingungen vom 7. Juli 1927 (§ 64 der Fassung vom 1. Juli 1930). **135,** 174.

§ 246. Lagergeschäft.

— — — — — — — — — — — —

§ 247. Frachtgeschäft.

(Frachtgeschäft der Binnenschiffahrt § 249 II, im Seeverkehr § 251.)

— — — — — — — — — — — —

§ 248. Frachtgeschäft der Eisenbahnen.

1) Nach Art. 43 JÜG. hat der Frachtberechtigte gegenüber der Eisenbahn keinen Anspruch auf Ergänzung der Tatbestandsaufnahme, wenn der Tatbestand unter Beachtung der Vorschrift des Art. 43 § 1 Abs. 1 vollständig aufgenommen worden ist, soweit dies damals möglich war. **135,** 188. — 2) Neben dem Recht auf Erteilung einer Abschrift der Tatbestandsaufnahme und dem Recht auf gerichtliche Feststellung hat der Frachtberechtigte keinen Anspruch auf Einsicht in die aus Anlaß des Verlustes oder der Beschädigung des Frachtguts gebildeten Eisenbahnakten. **135,** 188. — 3) Zu der Frage, ob die Eisenbahn in der Zeit vom Januar bis zum Juli 1926 nach dem vom 1. August 1925 ab gültigen Deutschen Eisenbahn-Gütertarif Teil I Abt. B, Nebengütertarif Ziff. IX B, C berechtigt war, bei der Ausfuhr von Gütern nach Frankreich, die keinem Ausfuhrzoll unterlagen, deren Ausfuhr aber behördlicher Bewilligung bedurfte, eine Abfertigungsgebühr oder eine Vorführungsgebühr zu erheben. **137,** 123. — 4) Zwar enthalten die Tarife der Eisenbahn-Verkehrsordnung Vertragsrecht und ist deshalb eine ergänzende Auslegung nicht grundsätzlich ausgeschlossen. Da sie aber für jedermann in derselben Weise anzuwenden sind, kann bei der richterlichen Ausfüllung von Vertragslücken dem Willen der Vertragsparteien nicht dieselbe Bedeutung zukommen, die ihm die Rechtsprechung sonst in solchen Fällen einräumt. **137,** 129. — 5) Die Eisenbahn muß, weil sie dem verkehrsbedürftigen Publikum gegenüber eine unangreifbare Monopolstellung einnimmt, jede unklare Fassung der von ihr selbst aufgestellten Tarifvorschriften gegen sich gelten lassen. **137,** 130. — 6) Nur dem Inhalt des Eisenbahn-Gütertarifs kommt rechtsverbindliche Kraft zu, nicht den beigefügten Erläuterungen. **137,** 130.

Fünftes Kapitel. Binnenschiffahrt.

§ 249. Binnenschiffahrtsgesetz v. 15. Juni 1895/20. Mai 1898 (BinnSchG.).

I. Schiffseigner. Schiffer. Schiffsmannschaft.

— — — — — — — — — — — —

II. Frachtgeschäft.

— — — — — — — — — — — —

III. Zusammenstoß von Schiffen, Bergung und Hilfeleistung. Schiffsgläubiger.

— — — — — — — — — — — —

Sechstes Kapitel. Seehandel.

§ 250. Allgemeine Bestimmungen. Reeder. Reederei. Schiff. Schiffer. Schiffsmannschaft. Schiffsgläubiger. Schiffsmakler. Verjährung.

1) Der Reeder haftet den gemäß § 64 Nr. 4 der Seewasserstraßenordnung beförderten Elblotsen für das Verschulden eines Besatzungsmitglieds. **131,** 300. — 2) Über eigenes Verschulden des Reeders „in Ansehung der Vertragserfüllung" nach § 486 Abs. 2 HGB. (Es ist regelmäßig nicht Sache des Reeders, den Schiffer über alle möglichen nautischen Dinge zu unterweisen). **133,** 167. — 3) Zur Frage der rechtsähnlichen Anwendung von § 774 HGB. auf die beschränkt-persönliche Haftung des Reeders, der sein mit Schiffsgläubigerrechten belastetes Schiff freiwillig an einen Ausländer verkauft hat (entsprechende Anwendung nur in besonderen Ausnahmefällen; für den entschiedenen Fall verneint). **133,** 167. — 4) Zur Frage der Krankenfürsorgepflicht des Reeders für einen Schiffsmann, der im Auslande wegen einer Verletzung das Schiff hat verlassen müssen und dann während der Fürsorgezeit eine neue selbständige Verletzung erleidet. **135,** 255.

§ 251. Seefrachtvertrag. Konnossement.

1) Ist ein durch Konnossement über eine Beförderung zur See und eine daran anschließende Binnenschiffsbeförderung gezeichnet, so hat die Reederei des Seeschiffes die Umladung der Ware in das Binnenschiff zu besorgen, das für das Binnenschiff gezeichnete Schlußkonnossement (Ladeschein) in Empfang zu nehmen und es an den durch das Durchkonnossement legitimierten Empfänger der Ware zu übergeben. Der legitimierte Inhaber des Durchkonnossements hat, wenn nach dessen Inhalt keinerlei Frachtansprüche ihm gegenüber auf der Ware ruhen, gegenüber der Reederei des Seeschiffes sowie gegenüber demjenigen, der an ihrer Stelle auf Grund des Durchkonnossements die Umladung der Ware aus dem Seeschiff in das Binnenschiff vorgenommen hat, einen Anspruch auf frachtfreie Aushändigung des Schlußkonnossements (Ladescheins) und der im Durchkonnossement aufgeführten Ware. **137,** 301. — 2) Eine sichtbar schlechte Verpackung gemäß § 658 HGB. ist auch diejenige, die zwar unbeschädigt, aber für das vorgesehene Beförderungsgut unzureichend ist. **139,** 263. — 3) Die Haftung der Reederei wegen Nichtaufnahme eines Vermerks über die sichtbar schlechte Verpackung nach § 658 HGB. ist zwar Haftung für Schadensersatz, beschränkt sich aber nach § 652 HGB. auf den Minderwert zur Zeit der Übergabe des Gutes nebst Verpackung an das Schiff. Hierfür gelten folgende Grundsätze: a) Die sog. Skripturhaftung aus dem Konnossement bezieht sich ihrer begrifflichen Eigenart nach nur auf den Minderwert von Gut und Verpackung zur Zeit der Übergabe an das Schiff, während die Veränderung des Gutes im Verlaufe der Reise begrifflich unter die Haftung aus der Übernahme (ex recepto) fällt. b) Hatte das Gut selbst zur Zeit seiner Übergabe an das Schiff keine Mängel, war aber die Verpackung sichtbar schlecht im Sinne von § 658 HGB., so kommt zwar zunächst in Betracht der Minderwert, den zur Zeit der Übergabe der verpackten Güter an das Schiff die schlechte Verpackung

gegenüber ordnungsmäßiger hatte, aber daneben auch der Minderwert, den das Gut selbst zu der angegebenen Zeit auf Grund der unzureichenden Verpackung wegen der damit verbundenen Gefahr der Beschädigung besaß. Dieser Minderwert entspricht grundsätzlich dem nach § 652 Abs. 2 HGB. bestimmten Interesse des legitimierten Konnossementsinhabers (Empfängers der Ware) an der Zeichnung eines Konnossements, das die vom Schiff mit dem Gut übernommene Verpackung richtig bezeichnet, also hier einem Vermerk über die sichtbar schlechte Verpackung. **139,** 263. — 4) Wenn die Agentur (oder der Kapitän usw.) einer Reederei bei der Zeichnung eines Konnossements den Mangel einer sichtbar schlechten Verpackung der Güter im Sinne von § 658 HGB. schuldhafterweise nicht im Konnossement vermerkt hat, so würde eine etwaige Freizeichnung der Reederei von der Haftung für dieses Verschulden eine Freizeichnung von der Haftung aus der schriftlichen Erklärung (ex scriptura) bedeuten. **139,** 263. — 5) Das Wort „quality" in Konnossementsurkunden bezieht sich nach englischer Auffassung auf die Beschaffenheit des Beförderungsgutes selbst, nicht aber auf die äußerlich erkennbare („sichtbare") Beschaffenheit der Verpackung. **139,** 263.

§ 252. Haverei. Seestraßenordnung.

I. Große (gemeinschaftliche) und besondere Haverei.

—————————

II. Schaden durch Zusammenstoß von Schiffen. Seestraßenordnung

1) Sind zwei Schiffe verschiedener Nationalität, von denen das beschädigte ein deutsches Schiff ist, auf hoher See zusammengestoßen und sind die Handlungen, die schuldhafterweise diesen Zusammenstoß herbeiführten, an Bord des anderen (englischen) Schiffes begangen, trat aber der schadenbringende Erfolg auf dem ersten (deutschen) Schiffe ein, so sind beide Schiffe als Begehungsort anzusehen, so daß der Begehungsort sowohl auf deutschem wie englischem Rechtsgebiet liegt. In solchem Falle kann grundsätzlich die Rechtslage nach beiden Rechtsgebieten beurteilt werden. Es genügt also, daß der Schadensersatzanspruch sich nach einem dieser Normengebiete rechtfertigen läßt. **138,** 243.

§ 253. Berge- und Hilfeleistung in Seenot. Strandungsordnung vom 17. Mai 1874/30. Dezember 1901.

1) Auch bei Gegenständen, die „vom Meeresgrunde heraufgebracht" worden sind (§ 21 StrandO.), ist für den Anspruch auf Bergelohn erforderlich die Feststellung, daß es sich um „besitzlos gewordene Gegenstände" handelt. **138,** 118. — 2) Ein Bergelohn nach § 21 StrandO. ist nicht verdient, wenn zu der Zeit, als die Bergung begann, der Besitz an dem betreffenden Gegenstand noch nicht verloren war. **138,** 118. — 3) Über den Begriff des Besitzverlustes und der vorübergehenden Verhinderung. **138,** 118.

§ 254. Seeversicherung.

(Allgemeine Deutsche Seeversicherungsbedingungen [ADS.].)

—————————

Siebenter Abschnitt. Wechselrecht.

§ 255. Örtliches Recht.

— — — — — — — — — — —

§ 256. Der Wechsel im allgemeinen. Rechtliche Natur des Wechsels. Wechselfähigkeit. Wechselunterschrift.

1) Das Akzept ist nach der reichsgerichtlichen Rechtsprechung grundsätzlich eine einseitige, nicht empfangsbedürftige Willenserklärung; eine Ausnahme macht das Blankoakzept, das einen Begebungsvertrag erfordert. **134,** 34.

§ 257. Gezogener Wechsel. Aussteller. Bezogener. Remittent.

1) Die Ergänzung der im Wechseltext fehlenden Bezeichnung des Remittenten aus den sonstigen auf der Wechselurkunde befindlichen Erklärungen ist ausgeschlossen, wenn diese Erklärungen nach Wortlaut oder Form auch eine andere Auslegung gestatten. **136,** 207. — 2) An sich kann ein wegen Formmangels ungültiger Wechsel den Anforderungen eines Schuldanerkenntnisses oder eines kaufmännischen Verpflichtungsscheins genügen; jedoch wird dies regelmäßig nur bei Urkunden der Fall sein, die als eigene Wechsel gedacht waren. **136,** 210. — 3) Eine Urkunde, die wegen Fehlens des Remittenten als gezogener Wechsel ungültig ist, erfüllt weder die Erfordernisse eines Schuldanerkenntnisses noch diejenigen eines kaufmännischen Verpflichtungsscheins oder einer kaufmännischen Anweisung. **136,** 207.

§ 258. Indossament.

1) Der Prokuraindossatar haftet dem Inkassoauftraggeber regelmäßig nicht für ein Versehen des Protestbeamten, den er sachgemäß ausgewählt und der den Protest rechtzeitig aufgenommen hat. **139,** 193.

§ 259. Präsentation zur Annahme. Akzeptant. Blankoakzept.

1) Das Akzept ist nach der reichsgerichtlichen Rechtsprechung grundsätzlich eine einseitige, nicht empfangsbedürftige Willenserklärung; eine Ausnahme macht das Blankoakzept, das einen Begebungsvertrag erfordert. **134,** 34.

§ 260. Domizilwechsel.

— — — — — — — — — — —

§ 261. Wechselbürge. Aval. Regreß auf Sicherstellung.

— — — — — — — — — — —

§ 262. Erfüllung der Wechselverbindlichkeit. Zahlung. Hinterlegung.

— — — — — — — — — — —

§ 263. Intervention. Ehrenannahme. Ehrenzahlung.

— — — — — — — — — — —

§ 264. Wechselprotest.

1) Haftet der Notar, der einen ungültigen Protest aufgenommen hat, dem dadurch geschädigten Wechselinhaber auch für die Kosten eines Wechselregreßprozesses, worin die Klage des Inhabers wegen der Nichtigkeit des Protestes abgewiesen worden ist? **139,** 193. — 2) Der Prokuraindossator haftet dem Inkassoauftraggeber regelmäßig nicht für ein Versehen des Protestbeamten, den er sachgemäß ausgewählt und der den Protest rechtzeitig aufgenommen hat. **139,** 193.

§ 265. Regreß mangels Zahlung. Wechselklage. Einreden des Wechselschuldners. Zugrundeliegendes Verhältnis.

1) Der Wechselschuldner kann einem auf Grund eines Vollindossaments Wechselberechtigten nicht den Einwand entgegensetzen, daß dem Indossament eine fiduziarische Inkassozession seines Vormanns zugrunde liege und diese sich erledigt habe. **134,** 291. — 2) Kann der Abzahlungskäufer, der dem Verkäufer zahlungshalber sein Akzept über den Kaufpreis gegeben hat, die Einwendungen aus dem Abzahlungsgeschäft auch dem Geldgeber des Verkäufers entgegensetzen, wenn dieser die Ansprüche aus dem an ihn indossierten Wechsel geltend macht? **136,** 137. — 3) Löst der Wechselvormann ohne Not einen bereits präjudizierten Wechsel ein, so geht regelmäßig der Wechselbereicherungsanspruch aus Art. 83 WO. nicht auf ihn über; er kann ihn dann nur geltend machen kraft abgetretenen Rechts dessen, der zur Zeit der Präjudizierung Wechselinhaber war. **139,** 193.

§ 266. Eigener Wechsel.

— — — — — — — — — — — —

§ 267. Wechselduplikate. Wechselkopien.

— — — — — — — — — — — —

§ 267a. Abhanden gekommene Wechsel.

— — — — — — — — — — — —

§ 268. Wechselfälschung. Wechselzeichnung für andere ohne Vertretungsmacht.

— — — — — — — — — — — —

§ 269. Wechselverjährung.

— — — — — — — — — — — —

Zweiter Teil.

Zivilprozeß.

Erstes Kapitel. Allgemeine Grundsätze.

§ 270. Justizsachen. Rechtsweg.

I. Allgemeines. Begriff der bürgerlichen Rechtsstreitigkeit. Verhältnis der Gerichte zu den Verwaltungsbehörden.

1) Für die Frage der Zulässigkeit des ordentlichen Rechtswegs ist entscheidend die rechtliche Natur des Klaganspruchs, so wie er sich aus der tatsächlichen Begründung der Klage ergibt. Liegt der Streit nach dem vorgetragenen Sachverhalt auf öffentlich-rechtlichem Gebiet, so ist der Rechtsweg nach § 13 GVG. auch dann unzulässig, wenn die Klägerin ihren Anspruch durch Bezugnahme auf Vorschriften des bürgerlichen Rechts begründet. **133,** 244; **137,** 139; s. auch **138,** 302. — 2) Die neuere Rechtsprechung des Reichsgerichts trägt der Eigenart und den Zwecken des öffentlichen Rechts dadurch Rechnung, daß sie einer Ausdehnung der Gerichtszuständigkeit auf öffentlich-rechtliche Verhältnisse, sei es auch vermögensrechtlichen Inhalts, mangels eines rechtfertigenden Grundes entgegentritt. **135,** 29.

II. Rechtsweg in Bezug auf polizeiliche Verfügungen.

— — — — — — — — — — —

III. Rechtsweg für Ansprüche gegen den Staat und gegen Beamte.

1) Wieweit ist der Rechtsweg zulässig, wenn sich ein unter das Kriegsleistungsgesetz fallender Tatbestand über die Geltungszeit dieses Gesetzes hinaus und bis in die Zeit der Vo. vom 13. Februar 1924 über das Belassen von Festungsanlagen erstreckt? **132,** 238. — 2) Zulässigkeit des Rechtswegs, soweit es sich um die Frage des Gemeingebrauchs einer öffentlichen Straße handelt. **132,** 400. — 3) Unzulässigkeit des Rechtswegs für die Klage eines Reichsbeamten auf Zahlung des als Reichshilfe einbehaltenen Gehaltsteils. Die Reichshilfe ist eine Steuer, für die nach § 227 RAbgO. der Rechtsweg vor den ordentlichen Gerichten ausgeschlossen ist. **136,** 310.

IV. Rechtsweg gegenüber Gemeinden.

1) Im Gebiet der französisch-rechtlichen Teile der Rheinprovinz ist der Rechtsweg zulässig für die Klage auf Rückerstattung von Beträgen, die der Kläger an die Stadtgemeinde als sog. Anerkennungsgebühr dafür gezahlt hatte, daß er an seinem Hause nach der Straße zu eine Lichtwerbeanlage angebracht hatte. **131,** 264. — 2) Zulässigkeit des Rechtswegs für Ansprüche auf Rückerstattung von Beträgen, die für Erteilung der Abbruchsgenehmigung gezahlt worden sind (Rechtsgrund: Amtspflichtverletzung, ungerechtfertigte Bereicherung). **132,** 175. — 3) Zulässigkeit des Rechtswegs für den Anspruch

auf Befreiung von der Entrichtung der Anliegerbeiträge zur Deckung der Straßenreinigungskosten auf Grund vertraglicher Regelung. **132,** 225. — 4) Wassergeld, welches die Inhaber von Fischständen einer Berliner städtischen Markthalle auf Grund der dortigen Markthallenordnung zu entrichten haben, ist eine „Gebühr" im Sinne des § 4 des Preuß. Kommunalabgabengesetzes vom 14. Juli 1893. **137,** 239.

V. Rechtsweg in Bezug auf Kirche und Schule.

1) Zulässigkeit des Rechtswegs für Auseinandersetzung des Küsterlehrerstellen-Vermögens auf Grund von § 30 Abs. 7 des preuß. Volksschulunterhaltungsgesetzes. **139,** 160.

VI. Rechtsweg in agrarrechtlichen Auseinandersetzungen.

— — — — — — — — — —

VII. Rechtsweg in reichsrechtlichen Verhältnissen.

1) Zulässigkeit des Rechtswegs zur Feststellung des Konkursvorrechts einer Steuerforderung. **140,** 308.

VIII. Rechtsweg in sonstigen Fällen.

1) Ist der Rechtsweg zulässig, wenn in Preußen eine Stadtgemeinde bei ihrem Ausscheiden aus dem Kreisverbande diesem gegenüber die Verpflichtung übernommen hat, zu den Unterhaltungskosten für gewisse Straßen des Kreises beizutragen, und der Kreis die Zahlung einer fällig gewordenen Rate verlangt? **133,** 144. — 2) Eine kreisangehörige Gemeinde in Preußen, welcher der Kreis die Durchführung von Fürsorgeaufgaben übertragen hat, kann nicht im ordentlichen Rechtswege ihre Ansprüche gegen den Kreis auf Ersatz ihrer für Fürsorgezwecke gemachten Aufwendungen geltend machen. **133,** 244. — 3) Ist der Rechtsweg zulässig für den Anspruch eines Landes oder einer von ihm ermächtigten Körperschaft gegen den Eigentümer von Ödland auf Ersatz der Aufwendungen für dessen Kultivierung? (Im allgemeinen verneint, aber vorbehaltlich der an sich bestehenden Möglichkeit einer bürgerlich-rechtlichen Geschäftsführung ohne Auftrag: s. S. 307). **133,** 301. — 4) Der ordentliche Rechtsweg für den privatrechtlichen Anspruch eines Kreises gegen eine Stadtgemeinde, mit der eine früher dem Kreise zugehörig gewesene Landgemeinde vereinigt worden ist, wird nicht ausgeschlossen durch das verwaltungsrechtliche Auseinandersetzungsverfahren, das der Eingemeindung folgt. **135,** 313. — 5) Für den Anspruch der Reichsanstalt für Arbeitsvermittlung und Arbeitslosenversicherung gegen die Arbeitsnachweisämter auf Zuführung nicht verausgabter Beitragsmittel ist der Rechtsweg ausgeschlossen. **137,** 133. — 6) Unter welchen Voraussetzungen ist nach § 1 des Gesetzes über die Erstattung von Kriegswohlfahrtsausgaben vom 12. Februar 1931 der Rechtsweg zulässig für Ansprüche aus Darlehen, die an Gemeinden gewährt worden sind? **137,** 201. — 7) Ist der Rechtsweg zulässig für Ansprüche, die sich aus dem Abschlusse eines Vertrags wegen Übertragung eines Domänenfideikommisses auf den Staat

ergeben? **137,** 324. — 8) Die Ausschließung des ordentlichen Rechtsweges in § 6 Abs. 1 der 1. DurchfVo. zum AnlAblG. vom 8. September 1925 (RGBl. I S. 335) ist rechtsgültig. **138,** 6. — 9) Der Rechtsweg ist unzulässig für eine Klage, die gerichtet ist auf Verurteilung der in einem ärztlichen ehrengerichtlichen Verfahren in Preußen tätig gewesenen Richter zum Widerruf eines in der Begründung eines Einstellungsbeschlusses enthaltenen Ausspruchs. **138,** 57. — 10) Der Anspruch des Beamten auf Gestattung der Einsichtnahme in seine Personalnachweise (Personalakten) ist kein vermögensrechtlicher Anspruch. Der Rechtsweg ist daher insoweit nicht zulässig. **139,** 396. — 11) Unzulässige Einkleidung eines öffentlichrechtlichen Anspruchs auf Rückzahlung entrichteter Steuer in das Gewand einer Amtshaftungsklage und damit Unzulässigkeit des Rechtsweges, angenommen in einem Falle, wo die Klage nicht mehr zu behaupten vermocht hatte als: der Steuerpflichtige habe am 9. Januar 1924 5000 RM. an die Steuerkasse gezahlt, diese Zahlung sei ihm nicht gutgebracht, auch sonst nirgends von der Steuerbehörde vermerkt. **140,** 84.

§ 271. Auslegung der Prozeßgesetze.

I. Allgemeines. Analogie. Auslegung einzelner Gesetze.

a) Allgemeines. Analogie.

1) Rechtsähnliche Anwendung des § 538 Abs. 1 Nr. 2 ZPO. auf den Fall, daß beide Vorinstanzen wegen eines Mangels in der Klagezustellung zu Unrecht die Klage abgewiesen haben. **133,** 370. — 2) Entsprechende Anwendung des § 766 ZPO. in Verb. mit § 839 Abs. 3 BGB. auf § 321 RAbgO. (1919). **138,** 44. — 3) Erstreckung des § 1033 Nr. 1 ZPO. auf rechtsähnliche Fälle, so auf den Fall, daß der im Vertrag zur Ernennung des Obmanns für das Schiedsgericht Berufene die Vornahme der Ernennung verweigert. **138,** 344.

b) Auslegung einzelner Gesetze.

Inhalt: 1. ZPO. mit EG.
2. GVG.
3. D. GKG.
4a. KO.
4b. VerglO.
5. ZVG.
6. GO.
7. FGG.
8. StPO.

1. Zivilprozeßordnung.

§ 3	**140,** 211, 358
§§ 3 flg.	**139,** 238
§ 4	**133,** 288
§ 6	**133,** 288
§ 29	**140,** 67
§ 36	**137,** 278; **139,** 351
§ 38	**140,** 149
§ 50	**134,** 91
§ 62	**136,** 266
§ 93	**137,** 71
§ 114	**135,** 15, 110
§ 115	**135,** 303
§ 119	**139,** 102
§ 128	**139,** 353
§ 136	**135,** 118
§ 139	**136,** 395
§ 176	**135,** 182
§ 211	**133,** 361
§ 222	**131,** 107
§ 232	**138,** 346
§ 233	**138,** 247, 346; **139,** 1

Einführungsgesetz zur ZPO.

2. Gerichtsverfassungsgesetz.

3. Deutsches Gerichtskostengesetz.

4a. Konkursordnung.

4b. Vergleichsordnung.

5. Zwangsversteigerungsgesetz.

6. Grundbuchordnung.

7. Gesetz über die freiwillige Gerichtsbarkeit.

8. Strafprozeßordnung.

II. Entscheidungen der Vereinigten Zivilsenate des Reichsgerichts.

A. Erfordernisse.

1) Der Einleitung eines Verfahrens nach § 136 Abs. 2 GVG. bedarf es nur dann, wenn die Rechtsansicht, von der abgewichen werden soll, die wesentliche Grundlage der früheren Entscheidung bildet, wenn diese auf der Entscheidung gerade der streitigen Rechtsfrage beruht, wenn es sich also nicht lediglich um beiläufige Bemerkungen handelt. **134,** 17 (22).

B. Einzelne Plenarentscheidungen.

1) Der bayerische Anwalt kann die von ihm beim bayerischen Obersten Landesgericht eingelegte Revision noch wirksam zurücknehmen, nachdem sich das genannte Gericht gemäß § 7 EG. z. ZPO. für unzuständig erklärt hat, und zwar so lange, bis ein beim Reichsgericht zugelassener Rechtsanwalt bestellt ist und sich gemeldet hat. **132,** 92.

III. Entscheidungen des Staatsgerichtshofs für das Deutsche Reich.

1) Zusammensetzung des Verwaltungsrats der Deutschen Reichsbahn-Gesellschaft; Benennungsrecht der Länder Baden, Bayern, Sachsen, Württemberg. **131,** Anh. 1. — 2) Im Sinne des § 17 Abs. 2 des Bürgerschaftswahlgesetzes vom 5. Dezember 1923/18. Dezember 1929 für die Freie und Hansestadt Lübeck gilt als „Rest"-Zahl auch eine solche Stimmenzahl, die hinter der Verteilungsziffer zurückbleibt. **132,** Anh. 1. — 3) Über das Notverordnungsrecht der Schaumburg-Lippeschen Landesregierung. **133,** Anh. 1. — 4) Verfassungswidrigkeit des anhaltischen Gesetzes über die Eingemeindung von Pötnitz in den Stadtbezirk Dessau und über die Zahl der Stadtverordneten in Dessau vom 24. April 1930. **133,** Anh. 15. — 5) Die Anwaltskammern sind zwar Körperschaften des öffentlichen Rechts, aber für Verfassungsstreitigkeiten innerhalb eines Landes sind nach der ständigen Rechtsprechung des Staatsgerichtshofs nur die zur Mitwirkung an der Bildung des Staatswillens berufenen oder ein solches Mitwirkungsrecht mit dem Antrage beanspruchenden Stellen, dagegen andere Körperschaften nur dann parteifähig, wenn sie durch die Landesverfassung oder eine diese ergänzende Bestimmung der Reichsverfassung anerkannt und mit eigenen Rechten ausgestattet sind. Dazu gehören die Anwaltskammern nicht. **133,** Anh. 29 (36). — 6) Auch Fraktionen eines Landtags oder andere beträchtliche Bruchteile seines Mitgliederbestandes sind als befugt zu erachten, vor dem Staatsgerichtshof Landesgesetze oder andere Beschlüsse des Landtags mit der Behauptung als ungültig anzufechten, daß deren Inhalt gegen die Landesverfassung verstoße oder daß sie unter Verletzung ihrer Vorschriften zustandegekommen seien. Bedenklich erscheint es, diese Befugnis auch schon einzelnen wenigen Abgeordneten zuzugestehen in Fällen, wo die Ungültigkeit des Beschlusses nicht aus einer Verletzung verfassungsmäßiger Rechte des Landtags oder einer Landtagsminderheit hergeleitet wird. **133,** Anh. 29 (37). — 7) Die Heranziehung der Rechtsanwälte zur Gewerbesteuer verstößt weder gegen die Reichsverfassung,

noch gegen die Preußische oder Badische Verfassung. **133,** Anh. 29. — 8) Die Abmeldung eines zwölf- oder dreizehnjährigen Kindes vom Religionsunterricht bedarf der Zustimmung des Kindes. **134,** Anh. 1. — 9) Die Verordnung des Mecklenburg-Strelitzschen Staatsministeriums vom 10. September 1931, betreffend die Eingemeindung der Stadt Strelitz-Alt, der Landgemeinde Amtsgebiet Strelitz und des Forstbezirks Kalkhorst in die Landeshauptstadt Neustrelitz ist nicht rechtsungültig, weil weder die Verordnung des Reichspräsidenten vom 24. August 1931 zur Sicherung der Haushalte von Ländern und Gemeinden (RGBl. I S. 453) verfassungswidrig ist, noch die angegriffene Verordnung die ihr in der Verordnung vom 24. August 1931 gesetzten Grenzen überschreitet. **134,** Anh. 12, 24. — 10) Der Antrag auf Feststellung der Verfassungswidrigkeit der sächsischen Gemeindesteuer-Notverordnung vom 24. September 1930 und auf Änderung des § 7 des sächsischen Gesetzes vom 30. März 1931 zum Vollzug des 2. Abschnittes der Verordnung des Reichspräsidenten vom 1. Dezember 1930 wird zurückgewiesen. **134,** Anh. 26. — 11) Die Vorschrift in Art. 17 Abs. 3 Satz 2 Pr. Verf. gilt auch, wenn sich der Landtag nur vertagt hat (entsprechend Art. 24 Abs. 1 Satz 2 RVerf.). **135,** Anh. 1. — 12) Der Antrag, die Verordnung des Preußischen Staatsministeriums zur Änderung des Landeswahlgesetzes vom 12. September 1931 (GS. S. 208) für verfassungswidrig zu erklären, wird zurückgewiesen. **135,** Anh. 30. — 13) Die Verordnung des Reichspräsidenten zur Sicherung der Haushalte von Ländern und Gemeinden vom 24. August 1931 (RGBl. I S. 453) ist rechtsgültig. **134,** Anh. 21; **135,** Anh. 36. — 14) Der Antrag verschiedener Fraktionen des Lippischen Landtags, festzustellen, daß der ohne Zustimmung des Landtags von der Landesregierung vorgenommene Erwerb von Anteilen an einer GmbH. verfassungswidrig sei usw., wird für erledigt erklärt. **137,** Anh. 1. — 15) Der Antrag einer hessischen Fraktion auf Feststellung, daß der Minister des Innern L. durch Abberufung aus dem hessischen Gesamtministerium ausgeschieden sei, ist abgelehnt und statt dessen beschlossen worden, daß der hessische Minister des Innern L. durch den Beschluß des Hessischen Landtags, die sofortige Abberufung des L. zu verlangen, seine Eigenschaft als Mitglied des Hessischen Gesamtministeriums nicht verloren hat und daß auch keine Verpflichtung besteht, ihn aus seinem Amt abzuberufen. **137,** Anh. 5. — 16) In der preußischen Sparverordnung vom 12. September 1931 (GS. S. 179) sind folgende Vorschriften verfassungswidrig. a) Die Vorschriften im Kapitel IV des Zweiten Teils über die Lehrer an den wissenschaftlichen Hochschulen, b) die Vorschrift in § 5b des Kapitels V des Zweiten Teils über die Rückwirkung der Vorschrift im § 2 Ziffer 1 desselben Kapitels, betreffend den Begriff des Dienstunfalls im Polizeibeamtengesetz, c) die Vorschrift im § 2 des Kapitels VIII des Zweiten Teils über Versetzung in ein anderes Amt, soweit sie die Pflicht zur Annahme eines Amtes von geringerem Range begründet, d) die Vorschriften im § 1 des Kapitels II des Vierten Teils, soweit sie solche beim Inkrafttreten der Vorschriften bereits im Amte stehende Beamte berühren, deren Aufgabenkreis mit dem eines unmittelbaren Staatsbeamten nicht unmittelbar vergleichbar ist, e) die Vorschrift in § 2 Abs. 1 Satz 2 desselben Kapitels, soweit sie abgesehen von den im § 4 vorgesehenen Fällen und dem Falle einer Änderung der Bezüge der unmittelbaren Staatsbeamten, Änderungen der Bezüge oder der Einreihung beim Inkrafttreten der Vorschrift bereits im Dienste stehender Beamter zuläßt. Dagegen wurde u. a. die Vorschrift in § 1 von Kap. VIII des Zweiten Teils über die Begründung des Beamtenverhältnisses nicht als verfassungswidrig erachtet und der hierauf gerichtete Antrag zurückgewiesen. **137,** Anh. 17. — 17) Das im preußischen Polizeiverwaltungsgesetz vom 1. Juni 1931 vorgesehene Zwangsgeld und seine Ersatzmittel sind nicht als Kriminalstrafen, sondern nur als polizeiliche Zwangsmittel anzusehen, während sich die §§ 413 flg. StPO. nur auf Handlungen beziehen, die mit Kriminalstrafe bedroht sind. Den Rechtszug bei der Anwendung polizeilicher Zwangsmittel zu bestimmen, ist Sache der Landesgesetzgebung. Daher Zurückweisung des Antrags, das Polizeigesetz insoweit für unvereinbar mit Art. 105 Satz 2 RVerf. und § 413 StPO. zu erklären. **137,** Anh. 47. — 18) Ablehnung des Antrags auf Erlaß einer einstweiligen Verfügung betreffs der durch die Verordnung des Reichspräsidenten vom 20. Juli 1932 (RGBl. I S. 377) geschaffenen Lage. **137,** Anh. 65. — 19) Die Verordnung vom 20. Juli 1932, betreffend die Wiederherstellung der öffentlichen Sicherheit und Ordnung im Gebiet des Landes Preußen (RGBl. I S. 377) ist insoweit mit der Reichsverfassung vereinbar, als sie die ministeriellen Befugnisse in preußischen Landesangelegenheiten aus dem Kreise der Landesgeschäfte abtrennt und Reichskommissaren überträgt. Aber in diese Übertragung konnten nicht einbezogen werden die Vertretung im Reichsrat und Reichstag sowie die sonstige Vertretung des Landes gegenüber dem Reich und gegenüber anderen Ländern sowie die Befugnisse und Obliegenheiten der Landesregierung gegenüber dem Landtag und dem Staatsrat. **138,** Anh. 1. — 20) Die Regelung der Wahlen zum Gemeinderat nach Art. 48 Abs. 1 Satz 1 der württembergischen Gemeindeordnung vom 19. März 1930 verstößt nicht gegen Art. 17 RVerf. **138,** Anh. 43. — 21) Zurückweisung des Antrags einer Partei im braunschweigischen Landtag, festzustellen, daß eine Reihe von Beschlüssen wegen Nichtbeachtung der Bestimmungen über Beschlußunfähigkeit (Art. 27 Braunschw.Verf., § 81 Braunschw.GeschäftsO.) verfassungswidrig seien. **139,** Anh. 1. — 22) Nach Art. 17 Abs. 3 Satz 2 der Preuß.Verf. durfte der Präsident des Preußischen Landtags auf das Verlangen der Sozialdemokratischen Fraktion vom 3. August 1932 den Landtag nicht erst zum 30. August 1932 berufen. **139,** Anh. 7. — 23) Der Ausschluß der Stichwahl bei der Wahl des preußischen Ministerpräsidenten ist nicht verfassungswidrig. **139,** Anh. 17.

§ 272. Zeitliche Wirksamkeit der Prozeßgesetze. Einführungs- und Ausführungsbestimmungen zum Gerichtsverfassungsgesetz, zur Zivilprozeßordnung und zu sonstigen Prozeßgesetzen.

— — — — — — — — — —

§ 273. Örtliche Wirksamkeit der Prozeßgesetze.

(S. § 8 VIII.)

— — — — — — — — — —

§ 274. Zwingende und nachgiebige Prozeßvorschriften.

1) Die Vorschriften über die Formen der Sachanträge in § 297 ZPO. sind zwingend und ihre Verletzung ist nicht durch Verzicht der Parteien heilbar; § 295 Abs. 1 ZPO. findet keine Anwendung. **136,** 373.

Zweites Kapitel. Die Zivilprozeßordnung.

1. Die Gerichte.

§ 275. Die ordentlichen Gerichte. Sondergerichte. Gerichtsferien. Rechtshilfe. Gerichtsverfassung.

I. Führung des Vorsitzes.

1) Der ordentliche Vorsitzende eines Senats ist durch die Tätigkeit als Reichstagsabgeordneter nicht dauernd verhindert, den Vorsitz zu führen. **131,** 31. — 2) In welchem Umfang ist die Vertretung des Oberlandesgerichtspräsidenten als Vorsitzenden eines Zivilsenats durch das dienstälteste Senatsmitglied zulässig? **132,** 295. — 3) Welche Voraussetzungen sind für eine dem Gesetz entsprechende Führung des Vorsitzes aufzustellen, wenn ein Senatspräsident gleichzeitig Vorsitzender mehrerer Senate ist? **132,** 301.

II. Besetzung der Gerichte.

1) Es gibt keinen Rechtssatz, wonach einer Zivilkammer nur soviel Richter zugeteilt werden dürften, als zur Entscheidung erforderlich sind. Ebensowenig läßt sich der Rechtssatz aufstellen, daß es bei einer größeren Zahl von Richtern in einer Zivilkammer Sache des Präsidiums sei, die Reihenfolge ihrer Mitwirkung zu regeln; vielmehr liegt dies dem Vorsitzenden der Zivilkammer ob. **133,** 29.

III. Sondergerichte.

1) Die ärztlichen Ehrengerichte sind keine Ausnahmegerichte nach Art. 105 RVerf., § 16 GVG., sondern reichsgesetzlich zugelassene besondere Gerichte gemäß §§ 13, 14 GVG. **138,** 57.

IV. Gerichtsferien.

— — — — — — — — — — — —

V. Rechtshilfe.

— — — — — — — — — — — —

VI. Gerichtsverfassung.

1) Um einen Anspruch „wegen Verfügungen der Verwaltungsbehörden" nach § 71 Abs. 3 GVG. handelt es sich nur dann, wenn die Verfügung der Verwaltungsbehörde selbst den Klagegrund im Rechtsstreit bildet, nicht

aber ein sonstiges zwischen dem Kläger und dem Staate bestehendes Rechtsverhältnis, auf das sich eine Verwaltungsverfügung bloß bezieht. **139,** 278. — 2) § 71 Abs. 3 GVG. erfordert nicht, daß sich die Klagen gegen die Verfügungen der Verwaltungsbehörden wenden, sondern trifft auch den Fall, wo geltend gemacht wird, eine solche Verfügung gebe trotz ihrer Rechtsbeständigkeit Anlaß zu einer Schadloshaltung durch den Staat. **139,** 278.

§ 276. Sachliche Zuständigkeit der Gerichte.

— — — — — — — — — — —

§ 277. Wert des Streitgegenstandes.

1) Für eine Anfechtungsklage (nach dem AnfG.), die auf Grund eines Schuldtitels über einen gesetzlichen Unterhaltsanspruch erhoben worden ist, muß der Streitwert — und zwar sowohl für die Revisionssumme wie für die Kostenberechnung — gemäß § 3 ZPO. nach dem wirklichen Wert der Forderung geschätzt werden, zu deren Befriedigung die Anfechtung dienen soll; § 10 Abs. 2 D.GKG. ist hierauf nicht anwendbar (ähnlich wie Hinzurechnung von Zinsen und Kosten in solchen Fällen trotz § 4 ZPO.). **139,** 238. — 2) Vermeidet der Kläger, wie in gewissen Fällen zulässig, eine Bezifferung seines Anspruchs auf Geldleistung, so ist nötigenfalls nach freiem richterlichem Ermessen festzusetzen, was als seine wirkliche Forderung erscheint. Die Beifügung einer Mindestsumme im Klagantrag kann nicht dahin gedeutet werden, daß nicht mehr als diese Summe gefordert werde. **140,** 211. — 3) Der für den Streitwert der Klage geltende Grundsatz, wonach der Wert der geforderten Leistung auch dann entscheidet, wenn die Leistung Zug um Zug gegen eine Gegenleistung verlangt wird, gilt auch für den Streitwert der Revisionsinstanz, wenn der Zug um Zug in vollem Umfang verurteilte Beklagte unbeschränkt Revision eingelegt hat. **140,** 358.

§ 278. Gesetzlicher Gerichtsstand.

I. Allgemeines.

— — — — — — — — — — — —

II. Der allgemeine Gerichtsstand.

— — — — — — — — — — — —

III. Die besonderen Gerichtsstände.

1) Aus der „Natur des Schuldverhältnisses" — BGB. § 269 — ist beim Grundstücksmiet- oder -Pachtverhältnis nicht zu entnehmen, daß der Miet- oder Pachtzins an dem Orte zu leisten sei, wo das vermietete Grundstück liegt. **140,** 67.

§ 279. Vereinbarter Gerichtsstand.

1) Auch beim formbedürftigen Vertrag hat die damit verbundene Gerichtsstandvereinbarung regelmäßig selbständige Bedeutung (RGZ. Bd. 87 S. 7). Sie behält hierbei ihre Gültigkeit auch dann, wenn über die Formgültigkeit des Vertrags Streit besteht, es sei denn, daß gerade auch für sie die Form vorgeschrieben ist oder ihrem Rechtsbestand besondere Nichtigkeitsgründe entgegenstehen. **140,** 149.

§ 280. Oberrichterlich bestimmter Gerichtsstand.

1) Die Vorschrift des § 36 Nr. 4 ZPO. ist auch für die Berufungsgerichte anwendbar, wenn infolge einer Änderung der Gerichtssprengel das Grundstück sich über die Grenzen zweier Oberlandesgerichtsbezirke erstreckt, während diese Schwierigkeit bei der Klagerhebung noch nicht bestand. **137,** 278. — 2) Für die Entscheidung über Anträge aus § 825 ZPO. (besondere Verwertung einer gepfändeten Sache) ist dasjenige Vollstreckungsgericht zuständig, in dessen Bezirk die Sachen gepfändet worden sind, sofern sie sich noch in seinem Bezirk befinden. **139,** 351.

§ 281. Ausschließung und Ablehnung von Richtern.

— — — — — — — — — — — —

§ 282. Urkundsbeamte der Geschäftsstelle.

1) Welche Urkundsbeamten (damals Gerichtsschreibereibeamte) waren im Mai 1923 zur Entgegennahme von Auflassungserklärungen zuständig? **132,** 406.

§ 283. Gerichtsvollzieher. Verteilungsstellen.

1) Schuldhafte Nichtabhaltung eines vom Gerichtsvollzieher anberaumten Versteigerungstermins. Abhandenkommen der im Gewahrsam des Schuldners belassenen Pfandstücke. Beweislast dessen, der Ersatz verlangt, dafür, daß sie noch am Tage jenes Versteigerungstermins vorhanden waren. **137,** 153. — 2) Die Landesjustizverwaltung ist befugt, in der Geschäftsanweisung für die Gerichtsvollzieher und in Ergänzungsanordnungen hierzu allgemeine Bestimmungen über die Auswahl der Zeitungsblätter für die Bekanntmachungen der Gerichtsvollzieher zu treffen. **140,** 423.

2. Die Parteien.

§ 284. Parteifähigkeit. Prozeßfähigkeit. Gesetzliche Vertreter.

I. Parteifähigkeit.

1) Hängt die Rechtsfähigkeit einer liquidierenden Gesellschaft davon ab, ob sie noch ungeteiltes Vermögen besitzt, so genügt es für die Prüfung aus § 56 ZPO., daß sie solches im Rechtsstreit in Anspruch nimmt. **134,** 91.

II. Prozeßfähigkeit.

— — — — — — — — — — — —

III. Gesetzliche Vertreter.

— — — — — — — — — — — —

§ 285. Streitgenossenschaft.

1) Zur Frage der notwendigen Streitgenossenschaft zwischen der offenen Handelsgesellschaft und ihren Gesellschaftern. **136,** 266.

§ 286. Beteiligung Dritter am Rechtsstreite.

I. Hauptintervention.

— — — — — — — — — — —

II. Nebenintervention.

— — — — — — — — — — —

§ 287. Prozeßbevollmächtigte. Beistände. Anwaltszwang. Rechtsanwalt. Rechtsanwaltsordnung.

1) Die Ausdehnung der Gewerbesteuerpflicht auf die Rechtsanwälte in Baden und in Preußen ist verfassungsmäßig. **133,** Anh. 29. — 2) Der Rechtsanwalt hat die Pflicht, seine Partei auf die Möglichkeit hinzuweisen, sich auf die Unklagbarkeit der der Klage zugrunde liegenden Börsentermingeschäfte zu berufen, es sei denn, daß besondere Umstände einen solchen Hinweis erübrigten. **139,** 358. — 3) Der durch ein fehlerhaftes Verhalten seines zweitinstanzlichen Rechtsanwalts Geschädigte braucht sich grundsätzlich ein Verschulden seines erstinstanzlichen, als Verkehrsanwalt tätig gewordenen Anwalts nicht entgegenhalten zu lassen. **140,** 1. — 4) Zur Haftbarkeit eines Rechtsanwalts als Inhabers oder Vorzeigers einer nicht mit dem gesetzlichen Stempel versehenen Urkunde. **140,** 193.

§ 288. Prozeßkosten im allgemeinen.

— — — — — — — — — — —

§ 289. Gerichtskosten. Gebühren der Gerichtsvollzieher.

1) Die Geschäftsstelle darf von der Partei, der auf ihren Antrag ein Notfristzeugnis erteilt und durch die Post übersandt wird, keine Postgebühr erheben lassen. **131,** 151. — 2) Streitgenossen haften nach § 87 GKG. für die Gerichtskosten auch dann als Gesamtschuldner, wenn sie am Rechtsstreit mit verschiedenen Ansprüchen beteiligt sind, eine gerichtliche Entscheidung über die Kostenteilung aber nicht ergangen ist. Letzteres ist der Fall, wenn dem unterlegenen Streitgenossen die Kosten schlechthin (ohne Teilung unter ihnen) auferlegt worden sind. **131,** 338. — 3) Auch in Ehesachen hat die Gewährung des Armenrechts für die Klage nicht die Gebührenfreiheit des Widerklageverfahrens zur Folge und umgekehrt. Das gilt in der Rechtsmittelinstanz auch dann, wenn ein und dieselbe Partei das Rechtsmittel zur Klage und zur Widerklage eingelegt hat. **135,** 15. — 4) Bei Erweiterung des Berufungsantrags kann nicht abermals eine Frist nach § 519 Abs. 6 ZPO. gesetzt (RGZ. Bd. 109 S. 349), wohl aber kann § 74 Abs. 2 Satz 3 entsprechend angewandt werden. Letzteres in dem Sinne, daß nicht auf Antrag des Zahlungssäumigen, wohl aber auf Antrag des Gegners Termin anberaumt und auch ein Versäumnisurteil gegen den Zahlungssäumigen ergehen kann. Ist aber auf Antrag des Letzteren dennoch Termin anberaumt worden, so darf er bei ordnungsmäßiger Vertretung nicht von der Verhandlung ausgeschlossen und als nicht erschienen behandelt werden. **135,** 224. — 5) Um die Absätze 2 und 3 des § 74 GKG. außer Anwendung zu setzen, genügt schon die Glaubhaftmachung, daß dem Kläger die alsbaldige Zahlung der Gebühr wegen seiner Vermögenslage Schwierigkeiten bereiten

würde; ob die Rechtsverfolgung aussichtslos ist, kommt in diesem Zusammenhang nicht in Betracht. **135**, 230. — 6) Haben mehrere als Gesamtschuldner zur Bezahlung derselben Forderung verurteilte Beklagte gesondert Berufung eingelegt, so ist zwar jedem von ihnen eine besondere Nachweisfrist zu setzen, aber die fristgemäße (d. h. auch vor Ablauf der Nachweisfrist der Nichtzahlenden geleistete) Zahlung der Gebühr durch einen von ihnen wirkt auch für die anderen. **137**, 192. — 7) Für eine Anfechtungsklage (nach dem AnfG.), die auf Grund eines Schuldtitels über einen gesetzlichen Unterhaltsanspruch erhoben wird, ist der Streitwert — und zwar sowohl für die Revisionssumme wie für die Kostenberechnung — gemäß § 3 ZPO. nach dem wirklichen Wert der Forderung zu berechnen, zu deren Befriedigung die Anfechtung dienen soll; § 10 Abs. 2 GKG. ist hierauf nicht anwendbar. **139**, 238. — 8) Die Voraussetzungen des § 79, zweiter Halbsatz, GKG. sind nur dann erfüllt, wenn derjenige, der als Schuldner der Gebühren und Auslagen in Anspruch genommen werden soll, die Erklärung der Kostenübernahme selbst abgegeben oder wenigstens bei ihrer Abgabe mitgewirkt hat. Er kann sich dabei von einem Dritten, namentlich auch von der Gegenpartei, vertreten lassen. Die gemeinschaftliche Anzeige vom Abschluß eines Prozeßvergleichs nebst der darin getroffenen Vereinbarung über die Kostentragung reicht aus, um gemäß § 79 GKG. auch die Kostenpflicht derjenigen Partei zu begründen, welcher diese Pflicht nicht schon nach § 77 GKG. obliegt. **140**, 262.

§ 290. Anwaltskosten.

1) Wie sind die dem beigeordneten Rechtsanwalt einer armen Partei aus der Staatskasse zu erstattenden Gebühren zu berechnen, wenn das Armenrecht der Partei nur zu einem Bruchteil bewilligt worden war? **135**, 177.

§ 291. Zeugen- und Sachverständigengebühren.

— — — — — — — — — — — —

§ 292. Sicherheitsleistung im Prozeß.

— — — — — — — — — — — —

§ 293. Armenrecht.

(Vgl. auch § 299 — Wiedereinsetzung in den vorigen Stand —.)

1) Die Beiordnung eines bei einem auswärtigen Gericht zugelassenen Rechtsanwalts als Verkehrsanwalt im Armenrecht ist unzulässig. **133**, 137. — 2) Das Armenrecht kann dem Rechtsmittelkläger auch bei Ehesachen mit Beschränkung auf die Klage oder auf die Widerklage gewährt werden; das muß geschehen, wenn das Rechtsmittel im übrigen aussichtslos ist. **135**, 15. — 3) Gegenüber dem Gegner der die Bewilligung des Armenrechts beantragenden Partei besteht keine Amtspflicht des Richters auf sachgemäße und erschöpfende Prüfung des zur Begründung des Antrags Vorgetragenen. **135**, 110. — 4) Durch die Beiordnung allein wird der beigeordnete Anwalt noch nicht Prozeßbevollmächtigter der armen Partei. **135**, 303. — 5) Aus dem zu 4) bezeichneten Grunde müssen nichtverkündete Beschlüsse, durch welche einer Partei das Armenrecht gewährt wird für die Berufungsinstanz

und gleichzeitig für den Antrag auf Wiedereinsetzung in den vorigen Stand gegen den Ablauf der Berufungsfrist, der Partei förmlich zugestellt werden; Zustellung an den beigeordneten Rechtsanwalt genügt nicht. **135,** 303. — 6) § 119 Abs. 2 S. 2 ZPO. ist auch heute noch in voller Gültigkeit. Die Dritte Vo. des Reichspräsidenten zur Sicherung von Wirtschaft und Finanzen vom 6. Oktober 1931, Sechster Teil (Rechtspflege) Kapitel I § 11 betrifft nicht das sog. „notwendige Armenrecht". **139,** 102. — 7) Die Voraussetzungen des § 119 Abs. 2 S. 2 ZPO. sind (gegenüber der in vorstehender Nr. 6 genannten Vo.) auch dann gegeben, wenn das Reichsgericht bereits ein Versäumnisurteil gegen den Revisionsbeklagten erlassen und dieser dagegen Einspruch eingelegt hat. **139,** 102.

3. Allgemeine Grundsätze des Verfahrens.

§ 294. Mündlichkeit. Öffentlichkeit. Vorbereitende Schriftsätze. Prozeßerklärungen. Prozeßhandlungen.

1) Die Formvorschriften der Zivilprozeßordnung dienen dem Schutze des sachlichen Rechts, nicht aber seiner Vereitelung. **133,** 369. — 2) Ist Widerruf eines Prozeßvergleichs durch einfache Anzeige zu den Gerichtsakten vereinbart, so genügt eine solche, wie sie üblicherweise erstattet wird; auch die Rücksicht auf die sachlich-rechtliche Bedeutung ihres Inhalts führt nicht zum Erfordernis der Schriftform nach §§ 126, 127 BGB. **135,** 338.

§ 295. Verhandlungsgrundsatz. Richterliche Aufklärungs- und Fragepflicht.

1) Das Gericht ist durch den Verhandlungsgrundsatz nicht gehindert, aus dem vorgetragenen Tatsachenstoff Schlüsse zu ziehen, die keine der Parteien daraus gezogen hatte. **135,** 34. — 2) Zur Ausübung der Fragepflicht. **136,** 395. — 3) Zur Tragweite des Verhandlungsgrundsatzes. **139,** 353. — 4) Über Aktenlage-Urteile s. **132,** 330 (nachstehend § 321 zu IVa 1)) und **140,** 348 (nachstehend § 323 zu I 1), § 325 Nr. 7 und § 326 zu I 12)).

§ 296. Mündliche Verhandlung. Prozeßleitung.

— — — — — — — — — — — —

§ 297. Zustellungen.

1) Das Fehlen des Gerichtssiegels auf dem übergebenen verschlossenen Briefumschlag hindert nicht die Wirksamkeit der Zustellung, wenn anderweit bewiesen wird, daß der Briefumschlag die richtigen Schriftstücke, die zugestellt werden sollten, enthalten hat. **133,** 365. — 2) Soll eine Entmündigung wegen Trunksucht oder Verschwendung ausgesprochen werden, so muß der zu erlassende Beschluß dem Entmündigten persönlich und, wenn er einen Prozeßbevollmächtigten bestellt hat, diesem gemäß § 176 ZPO. zugestellt werden. Mit dieser Zustellung tritt der Entmündigungsbeschluß in Wirksamkeit. **135,** 182. — 3) Das in einem Scheidungsstreit ergehende Urteil, durch das eine Restitutionsklage als unzulässig verworfen wird, braucht nicht von Amtswegen zugestellt zu werden. **137,** 90.

§ 298. Ladungen. Termine. Fristen.

(Nachweisefrist nach § 519 Abs. 6, § 554 Abs. 7 ZPO.: Syst. Reg. § 326 I, § 329.)

1) Endet die ursprüngliche Frist an einem Sonntag oder Feiertag und wird sie verlängert, so finden die Vorschriften des § 193 BGB., § 222 Abs. 2 ZPO. keine Anwendung. Die neue Frist beginnt vielmehr unmittelbar mit dem Ablauf der alten Frist, also mit dem Ablauf des Sonn- oder Feiertags zu laufen. **131,** 337.

§ 299. Folgen der Versäumung. Wiedereinsetzung in den vorigen Stand.

1) Die Wahrung der für einen Wiedereinsetzungsantrag vorgeschriebenen Form und Frist unterliegt nicht dem Parteiverzicht. **131,** 261. — 2) Wiedereinsetzungsantrag bei Versäumung der Einspruchsfrist, wenn das Armenrechtsgesuch innerhalb der Frist eingereicht, aber verspätet bewilligt worden war. Gehört zur Form des Gesuches (§ 236 Nr. 1 ZPO.) die Angabe des Tags, an dem das Versäumnisurteil zugestellt worden ist? (Verneint.) **131,** 261. — 3) Ein Zwischenurteil des Oberlandesgerichts, durch das einer Partei Wiedereinsetzung in den vorigen Stand erteilt worden ist, kann unter den sonstigen Voraussetzungen des § 548 ZPO. mit dem Endurteil angegriffen werden (Auseinandersetzung mit der bisherigen reichsgerichtlichen Rechtsprechung S. 278). **136,** 275. — 4) Auf die Einhaltung der Vorschriften über fristgerechte Angabe der Mittel der Glaubhaftmachung kann nicht wirksam nach § 295 ZPO. verzichtet werden. Daher keine Berücksichtigung von tatsächlichen Angaben und Bezeichnungen von Glaubhaftmachungsmitteln in fristverspäteten Ergänzungen und Nachträgen. **136,** 275. — 5) Zur Annahme eines unabwendbaren Zufalls genügt zwar nicht, daß die säumige Partei die im Verkehr erforderliche Sorgfalt beobachtet, also nicht schuldhaft nach § 276 BGB. gehandelt hat. Aber die Versäumung der Frist gilt dann als unabwendbar, wenn die Partei das nach Lage des Falls und nach ihrer Persönlichkeit vernünftigerweise zu erwartende größtmögliche Maß von Vorsicht und Sorgfalt betätigt hat. **138,** 249. — 6) Wird die Partei auf ihr Armenrechtsgesuch erst nach Ablauf der Rechtsmittelfrist ablehnend beschieden, so ist sie durch einen unabwendbaren Zufall an Innehaltung der Frist gehindert worden, wenn sie mit der Bewilligung des Armenrechts rechnen konnte. Dies ist regelmäßig der Fall, wenn die weitere Rechtsverfolgung nicht als mutwillig zu gelten hat und wenn die Partei sich auf Grund des ihr erteilten Armutszeugnisses für arm im gesetzlichen Sinne (§ 114 ZPO.) halten darf, obwohl sie nicht in diesem Sinn arm ist. **138,** 247. — 7) Bei Wiedereinsetzungsgesuchen gegen die Versäumung einer fünfjährigen Frist sind in der Regel strengere Anforderungen an die Sorgfalt (bei der Frage, ob unabwendbarer Zufall) zu stellen, als bei kürzeren Fristen, die schnellere Entschließung fordern. **138,** 346. — 8) Eine Partei ist zwar berechtigt, eine Frist bis zur äußersten Grenze auszunutzen. Tut sie das aber ohne triftige Gründe, so trägt sie die Folgen der damit verbundenen, ihr erkennbaren Gefahr, wenn die Frist dann nicht gewahrt wird. **138,** 346. — 9) Über den Begriff des „Vertreters" nach § 232 Abs. 2 ZPO. **138,** 354. — 10) Wenn das Oberlandesgericht durch nicht anfecht-

baren Beschluß die nachgesuchte Beiordnung eines Rechtsanwalts ablehnt, so ist der Umstand, daß die Partei erst nach Ablauf der Rechtsmittelfrist einen zu ihrer Vertretung bereiten Anwalt hat finden können, kein Wiedereinsetzungsgrund. **139,** 1. — 11) Erscheint der Berufungskläger, der gegen die Versäumung der Berufungsfrist Antrag auf Wiedereinsetzung in den vorigen Stand gestellt hat, in dem Termin zur mündlichen Verhandlung nicht, so ist durch Versäumnisurteil sein Antrag abzuweisen und die Berufung als unzulässig zu verwerfen. Gegen das Versäumnisurteil ist der Einspruch nicht statthaft und die Revision nur dann zulässig, wenn sie darauf gestützt wird, daß rechtsirrigerweise der Fall der Versäumung angenommen worden ist. **140,** 77.

§ 300. Unterbrechung. Aussetzung. Ruhen und Aufnahme des Verfahrens.

1) Die Eröffnung des Konkurses über das Vermögen der wegen Patentverletzung verklagten Partei unterbricht das Verfahren auch dann, wenn zwar die Klage allein auf Unterlassung (also nicht daneben noch auf Schadensersatz) gerichtet ist, aber die verklagte Partei dem Kläger die Geltendmachung eines Schadensersatzanspruches angekündigt hatte wegen unberechtigter Erwirkung einer einstweiligen Verfügung gegen sie auf Unterlassung. **132,** 362. — 2) Aufnahme eines Verfahrens, das wegen des Todes der einen Partei ausgesetzt worden war, durch den Rechtsnachfolger in der Verhandlung durch Zugestehen der Rechtsnachfolge und Verhandeln zur Sache. **140,** 352.

4. Verfahren in erster Instanz vor den Landgerichten und Verfahren vor den Amtsgerichten.

§ 301. Klageweg. Klage. Klagerhebung. Klagantrag. Klagebegründung. Klagenverbindung.

1) Voraussetzung einer jeden Klage ist das Vorhandensein eines Rechtsschutzbedürfnisses. **135,** 35. — 2) Die Vorschriften über die Formen der Sachanträge in § 297 ZPO. sind zwingend und ihre Verletzung ist nicht durch Verzicht der Parteien heilbar; § 295 Abs. 1 ZPO. findet keine Anwendung. **136,** 373. — 3) Die rechtliche Prüfung, welche gesetzliche Vorschrift auf das Vorbringen des Klägers angewendet werden muß, ist Sache des Gerichts. **138,** 326. — 4) Für die Ermittlung des Klagegrundes ist weder der Inhalt der Klagebeantwortung noch derjenige der Replik von maßgebender Bedeutung, wenn die Klage selbst darüber keinen Zweifel läßt. **139,** 281. — 5) Wenn der ausgleichsberechtigte Aufwertungsschuldner als Ausgleichskläger vom Zahlungsbegehren zum Schuldbefreiungsbegehren übergeht, so liegt hierin nicht die Erhebung eines neuen Anspruchs. **139,** 315. — 6) In gewissen Fällen kann bei Klagen auf Geldleistung von ziffermäßiger Angabe des geforderten Betrags im Klagantrag abgesehen werden, so in allen Fällen, wo die Bestimmung des Betrags (wie namentlich bei Klagen auf Schadensersatz in Geld) von einer Ermittlung der Schadenshöhe durch Beweisaufnahme oder gerichtlicher Schätzung oder (wie bei Aufwertungsansprüchen) von dem billigen Ermessen des Gerichts abhängt.

Die Beifügung einer Mindestsumme im Antrag kann nicht dahin gedeutet werden, daß der Kläger nicht mehr als diese Summe fordere. **140,** 211. — 7) Anforderungen an die Bestimmtheit des Klagantrages. **140,** 231 (236).

§ 302. Erweiterung, Änderung, Zurücknahme der Klage. Einschränkung des Antrags.

I. Erweiterung und Änderung der Klage.

1) In dem Ausspruch des Berufungsgerichts, das Landgericht habe eine Klagänderung mit Recht zugelassen (obwohl dies in Wirklichkeit nicht zutraf), liegt zugleich die Kundgebung, daß das Berufungsgericht selbst die Klagänderung für sachdienlich erachtet hätte. Auch an eine solche Zulassung der Klagänderung ist das Revisionsgericht gebunden. **137,** 334.

II. Klagezurücknahme.

III. Einschränkung des Klagantrags.

---

§ 303. Feststellungsklage. Inzidentfeststellungsklage.

1) Grundfeststellung bei unbezifferter Feststellungsklage ist unzulässig. **131,** 119 (125). — 2) Fehlendes Feststellungsinteresse eines Gläubigers, der in der Zwangsversteigerung nach dem Verteilungsplan zur Hebung kommen soll und gegen einen widersprechenden Gläubiger auf Feststellung klagt, daß dessen Widerspruch unbegründet sei. **131,** 203. — 3) Über das rechtliche Interesse des Haftpflichtversicherungsnehmers an der alsbaldigen Feststellung, daß ihm Versicherungsschutz zu gewähren sei. **135,** 368. — 4) Zulässigkeit einer Feststellungsklage eines Konkursgläubigers gegen den Konkursverwalter in besonderen Fällen. **139,** 83 (87).

§ 304. Klage auf Rechnungslegung und Herausgabe des Geschuldeten. Klage auf künftige Leistung. Änderungs- (Umwandlungs-)Klage (§ 323 ZPO.).

I. Klage auf Rechnungslegung und Herausgabe des Geschuldeten (§ 254 ZPO.).

1) Hatte bei der Stufenklage nach § 254 ZPO. das Landgericht die Klage abgewiesen und erkennt das Berufungsgericht den Anspruch an, so ist § 538 Nr. 3 ZPO. nicht anwendbar. **140,** 192.

II. Klage auf künftig fällig werdende wiederkehrende Leistungen (§§ 257—259 ZPO.).

1) Hängt die Zulässigkeit der Klage auf künftige Leistung davon ab, daß anzunehmen ist, der Schuldner werde bei Fälligkeit der Schuld die Leistung aus bösem Willen verweigern? (Verneint für Forderungen des Pächters, die bei Beendigung des Pachtvertrags fällig werden. Das ausdrückliche und ernstliche Bestreiten des Schuldners genüge „für die Regel“).

132, 338. — 2) In entsprechender Anwendung von § 255 ZPO. in Verb. mit § 259 das. kann mit der Klage auf Feststellung der ersatzfähigen Verwendungen der Antrag auf Stellung der Frist des § 1003 Abs. 2 BGB. durch das Prozeßgericht und sodann die Klage auf Verurteilung zur Duldung der Befriedigung aus der Sache verbunden werden. **137,** 98.

III. Änderungs- (Umwandlungs-)Klage (§ 323 ZPO.).

1) § 323 ZPO. ist nicht ausschließlich verfahrensrechtlicher Natur, sondern wesentlich auch sachlich-rechtlicher Art. Seine unrichtige Anwendung kann daher bei Sprungrevision gerügt werden. **140,** 167. — 2) Wiederkehrende Leistungen, die vertraglich in festbestimmter Höhe begründet worden sind, werden durch ihre Aufwertung noch nicht zu abänderbaren im Sinne von § 323 ZPO.; auch dann nicht, wenn bei der Aufwertung gemäß § 242 BGB. solche Umstände zu berücksichtigen waren und berücksichtigt worden sind, die der Veränderung unterlagen. Vielmehr hängt es von der Lage des Einzelfalls ab, ob einer solchen Festsetzung von vornherein der stillschweigende Vorbehalt gleichbleibender Verhältnisse innewohnt. **140,** 167.

§ 305. Widerklage.

---

§ 306. Rechtshängigkeit. Veräußerung der Streitsache. Abtretung des Klaganspruchs. Sonstige Änderungen der Prozeßparteien.

I. Rechtshängigkeit.

II. Veräußerung der Streitsache.

1) Unter „Veräußerung" und „Abtretung" nach § 265 ZPO. ist nicht nur die Übertragung des Rechts durch einen freiwilligen Akt, sondern auch der Erwerb im Wege der Zwangsvollstreckung oder kraft Gesetzes zu verstehen. **135,** 292.

III. Abtretung des Klaganspruchs.

1) Unter „Veräußerung" und „Abtretung" nach § 265 ZPO. ist nicht nur die Übertragung des Rechts durch einen freiwilligen Akt, sondern auch der Erwerb im Wege der Zwangsvollstreckung oder kraft Gesetzes zu verstehen. **135,** 292.

IV. Sonstige Änderungen der Prozeßparteien.

1) Der Ehemann, welcher ein zum eingebrachten Gut seiner Frau gehöriges Recht gemäß § 1380 S. 1 BGB. im eigenen Namen eingeklagt hat, bleibt zur Klage auch dann legitimiert, wenn sein Verwaltungs- und Nutznießungsrecht während des Rechtsstreits dadurch endet, daß es auf die Klage der Frau gemäß § 1418 BGB. aufgehoben wird; § 265 Abs. 3 ZPO. kann ihm jedenfalls dann nicht entgegengehalten werden, wenn das Urteil nach § 1380 S. 2 BGB. auch gegen die Frau wirkt. Dies ist der Fall, wenn mit der Klage Leistung an die Frau beantragt ist. **135,** 291.

§ 307. Prozeßhindernde Einreden.

— — — — — — — — — — — —

§ 308. Rechtzeitigkeit des Parteivorbringens. Angriffs- und Verteidigungsmittel.

1) Die Anwendung des § 279a ZPO. setzt eine Erörterung des Streitstandes mit den Parteien voraus und ist eine Ausgestaltung des richterlichen Fragerechts. **132,** 337.

§ 309. Verlust des Rügerechts der Parteien wegen Verletzung von Verfahrensvorschriften (§ 295 ZPO.).

1) Auf die Rüge der Verletzung einer Prozeßvorschrift kann im voraus nicht verzichtet werden. **133,** 218. — 2) Über unverzichtbare Verfahrensmängel. **133,** 218. — 3) Die Vorschriften über die Verkündung der Urteile sind zwingenden Rechts. So in dem Falle, daß ein in einer Ehesache von der Zivilkammer beschlossenes Urteil gemäß einem in der Schlußverhandlung ergangenen Beschluß durch den Einzelrichter verkündet worden ist. Ein solcher Verstoß ist nicht heilbar durch Nichtrüge. **135,** 118. — 4) Die Vorschriften über die Formen der Sachanträge im § 297 ZPO. sind zwingend und ihre Verletzung ist nicht durch Verzicht der Parteien heilbar; § 295 Abs. 1 ZPO. findet keine Anwendung. **136,** 373.

§ 310. Anerkenntnis. Geständnis. Gerichtskundigkeit.

1) Es besteht kein Erfahrungssatz, wonach ein kinderloser Ehemann, der unter Übergehung oder Ausschließung seiner Geschwister seine mit Namen bezeichnete Ehefrau als Alleinerbin einsetzt, dann, wenn er die Möglichkeit des Vorversterbens dieser Frau und seine Wiederverheiratung mit einer anderen bedacht hätte, auch die letztere als Alleinerbin eingesetzt haben würde. **134,** 281.

§ 311. Glaubhaftmachung.

— — — — — — — — — — — —

§ 312. Allgemeine Bestimmungen über die Beweisaufnahme. Beweisbeschluß. Beweis durch Augenschein. Sühneverfahren.

— — — — — — — — — — — —

§ 313. Zeugenbeweis.

1) Ob die Partei ihre Revisionsrüge, daß sie von einem Termin zur Vernehmung eines Zeugen nicht benachrichtigt worden sei, unmittelbar auf die §§ 357, 397 ZPO. stützen kann, oder auf sie nur in Verbindung mit § 286 ZPO. (so RGZ. Bd. 118 S. 384), wird offen gelassen. **136,** 299. — 2) Wird die zu 1) genannte Rüge beim Prozeßgericht erhoben, so braucht die Partei zur Begründung nur nachzuweisen, daß die Vernehmung gesetzwidrig vor sich gegangen ist. Eine weitere Beweislast, etwa dahin, daß der Zeuge bei Wahrnehmung des Termins durch die Partei möglicherweise eine andere Aussage gemacht hätte, darf der Partei nicht auferlegt werden. Die Möglichkeit, daß im Einzelfalle die Fruchtlosigkeit einer erneuten Vernehmung festgestellt werden könnte (RGZ. Bd. 100 S. 175), wird offen gelassen. **136,** 299.

§ 314. Beweis durch Sachverständige.

— — — — — — — — — —

§ 315. Beweis durch Urkunden.

1) Wie kann der Beweis der Unrichtigkeit einer in einer öffentlichen Urkunde bezeugten Tatsache geführt werden? **131,** 284.

§ 316. Beweis durch Eid.

1) § 581 ZPO. unterscheidet nicht zwischen in- und ausländischem Strafurteil und Strafverfahren. Auch die ausländische rechtskräftige Verurteilung wegen vorsätzlicher oder fahrlässiger Verletzung der Eidespflicht erschüttert die formelle Beweiskraft des Parteieides dermaßen, daß es nicht mehr rechtens sein kann, an ihr festzuhalten. Die ausländische rechtskräftige Freisprechung verschließt gleich der inländischen den Weg zum Beweis des Gegenteils, weil das Verfahren ungehindert durchgeführt ist und ein neues regelmäßig nicht mehr in Betracht kommt. **140,** 97.

§ 317. Sicherung des Beweises.

— — — — — — — — — —

§ 318. Richterliche Beweiswürdigung und Schadensschätzung.

1) Bloßer Verdacht der Selbstverstümmelung (Versicherungsbetrug), dem Möglichkeiten von gleicher Wahrscheinlichkeit gegenüberstehen, kann keinen Beweis des ersten Anscheins erbringen. **132,** 388. — 2) Allgemeine Grundsätze über den Beweis des ersten Anscheins, insbesondere seine Beziehung zur Beweislast und zur Wahrscheinlichkeit sowie über das Wesen des sog. typischen Geschehensablaufs. **134,** 237. — 3) § 287 Abs. 2 ZPO. ist nicht auf Schadensersatzansprüche beschränkt. **137,** 88. — 4) § 287 Abs. 2 ZPO. umfaßt z. B. bei einem herauszugebenden Gewinn auch die Frage, ob überhaupt ein Gewinn erwachsen ist. **139,** 172.

§ 319. Unterordnung von Tatsachen unter das Gesetz. Gesetzesanwendung durch den Richter von Amts wegen. Richterliches Ermessen.

1) Wenn der Kläger in einem Falle, wo der Klaganspruch nach Grund und Betrag an sich unstreitig ist, gegenüber dem Aufrechnungseinwand des Beklagten in erster Linie Unzulässigkeit der Aufrechnung, in zweiter Linie Unbegründetheit der Gegenforderung geltend macht, so darf das Gericht, das die Gegenforderung für unbegründet hält, die Frage nach der Zulässigkeit der Aufrechnung nicht dahingestellt lassen. Ein derartiger Verfahrensverstoß ist auch ohne Prozeßrüge von Amts wegen zu berücksichtigen. **132,** 305.

§ 320. Entscheidungen. Urteile im allgemeinen. Beschlüsse. Verfügungen.

1) Wenn der Kläger in einem Falle, wo der Klaganspruch nach Grund und Betrag an sich unstreitig ist, gegenüber dem Aufrechnungseinwand des Beklagten in erster Linie Unzulässigkeit der Aufrechnung, in zweiter Linie Unbegründetheit der Gegenforderung geltend macht, so darf das Gericht, das die Gegenforderung für unbegründet hält, die Frage der Zu-

lässigkeit der Aufrechnung nicht dahingestellt lassen, sondern hat zuerst hierzu Stellung zu nehmen. Andernfalls liegt ein Verfahrensmangel vor, der von Amts wegen zu berücksichtigen ist. **132,** 305. — 2) Wenn ein auf Grund mündlicher Verhandlung erlassenes Urteil, statt verkündet zu werden, dadurch verlautbart wird, daß die Urteilsformel den Parteien von Amts wegen zugestellt wird, so liegt zwar ein äußerlich fertig erscheinendes Urteil vor, gegen das deshalb die Berufung möglich und zulässig ist. Sachlich handelt es sich aber um ein „Nichturteil", das der Aufhebung unterliegt, um einen Urteilsentwurf, der die Parteien nicht gehindert hätte, dieselbe Instanz erneut anzugehen, da diese an die darin niedergelegte Entscheidung nicht gebunden war. **133,** 215. — 3) Ein in einer Ehesache von der Zivilkammer beschlossenes Urteil kann nicht gemäß einem in der Schlußverhandlung ergangenen Beschluß vom Einzelrichter verkündet werden. Der darin liegende Prozeßverstoß ist nicht heilbar durch Nichtrüge, weil die Vorschriften über die Verkündung der Urteile zwingenden Rechts sind. **135,** 118. — 4) Nicht verkündete Beschlüsse müssen den Parteien von Amts wegen zugestellt werden. Erst damit ist der Beschluß „erlassen". Durch die Übersendung einer einfachen Abschrift kann die Zustellung jedenfalls dann nicht ersetzt werden, wenn mit der Zustellung eine Frist eröffnet wird. **135,** 303. — 5) Wird nur eine Geldrente oder nur eine Kapitalabfindung gefordert, so ist das Gericht nicht befugt, an Stelle der vom Kläger gewählten Befriedigungsart von Amts wegen auf die andere zu erkennen. **136,** 375. — 6) Die nach § 329 Abs. 3 ZPO. erforderliche Zustellung wird durch eine fernmündliche Mitteilung der Geschäftsstelle an den Antragsteller nicht ersetzt. **137,** 270. — 7) Das Gericht darf nicht dahingestellt sein lassen, ob eine gerügte Klagänderung vorliegt und dann aus sachlichen Gründen die Klage für unbegründet erklären. **137,** 333. — 8) Das Berufungsgericht kann wegen des in Nr. 7 bezeichneten Prozeßverstoßes aufheben und zurückverweisen. Aber, ob es dies tun will, steht in seinem vom Revisionsgericht nicht nachprüfbaren Ermessen. **137,** 333. — 9) Die Zustellung einer Urteilsausfertigung ist nicht deshalb unwirksam, weil sie entgegen § 317 Abs. 2 Satz 1 ZPO. vor der Verkündung des Urteils oder der Zustellung der Urteilsformel gemäß § 7 EntlVo. in der Fassung vom 13. Mai 1924 erteilt wurde, sofern zur Zeit der Zustellung die Urteilsverkündung oder deren Ersatz gemäß § 7 EntlVo. stattgefunden hat. Gleiches gilt für das Fehlen des in § 315 Abs. 3 ZPO. vorgeschriebenen Verkündungsvermerks oder seines Ersatzes gemäß § 7 EntlVo. **140,** 348.

§ 321. Endurteil. Teilurteil. Zwischenurteil. Urteil nach Lage der Akten. Vorbehaltsurteil. Ausländisches Urteil.

I. Endurteil.

— — — — — — — — — — — —

II. Teilurteil.

1) Unter welchen Umständen ist der Erlaß eines die Haftung nur nach dem Kraftfahrzeuggesetz aussprechenden Teilurteils zulässig? **139,** 302; **140,** 386 (392).

III. Zwischenurteil nach § 303 ZPO.

1) Muß bei Geltendmachung von zwei Klagegründen, wenn der eine als unbegründet angenommen wird, der andere aber ein Urteil über den Grund des Anspruchs rechtfertigt, außer dem Erlaß des Grundurteils die Klage hinsichtlich des anderen Klagegrundes abgewiesen werden? **131,** 343 (346). — 2) Nachfolgendes Zwischenurteil über die Rechtsnachfolge. Beginn der Rechtsmittelfrist für das erste (den Erblasser verurteilende) Erkenntnis. **140,** 348.

IV. Zwischenurteil nach § 304 ZPO.

1) Grundfeststellung bei der Feststellungsklage nur denkbar, wenn sie beziffert ist. **131,** 119 (125). — 2) Die unanfechtbar gewordene Entscheidung über den Grund eines Schadensersatzanspruches schließt nicht aus, daß im Betragverfahren die Klage gänzlich mit der Begründung abgewiesen wird, es sei dem Kläger kein Vermögensschaden entstanden. **132,** 16. — 3) Ein Grundurteil ist auch in einem Rechtsstreit über eine Konkursanfechtung möglich, aber nur soweit Wertersatz in Geld gefordert wird. Im Verfahren über den Grund des Anspruchs müssen aber jedenfalls die verschiedenen Gesichtspunkte im einzelnen erörtert werden, aus denen eine Anfechtbarkeit der Rechtshandlung wegfallen kann. **138,** 84. — 4) Im Betragsverfahren kann eine den Grund des Anspruchs betreffende Anfechtung nicht mehr geltend gemacht werden, wenn der Anfechtungsgrund schon im Verfahren über den Grund des Anspruchs vorhanden gewesen war. Es kommt nicht darauf an, daß der Anfechtungsberechtigte von dem Anfechtungsgrund erst später Kenntnis erlangt und dann die Anfechtung erklärt hat. **138,** 212. — 5) Über die Zulässigkeit von Zwischenurteilen über den Grund des Anspruchs in Aufwertungssachen s. Syst. Reg. § 389 Nr. 35. — 6) Anforderungen, denen das Grundurteil bei einer Schadensersatzklage genügen muß, die ein einheitliches Begehren auf einen Sachverhalt stützt, der mehrere Tatbestände von verschiedener rechtlicher Bedeutung umfaßt. Das Urteil muß sich klar darüber aussprechen, ob mehrere unerlaubte Einzelhandlungen vorliegen, von denen die einen Vermögensschaden, die anderen Gesundheitsschaden und wieder andere beides verursacht haben, oder — was rechtlich möglich ist — ob ein einheitliches unerlaubtes Verhalten anzunehmen ist, das sowohl Gesundheits- wie Vermögensschaden bewirkt hat. Auch darf nicht die Feststellung völlig dem Betragsverfahren überlassen werden, nach welchen Richtungen hin im einzelnen das Vermögen und die Gesundheit verletzt worden sind. **140,** 392.

IVa. Urteil nach Lage der Akten.

1) Über die Erfordernisse der Entscheidung nach Lage der Akten. **132,** 330 (335flg.).

V. Vorbehaltsurteil.

— — — — — — — — — — —

VI. Ausländisches Urteil.

1) Gegen den Zweck eines deutschen Gesetzes verstößt nicht die Anerkennung des von einem Gericht der Freien Stadt Danzig erlassenen

Urteils, das in Anwendung des Danziger Rechts einer vor dem Kriege in deutscher Währung begründeten persönlichen Forderung die rückwirkende Aufwertung versagt. **132,** 193.

VII. Schiedsurteil.

1) Das dem Richter im Schiedsurteilsverfahren (EntlVo. §§ 18 flg.) eingeräumte freie Ermessen in der Bestimmung des Verfahrens umfaßt nicht die Befugnis, die eidliche Vernehmung der Partei anzuordnen. **139,** 12.

§ 322. Anerkenntnisurteil. Versäumnisurteil. Einspruch. Verlustigkeitsurteil.

1) Das Urteil, das wegen Nichtverhandelns des Berufungsklägers dessen Antrag auf Wiedereinsetzung in den vorigen Stand gegen die Versäumung der Berufungsfrist abweist und die Berufung als unzulässig verwirft, ist ein Versäumnisurteil. Aber gegen das Versäumnisurteil ist der Einspruch nicht statthaft und die Revision nur dann zulässig, wenn sie darauf gestützt wird, daß rechtsirrigerweise der Fall der Versäumung angenommen worden ist. **140,** 77.

§ 323. Tatbestand und Entscheidungsgründe des Urteils. Urteilsformel. Berichtigung und Ergänzung des Urteils. Formelle Rechtskraft.

I. Tatbestand. Berichtigung und Ergänzung des Urteils.

1) Die Regeln vom Ergänzungsurteil nach § 321 ZPO. finden keine Anwendung auf ein nachfolgendes Zwischenurteil über die Rechtsnachfolge; daher auch Unanwendbarkeit des § 517 ZPO. über den Lauf der Rechtsmittelfrist bei der vorangegangenen Entscheidung. **140,** 348.

II. Urteilsformel.

— — — — — — — — — — —

III. Entscheidungsgründe.

— — — — — — — — — — —

IV. Formelle Rechtskraft. (Materielle Rechtskraft s. § 19).

1) Beachtung der Rechtskraft von Amts wegen auch ohne Einrede, sofern die Rechtskraft Gegenstand der Verhandlung war; ob sie auch über den Verhandlungsgrundsatz hinaus zu prüfen ist, wird dahingestellt gelassen. **135,** 34.

§ 324. Prozeßvergleich.

— — — — — — — — — — —

§ 324a. Verfahren vor den Amtsgerichten.

— — — — — — — — — — —

§ 324b. Verfahren vor dem Einzelrichter.

— — — — — — — — — — —

5. Rechtsmittel.

§ 325. Gemeinsame Bestimmungen für Berufung und Revision. Verzicht auf das Rechtsmittel. Zurücknahme. Verbot der reformatio in peius.

1) Ist von beiden Vorinstanzen zu Unrecht wegen eines Mangels in der Klagzustellung abgewiesen, so kann in sinngemäßer Anwendung des § 538 Nr. 2 ZPO. die Sache an das Gericht erster Instanz zurückverwiesen werden. **133,** 370. — 2) Zur Auslegungsfähigkeit von Prozeßhandlungen (teilweise zurückgenommene Berufung, Umfang der Zurücknahme). **134,** 130. — 3) Ein durch teilweise Zurücknahme oder durch teilweises Unzulässigwerden erledigtes oder durch Teilverzicht eingeschränktes Rechtsmittel kann nicht nachträglich im Wege der Klagerweiterung auf den so abgeschlossenen Teil des Rechtsstreits erstreckt werden. **135,** 17. — 4) Gegen ein gesetzwidrig verkündetes Urteil (Urteil in einer Ehesache auf Scheidung, von der Zivilkammer beschlossen, vom Einzelrichter verkündet) ist dasselbe Rechtsmittel gegeben wie gegen ein ebensolches ordnungsmäßig verkündetes Urteil. **135,** 118. — 5) Inwieweit enthält die Ankündigung eines eingeschränkten Revisionsantrags eine endgültige Beschränkung des Rechtsmittels? **136,** 353. — 6) Rechtsmittelschriften müssen grundsätzlich von dem Prozeßbevollmächtigten der Partei eigenhändig unterschrieben sein. Ausnahmen: a) Die Rechtsprechung hat bisher stets telegraphische Rechtsmitteleinlegungen zugelassen. Hierin liegt eine gewohnheitsrechtliche Fortbildung der einschlägigen Bestimmungen der ZPO. b) Die bisher vertretene Meinung, das Aufgabetelegramm müsse die eigenhändige Unterschrift des Anwalts tragen, wird aufgegeben. c) Danach ist auch die telefonische Aufgabe des eine Rechtsmitteleinlegung enthaltenden Telegramms durch den Anwalt zulässig. **139,** 45 (zu vgl. aber Syst. Reg. § 157 II unter Nr. 20). — 7) § 517 ZPO. findet keine Anwendung auf den Fall, daß ein vor dem Tode einer Partei verkündetes Urteil nach Unterbrechung oder Aussetzung des Verfahrens durch ein zweites, die Rechtsnachfolge feststellendes Urteil ergänzt worden ist. **140,** 348.

§ 326. Zulässigkeit der Berufung. Anschließung.

I. Zulässigkeit der Berufung.

1) Läuft die Frist zum Nachweis der Zahlung der Prozeßgebühr mit einem Sonntag aus und reicht der Rechtsmittelkläger rechtzeitig ein Armenrechtsgesuch ein, so wird der auf den Sonntag folgende Werktag in den von Beendigung der Hemmung ab laufenden Rest der Frist nicht mit eingerechnet. **131,** 107; vgl. RGZ. **131,** 337. — 2) Dem Berufungskläger kann die Frist nach § 519 Abs. 6 ZPO. auch dann noch bestimmt werden, wenn ihm das Armenrecht zunächst bewilligt worden war, später aber (nach Beweisaufnahme) wegen Aussichtslosigkeit der Rechtsverfolgung wieder entzogen worden ist. **132,** 353. — 3) Für die Zulässigkeit der Berufung genügt der äußere Anschein eines Urteils. **133,** 215 (221); zu vgl. auch **135,** 118 (119). — 4) Die Vorschrift der Dritten Verordnung des Reichspräsidenten zur Sicherung von Wirtschaft und Finanzen vom 6. Oktober 1931 über die Berufungssumme (Sechster Teil Kap. I § 10) findet keine

Anwendung auf Verfahren, die vor ihrem Inkrafttreten in erster Instanz anhängig geworden sind. **135,** 121. — 5) Bei Erweiterung des Berufungsantrags kann nicht abermals eine Frist nach § 519 Abs. 6 ZPO. gesetzt (RGZ. Bd. 109, S. 349), wohl aber kann § 74 Abs. 2 Satz 3 GKG. entsprechend angewendet werden, d. h.: es kann nicht auf Antrag des Zahlungssäumigen, wohl aber auf Antrag des Gegners Termin anberaumt werden, auch ein Versäumnisurteil gegen ersteren ergehen. **135,** 224. — 6) Ist im vorigen Fall auf Antrag des Zahlungssäumigen dennoch Termin anberaumt worden, so ist es unzulässig, ihn bei ordnungsmäßiger Vertretung von der Verhandlung auszuschließen und als nichterschienen zu behandeln. **135,** 224. — 7) Für die Zulässigkeit der Berufung ist ausschlaggebend, ob das angerufene Gericht gerade im Zeitpunkt der Einlegung des Rechtsmittels zuständig war. **137,** 114. — 8) Wird die Berufung bei einem unzuständigen Berufungsgericht eingelegt, so ist sie wegen Nichteinhaltung der gesetzlichen Form als unzulässig zu verwerfen. **137,** 116. — 9) Welches Oberlandesgericht ist als Berufungsgericht zuständig, wenn das Landgericht nach Erlassung seines Urteils aufgehoben worden ist und die ihm zugehörig gewesenen Amtsgerichte anderen Landgerichten zugeteilt worden sind, die verschiedenen Oberlandesgerichtsbezirken angehören? **137,** 113. — 10) Haben mehrere als Gesamtschuldner zur Bezahlung derselben Forderung verurteilte Beklagte gesondert Berufung eingelegt, so ist zwar jedem von ihnen eine besondere Nachweisfrist zu setzen, aber die fristgemäße (d. h. auch vor Ablauf der Nachweisfrist der Nichtzahlenden geleistete) Zahlung der Gebühr durch einen von ihnen wirkt auch für die anderen. **137,** 192. — 11) Die nach § 329 Abs. 3 ZPO. erforderliche Zustellung wird durch eine fernmündliche Mitteilung der Geschäftsstelle an den Antragsteller nicht ersetzt. Daher wird die Verlängerung der Nachweisfrist des § 519 Abs. 6 ZPO. nicht schon durch mündliche oder fernmündliche Mitteilung an den Antragsteller wirksam. **137,** 270. — 12) § 517 ZPO. findet keine Anwendung auf den Fall, daß ein vor dem Tode einer Partei verkündetes Urteil nach Unterbrechung oder Aussetzung des Verfahrens durch ein zweites, die Rechtsnachfolge feststellendes Urteil ergänzt worden ist. **140,** 348.

II. Anschließung.

1) Sofern die Hauptberufung zulässig ist, hängt die Zulässigkeit der Anschlußberufung nicht davon ab, daß der Wert des Beschwerdegegenstandes die Berufungssumme übersteigt. Dabei macht es keinen Unterschied, ob die Anschließung innerhalb der Berufungsfrist geschah oder erst nach ihrem Ablauf. **137,** 232. — 2) Die zum Zwecke der Klagerweiterung erfolgende Anschließung setzt keine Beschwer des Anschließungsklägers voraus **139,** 71.

§ 327. Verfahren in der Berufungsinstanz.

1) Sog. unechtes Versäumnisurteil nach § 542 Abs. 2 ZPO. Was ist unter dem „tatsächlichen mündlichen Vorbringen des Berufungsklägers" und dem „festgestellten Sachverhältnis" zu verstehen? **131,** 109. — 2) Das Berufungsgericht darf neues Verteidigungsvorbringen dann nicht zurück-

weisen, wenn das Verfahren des Landgerichts prozeßordnungswidrig war; vielmehr muß dann entweder das fehlerhaft erlassene erstinstanzliche Urteil nach § 539 ZPO. aufgehoben werden oder der Berufungsrichter muß unter Beachtung der vorgebrachten Verteidigung auf Grund eigener Sachwürdigung entscheiden. **132,** 330 (335 flg.). — 3) Dem Berufungskläger kann die Frist nach § 519 Abs. 6 ZPO. auch dann noch bestimmt werden, wenn ihm das Armenrecht zunächst bewilligt worden war, später aber (z. B. nach Beweisaufnahme) wegen Aussichtslosigkeit der Rechtsverfolgung wieder entzogen worden ist. **132,** 353. — 4) Zur Auslegungsfähigkeit von Prozeßhandlungen, insbesondere bei teilweise zurückgenommener Berufung zur Auslegung des Umfangs der Zurücknahme. **134,** 130. — 5) Freies Ermessen des Berufungsgerichts, ob es von der Ermächtigung nach § 539 ZPO., aufzuheben und zurückzuverweisen, Gebrauch machen will. **137,** 333. — 6) Der Übergang des ausgleichsberechtigten Aufwertungsschuldners vom Zahlungsanspruch zum Schuldbefreiungsanspruch stellt keine Geltendmachung eines neuen Anspruchs im Sinne von § 529 Abs. 4 ZPO. dar. **139,** 315. — 7) Keine Zurückverweisung an das Landgericht nach § 538 Nr. 3 ZPO. in dem Falle, wenn bei der Stufenklage nach § 254 ZPO. das Landgericht die Klage abgewiesen hatte, das Berufungsgericht aber sie zusprechen will. **140,** 192.

§ 328. Urteil des Berufungsgerichts.

1) Bindung des Berufungsgerichts und des Revisionsgerichts an die rechtliche Beurteilung, die das Revisionsgericht in seinem früheren Urteil der Aufhebung zugrunde gelegt hatte. **131,** 261. — 2) Unter welchen Voraussetzungen ist nach Vorabentscheidung des Landgerichts über den Grund des Anspruchs und nach Einlegung der Berufung gegen dieses Urteil der Streit über den Betrag des Anspruchs für das Berufungsgericht zur Entscheidung reif? (Ablehnung der Auffassung von Stein-Jonas, wonach der Kläger im Wege der Anschlußberufung einen dahin gehenden Antrag stellen müsse). **132,** 103. — 3) Kann das Berufungsgericht neues Verteidigungsvorbringen zurückweisen, wenn das Verfahren des Landgerichts an Fehlern leidet, welche die Verteidigung des Beklagten beeinträchtigt haben? (Verneint; denn die Beschränkung in der Geltendmachung neuer Angriffs- und Verteidigungsmittel in der Berufungsinstanz findet ihre Rechtfertigung darin, daß die Parteien schon im ersten Rechtszug dem Gesetze gemäß gehört worden sind.) **132,** 330 (335 flg.).

§ 329. Zulässigkeit der Revision. Wert des Beschwerdegegenstandes. Revisionssumme. Einlegung und Begründung. Frist. Anschließung. Zurücknahme.

I. Zulässigkeit. Frist. Anschließung.

1) Auch wenn der letzte Tag der ursprünglichen Revisionsbegründungsfrist ein Sonntag war, beginnt die um einen Monat verlängerte Frist unmittelbar nach Ablauf der alten Frist zu laufen (vgl. auch RGZ. Bd. 131 S. 107). **131,** 337. — 2) Ein Vertrag wird nicht dadurch zu einem typischen und revisiblen, daß er einem nur von der einen Partei benutzten, nach ihrer

Angabe allgemein üblichen Formularbuch entspricht. Hinzukommen muß die Kenntnis des anderen Teils, daß er sich dadurch Bestimmungen unterwirft, die als allgemeine Norm festgestellt sind und im gleichen Sinne eine Vielheit anderer bereits bestehender oder künftiger Vertragsverhältnisse beherrschen oder beherrschen werden. **134,** 82. — 3) Wenn der Kläger, um der Sache die Revisionsfähigkeit zu nehmen, den zunächst die Revisionssumme übersteigenden Klagantrag auf weniger als die Revisionssumme ermäßigt und auf weitergehende Ansprüche verzichtet, dann kann das den Klaganspruch für berechtigt erklärende Urteil auch dann nicht mit der Revision angefochten werden, wenn der Beklagte in Höhe des Betrages, um den die Klage ermäßigt worden ist, Widerklage auf negative Feststellung erhoben hat. **139,** 221. — 4) Um einen Anspruch „wegen Verfügungen der Verwaltungsbehörden" nach § 71 Abs. 3 GVG. handelt es sich nur dann, wenn den Klagegrund im Rechtsstreit die Verfügung der Verwaltungsbehörde selbst bildet, nicht aber ein sonstiges zwischen dem Kläger und dem Staate bestehendes Rechtsverhältnis, auf das sich eine Verwaltungsverfügung bloß bezieht. **139,** 278. — 5) § 71 Abs. 3 GVG. erfordert nicht, daß sich die Klagen gegen die Verfügungen der Verwaltungsbehörden wenden, sondern trifft auch den Fall, wo geltend gemacht wird, eine solche Verfügung gebe trotz ihrer Rechtsbeständigkeit Anlaß zu einer Schadloshaltung durch den Staat. **139,** 278. — 6) Vermögensrechtlich ist ein Anspruch nur dann, wenn er entweder aus einem vermögensrechtlichen Verhältnis abgeleitet wird oder zwar nicht auf vermögensrechtlicher Grundlage beruht, dann aber ein Verlangen darstellt, dessen Gegenstand einen Vermögenswert besitzt. **139,** 398. — 7) Der Anspruch der Beamten auf Gestattung in die Einsichtnahme der Personalnachweise ist kein vermögensrechtlicher Anspruch. Er kann daher nicht im Rechtsweg verfolgt werden. **139,** 396. — 8) Erscheint der Berufungskläger, der gegen die Versäumung der Berufungsfrist Antrag auf Wiedereinsetzung in den vorigen Stand gestellt hatte, im Verhandlungstermin nicht, so ist durch Versäumnisurteil sein Antrag abzuweisen und die Berufung als unzulässig zu verwerfen. Gegen das Versäumnisurteil ist der Einspruch nicht statthaft und die Revision nur dann zulässig, wenn sie darauf gestützt wird, daß rechtsirrigerweise der Fall der Versäumung angenommen worden ist. **140,** 77. — 9) Die Frist für die Einlegung der Sprungrevision beginnt bereits mit der Zustellung des abgekürzten Urteils; § 552 ZPO. ist hierauf nicht anwendbar. **140,** 167.

II. Wert des Beschwerdegegenstandes; Revisionssumme.

1) Bei Berechnung der Revisionssumme ist der Streitwert der Anschlußberufung nicht mit zu berücksichtigen, wenn diese sich nur auf die Kostenlast derjenigen Partei bezogen hatte, die dann Revision in der Hauptsache eingelegt hat. **133,** 288. — 2) Zur Bestimmung des Wertes des Streitgegenstandes bei der Klage auf Herausgabe von Sachen, wenn die Herausgabepflicht selbst nicht mehr streitig ist, sondern nur darüber gestritten wird, ob der Kläger dem Beklagten Zug um Zug gegen Herausgabe dieser Sachen eine Geldsumme zu zahlen hat. **133,** 288. — 3) Der für den Streitwert der Klage geltende Grundsatz, wonach der Wert der geforderten Leistung

auch dann entscheidet, wenn die Leistung Zug um Zug gegen eine Gegenleistung verlangt wird, gilt auch für den Streitwert der Revisionsinstanz, wenn der Zug um Zug in vollem Umfang verurteilte Beklagte unbeschränkt Revision eingelegt hat. **140,** 358.

III. Einlegung und Begründung der Revision.

(S. auch Syst. Reg. § 330 II.)

1) Zur Begründung von Verfahrensrügen. Keine Nachschiebung eines anderen Tatsachenbestandes. **131,** 109 (113). — 2) Feststellung im Tatbestand, dem Aktenzeichen nach bezeichnete Strafakten seien „Gegenstand der mündlichen Verhandlung" gewesen; Rüge, daß danach nicht erkennbar sei, welche Bestandteile dieser Akten vorgetragen seien; in dieser Form nicht ausreichend begründet. **131,** 119. — 3) § 323 ZPO. ist nicht ausschließlich verfahrensrechtlicher, sondern wesentlich auch sachlich-rechtlicher Art. Seine unrichtige Anwendung kann daher im Wege der Sprungrevision gerügt werden. **140,** 167.

IV. Anschließung.

— — — — — — — — — — — —

V. Zurücknahme.

1) Der bayerische Anwalt kann die von ihm beim Bayerischen Obersten Landesgericht eingelegte Revision noch wirksam zurücknehmen, nachdem sich das genannte Gericht gemäß § 7 EG. z. ZPO. für unzuständig erklärt hat, und zwar solange, bis ein beim Reichsgericht zugelassener Rechtsanwalt bestellt ist und sich gemeldet hat. **132,** 92.

§ 330. Revisibles und nichtrevisibles Recht. Revisionsgründe. Verletzung des Gesetzes. Verfahren in der Revisionsinstanz.

I. Revisibles und nichtrevisibles Recht.

1) Zum Begriff des sog. typischen Vertrags. **134,** 82. — 2) Die Verletzung allgemeiner, im BGB. ausgesprochener Rechtsgedanken und allgemeiner Grundsätze der Rechtswissenschaft, die nur zur Ergänzung von Sätzen des Landesrechts dienen, begründet die Revision dann nicht, wenn diese landesrechtlichen Sätze der Nachprüfung durch das Revisionsgericht entzogen sind. **136,** 222. — 3) Unterliegen im Fall des Art. 27 EG. z. BGB. die Feststellungen des Berufungsgerichts über den Inhalt des ausländischen Rechts der Nachprüfung durch das Revisionsgericht? **136,** 361. — 4) Das preußische Gesetz betr. die Gründung neuer Ansiedlungen in der Provinz Hessen-Nassau vom 11. Juni 1890 (GS. S. 173) ist revisibel; denn obwohl es formell nur in einer Provinz gilt, stimmt es mit den für andere preußische Provinzen erlassenen einschlägigen Gesetzen überein und bildet einen Teil der einheitlichen Regelung des Ansiedlungswesens. **137,** 163 (168). — 5) Irrevisibilität der Hausgesetze des Sachsen-Ernestinischen Gesamthauses, insbesondere der Regimentsverfassung vom 9. November 1672 und des Sachsen-Altenburgischen Gesetzes vom 29. April 1874, die definitive Regu-

lierung der Rechtsverhältnisse am Domänenvermögen betreffend. **137,** 332, 334. — 6) Das allgemeine deutsche Privatfürstenrecht ist für Familien- und vermögensrechtliche Angelegenheiten — im Gegensatz zu den Hausverfassungen des in Art. 58 EG. z. BGB. bezeichneten hohen Adels — revisibel. **137,** 335. — 7) Das gemeine Sachsenrecht ist revisibel. **137,** 343.

II. Revisionsgründe.

(S. auch § 329 III.)

1) Der ordentliche Vorsitzende eines Senats ist durch die Tätigkeit als Reichstagsabgeordneter nicht dauernd verhindert, den Vorsitz zu führen. **131,** 31. — 2) In welchem Umfang ist die Vertretung des Oberlandesgerichtspräsidenten als Vorsitzenden eines Zivilsenats durch das dienstälteste Senatsmitglied zulässig? **132,** 295. — 3) Welche Voraussetzungen sind für eine dem Gesetz entsprechende Führung des Vorsitzes aufzustellen, wenn ein Senatspräsident gleichzeitig Vorsitzender mehrerer Senate ist? **132,** 301. — 4) Wenn das Berufungsgericht Verfahrensvorgänge der ersten Instanz rechtlich falsch beurteilt, dann begründet dies einen sachlich-rechtlichen Mangel, keinen Verfahrensmangel, dessen Berücksichtigung eine besondere Verfahrensrüge voraussetzte. **132,** 330 (335). — 5) Das deutsch-polnische Aufwertungsabkommen vom 5. Juli 1928 ist vom Revisionsgericht auch dann zu beachten, wenn das Berufungsurteil vor Inkrafttreten des Abkommens erlassen worden war. **133,** 184. — 6) Nichtberücksichtigung allgemeiner Erfahrenssätze und wesentlicher Erfahrungstatsachen bei der Beurteilung eines Sachverhalts kann zur Begründung der Revision dienen. Beispiel: Außerachtlassen der Rolle, die das Buchhändler-Börsenblatt im buchhändlerischen Verkehr spielt, bei der Frage, ob Kenntnis gewisser Tatsachen in Verlagskreisen zu vermuten ist. **139,** 327. — 7) Neue sachlich-rechtliche Normen aus der Zeit nach Abschluß der Tatsacheninstanzen sind in der Revisionsinstanz zu beachten, wenn es durch ihren Zweck und Inhalt geboten ist. **140,** 41. — 8) Die Rüge aus § 551 Nr. 7 ZPO. setzt das Übergehen eines selbständigen Angriffs- oder Verteidigungsmittels voraus; davon zu unterscheiden ist eine bloß sachlich unzulängliche Begründung der Entscheidung. Diese fällt nicht unter die Rüge. **140,** 408.

III. Verfahren in der Revisionsinstanz.

1) Bindung des Berufungsgerichts und des Revisionsgerichts an die rechtliche Beurteilung, die das Revisionsgericht in seinem früheren Urteil der Aufhebung zugrunde gelegt hatte. **131,** 261. — 2) Fehlt bei einem Rechtsstreit über einen vermögensrechtlichen Anspruch die Revisionssumme und ist die Klage wegen Unzulässigkeit des Rechtswegs abgewiesen worden, so unterliegt das angefochtene Urteil nur in Bezug auf diesen Abweisungsgrund der Nachprüfung. **133,** 302; s. auch Nr. 12 und 13. — 3) Ist von beiden Vorinstanzen wegen eines Mangels in der Klagzustellung zu Unrecht abgewiesen worden, so kann in sinngemäßer Anwendung des § 538 Nr. 2 ZPO. die Sache an das Gericht erster Instanz zurückverwiesen werden. **133,** 370. — 4) Der Einleitung eines Verfahrens nach § 136 Abs. 2 GVG. bedarf es nur dann, wenn die Rechtsansicht, von der abgewichen werden

soll, die wesentliche Grundlage der früheren Entscheidung bildet, wenn diese auf der Entscheidung gerade der streitigen Rechtsfrage beruht, wenn es sich also nicht lediglich um beiläufige Bemerkungen handelt. **134,** 17 (22). — 5) Landesrechtliche Normen, die erst nach Erlaß des Berufungsurteils verkündigt worden sind, können im Rechtszug der Revision keine Berücksichtigung finden. **134,** 24. — 6) Der Eigentümer, der in den Tatsacheninstanzen nur den Anspruch aus § 13 Abs. 3 in Verb. mit Abs. 1 Nr. 3 Preuß. FLG. verfolgt hat, kann nicht in der Revisionsinstanz übergehen zum Anspruch aus § 3 Abs. 1—5 der Zweiten Vo. des Reichspräs. zur Sicherung von Wirtschaft und Finanzen vom 5. Juni 1931 (RGBl. I S. 279), Sechster Teil Kapitel III (a. a. O. S. 309). **134,** 254. — 7) Der Ausgleichungseinwand des im Wege des Rückgriffs von der Berufsgenossenschaft in Anspruch genommenen Mitverpflichteten kann auch noch in der Revisionsinstanz erhoben werden, da der Anspruch der Berufsgenossenschaft sich von vornherein kraft Gesetzes um den Anteil verringert, der auf den mitschuldigen Betriebsunternehmer entfällt. **134,** 293. — 8) Das Reichsgericht hat in ständiger Rechtsprechung (RGZ. Bd. 86 S. 380; Bd. 107 S. 344; Bd. 134 S. 132) angenommen, daß die Auslegung von Prozeßhandlungen der Parteien der freien Nachprüfung in der Revisionsinstanz unterliegt und daß dies besonders auch für Erklärungen gilt, die in vorbereitenden Schriftsätzen enthalten sind. **136,** 206. — 9) Hat das Revisionsgericht eine Auslegung des Berufungsgerichts, die dieses der Prozeßhandlung einer Partei, insbesondere Erklärungen in Schriftsätzen gegeben hat, mißbilligt und selbst eine andere Auslegung gegeben, so fällt dies unter „rechtliche Beurteilung" im Sinne von § 565 Abs. 2 ZPO., an die das Berufungsgericht bei seiner neuen Entscheidung gebunden ist. **136,** 206. — 10) Die Eintragungen, die das Grundbuchamt im Grundbuch zur Kenntnisnahme für jedermann vorgenommen hat, unterliegen (wie Entscheidungen der Gerichte und Verwaltungsbehörden) der Auslegung durch das Revisionsgericht. **136,** 234. — 11) Ein Zwischenurteil des Oberlandesgerichts, durch das einer Partei Wiedereinsetzung in den vorigen Stand gegen die Versäumung der Einspruchsfrist erteilt worden ist, kann unter den sonstigen Voraussetzungen des § 548 ZPO. mit dem Endurteil angegriffen werden; Auseinandersetzung mit der sonstigen reichsgerichtlichen Rechtsprechung. **136,** 275 (278). — 12) Nur soweit ein Anspruch in Bezug auf Revisionsfähigkeit bevorrechtet ist und für ihn die Voraussetzungen des § 547 Nr. 2 ZPO. gegeben sind, ist seine Nachprüfung in der Revisionsinstanz möglich; dagegen scheiden alle damit im Zusammenhang stehenden sonstigen Klagbegründungen aus, für die es an der Revisionssumme fehlt. **139,** 280; s. auch Nr. 2 und 13. — 13) Bei fehlender Revisionssumme unterliegen nur die durch § 547 Nr. 2 ZPO. zugelassenen Klagegründe der Nachprüfung. **140,** 415 (418); s. auch Nr. 2 und 12.

§ 331. Urteil des Revisionsgerichts.

(Vgl. auch § 330.)

1) Hat das Revisionsgericht eine Auslegung des Berufungsgerichts, die dieses der Prozeßhandlung einer Partei, insbesondere Erklärungen in Schriftsätzen gegeben hat, mißbilligt und selbst eine andere Auslegung

gegeben, so fällt dies unter „rechtliche Beurteilung" im Sinne von § 565 Abs. 2 ZPO., an die das Berufungsgericht bei seiner neuen Entscheidung gebunden ist. **136,** 206.

§ 332. Beschwerde.

(Beschwerden in Sachen der freiwilligen Gerichtsbarkeit s. § 367.)

---

6. Wiederaufnahme des Verfahrens.

§ 333. Allgemeine Bestimmungen. Nichtigkeits- und Restitutionsklage.

I. Allgemeine Bestimmungen.

II. Nichtigkeitsklage.

III. Restitutionsklage.

1) Des Antritts und der Erhebung des Urkundenbeweises bedarf es dann nicht, wenn die Parteien über das Vorhandensein und den Inhalt der aufgefundenen Urkunde einig sind und das Gericht der Überzeugung ist, daß diese Angaben der Parteien der Wahrheit entsprechen. **135,** 123. — 2) Das in einem Ehescheidungsstreit ergehende Urteil, durch das eine Restitutionsklage als unzulässig verworfen wird, braucht nicht von Amts wegen zugestellt zu werden. **137,** 90. — 3) Die Restitutionsklage ist zulässig, wenn der Zeugeneid auch nur in einem Punkte als falsch nachgewiesen ist (vgl. RGZ. Bd. 14 S. 325 zu § 580 Nr. 1 ZPO.). **137,** 90. — 4) Die Restitutionsklage nach § 580 Nr. 3 ZPO. ist nicht zulässig, wenn der Täter (Zeuge) außer Verfolgung gesetzt worden ist, weil er sich zur Zeit der Begehung der Tat in einem die freie Willensbestimmung ausschließenden Zustande krankhafter Störung der Geistestätigkeit befunden hat. **139,** 44. — 5) § 581 ZPO. unterscheidet nicht zwischen in- und ausländischem Strafurteil und Strafverfahren. Auch die ausländische rechtskräftige Verurteilung wegen vorsätzlicher oder fahrlässiger Verletzung der Eidespflicht erschüttert die formelle Beweiskraft des Parteieides dermaßen, daß es nicht mehr rechtens sein kann, an ihr festzuhalten. Die ausländische rechtskräftige Freisprechung verschließt gleich der inländischen den Weg zum Beweis des Gegenteils, weil das Verfahren ungehindert durchgeführt ist und ein neues regelmäßig nicht mehr in Betracht kommt. **140,** 97.

7. Besondere Prozeßarten.

§ 334. Urkunden- und Wechselprozeß.

---

§ 335. Ehesachen.

1) Wenn auch der Kläger bei der Scheidungsklage (z. B. aus § 1568 BGB.) alle klagebegründenden Behauptungen beweisen muß, so hat doch der andere Teil die Beweislast für selbständige, mit dem Klagevorbringen nicht im Zusammenhang stehende Gegenbehauptungen (z. B. aus § 1574 Abs. 3 BGB.). **135,** 36. — 2) Ist in erster Instanz auf Scheidung erkannt

und hat der Beklagte, der die Klägerin für mitschuldig erklärt wissen will, Berufung eingelegt, so kann durch Urteil auf einen Eid über einen Ehebruch des Beklagten, der dem erstinstanzlichen Urteil nicht zur Grundlage gedient hat, erkannt werden, sofern die Klägerin auf den Ehebruch zur Begründung ihrer Klage in zweiter Instanz nicht mehr zurückgekommen ist, sondern ihn nur für die Zumutungsfrage hinsichtlich des Mitschuldantrags verwandt wissen wollte. **135,** 36. — 3) Unterliegen im Falle des Art. 27 EG. z. BGB. die Feststellungen des Berufungsgerichts über den Inhalt des ausländischen Rechts der Nachprüfung durch das Revisionsgericht? **136,** 361. — 4) Für die Scheidung von Ehen nordamerikanischer Staatsangehöriger sind die deutschen Gerichte zuständig. **136,** 361. — 5) Die Rückverweisung des ausländischen Rechts auf die deutschen Gesetze ist nach Art. 27 EG. z. BGB. als Sachnormrückverweisung, nicht als Rückverweisung auch auf die Vorschriften des deutschen internationalen Privatrechts aufzufassen. Daher ist, wenn nach dem Rechte eines ausländischen Staates für die Scheidung von Ehen seiner Staatsangehörigen die lex domicilii maßgebend ist, das materielle deutsche Scheidungsrecht ausschließlich anzuwenden. **136,** 361. — 6) Das in einem Scheidungsstreit ergehende Urteil, durch das eine Restitutionsklage als unzulässig verworfen wird, braucht nicht von Amts wegen zugestellt zu werden. **137,** 90.

§ 336. Rechtsstreitigkeiten betr. Feststellung des Rechtsverhältnisses zwischen Eltern und Kindern.

— — — — — — — — — — —

§ 337. Entmündigungsverfahren.

1) Soll eine Entmündigung wegen Trunksucht oder Verschwendung ausgesprochen werden, so muß der zu erlassende Beschluß dem Entmündigten persönlich und, wenn er einen Prozeßbevollmächtigten bestellt hat, diesem gemäß § 176 ZPO. zugestellt werden. Mit dieser Zustellung wird der Entmündigungsbeschluß wirksam. **135,** 182.

§ 338. Mahnverfahren.

— — — — — — — — — — —

§ 339. Konsularsachen.

— — — — — — — — — — —

8. Die Zwangsvollstreckung.

§ 340. Allgemeine Bestimmungen. Rechtskraft der Urteile. Vorläufige Vollstreckbarkeit. Vollstreckung ausländischer Urteile. Vollstreckungsurteil. Vollstreckungsklausel. Einwendungen aus § 766 ZPO. Vollstreckbare Urkunden.

1) Was ist eine zur Abwendung der Vollstreckung gemachte Leistung im Sinne von § 717 Abs. 2 Satz 1 ZPO.? (Keine ausdehnende Auslegung; Folgen des daraufhin veranlaßten Vergleichsverfahrens fallen nicht darunter). **131,** 185. — 2) Die Unterwerfung unter die sofortige Zwangsvollstreckung kann wirksam in einem (dann angenommenen) Vertragsangebot erklärt werden. **132,** 6. — 3) Ist eine ausschließliche Lizenz so begründet worden,

daß sie auf einen Betrieb als Inhaber unübertragbar gestellt ist, so liegt der Fall der Pfändbarkeit nach § 851 Abs. 2 in Verbindung mit § 857 ZPO. nicht vor. **134,** 91. — 4) Über Bedeutung und Tragweite der Vollstreckungsklausel, über die Voraussetzungen ihrer Erteilung und ihrer Beseitigung sowie die Beweislast dabei. **134,** 156. — 5) Der Erstattungsanspruch aus § 717 Abs. 3 ZPO. steht selbständig neben den Bereicherungsansprüchen aus §§ 812flg. BGB. Die sachlichen Voraussetzungen der letzteren, insbesondere die des § 813, sind für ihn nicht zu erfordern. Die Verweisung des § 717 Abs. 3 auf die Bereicherungsvorschriften bezweckt nur, die Verpflichtung des Vollstreckungsgläubigers von der früheren Schadensersatzpflicht auf eine Haftung nach Art des Bereicherungsanspruchs (§ 818 BGB.) abzuschwächen. **139,** 17.

§ 341. Vollstreckungsgegenklage (§§ 767, 768 ZPO.).

— — — — — — — — — —

§ 342. Widerspruchsklage Dritter (§ 771 ZPO.).

— — — — — — — — — —

§ 343. Pfändung. Pfändungspfandrecht.

— — — — — — — — — —

§ 344. Zwangsvollstreckung wegen Geldforderungen in bewegliche Sachen.

1) Während der Dauer der Zwangsverwaltung sind Pfändungen und sonstige Maßnahmen der Mobiliarzwangsvollstreckung in die Zwangsverwaltungsmasse nicht zulässig. Das gilt auch für Ansprüche aus Rechtshandlungen des Zwangsverwalters. **135,** 197. — 2) Die Landesjustizverwaltung ist befugt, in der Geschäftsanweisung für die Gerichtsvollzieher und in Ergänzungsanordnungen hierzu allgemeine Bestimmungen zu treffen über die Auswahl bestimmter Zeitungen für die Bekanntmachungen der Gerichtsvollzieher. **140,** 423.

§ 345. Zwangsvollstreckung wegen Geldforderungen in Forderungen, Hypotheken, Grundschulden und andere Vermögensrechte.

1) Ist eine ausschließliche Lizenz so begründet worden, daß sie auf einen Betrieb als Inhaber unübertragbar gestellt ist, so liegt der Fall der Pfändbarkeit nach § 851 Abs. 2 in Verb. mit § 857 ZPO. nicht vor. **134,** 91. — 2) Der Anspruch auf Schlußentschädigung wegen Gewaltschäden aus dem Kriegsschädenschlußgesetz vom 30. März 1928 war vor dem Inkrafttreten des Gesetzes nicht pfändbar. **134,** 225. — 3) Der Anspruch auf Auszahlung eines Kontokorrentguthabens beruht auf einem bestimmten Rechtsverhältnis, das durch den Kontokorrentvertrag geschaffen ist, und ist als eine auf dieser so gegebenen Rechtsgrundlage beruhende Forderung pfändbar. **135,** 139. — 4) Fehlende Pfändbarkeit einer Forderung trotz vorhandener Abtretbarkeit **135,** 141. — 5) Während der Dauer der Zwangsverwaltung sind Mobiliarzwangsvollstreckungen in die Zwangsverwaltungsmasse nicht zulässig. Das gilt auch für Ansprüche aus Rechtshandlungen des Zwangsverwalters.

135, 197. — 6) Die zur wirksamen Pfändung einer Grundschuld nach §§ 830, 857 Abs. 6 ZPO. erforderliche Übergabe des Briefs wird ersetzt durch dessen Hinterlegung, wenn die Rücknahme ausgeschlossen ist, weil die Hinterlegungsstelle dann für denjenigen Pfändungsgläubiger besitzt, dessen Berechtigung als die bessere nachgewiesen werden wird, und die Hinterlegung bezweckt, dem Schuldner Befreiung von seiner Pflicht zur Übergabe zu verschaffen. **135,** 272. — 7) Die Provisionsforderungen eines Agenten gehören zu den „ähnlichen in fortlaufenden Bezügen stehenden Forderungen" im Sinne von § 832 ZPO.; mindestens wenn sie von einer gewissen Dauer und Stetigkeit sind. Unselbständigkeit des Bezugsberechtigten wird in § 832 nicht vorausgesetzt. Anwendung dieses Grundsatzes auf Forderungspfändungen bei erst später verdienten Provisionsforderungen. **138,** 252. — 8) Hat ein Agent Vollmacht zur Einziehung der Forderungen aus den von ihm abgeschlossenen Verkäufen und zugleich das Recht, seine Provision von den Eingängen zu kürzen, sodaß er nur den Rest an den Arbeitgeber abzuführen braucht, so kann darin ein Aufrechnungsvertrag liegen mit dem Recht des Agenten, die aufgerechneten Forderungen zu bestimmen. **138,** 252. — 9) Im Pfändungs- und Überweisungsbeschluß selbst muß die zu pfändende Forderung so deutlich bezeichnet sein, daß ihre Erkennbarkeit sichergestellt ist. Fehlt es daran, so entsteht kein Pfändungspfandrecht. Ergänzung eines lückenhaften und deshalb unwirksamen Beschlusses aus dem Pfändungsantrag ist unstatthaft. **139,** 97. — 10) Von einer förmlichen Zustellung der Verzichtserklärung nach § 843 Satz 2 ZPO. an den Schuldner kann der Pfändungspfandgläubiger im Einverständnis mit diesem absehen. **139,** 172. — 11) Die Pfändung eines künftig entstehenden Guthabens ist zulässig. **140,** 222. — 12) Zulässig ist die Pfändung künftiger, über den nächsten Rechnungsabschluß hinausliegender Saldoguthaben aus einem Kontokorrentverkehr. Eine solche Pfändung ist indes nur wirksam für das erste bei einem periodischen Abschluß nach Ausbringung der Pfändung entstehende Guthaben, nicht aber für spätere Guthaben. Sobald ein Abschluß ein von der Pfändung erfaßtes Guthaben ergeben hat, erledigt sich die Pfändung. **140,** 219. — 13) Die Pfändung einer Forderung des Vollstreckungsschuldners an einen Dritten, der seinen Wohnsitz im Ausland hat, ist mit Rücksicht auf den „Lokalisierungsgrundsatz" des § 23 ZPO. nur rechtswirksam, wenn der Pfändungsbeschluß dem Drittschuldner im Staate seines Wohnsitzes gemäß § 199 ZPO. zugestellt worden ist. **140,** 340. — 14) Wird in einem Forderungspfändungsbeschluß die Forderung gegen einen Gesellschafter einer offenen Handelsgesellschaft „als Teilhaber der offenen Handelsgesellschaft . . ." gepfändet, so ist damit nur der Anspruch gegen diesen einzelnen Gesellschafter auf Grund seiner samtverbindlichen Haftung für die Gesellschaftsschulden ausgesprochen. Der Beschluß gilt dagegen nicht als Zahlungsverbot gegen die Gesellschaft. **140,** 340. — 15) Im Interesse der Rechtssicherheit ist es unbedingt geboten, daß der Pfändungs- und Überweisungsbeschluß die zu pfändende Forderung so bestimmt bezeichnet, daß bei verständiger Auslegung des Beschlusses unzweifelhaft feststeht, welche Forderung Gegenstand der Zwangsvollstreckung sein soll. **140,** 342.

§ 346. Zwangsvollstreckung wegen Geldforderungen in das unbewegliche Vermögen. Zwangsversteigerung. Zwangsverwaltung. Zwangshypothek.

I. Zwangsversteigerung.

1) Ein Gläubiger, der in der Zwangsversteigerung nach dem Verteilungsplan zur Hebung kommen soll, kann mangels Feststellungsinteresses nicht seinerseits gegen einen widersprechenden Gläubiger auf Feststellung klagen, daß dessen Widerspruch unbegründet sei. **131,** 203. — 2) Zur Behandlung von Widersprüchen nach § 124 ZVG. (Aufstellen eines Hilfsverteilungsplans). **131,** 203 (207). — 3) Inwieweit hat bei einer Zwangsversteigerung, die während der Geltung der Dritten Steuernotverordnung stattfand, der Ersteher die persönliche Forderung einer im geringsten Gebot stehenden Restkaufgeldhypothek aufzuwerten, die im Zuschlagsbeschlusse mit ihrem Papiermarkbetrag aufgeführt war? (ohne besondere Versteigerungsbedingung nur in Höhe der Hypothekenaufwertung). **131,** 236. — 4) Wie wirkt die Anordnung des Versteigerungsgerichts aus § 118 ZVG., wenn die die Forderung gegen den Ersteher widerspruchslos einem zwar der Form, aber nicht der Sache nach Berechtigten übertragen wird, insbesondere bei einer dann gegen den formell Berechtigten ausgebrachten Pfändung der Forderung? (Der sachlich Berechtigte hat sein Recht dadurch verloren, daß er sich nicht am Verteilungsplan beteiligte und widerspruchslos den Plan aufstellen und durchführen ließ). **133,** 201. — 5) Sowohl Antrag wie Anordnungs- oder Beitrittsbeschluß können auf den Vollstreckungstitel zur näheren Bezeichnung des Anspruchs, wegen dessen das Verfahren betrieben wird, Bezug nehmen. Der Zwangsversteigerungsrichter, der dies bei Festsetzung des geringsten Gebotes nicht beachtet und deshalb das geringste Gebot unrichtig berechnet, handelt fahrlässig. **134,** 56. — 6) Der Ausschluß der Mobiliarzwangsvollstreckung in Grundstückszubehör (§ 865 Abs. 2 ZPO.) soll die Entwertung einer wirtschaftlichen Einheit verhindern, wesentlich im Interesse der Gläubiger selbst, die im Wege der Immobiliarzwangsvollstreckung auch das Zubehör für ihre Forderungen pfänden können. **135,** 160. — 7) Zur rechtlichen Bedeutung der Übertragungsanordnung gemäß § 118 ZVG. in der Zwangsversteigerung zur Aufhebung einer Gemeinschaft. **136,** 19. — 8) Überträgt der Zwangsversteigerungsrichter im Verteilungstermin eine Forderung gegen den Ersteher „auf den unbekannten Berechtigten", läßt er dann aber die für die Forderung einzutragende Sicherungshypothek für eine namentlich benannte Person als Gläubigerin eintragen und tut er das, ohne einen sachlichen Grund für die Abweichung der Eintragung von der Zuteilung in einem Ermittlungsverfahren oder einer sonstigen von ihm zu berücksichtigenden Änderung der Sachlage zu haben, so entsteht die Hypothek doch für den wahren Berechtigten als Gläubiger; die Eintragung der als Gläubiger benannten Person bewirkt eine Grundbuchunrichtigkeit. **136,** 91. — 9) Eine aus § 53 ZVG. folgende befreiende Schuldübernahme seitens des Erstehers kann vom Gläubiger erst dann genehmigt werden, wenn die in § 415 Abs. 1 Satz 2 BGB. vorgesehene Mitteilung von der Schuldübernahme gemacht worden ist. **136,** 91. — 10) Ist eine gegen den Ersteher nach § 118 ZVG. begründete Forderung auf Berichtigung des

Bargebots nicht dem Gläubiger der Hypothek, auf die der Erlösanteil fiel, übertragen worden, sondern dem Pfändungsgläubiger, der zwischen Zuschlag und Verteilungstermin den Erlösanspruch des Hypothekengläubigers gepfändet hatte, so kann der Ersteher seine für den Pfändungsgläubiger durch Hypothek nach § 128 ZVG. gesicherte Ersteherschuld tilgen durch Aufrechnung mit einer persönlichen Forderung, die ihm zur Zeit der Pfändung gegen den Hypothekengläubiger erwachsen war. **136,** 321. — 11) § 50 ZVG. findet keine Anwendung, wenn ein bei der Feststellung des geringsten Gebotes berücksichtigtes Recht dem nicht berücksichtigten Recht eines anderen Beteiligten nachsteht. **138,** 125. — 12) Der Zuschlagsbeschluß hat die Bedeutung eines Richterspruchs, der bestimmend ist für die Rechtsstellung des Erstehers und für die Änderungen, die durch den Zuschlag an den Rechten der Beteiligten eintreten. **138,** 127. — 13) Wenn die Hypothek eines in der Zwangsversteigerung zur Hebung gelangten Gläubigers nicht rechtswirksam bestellt war, so ist er auf Kosten des nachstehenden Hypothekengläubigers, der ausgefallen ist, ungerechtfertigt bereichert. Dieser kann, ohne im Verteilungstermin Widerspruch erhoben zu haben, nach § 812 BGB. die Herausgabe der Bereicherung verlangen. **139,** 120.

II. Zwangsverwaltung.

1) Über die Befugnis des Zwangsverwalters zur Einklagung der Brandentschädigung gegen den Versicherer. **133,** 117 (119, 124). — 2) Hatte der Grundstückseigentümer auf den der Zwangsverwaltung unterliegenden Grundstücken eine Kohlenzeche eingerichtet und betrieben, so ist der Zwangsverwalter grundsätzlich zur Fortsetzung des Betriebs befugt. Geförderte Kohle und der Verkaufserlös gehört dann in die Zwangsverwaltungsmasse. **135,** 197. — 3) Während der Dauer der Zwangsverwaltung sind Pfändungen und sonstige Maßnahmen der Mobiliarzwangsvollstreckung in die Zwangsverwaltungsmasse nicht zulässig. Das gilt auch für Ansprüche aus Rechtshandlungen des Zwangsverwalters. **135,** 197. — 4) Vergleich der Rechtslage bei der Zwangsverwaltungsmasse im Hinblick auf Mobiliarzwangsvollstreckungen mit derjenigen bei der Konkursmasse und Pfändung von seiten der Massegläubiger. **135,** 205. — 5) Über den Fall, wenn eine Mietzinsverfügung gegenüber dem Konkursbeschlag unwirksam, gegenüber der später angeordneten Zwangsverwaltung wirksam ist. **138,** 69.

III. Zwangshypothek.

— — — — — — — — — — — —

§ 347. Verteilungsverfahren.

— — — — — — — — — — — —

§ 348. Zwangsvollstreckung zur Erwirkung der Herausgabe von Sachen und zur Erwirkung von Handlungen und Unterlassungen.

— — — — — — — — — — — —

§ 349. Offenbarungseid.

(Vgl. § 96.)

1) Auch wenn der Schuldner prozeßunfähig ist, so ist doch er selbst und nicht sein gesetzlicher Vertreter, der für ihn den Offenbarungseid geleistet

hat, ins Schuldnerverzeichnis einzutragen. **140,** 152. — 2) Die Eintragung des gesetzlichen Vertreters ohne Darlegung des Vertretungsverhältnisses enthält eine Fahrlässigkeit. Die damit verletzte Amtspflicht liegt dem Beamten allen denen gegenüber ob, die das Verzeichnis einsehen, um sich daraus über die Vertrauenswürdigkeit der Person zu unterrichten, mit der sie abschließen wollen. Die Eintragung kann demnach die Haftung des Staates auch gegenüber demjenigen begründen, der in der Annahme, der gesetzliche Vertreter habe den Offenbarungseid für sich geleistet, den Abschluß eines Vertrages mit ihm unterlassen und sich dadurch den Gewinn hat entgehen lassen, der durch den Vertrag zu erzielen war. **140,** 152. — 3) Ein lebenskundiger Mann muß damit rechnen, daß das Schuldnerverzeichnis, das nur eine Sammlung von tatsächlichen Vermerken aus einer sehr großen Anzahl von Akten ist, Irrtümer aufweisen kann. Er wird mindestens dann, wenn die Umstände, in denen der Schuldner lebt, dagegen sprechen, und wenn dieser die Eidesleistung bestreitet, dem nachgehen müssen. **140,** 152.

9. Arrest. Einstweilige Verfügung.

§ 350. Gemeinsames. Arrest. Schadensklage aus § 945 ZPO.

———

§ 351. Einstweilige Verfügungen.

(Über einstweilige Verfügungen des Staatsgerichtshofs s. das alphabet. Reg. unter „Staatsgerichtshof" Nr. 1.)

1) Eine besondere Klage im ordentlichen Verfahren auf Aufhebung einer einstweiligen Verfügung wegen veränderter Umstände ist unzulässig. **132,** 180.

10. Aufgebotsverfahren.

§ 352.

———

11. Schiedsvertrag. Schiedsrichterliches Verfahren.

§ 353.

1) Enthält die schiedsrichterliche Verurteilung zu der vereinbarten Abstimmung in der Gesellschafterversammlung einer GmbH. eine Verurteilung zur Vornahme einer verbotenen Handlung? **131,** 179. — 2) Ist ein Schiedsgericht auch zuständig zur Entscheidung über Gegenansprüche, die der Schiedsbeklagte im Wege der Aufrechnung oder der Zurückbehaltung geltend macht, wenn diese Ansprüche bei selbständiger Erhebung nicht unter die Schiedsgericht-Zuständigkeit fallen würden? (Bejaht.) **133,** 16. — 3) Ein Schiedsvertrag, der alle Rechtsstreitigkeiten umfaßt, die sich aus einem auf längere Dauer berechneten Vertragsverhältnis ergeben können, wird nicht „verbraucht" durch das Scheitern des wegen eines bestimmten Streitfalles eingeleiteten Schiedsgerichtsverfahrens; die Einleitung eines neu aufgetretenen Streitfalls wird dadurch nicht gehindert. **133,** 16. — 4) Zur Frage der Zulässigkeit und der Tragweite einer auf Feststellung der Unzulässigkeit eines schiedsrichterlichen Verfahrens gerichteten Klage eines Miterben gegen die Testamentsvollstrecker und einzelne Miterben (Zu-

lässigkeit bejaht); zur Frage der notwendigen Streitgenossenschaft auf seiten der beklagten Miterben. **133,** 128. — 5) Der Konkursverwalter ist durch einen vom Gemeinschuldner geschlossenen Schiedsvertrag auch insoweit gebunden, als es sich um den Streit über den Bestand von Rechten handelt, auf Grund deren im Konkurs Aussonderung oder abgesonderte Befriedigung begehrt wird. **137,** 109. — 6) Eine Partei muß, um sich den Aufhebungsgrund aus § 1041 Abs. 1 Nr. 1 ZPO. zu wahren, auch dann die Unzulässigkeit des schiedsrichterlichen Verfahrens schon in diesem Verfahren selbst geltend machen, wenn die Unzulässigkeit aus einem Verstoße gegen die guten Sitten hergeleitet wird. **137,** 251. — 7) Ein Schiedsvertrag, der über die Zusammensetzung des Schiedsgerichts Bestimmungen enthält, welche die eine Partei benachteiligen, kann sittenwidrig sein, wenn diese Partei zur Eingehung des Vertrags durch einen von der anderen Partei ausgeübten wirtschaftlichen Druck genötigt worden ist. Benachteiligung ist schon dann anzunehmen, wenn die Partei bei vernünftiger Würdigung der Verhältnisse die Besorgnis hegen durfte, daß das Schiedsgericht (hier: infolge der festen Anstellung und Besoldung des Vorsitzenden durch die andere Partei) zu deren Gunsten eingestellt sein werde. **137,** 251. — 8) Ein Schiedsvertrag tritt auch dann außer Kraft, wenn der in dem Vertrage zur Benennung des Obmanns für das Schiedsgericht Berufene die Vornahme der Benennung verweigert. Die Erklärung, mit der die Weigerung ausgesprochen wird, ist unwiderruflich. **138,** 341.

Dritter Teil.
Konkursordnung.

1. Konkursrecht.

§ 354. Allgemeine Bestimmungen. Konkursmasse.

1a) Die Heimstätte gehört nicht zur Konkursmasse des Heimstätters. **131,** 113. — 1) Ein Verfahren, in dem ein Patentinhaber wegen Patentverletzung nur auf Unterlassung klagt (also nicht daneben noch auf Schadensersatz), betrifft trotzdem die Konkursmasse des Verletzungsbeklagten dann, wenn dieser dem Kläger die Geltendmachung eines Schadensersatzanspruchs angekündigt hatte wegen unberechtigter Erwirkung einer einstweiligen Verfügung gegen ihn auf Unterlassung (daher Unterbrechung des Verfahrens). **132,** 362. — 2) Ist eine ausschließliche Lizenz so begründet worden, daß sie auf einen Betrieb als Inhaber unübertragbar gestellt ist, so liegt der Fall der Pfändbarkeit nach § 851 Abs. 2 in Verbindung mit § 857 ZPO. nicht vor. Trotzdem ist der Verwalter im Konkurs des Lizenznehmers berechtigt, im Zusammenhang mit der Auflösung des Betriebs die unübertragbare Betriebslizenz aufzugeben. **134,** 91. — 3) Ebensowenig wie der Eigentümer eines Grundstücks kann der Verwalter im Konkurse über dessen Vermögen eine Eigentümergrundschuld in Anspruch nehmen, die dadurch entstanden ist, daß mit der Valuta einer Darlehenshypothek, die an die erste Stelle treten soll, gemäß der mit dem Eigentümer getroffenen Vereinbarung eine vorgehende Hypothek getilgt wurde, deren Löschung sich verzögert hat. Deshalb kann der Nachlaßkonkursverwalter auch nicht eine vom neuen Hypothekar wegen der Darlehnsforderung vorsorglich ausgebrachte Pfändung der Eigentümergrundschuld, gestützt auf § 221 KO., angreifen. **134,** 257. — 4) Wird wegen Patentverletzung gegen eine GmbH. Klage auf Unterlassung erhoben und gerät die Beklagte in Konkurs, ist dann nach der besonderen Lage des Falles das Verfahren durch die Konkurseröffnung unterbrochen worden (s. vorstehend Nr. 1) und lehnt nunmehr der Konkursverwalter die Aufnahme ab, so ist der bisherige Geschäftsführer der GmbH. zur Aufnahme nach § 10 Abs. 2 KO. befugt. **134,** 377. — 5) Bestreitet der Konkursverwalter die ordnungsmäßige Aufnahme des Rechtsstreits durch den Gegner und muß erst durch Zwischenurteil festgestellt werden, daß der Rechtsstreit ordnungsmäßig aufgenommen worden war, so ist ein dann folgendes Anerkenntnis des Klaganspruches durch den Konkursverwalter kein „sofortiges" Anerkenntnis mehr. **137,** 71. — 6) Der Konkursverwalter ist durch einen vom Gemeinschuldner geschlossenen Schiedsvertrag auch insoweit gebunden, als es sich um den Streit über den Bestand von Rechten handelt, auf Grund deren im Konkurs Aussonderung oder abgesonderte Befriedigung begehrt wird. **137,** 109. — 7) Auch wenn der Ausgleichsanspruch des Aufwertungsschuldners und Ausgleichsgläubigers nur auf Schuldbefreiung geht oder gehen kann, gehört er im vollen Umfang zur Konkursmasse. Er verwandelt sich dann in der Hand des Konkursverwalters in einen Anspruch auf Zahlung. **139,** 315.

§ 355. Erfüllung der Rechtsgeschäfte.

1) Verkäufe unter Eigentumsvorbehalt, bei denen der Gemeinschuldner den Preis vor der Konkurseröffnung noch nicht vollständig bezahlt hat, gelten auch auf Seiten des Verkäufers als nicht vollständig erfüllt. **133,** 40. — 2) Sind zur Zeit der Konkurseröffnung ein Ankaufsgeschäft und das über denselben Gegenstand geschlossene Verkaufsgeschäft nicht vollständig erfüllt, so ist der Konkursverwalter nicht gehalten, sein Wahlrecht mit Bezug auf beide Geschäfte nur in dem gleichen Sinne auszuüben. **133,** 40. — 3) Hat der Konkursverwalter gemäß § 17 KO. die Erfüllung des Vertrags abgelehnt, so ist ein Anspruch auf Erfüllung endgültig, auch nach Aufhebung des Konkursverfahrens, ausgeschlossen. **135,** 170. — 4) Wenn der Konkursverwalter bei einem beiderseits noch nicht vollständig erfüllten Vertrage die Erfüllung nach § 17 KO. ablehnt, so erlischt zwar der Vertrag nicht, wohl aber erlöschen die Erfüllungsansprüche; an ihre Stelle tritt (wie im Falle des § 326 BGB.) ein Anspruch des Gegners auf Schadensersatz. **135,** 170. — 5) Erklärt der Konkursverwalter, daß er die Erfüllung eines noch nicht erfüllten Vertrags ablehne, so ist ein Anspruch des Konkursverwalters — gegebenenfalls des Gemeinschuldners — aus ungerechtfertigter Bereicherung wegen der an den Vertragsgegner bewirkten Leistungen insoweit gegeben, als diese Leistungen den Schadensersatzanspruch des Gegners wegen Nichterfüllung des Vertrags übersteigen. **135,** 167. — 6) Die Ansprüche des Konkursverwalters im vorigen Falle (gegebenenfalls des Gemeinschuldners) richten

sich, soweit die Voraussetzungen der §§ 987 flg. BGB. vorliegen, nach diesen und nicht nach §§ 812 flg. das. **135,** 167. — 7) Ob die Freigabe eines Miethauses aus der Konkursmasse auch die zu den früheren Terminen fällig gewordenen, vom Konkursbeschlag ergriffenen, aber vom Konkursverwalter noch nicht eingezogenen Mietzinsen umfaßt, ist nur eine Frage der Auslegung. Rechtlich sind sie mit ihrer Fälligkeit der Konkursmasse angefallen. Nicht anzuerkennen ist der Satz, Mietrückstände folgten, solange über sie nicht vom Konkursverwalter verfügt sei, dem Rechtsschicksal des Miethauses. **138,** 69. — 8) Über den Fall, wenn eine Mietzinsverfügung gegenüber dem Konkursbeschlag unwirksam, dagegen der später ausgebrachten Zwangsverwaltung gegenüber wirksam ist. **138,** 69. — 9) Auch das Recht des Konkursverwalters, die Erfüllung eines gegenseitigen, noch von keiner Seite vollständig erfüllten Vertrags abzulehnen, steht unter dem Grundsatz von Treu und Glauben. Hat beim Kauf unter Eigentumsvorbehalt der Käufer dem Verkäufer zahlungshalber auf die Kaufpreisforderung eigene Akzepte gegeben, die dieser diskontiert hat, so würde es Treu und Glauben widersprechen, wenn der Konkursverwalter des Verkäufers hinterher ohne weiteres die Erfüllung des Kaufvertrags ablehnen dürfte. Will oder kann er die Wechsel nicht zurückgeben, so muß er abwarten, ob sie vom Käufer eingelöst werden; dies jedenfalls dann, wenn der Verfalltag der Wechsel binnen kurzem bevorsteht. Eine vorher erklärte Erfüllungsablehnung ist nur dann rechtswirksam, wenn die Wechsel vom Käufer nicht eingelöst werden. **140,** 156.

§ 356. Anfechtung.

1) Zum Begriff der Zahlungseinstellung. Es kommt nicht darauf an, daß die Zahlungsunfähigkeit in weiteren Kreisen wirklich bekannt wird; es genügt vielmehr, daß sie überhaupt erkennbar hervortritt. **132,** 281. — 2) Zur Frage der Beseitigung einer Zahlungseinstellung. **132,** 283. — 3) Es ist nicht erforderlich, daß die Begründung der Klage, mit der die Anfechtungsfrist des § 41 Abs. 1 gewahrt werden soll, in jeder Beziehung den gesetzlichen Tatbestand des Anfechtungsanspruchs erfüllt, um zur Fristwahrung geeignet zu sein; vielmehr ist eine Ergänzung oder Berichtigung der in der Klageschrift enthaltenen Anführungen nach dem Fristablauf nicht ausgeschlossen. **132,** 284. — 4) Hat der spätere Gemeinschuldner ausstehende Forderungen in anfechtbarer Weise abgetreten, sie dann im Auftrag des neuen Gläubigers eingezogen und die empfangenen Beträge an diesen abgeliefert, so kommt als anfechtbare Rechtshandlung, durch die etwas aus dem Vermögen des späteren Gemeinschuldners weggegeben worden ist, allein die Abtretung in Betracht. **133,** 46. — 5) In dem zu 4 bezeichneten Falle begründet es keinen Unterschied, soweit der Konkursverwalter selbst noch auf Grund des Auftragsverhältnisses tätig geworden ist, indem er abgetretene Forderungen einzog und empfangene Beträge an den neuen Gläubiger abführte, weil eben nach Nr. 4 die anfechtbare Rechtshandlung vorher liegt und in der Abtretung besteht. **133,** 46. — 6) Steht die Rechtskraft eines Berufungsurteils, das eine Hypothekenklage auf Grund der Konkursanfechtungs-Einrede abgewiesen hat, der Hypothekenklage gegen den Gemeinschuldner entgegen, wenn vor Rechtskraft jenes Urteils das

Konkursverfahren aufgehoben und darauf die vom Hypothekengläubiger eingelegte Revision zurückgewiesen worden war? (Verneint.) **135,** 347. — 7) Zur Frage der Anfechtbarkeit von Honorarzahlungen an eine mit der Sanierung eines notleidenden Unternehmens beauftragte Vertrauensperson (an sich keine Ausnahmestellung für die Honorarzahlung; Erörterung anderen Möglichkeiten, zur Unanfechtbarkeit der Zahlung zu gelangen: fiduziarische Übereignung an die Treuhandgesellschaft als Sicherungsübereignung; Aufrechnungsmöglichkeit). **136,** 152. — 8) Keine Anwendung des § 30 Nr. 1 KO., zweiter Halbsatz auf „Bargeschäfte" im weiteren Sinne, d. h. auf eine vor- oder gleichzeitig mit dem Erwerb des Gläubigerrechts eingetretene Befriedigung. Wie, wenn zwischen Vertragsschluß und Zahlung nur eine kurze Zeitspanne liegt? **136,** 158, 159. — 9) Als Rückgewähr kommt nur die Rücklieferung der konkreten, aus dem Vermögen des Gemeinschuldners herausgekommenen Sachen oder der Wertersatz in Geld in Betracht, nicht aber die Rücklieferung einer gleichen Menge vertretbarer Sachen. **138,** 84. — 10) Nach Beendigung eines Vergleichsverfahrens durch bestätigten Liquidationsvergleich können frühere Rechtshandlungen des Vergleichsschuldners nicht mehr auf Grund des Anfechtungsgesetzes angefochten werden. **139,** 48. — 11) § 87 Abs. 2 VerglO. ist nicht auf die Zeit seit Stellung des Antrags auf Eröffnung des Vergleichsverfahrens auszudehnen. Ob § 87 Abs. 2 entsprechend § 82 das. nur auf Anschlußkonkurse oder auch auf selbständige Konkurse anwendbar ist, wird offen gelassen. **139,** 110. — 12) Die Frist des § 33 KO. ist weder eine prozessuale noch eine Verjährungsfrist, sondern eine materiell-rechtliche Frist mit der Bedeutung einer Bedingung für die Anfechtbarkeit, eines Bestandteils des Klagegrundes. **139,** 111.

§ 357. Aussonderung.

1) Unter welchen Voraussetzungen kann der Verkäufer einer Ware, der sich das Eigentum daran vorbehalten hat, vom Konkursverwalter die Abtretung der Preisforderung aus dem vom Gemeinschuldner vorgenommenen Weiterverkauf verlangen? (Beurteilt aus dem Gesichtspunkt der Ersatzaussonderung und des Treuhandverhältnisses.) **133,** 40. — 2) Vermögensgegenstände, die jemand mit dem Geld eines anderen für dessen Rechnung, aber im eigenen Namen erwirbt, werden dadurch allein noch nicht Treugut aus der Hand des Geldgebers; daher kein Aussonderungsrecht des Letzteren im Konkurse des Erwerbers. **133,** 84. — 3) Das Ersatzaussonderungsrecht des § 46 KO. entsteht nur, wenn die Veräußerung der Sache unbefugt geschehen war, nicht aber, wenn der Verkäufer sich das Eigentumsrecht nur bis zum Weiterverkauf im ordnungsmäßigen Geschäftsbetrieb vorbehalten hatte, die Weiterveräußerung also mit Recht vorgenommen worden war. **138,** 91.

§ 358. Absonderung.

1) Zur Frage, wann im Falle der Diskontierung von Buchforderungen des Kreditnehmers bei Eröffnung des Konkurses über das Vermögen des letzteren das Absonderungsrecht des Abtretungsempfängers entsteht. **133,**

234. — 2) Das Absonderungsrecht des Geschädigten an der Haftpflichtversicherungs-Forderung des Schädigers nach § 157 VVG.; Rechtslage nach Beendigung des Konkursverfahrens durch Zwangsvergleich. **135,** 295.

§ 359. Aufrechnung.

1) Kein Aufrechnungsrecht des Gläubigers, der nach § 84 der Vergleichsordnung das zur Befriedigung Erlangte an die Konkursmasse herausgeben muß, mit seiner wiederauflebenden ursprünglichen Forderung an den Gemeinschuldner. **131,** 197. — 2) Die Unzulässigkeit der Aufrechnung gilt auch zu Gunsten des Erwerbers einer Forderung der Konkursmasse, und zwar auch dann, wenn die Forderung nur gegen ein unbedeutendes Entgelt abgetreten worden ist, sofern es sich nur nicht um eine dem Konkurszweck widerstreitende Schenkung handelt. Wer dagegen nur im Auftrage des Gemeinschuldners eine Forderung erwirbt, muß sich die Aufrechnung gefallen lassen. **140,** 43.

§ 360. Massegläubiger.

1) Die Rechtsnatur als Masseschuld hat ein Anspruch allein in demjenigen Konkursverfahren, in dem er entstanden ist. Eine Masseschuld im Gesellschaftskonkurs ist daher nicht schon deswegen eine solche in den Konkursen der Gesellschafter. **135,** 62. — 2) Vergleich der Rechtslage bei der Zwangsverwaltungsmasse im Hinblick auf Mobiliarzwangsvollstreckungen mit derjenigen bei der Konkursmasse und Pfändungen seitens der Massegläubiger. **135,** 205. — 3) Zur rechtlosen Bereicherung der Masse in dem Falle, wenn beim Kauf unter Eigentumsvorbehalt der Käufer auf die Kaufpreisforderung zahlungshalber Wechselakzepte gegeben hat, die dann vom Verkäufer diskontiert worden sind, und wenn sodann im Konkurse des Verkäufers der Konkursverwalter rechtswirksam die Erfüllung ablehnt. **140,** 156.

§ 361. Konkursgläubiger.

1) Anliegerbeiträge haben kein Konkursvorrecht. **131,** 137. — 2) Der Zollbürge erwirbt durch Zahlung den bisherigen Zollanspruch mit dem Vorrecht aus § 61 Nr. 2 KO. **135,** 25. — 3) Der Schadensersatzforderung, die ein Nachlaßverwalter wegen Pflichtwidrigkeiten seines Vorgängers in dessen Konkurse geltend macht, steht das Vorrecht aus § 61 Nr. 5 KO. nicht zu. **135,** 305. — 4) Im Konkurse des Zollschuldners braucht der Bürge der gestundeten Zollforderungen gegenüber der Geltendmachung anderer ungestundeter und unverbürgter Zollforderungen nicht zurückzutreten. **136,** 40. — 5) Nach dem Eintritt der Konkursreife soll die gleichmäßige Verwertung des Vermögens des Schuldners zur Befriedigung der nicht bevorrechtigten Gläubiger gesichert werden. Demgegenüber verstößt eine Vereinbarung gegen die guten Sitten, wodurch sich der Käufer einer unter Eigentumsvorbehalt erworbenen Ware verpflichtet, nach Zahlungseinstellung oder nach Stellung des Antrags auf Eröffnung des Vergleichs- oder Konkursverfahrens die durch die Weiterveräußerung der Waren erworbenen Kaufpreisforderungen an seinen Verkäufer abzutreten. **138,** 89. — 6) Konkursvorrecht einer Steuerforderung nach § 61 Nr. 2 KO. Zulässigkeit des Rechtswegs hierfür. Zur Frage, wann die Steuerforderung fällig geworden ist,

wenn die Anmeldepflicht verletzt, anderseits aber später vom Finanzamt mit dem Feststellungsbescheid gleichzeitig eine Zahlungsfrist bestimmt wurde. **140,** 307.

2. Konkursverfahren.

§ 362. Allgemeine Bestimmungen. Konkursverwalter. Gläubigerausschuß.

1) Im Prozeßwege kann die Unzulässigkeit der Konkurseröffnung nicht geltend gemacht werden. **136,** 97.

§ 363. Verfahren. Teilungsmasse. Schuldenmasse. Verteilung.

1) Ist eine Forderung zwar als Ausfallforderung, aber ihrem ganzen Betrage nach angemeldet, so wird sie als ganze geprüft und, sofern sie nicht bestritten wird, festgestellt, wenn auch nur als Konkursforderung für den Ausfall. Die zusätzliche Beschränkung „als Ausfallforderung" gilt nur der Konkursforderung. Stellt sich dann heraus, daß das Absonderungsrecht nicht besteht, so bleibt es dabei, daß die ganze Forderung angemeldet und festgestellt ist. Der bestreitende Konkursverwalter kann mit einer Feststellungsklage aus § 256 ZPO. zur Anerkennung dieser Rechtslage angehalten werden. **139,** 83.

§ 364. Zwangsvergleich.

1) Auch nach Aufhebung des Konkursverfahrens infolge Zwangsvergleichs kann der Geschädigte von dem früheren Gemeinschuldner die volle Befriedigung seines Schadensersatzanspruchs aus dessen Versicherungsforderung verlangen und ist nur wegen seines Ausfalls hierbei beschränkt auf die Zwangsvergleichsquote. **135,** 295. — 2) Zur Anwendung von § 193 Satz 2, § 211 Abs. 2 KO. auf den Fall, daß der persönlich haftende Gesellschafter einer Kommanditgesellschaft für deren Schulden die Bürgschaft übernommen hat; es handelt sich auch in solchem Fall um eine echte Bürgschaft. **139,** 252.

§ 365. Konkurs von Handelsgesellschaften, juristischen Personen und Vereinen.

— — — — — — — — — — — —

§ 366. Nachlaßkonkurs. Gesamtkonkurs. Wirkungen des Auslandskonkurses.

1) Auch bei Anordnung der Nachlaßverwaltung oder Eröffnung des Nachlaßkonkurses über den Nachlaß des einen Gesellschafters einer offenen Handelsgesellschaft gilt die mit seinem Tode nach dem Gesellschaftsvertrag eingetretene Anwachsung des Gesellschaftsvermögens an den anderen Gesellschafter als eingetreten. Nur das Erlöschen des Anspruchs auf Zahlung des Abfindungsguthabens gilt nach § 1976 BGB. als nicht eingetreten. **136,** 97.

§ 366a. Vergleichsordnung vom 5. Juli 1927.

1) Wird der Antrag auf Eröffnung des Vergleichsverfahrens bei einem unzuständigen Gericht gestellt, so wird der Tag dieser Antragstellung für die Berechnung der dreißigtägigen Frist des § 84 mindestens dann als maßgebender Stichtag gezählt, wenn das unzuständige Gericht die Sache an

das zuständige Gericht verwiesen hat. **131,** 197. — 2) Kein Aufrechnungsrecht des Gläubigers, der nach § 84 der VerglO. das zur Befriedigung Erlangte an die Konkursmasse herausgeben muß, mit seiner wieder auflebenden ursprünglichen Forderung an den Gemeinschuldner. **131,** 197. — 3) Zur Frage der Verweisung eines Antrages auf Eröffnung des Vergleichsverfahrens vom unzuständigen an das zuständige Gericht. **131,** 197. — 4) Welche Wirkung hat im Vergleichsverfahren die Aufnahme einer als anerkannt vermerkten Forderung in das berichtigte Gläubigerverzeichnis? (Keine Rechtskraftwirkung, deshalb auch keine Beseitigung des bisherigen Schuldtitels. Daher kann später trotz Aufnahme der Forderung in das genannte Verzeichnis Zwangsvollstreckung aus einem über diese erwirkten älteren Titel betrieben werden). **132,** 113. — 5) Welche Folge hat der Verzug des Schuldners in Erfüllung des Vergleichs? (Nicht nur der Erlaß — § 7 —, sondern auch die Stundung fällt fort.) **132,** 113. — 6) Im Falle zu 4/5 ist der Widerspruch des Schuldners gegen eine derartige Zwangsvollstreckung nach § 767 ZPO. (nicht § 766) zu beurteilen. **132,** 113. — 7) § 85 VerglO., wodurch den Ansprüchen der Vertrauensperson auf Vergütung und Auslagenersatz eine besondere Vorzugsstellung eingeräumt ist, gilt nur für das gerichtliche Vergleichsverfahren, und auch nur unter den besonderen Voraussetzungen des § 82 das., kann aber nicht auf außergerichtliche Sanierungsversuche entsprechend angewendet werden. **136,** 157. — 8) Über die Begriffe „Bevorzugung" nach § 5 Abs. 3 VerglO. und „besonderer Vorteil" nach § 96 das. **136,** 288. — 9) Nach Beendigung eines Vergleichsverfahrens durch bestätigten Liquidationsvergleich können frühere Rechtshandlungen des Vergleichsschuldners nicht mehr auf Grund des Anfechtungsgesetzes angefochten werden. **139,** 48. — 10) Der Anfechtungsschuldner, zu dessen Gunsten der Vergleichsschuldner vor Beginn des Vergleichsverfahrens eine anfechtbare Rechtshandlung vorgenommen hat, ist kein „Mitschuldner" im Sinne von § 73 Abs. 2 VerglO. **139,** 48. — 11) § 87 Abs. 2 VerglO. ist nicht auf die Zeit seit Stellung des Antrags auf Eröffnung des Vergleichsverfahrens auszudehnen. Ob § 87 Abs. 2 entsprechend § 82 nur anwendbar ist auf Anschlußkonkurse oder auch auf selbständige Konkurse, wird offengelassen. **139,** 110. — 12) Der Anspruch auf Schadensersatz wegen Nichterfüllung, der durch Vertragskündigung des Mieters nach §§ 29, 30 VerglO. entsteht, ist nur eine Auflösungsform des ursprünglichen Vermieteranspruchs. Er bestand also im Keime schon von Anfang an. Daher haftet auch der ausgeschiedene Gesellschafter einer offenen Handelsgesellschaft aus einem während seiner Mitgliedschaft geschlossenen Mietvertrag in diesem Falle für die Schadensersatzforderung des Vermieters. **140,** 10. — 13) Wird im Vergleichsverfahren einer Aktiengesellschaft der Dienstvertrag eines Vorstandsmitglieds mit Ermächtigung des Vergleichsgerichts vorzeitig gekündigt, so erlischt damit nicht ohne weiteres eine Vertragsbestimmung, wonach das Vorstandsmitglied für eine bestimmte Zeit nach Beendigung des Dienstverhältnisses gegen Entschädigung zur Wettbewerbsenthaltung verpflichtet ist. **140,** 294. — 14) Im vorigen Falle wird der Entschädigungsanspruch des Vorstandsmitglieds vom Vergleichsverfahren nicht berührt. **140,** 294.

Vierter Teil.
Freiwillige Gerichtsbarkeit.

§ 367.

1) Der Wettbewerber als solcher hat im Verfahren des Registerrichters auf Löschung oder Untersagung des Gebrauchs einer unwahren Firma kein Beschwerderecht nach § 20 Abs. 1 FGG.; denn es handelt sich hier um kein „Recht" des Wettbewerbers, das durch die Verfügung des Registerrichters beeinträchtigt worden wäre. **132,** 311. — 2) Über die Zuständigkeit des Reichsgerichts nach § 28 FGG. beim Zusammentreffen einer Handelsregistersache mit einer Grundbuchsache (die abweichende Vorentscheidung braucht nicht gerade in einem dem § 1 FGG. unterliegenden Verfahren ergangen zu sein; Verfahren nach der Grundbuchordnung und nach FGG. als einheitliches Rechtsgebiet). **133,** 102. — 3) Der Dolmetscher muß gemäß § 179 FGG. das Protokoll in der fremden Sprache selber vortragen; es genügt nicht, daß ein anderer den Vortrag übernimmt und der Dolmetscher ihn nur überwacht. **134,** 274. — 4) Setzt § 12 Abs. 1 Satz 1 der Preuß. GebO. für Notare vom 28. Oktober 1922 (GS. S. 404) voraus, daß der Notar in der Absicht in Anspruch genommen ist, ein bestimmtes Geschäft durch ihn beurkunden zu lassen? **136,** 307. — 5) Zur Auslegung der §§ 9, 12 Abs. 1, 16 Pr. NotGebO. **136,** 307. — 6) Auch die Mitteilung einer Rechtsansicht von seiten des Gerichts in einer bestimmten Angelegenheit begründet ein Beschwerderecht, sofern damit die Eröffnung verbunden wird, daß das Gericht die auf einer abweichenden Rechtsauffassung beruhenden, bereits in Aussicht gestellten Anträge ablehnen oder eine jenen Anträgen entgegenstehende Verfügung treffen werde. (Der Nachlaßrichter hatte einen Erbschein für A entworfen und vor der Anordnung der Aushändigung dem B, der Erbe zu sein meinte, davon Kenntnis gegeben mit dem Anheimstellen, Beschwerde einzulegen.) **137,** 222. — 7) Die Vorlegung an das Reichsgericht nach § 28 Abs. 2 FGG. hat zur Voraussetzung, daß die Auslegung, von der abgewichen werden soll, den eigentlichen Entscheidungsgrund gebildet hat. Bloß gelegentliche Bemerkungen in den Entscheidungsgründen vermögen die Anwendung des § 28 Abs. 2 nicht zu rechtfertigen. **138,** 102.

Fünfter Teil.

Staats- und Verwaltungsrecht.

§ 368. Zuständigkeit der Verwaltungsbehörden, insbesondere der Polizeibehörden und Verwaltungsgerichte. Verwaltungsverfahren. Verwaltungsstreitverfahren. Landwirtschaftskammern.

(Zuständigkeit und Verfahren des Staatsgerichtshofs für das Deutsche Reich s. im Alphabetischen Register unter „Staatsgerichtshof für das Deutsche Reich“.)

1) Ein Vorgesetzter ist keineswegs immer verpflichtet, die zu seiner Kenntnis gelangende Straftat eines ihm unterstellten Beamten der Strafverfolgungsbehörde anzuzeigen. Es hängt das von seinem pflichtmäßigen Ermessen ab, und zwar auch dann, wenn er zugleich Leiter der örtlichen Polizei ist. **134,** 162. — 2) Indem das Reichsschiedsamt über die Zulässigkeit einer gegen die Entscheidung eines Schiedsamtes eingelegten Berufung gemäß § 368o RVO. entscheidet, handelt es im Rahmen der ihm durch das Gesetz gegebenen Zuständigkeit. Bejaht es die Zulässigkeit, so ist seine Entscheidung insoweit der Nachprüfung des ordentlichen Gerichts nicht unterworfen, es sei denn, daß bei einer Zulassung der Berufung so wesentliche Verstöße gegen Verfahrensvorschriften stattgefunden haben, daß dadurch der Entscheidung selbst die Rechtsgrundlage entzogen und damit diese als nichtig anzusehen ist. **138,** 64.

§ 369. Schulwesen.

1) Auseinandersetzung des Vermögens eines vereinigten Kirchen- und Schulamts. Nach welchen Grundsätzen ist die Auseinandersetzung des Vermögens einer sog. Küsterlehrerpfründe vorzunehmen? **133,** 69; s. auch Nr. 11. — 2) Der § 5 des preußischen Volksschullehrer-Altruhegehaltsgesetzes vom 17. Dezember 1920 will den Altpensionären unter den Lehrern beim Vorliegen der darin bezeichneten Voraussetzungen eine besondere Anerkennung und Belohnung für die dem Staat in der Kriegszeit geleisteten Dienste zu teil werden lassen. Er stellt jedoch keine, die Anwendung anderer Gesetze ausschließende, erschöpfende Sonderregelung für die Anrechnung von derartigen Diensten der Ruhestandslehrer auf das ruhegehaltsfähige Dienstalter dar, sondern daneben kommen noch die §§ 19, 20, 20a des Volksschullehrerpensionsgesetzes in Betracht. **134,** 329. — 3) Die Anwendung des § 20a des preußischen Volksschullehrerpensionsgesetzes hat zur Voraussetzung, daß in dem anderen öffentlichen Dienst ein Ruhegehalt tatsächlich erdient worden ist. **134,** 329. — 4) Art. 143 Abs. 3 RVerf. enthält, wenigstens für die Begründung der Beamteneigenschaft der Lehrer an öffentlichen Schulen nach der Anstellungsseite, kein unmittelbar geltendes Recht. **134,** 359. — 5) Die Lehrtätigkeit an den Bochumer „Fachkursen für Wirtschaft und Verwaltung“ bedeutet nach Art der losen Organisation

dieser Kurse (kein Schulzwang, keine Berechtigungen) nicht die Ausübung obrigkeitlicher Gewalt. **134,** 359. — 6) Das Gesetz über die religiöse Kindererziehung vom 15. Juli 1921 regelt nur die familienrechtliche Seite der religiösen Kindererziehung; die öffentlich-rechtliche, die kirchen- und schulrechtliche Seite ist dagegen dort nicht behandelt worden. **134,** Anh. 6. — 7) Nach Art. 149 Abs. 2 RVerf. — einer Vorschrift, deren sofortige Rechtsverbindlichkeit unzweifelhaft ist — bleibt die Teilnahme an religiösen Unterrichtsfächern der Willenserklärung desjenigen überlassen, der über die religiöse Erziehung des Kindes zu bestimmen hat. **134,** Anh. 7. — 8) Die Abmeldung eines zwölf- oder dreizehnjährigen Kindes vom Religionsunterricht bedarf der Zustimmung des Kindes. **134,** Anh. 1. — 9) Bei Unfällen von Schülern der Volksschule infolge mangelhafter Unterhaltung der Schulgebäude besteht nur ein Anspruch aus unerlaubter Handlung, keine sonstige schuldrechtliche Haftung der Gemeinde. **135,** 12. — 10) Die Anwartschaft darauf, daß die Schulverwaltung nach § 7 des preußischen Mittelschullehrer-Besoldungsgesetzes vom 30. April 1928 eine Stelle mit einem Besoldungszuschuß ausstattet, stellt keinen im Rechtsweg verfolgbaren Anspruch des Stelleninhabers dar. **137,** 189. — 11) An dem den Zwecken organisch verbundener Küsterlehrerstellen dienenden, der Kirche zu Eigentum gehörenden Vermögen besteht über die Zeit der Ämtervereinigung hinaus allein schon auf Grund der bisherigen organischen Verbindung kein öffentlich-rechtliches Nutzungsrecht für die Schule. **139,** 160; s. auch Nr. 1. — 12) Zum Erfordernis eines Vorbescheids des Oberpräsidenten in Auseinandersetzungssachen bei Küsterlehrerstellen nach § 30 Abs. 6 des preuß. Volksschulunterhaltungsgesetzes. **139,** 161.

§ 370. Fürsorgeerziehung. Öffentliche Armenpflege. Unterstützungswohnsitz.

1) Die in § 73 ReichsjugendwohlfG. zugelassene vorzeitige Entlassung des Minderjährigen wegen Unausführbarkeit der Fürsorgeerziehung aus Gründen, die in der Person des Zöglings liegen, bedeutet einen besonderen Fall der Aufhebung der Fürsorgeerziehung. Über Anträge auf vorzeitige Entlassung hat daher die für die Aufhebung aus § 72 Abs. 2 zuständige Stelle zu entscheiden. **133,** 24. — 2) § 73 will alle Fälle treffen, in denen die Unausführbarkeit der Fürsorgeerziehung nachträglich erkennbar wird; keine Beschränkung auf solche Fälle, wo die Unerziehbarkeit erst nach Anordnung der Fürsorgeerziehung eintritt. **133,** 24. — 3) Aus § 25 der FürsorgepflichtVo. vom 13. Februar 1924 ergibt sich die bedingte Pflicht des Unterstützten und seines Erben zur Rückerstattung der Unterstützung. **140,** 163.

§ 371. Öffentliche Abgaben. Allgemeines. Verjährung. Direkte Staatssteuern. Kriegssteuern. Industriebelastung.

1) Die Befreiung der preußischen Eisenbahngesellschaften von der Entrichtung einer Gewerbesteuer nach § 38 Abs. 2 des preuß. EisenbG. vom 3. November 1838 erstreckte sich auch auf eine Gemeinde-Gewerbesteuer. Die Aufhebung des Privilegs durch die preuß. GewerbeStVo. vom 23. No-

vember 1923 verpflichtet den Staat nach § 49 EisenbG., Art. 153 Abs. 2 RVerf. zur Entschädigung. **136,** 113. — 2) Es steht grundsätzlich in der Macht des Staates, eine einmal gesetzlich bestimmte Befreiung von einer Steuer durch ein späteres Gesetz ohne Entschädigung aufzuheben. **136,** 124. — 3) Wassergeld, welches die Inhaber von Fischständen einer Berliner städtischen Markthalle auf Grund der dortigen Markthallenordnung zu entrichten haben, ist eine „Gebühr" im Sinne von § 4 des preußischen Kommunalabgabengesetzes vom 14. Juli 1893. **137,** 239. — 4) „Gebühr" im Sinne von § 4 KAG. ist eine besondere Vergütung für die Benutzung einer im öffentlichen Interesse unterhaltenen Veranstaltung, wenn die Vergütung gemäß festgesetzter Norm und zugleich lediglich kraft dieser und dergestalt gefordert werden kann, daß Vertragsmängel nicht geltend gemacht werden können; rechtliche Grundlage ist nicht ein Vertrag, sondern die an einem vorgesehenen Tatbestand anknüpfende Betätigung der Machtbefugnis zur Belastung des Beteiligten mit Auflagen. **137,** 241. — 5) Eine „Gebühr" im Sinne von § 4 KAG. muß grundsätzlich gleich normiert sein; sie darf für dieselbe Gemeindeleistung gegenüber dem einen Benutzer nicht höher sein als gegenüber dem anderen. **137,** 243. — 6) Wieweit erstreckt sich die öffentlich-rechtliche Verwahrungspflicht bei Sachen, die der Vollziehungsbeamte bei der Eintreibung von Steuern pfändet, dann aber nicht wegschafft, sondern an Ort und Stelle belassen hat. **138,** 40. — 7) Der Grundgedanke des Gesellschaftssteuerrechts ist der, daß die Vermögensübertragung für die Gesellschaft eine reine Vermögensvermehrung, für den Gesellschafter aber keine Vermögensminderung bedeutet, da er ja gleichzeitig Gesellschafter wird. **138,** 235. — 8) Die in RGZ. Bd. 129 S. 312 (auch im RGUrt. vom 5. April 1932 VII 430/31) aufgestellten Grundsätze über den Ausschluß des Landesurkundenstempels gelten nur für Vollverschmelzungen von Kapitalgesellschaften. Bei Teilverschmelzungen — Betriebszusammenschlüsse — hängt der Ausschluß des Landesurkundenstempels im Einzelfall davon ab, ob sie Gesellschaftsverträge sind. **138,** 232. — 9) Die Fälligkeit einer nach dem KapitalVStG. entstandenen Gesellschaftssteuerschuld wird durch eine Festsetzungsverfügung des Finanzamts mit Zahlungsfristbestimmung auch dann hinausgeschoben, wenn wegen Verletzung der Anmeldepflicht der Zinsenlauf schon mit dem in § 68 KapitalVStG. bezeichneten Zeitpunkt beginnt. Die Rückverlegung des Zinsbeginns hat nur die Eigenschaft einer „zur Sicherung der Steuerentrichtung dienenden Maßnahme" nach § 69 KapitalVStG., nicht aber ist aus ihr die Wiederherstellung des allgemeinen Fälligkeitszeitpunktes des § 68 zu entnehmen. **140,** 307.

§ 372. Indirekte Staatssteuern.

I. Zölle. Verbrauchssteuern.

— — — — — — — — — — — —

II. Erbschaftssteuer.

— — — — — — — — — — — —

III. Stempelsteuer.

Allgemeines.

A. Reichsstempelsteuer.

— — — — — — — — — — — —

B. Preußische Stempelsteuer.

a) Preußisches Stempelsteuergesetz vom 31. Juli 1895.

— — — — — — — — — — — —

b) Preußisches Stempelsteuergesetz vom 30. Juni 1909.

— — — — — — — — — — — —

c) Preußisches Stempelsteuergesetz vom 16. März 1924.

1) Die Vorschrift in § 3, wonach sich die Stempelpflichtigkeit einer Urkunde nach ihrem Inhalt richtet, bedeutet, daß die Stempelpflichtigkeit nur nach dem Inhalt der Urkunde zu beurteilen ist. Umstände, die aus der Urkunde nicht zu ersehen sind, dürfen für die Entscheidung der Stempelpflichtigkeit nur dann verwertet werden, wenn im Gesetz derartige Ausnahmen ausdrücklich zugelassen sind. **133,** 232. **Gesetz**

1) Die Erklärung einer Firma, daß sie einem Handlungsgehilfen Prokura erteile, unterliegt auch dann dem Vollmachtstempel, wenn sie zur Eintragung im Handelsregister an das Amtsgericht gerichtet wird. **133,** 229. **Tarif Nr. 73**

d) Preußisches Stempelsteuergesetz in der Fassung der Bekanntmachung vom 27. Oktober 1924.

1) Bedingter Vertrag oder überhaupt kein Vertragsschluß? Lieferungsvertrag nach Vordruck mit dem Schlußvermerk, er trete in Kraft „nach erfolgter Gegenbestätigung" der Lieferfirma. (Wegen Willkürbedingung ist das Zustandekommen eines [wenn auch nur bedingten] Vertragsschlusses verneint worden. Daher keine Stempelsteuerpflicht für eine solche Urkunde). **131,** 24. — 2) Wann unterliegt dem Schuldverschreibungsstempel eine Urkunde, in der sich der Schuldner wegen einer darin bezeichneten Forderung der sofortigen Zwangsvollstreckung unterwirft? **133,** 310. — 3) Im Sinne von § 27 Abs. 3 StStG. ist es belanglos, ob — und zutreffendenfalls in welcher Form — die vom Steuerpflichtigen erklärte Wertangabe in die zu versteuernde Urkunde aufgenommen worden ist. Der allein maßgebende Vorgang ist die — durchaus formlose — Bekanntgabe der Wertangabe an die Steuerbehörde, einerlei ob dabei ein tatsächlicher oder rechtlicher Irrtum obgewaltet hat. **133,** 374. — 4) Wenn von einer im Ausland beglaubigten Abschrift einer ausländischen Urkunde im Inland Gebrauch gemacht wird, so ist der volle Stempel für das beurkundete Geschäft nach § 16 Abs. 1c StStG. zu entrichten. **134,** 194. — 5) Der Anspruch, der im Falle der Ausübung eines Wahlrechts nach Maßgabe des § 6 Abs. 2 Satz 2 StStG. entsteht, kann nicht im Rechtsweg verfolgt werden. **134,** 247. — 6) Ist einem Hausverwalter Vollmacht zur Einziehung der Mietzinsbeträge ohne zeitliche Beschränkung erteilt worden, so ist bei Ermittlung des Gegenstandswertes der Vollmacht die im § 6 Abs. 9 StStG. für Nutzungen und Leistungen von unbestimmter Dauer getroffene Vorschrift anzuwenden. Schlägt keine der dort vorgesehenen Ausnahmen ein, so ist demnach der **Gesetz**

Wert auf das $12^1/_2$fache des einjährigen Betrags des Mietzinses zu bemessen, dessen Einziehung durch den Bevollmächtigten in Frage kommt. **134,** 299. — 7) Über Wesen und Bedeutung der Allgemeinen Geschäftsbedingungen der Banken und ihrer Anerkennung durch die Kunden; Ablehnung der Auffassung, daß allgemein schon nach dem Inhalt der Urkunden (Geschäftsbedingungen und Anerkennungsschreiben) an sich darin eine rechtsgeschäftlich bindende Vollmacht habe erklärt werden sollen. **135,** 91. — 8) Bei einer Vollmacht zur Bewilligung und Beantragung der Eintragung einer beschränkten persönlichen Dienstbarkeit ist der Wert des Gegenstandes gleich dem Werte der Dienstbarkeit, der nach rein wirtschaftlichen Gesichtspunkten zu bestimmen ist. Der Wert der Gegenleistungen, die dem Grundeigentümer gewährt werden, ist dabei nicht ohne weiteres maßgebend. Wird in solcher Weise die Berechtigung zum Aufsuchen von Bodenschätzen (Schürfen und Bohren) und zu deren etwaiger Ausbeutung eingeräumt, so ist der Wert des Gegenstandes der Vollmacht so lange unschätzbar, als es ungewiß ist, ob abbauwürdige Bodenschätze angetroffen werden. **135,** 132. — 9) Über die Bedeutung des § 8 StStG. im vorigen Falle. **135,** 132. — 10) Eine Urkunde, die einen Verpfändungsvertrag mit dem in § 2 Abs. 2 des Reichsgesetzes vom 9. Juli 1926 vorgeschriebenen Inhalt enthält (betr. die Ermöglichung der Kapitalkreditbeschaffung für landwirtschaftliche Pächter, RGBl. I S. 399), unterliegt in Ansehung des damit gleichzeitig verbrieften Darlehnsverhältnisses nur dann dem Schuldverschreibungsstempel, wenn der Tatrichter die besondere Feststellung zu treffen vermag, daß die Vertragschließenden neben der Absicht, den Anforderungen des § 2 Abs. 2 zu genügen, noch den Willen gehabt haben, das Darlehnsverhältnis zu beurkunden. Ein Schluß hierauf folgt nicht aus jener Absicht. **135,** 276. — 11) Die Ermittlung und etwaige Feststellung einer Beurkundungsabsicht der an der Errichtung der Urkunde Beteiligten, wie sie § 3 Abs. 3 StStG. zur Stempelpflichtigkeit erfordert, ist Sache der tatrichterlichen Würdigung. **135,** 283. — 12) Ist in der vertraglichen Einräumung einer „Option“ auf Erfindungen und Schutzrechte ein aufschiebend bedingter Vertrag oder ein bloßes Angebot zu finden? **136,** 132. — 13) Haben mehrere Personen zum Grundbuch verschiedener Grundstücke den Antrag auf Eintragung einer Gesamtgrundschuld gestellt und ist eine dieser Personen auf Grund besonderer, nur gerade bei ihr gegebener Umstände von der Zahlung des Stempels frei, so kann der Staat die Steuer von den übrigen Personen noch erfordern. **136,** 202. — 14) Beurteilung eines Lizenzvertrags als Rechtspacht auch dann, wenn sich der Erteiler einer nicht ausschließlichen Lizenz verpflichtet, den Lizenzträger bei der Einarbeitung und der Ausübung des Verfahrens zu unterstützen und ihn auch später auf eintretende Verbesserungen und Veränderungen aufmerksam zu machen. **137,** 358. — 15) Die in RGZ. Bd. 129 S. 312 und im RGUrt. vom 5. April 1932 VII 430/31 für den Ausschluß des Landesurkundenstempels aufgestellten Grundsätze gelten nur für Vollverschmelzungen von Kapitalgesellschaften. Bei Teilverschmelzungen — Betriebszusammenschlüsse — hängt der Ausschluß des Landesurkundenstempels im Einzelfall davon ab, ob sie Gesellschaftsverträge sind. **138,** 232. — 16) Der Grundgedanke des Gesellschaftsteuerrechts ist der, daß die Vermögensübertragung für die Gesellschaft eine reine Vermögensvermehrung, für den Gesellschafter aber keine Vermögensminderung bedeutet, da er ja gleichzeitig Gesellschafter wird. **138,** 235. — 17) Zum Begriff des „Gegenstandes" in § 2 Abs. 1 StStG.: „Urkunden über Geschäfte, welche im Inlande befindliche Gegenstände betreffen"; besonders für den Fall einer im Ausland ausgestellten Vollmacht. **139,** 23. — 18) Eine Urkunde, in der der Aussteller in einer einheitlichen Form der Vollziehung mehrere Ansprüche an ein und dieselbe Person abtritt, unterliegt, weil nur ein einheitliches Geschäft enthaltend, nur einer einmaligen Verstempelung nach Tarifstelle 1, ohne Rücksicht darauf, ob die mehreren den Gegenstand der Abtretung bildenden Rechte selbständig sind oder in welchem rechtlichen oder wirtschaftlichen Zusammenhang sie zueinander stehen. Es kann auch keinen Unterschied begründen, ob die abgetretenen Rechte sich durchweg gegen die nämliche Person richten und ob sie alle von schuldrechtlicher Art oder zum Teil auch Ansprüche aus dem Eigentum sind. **139,** 322. — 19) Auf eine nach § 931 BGB. vollzogene Übereignung (hier Sicherungsübereignung) ist § 10 Abs. 3 StStG. nicht anwendbar. Demnach ist die mit der Übereignung beurkundete Abtretung des Herausgabeanspruches nach Tarifstelle 1 zu verstempeln. **140,** 114. — 20) Zur Haftbarkeit des Inhabers oder Vorzeigers einer nicht mit dem gesetzlichen Stempel versehenen Urkunde. Unter dem „Gegenstand" der Urkunde im Sinne von § 13 Abs. 1 zu c StStG. ist nur der stempelpflichtige Gegenstand gemeint. **140,** 193.

1) Nach welchen Grundsätzen richtet sich die Verstempelung einer Abtretungsurkunde, wenn die Abtretung nur zur Einziehung der abgetretenen Forderung vorgenommen wurde? **132,** 364. — 2) Zur Frage der Stempelpflichtigkeit von Urkunden über die Abtretung von Versicherungsansprüchen zur Sicherung einer Darlehnsverpflichtung. **135,** 276. **Tarif Nr. 1**

1) Der in Tarifstelle 7 Abs. 9 Nr. 4 vorgeschriebene Stempel stellt nur einen Protokollstempel dar, der weder mit § 84 des Kapitalverkehrssteuergesetzes, noch mit § 2 des Finanzausgleichsgesetzes in Widerspruch steht. **132,** 189. — 2) Was ist unter Lieferungsverträgen im Sinne der Tarifstelle 7 Abs. 9 Nr. 3 zu verstehen? **132,** 277. — 3) Steht § 2 des Finanzausgleichsgesetzes oder § 21 des Umsatzsteuergesetzes der Erhebung von Stempelsteuer nach Tarifstelle 7 Absatz 1b entgegen, wenn gemäß § 8 des preuß. Stempelsteuergesetzes die Höhe der Stempelabgabe nach dem tatsächlich erzielten Umsatz bemessen wird? (Verneint.) **132,** 318. — 4) Ist in einem Vertrage, der die Veräußerung des ausschließlichen, nur zeitlich und örtlich beschränkten Rechts zur Verleihung (Vermietung) von Filmen zum Gegenstande hat, die Pflicht zu deren Vermietung vom Erwerber als Hauptleistung übernommen worden, so fällt der Vertrag nicht unter TarifSt. 7 Abs. 1 zu b, sondern stellt sich als ein verlagsähnlicher Vertrag von eigener Art dar, der nur dem allgemeinen Vertragsstempel nach Tarifst. 18 Nr. 2 unterliegt. **135,** 237. — 5) Die Veräußerung einer derartigen Berechtigung fällt nicht schon deshalb aus dem Kreise der nach Tarifst. 7 Abs. 1 zu b steuerpflichtigen Geschäfte, weil der Film zur Zeit des Vertragsschlusses noch nicht fertig war. Dem steht auch die Tarifstelle 21 nicht entgegen. **135,** 237. — 6) Diese Stelle versteht unter „anderen lästige Veräußerungs- **Nr. 7**

geschäfte enthaltenden Verträgen" gegenseitige Verträge, dagegen nicht auch einseitige Verträge über Veräußerungen. **136,** 327.

Nr. 8 1) Zum Wesen einer Leibrente, wie einer Rente überhaupt, gehört, daß die fortlaufend wiederkehrenden Leistungen gleichmäßig und deshalb bestimmt sind. Mit diesem Erfordernis ist vereinbar, daß für die an sich bestimmte Jahresrente in gewissen Fällen eine bestimmte Ermäßigung eintritt. Unvereinbar ist dagegen damit, daß die Einzelleistungen lediglich abhängen von künftigen wirtschaftlichen Voraussetzungen, z. B. von der Ergiebigkeit einer Anwaltstätigkeit oder eines Landgutes. **137,** 259.

Nr. 10 1) Wie ist der Mietstempel für einen auf mehr als ein Jahr geschlossenen Mietvertrag zu berechnen, dessen Verlängerung für einen weiteren Zeitraum der Mieter bis zu einem bestimmten Zeitpunkt vor Ablauf der ursprünglichen Vertragsdauer verlangen kann? (Nach Tarifstelle 10 II c Abs. 2 Satz 3.) **131,** 310. — 2) Der in RGZ. Bd. 131 S. 24 ausgesprochene Satz gilt auch für den Fall, daß die Einräumung des Verlängerungsrechts als ein Angebot des Vermieters zum Abschluß eines nach Ablauf der festbestimmten Vertragszeit einsetzenden zweiten Vertrags anzusehen ist, das der Mieter durch Abgabe der ihm verstatteten Verlängerungserklärung annimmt. **135,** 253. — 3) Behandlung eines Lizenzvertrages mit Nebenverpflichtungen des Lizenzgebers als Rechtspacht. **137,** 358. — 4) Ein Mietvertrag gilt stempelrechtlich auch dann nicht als „auf unbestimmte Zeit" vereinbart, wenn nur der Vermieter an die Vertragsdauer festgebunden ist, während dem Mieter das Recht eingeräumt ist, den Vertrag jederzeit mit halbjähriger Frist zu kündigen. **138,** 129. — 5) Die Übertragung des Kleiderablagebetriebs in Theatern usw. ist nur dann Pachtvertrag, wenn der Übernehmer berechtigt sein soll, die Früchte, die Erträge des Betriebs, für sich, d. h. für seine eigene Rechnung, nicht für die des anderen Teils zu ziehen, und bloß schuldrechtlich gehalten ist, eine Gegenleistung durch Bezahlung bestimmter Geldbeträge oder durch Ablieferung eines bestimmten Teils der Einnahmen zu bewirken. Kein Pachtvertrag ist dagegen vorhanden, wenn der Vertragschließende als Verwalter der Kleiderablage die vereinnahmten Gebühren im Namen und für Rechnung der Theaterleitung einzieht, also ohne den Willen dinglichen Rechtserwerbs für sich, seinerseits aber nur einen schuldrechtlichen Anspruch gegen den anderen Teil auf Überlassung eines Anteils an der Einnahme zur Abgeltung der von ihm übernommenen Vertragspflichten geltend machen kann. **140,** 206.

Nr. 14 1) Unanwendbarkeit der Tarifstelle 14 III, wenn über die zugrundeliegende persönliche Verbindlichkeit Teilschuldverschreibungen auf den Inhaber ausgegeben und mit der Wertpapiersteuer des Reiches belegt worden sind. Ist die Eintragung einer Höchstbetragshypothek beantragt und übersteigt der Höchstbetrag die Summe des Nennwerts der Teilschuldverschreibungen, so ist auch vom Mehrbetrage kein Stempel zu erheben, weil der Höchstbetrag Hauptforderung und Zinsen einheitlich umfaßt, wobei die Grenze zwischen Hauptforderung und Zinsen flüssig ist. **131,** 289. — 2) Unanwendbarkeit der Tarifstelle 14 III, wenn der Antrag auf Eintragung einer Grundschuld gestellt ist und die Teilschuldverschreibungen auf den Inhaber, die über die der Grundschuld tatsächlich, wenn auch nicht rechtlich, zugrundeliegende Forderung

ausgestellt worden sind, mit der Wertpapiersteuer des Reiches belegt worden
sind. **131,** 296. — 3) Das Finanzamt kann den nach Tarifstelle 14 I Abs. 2b(4)
zu berechnenden Nachstempel von dem Bevollmächtigten, der die Aufnahme
der ursprünglichen Urkunde veranlaßt hat, auch dann erfordern, wenn er
an der Verlängerung der zunächst verabredeten Rückzahlungsfrist unbeteiligt
ist. **132,** 292. — 4) Kaufmännische Verpflichtungsscheine im Sinne der
Tarifstelle 14 II Abs. 1 sind nur solche Schuldurkunden eines Kaufmanns,
die sich auf die Verpflichtung zur Geldzahlung beschränken; die Unterwerfung
unter die sofortige Zwangsvollstreckung geht hierüber hinaus. **133,** 312. —
5) Über Anwendbarkeit der Tarifstellen 15 Abs. 3 und 14 I Abs. 1 in Fällen, Nr. 14
wo das sicherzustellende Recht im Ausland beurkundet worden ist. Kommt, Nr. 15
wenn die Ausgabe von Teilschuldverschreibungen reichssteuerpflichtig ist,
auch für den Hauptvertrag über Aufnahme und Tilgung des Gesamt-
darlehns kein Landesstempel in Frage? **133,** 352. — 6) Haben mehrere Nr. 14
Personen zum Grundbuch verschiedener Grundstücke den Antrag auf Ein-
tragung einer Gesamtgrundschuld gestellt und ist eine dieser Personen auf
Grund besonderer, nur gerade bei ihr gegebener Umstände von der Zahlung
des Stempels frei, so kann der Staat die Steuer von den übrigen Personen
noch erfordern. **136,** 202.

1) Eine Urkunde, durch die für einen unbezifferten und unbegrenzten Nr. 15
Kapitalbetrag die Bürgschaft übernommen wird, ist nur mit dem Fest-
stempel von 1,50 RM. zu versteuern (Tarifst. 15 Abs. 4). **133,** 370. — 2) Zur
Frage der Stempelpflichtigkeit einer Urkunde, in der die Eintragung einer
Vormerkung zur Sicherung des Anspruchs auf Eintragung einer Darlehns-
hypothek bewilligt und beantragt wird (Verstempelung gemäß Tarifst. 15
Abs. 3 mit 3 RM., weil das zu sichernde Recht nur das Recht auf Eintragung
der Hypothek — nicht die Hypothek selbst — ist, also Tarifst. 18 Nr. 2 Abs. 1 Nr. 18
maßgebend ist). **133,** 228.

1) Sind einem Zeitungsagenten neben dem Lohn für das Aus-
legen einer Zeitung Provisionen für Zuführung neuer Abonnenten und
Prämien für die Werbung von Anzeigen versprochen, so wird dadurch
die Anwendbarkeit der Befreiungsvorschrift in Abs. 3 zu b nicht aus-
geschlossen. **136,** 111.

1) Zur Verstempelung der Hausverwalter-Vollmacht ohne Zeitangabe. Nr. 19
134, 299. — 2) Über Verstempelung einer Vollmacht zur Bewilligung und
Beantragung der Eintragung einer beschränkten persönlichen Dienstbarkeit
s. Gesetz zu Nr. 8 und 9 = **135,** 132. — 3) Die Vollmacht zur Stellung des
Antrags auf Eintragung der Abtretung einer Grundschuld (Briefgrundschuld
oder Buchgrundschuld) ist schätzbar und grundsätzlich mit $^1/_{10}$% des Betrags
der Grundschuld zu versteuern. **137,** 68. — 4) Bei einer im Ausland aus-
gestellten Vollmacht ist nur das inländische Vermögen zu berücksichtigen.
Darlegungspflicht und Beweislast des Staatsfiskus für die betreffs der Höhe
des Stempels maßgebenden tatsächlichen Unterlagen. **139,** 23.

1) Zur Versteuerung von Werkverdingungsverträgen, wenn es sich um Nr. 21
eine nicht bewegliche Sache handelt (Erneuerung der Eisenkonstruktion
[„Überbauten"] einer Brücke; die Überbauten sollten vom Unternehmer aus
den von ihm angeschafften und angelieferten Eisenteilen neben der Brücken-

stelle auf Montierungsgerüsten zusammengefügt und danach auf die Brückenpfeiler hinübergeschoben werden. Keine Anwendung der Befreiungsvorschrift der Tarifstelle 7 Abs. 9 Nr. 3). **132,** 346.

IV. Verkehrssteuer.

1) Kapitalverkehrssteuer. Die Fälligkeit einer gemäß §§ 6, 9 KapVStG. entstandenen Gesellschaftssteuerschuld wird durch eine nach § 22 AusfBest. vom 27. November 1922 oder § 8 Aus- und DurchführBest. vom 22. Juli 1927 vom Finanzamt erlassene Festsetzungsverfügung mit Zahlungsfristbestimmung (in Änderung des in § 68 KapVStG. bestimmten Fälligkeitszeitpunktes — § 69 das. mit § 81 Abs. 3 RAbgO. a. F.) auf den Zeitpunkt des Ablaufs der in der Verfügung gesetzten Zahlungsfrist auch dann hinausgeschoben, wenn wegen Verletzung der Anmeldepflicht der Zinsenlauf schon mit dem in § 68 KapVStG. bezeichneten Zeitpunkt beginnt. Die Rückverlegung des Zinsbeginns hat nur die Eigenschaft einer „zur Sicherung der Steuerentrichtung dienenden Maßnahme". **140,** 307.

V. Umsatzsteuer.

— — — — — — — — — — —

VI. Grunderwerbsteuer.

— — — — — — — — — — —

VII. Zuwachssteuer.

1) Die den Notaren in § 38 des Zuwachssteuergesetzes auferlegte Pflicht zur Mitteilung an die städtischen Wertzuwachssteuerämter liegt ihnen diesen gegenüber ob als Amtspflicht im Sinne des § 839 BGB., und zwar auch dann, wenn die Gemeinde eine selbständige Wertzuwachssteuerordnung eingeführt hatte. **134,** 311.

§ 373. Gemeindesteuern.

1) Die den Notaren im § 38 des Zuwachssteuergesetzes auferlegte Pflicht zur Mitteilung an die städtischen Wertzuwachssteuerämter liegt ihnen diesen gegenüber ob als Amtspflicht im Sinne des § 839 BGB., und zwar auch dann, wenn die Gemeinde eine selbständige Wertzuwachssteuerordnung eingeführt hatte. **134,** 311. — 2) Die Befreiung der preußischen Eisenbahngesellschaften von der Entrichtung einer Gewerbesteuer nach § 38 des preuß. EisenbahnG. vom 3. November 1838 erstreckte sich auch auf eine Gemeinde-Gewerbesteuer. Die Aufhebung des Privilegs durch die GewerbeStVo. vom 23. November 1923 verpflichtet den Staat nach § 49 EisenbahnG., Art. 153 Abs. 2 RVerf. zur Entschädigung. **136,** 113.

§ 374. Rechtsverhältnisse der Beamten.

(Haftung der Beamten bei Amtspflichtverletzungen s. § 145 unter § 839 BGB. — Haftung öffentlich-rechtlicher Körperschaften für das Verschulden ihrer Beamten s. § 147.)

I. Allgemeines.

1) Kann ein Beamter dem Staate gegenüber wirksam auf sein Ruhegehalt verzichten? **131,** 87; **133,** 313. — 2) Der Grundsatz, daß behördliche Angestellte durch Übertragung hoheitsrechtlicher Befugnisse mit Rechtsnotwendigkeit Beamte werden, erleidet auch dann keine Einschränkung, wenn diese Befugnisse nur von geringem Umfang sind und hinter der sonstigen Tätigkeit des Angestellten an Bedeutung erheblich zurückstehen. Um in solchen Fällen den Erwerb der Beamteneigenschaft auszuschließen, bedarf es vielmehr einer besonderen gesetzlichen Grundlage. **132,** 61 (insbes. 68); s. auch Nr. 4, 25, 28; s. dagegen Nr. 15. — 3) Die unabhängig vom Willen des Ruhegehaltsempfängers eingetretene Tatsache des Verlusts der Staatsangehörigkeit bewirkt nicht das Ruhen des Rechts auf Gehalt. **132,** 212 (213—215). — 4) Erwerb der Beamtenstellung mit der Übertragung hoheitsrechtlicher Amtsgeschäfte. **131,** 308; vgl. Nr. 2; ferner **132,** 234; **134,** 17; s. dagegen Staatsgerichtshof für das Deutsche Reich **137,** Anh. 34. — 5) Ein Beamter, der einen Gehaltsvorschuß erhalten hat, kann nicht einwenden, die spätere Einbehaltung von unpfändbaren Gehaltsteilen zur Abtragung dieses Vorschusses sei eine unzulässige Aufrechnung. **133,** 249. — 6) Ein Beamter, der seiner Dienststelle eine unwiderrufliche Anweisung zur Tilgung von Schulden bei einer Beamtenbank gegeben hat, dahingehend, daß die Dienststelle seine Bezüge auf die Bank überweisen solle, kann diese Anweisung widerrufen, wenn es sich um unpfändbare Bezüge handelt. **133,** 249. — 7) Hatte in dem vorigen Falle die Dienststelle die Bezüge des Beamten auf die Bank trotz Widerrufs des Beamten weiter überwiesen, so ist der Beamte, wenn ihm die Bank die überwiesenen Bezüge gutbringt, gegenüber der Dienststelle dadurch nicht ungerechtfertigt bereichert. **133,** 249. — 8) Die Reichsverfassung bestimmt nicht den Inhalt der wohlerworbenen Rechte, sondern hält sie nur in dem Umfang aufrecht, in dem sie erworben sind. Letzteres richtet sich nach demjenigen Gesetz, das sie begründet hat (Vorbehaltsklauseln der Besoldungsgesetze). Die Besoldungsansprüche sind somit nur mit dieser Beschränkung wohlerworbene Rechte geworden. **134,** 1. — 9) Als wohlerworbenes Recht des Beamten ist anzusehen das Recht auf die einmal erworbene Eigenschaft als Beamter, insbesondere das Recht auf Belassung im Amte und das Recht auf Ermöglichung einer seiner Stellung entsprechenden Lebensführung. Soweit die landesrechtlichen Klauseln dem künftigen Gesetzgeber ein Recht auf völlige Entziehung der gewährten Bezüge oder auf beliebige Herabsetzung der Bezüge gewähren, stehen sie mit Art. 129 Abs. 1 Satz 3 RVerf. im Widerspruch. Indessen sind sie in dem Umfang aufrecht zu erhalten, in welchem ein Widerspruch mit Art. 129 nicht besteht. **134,** 1. — 10) Wird ein Beamter von seinem Vorgesetzten unter Hinweis auf eine von ihm begangene Straftat veranlaßt, unter Verzicht auf alle Ansprüche seine Entlassung aus dem Dienst zu beantragen, so kann eine Verletzung der Fürsorgepflicht, die der Behörde obliegt gegenüber dem Beamten, in Frage kommen,

wenn dem Beamten keine ausreichende Überlegungsfrist zu seiner Entschließung gelassen worden ist. **134,** 162. — 11) Gegenüber der nach § 51 preuß. DiszG. vom 21. Juli 1852 dem suspendierten Beamten verbleibenden Hälfte seines Diensteinkommens greift die Einrede der allgemeinen Arglist durch, wenn dem Staat ein Schaden durch eine vorsätzliche unerlaubte Handlung des Beamten verursacht worden ist. **135,** 1. — 12) In einer völlig ungeregelten Kassenführung kann der Tatbestand einer unerlaubten Handlung nach § 826 BGB. gefunden werden. **135,** 1. — 13) Der Umstand, daß das gesamte Beamtenrecht dem öffentlichen Recht angehört, hindert nicht, auf das Rechtsverhältnis des Beamten zum Staate die den privatrechtlichen Rechtsgrundsätzen zugrundeliegenden allgemeinen Rechtsgedanken anzuwenden, die auch einen Teil des öffentlichen Rechts bilden. **135,** 1. — 14) Die Begriffe „lebenslängliche" Anstellung und „nichtplanmäßige" Anstellung schließen einander nicht aus. **136,** 337. — 15) Auch wenn ein Verfassungsgrundsatz anzuerkennen sein sollte, wonach obrigkeitliche Verrichtungen nur Berufsbeamten übertragen werden dürfen, würde sich aus ihm nur die Unzulässigkeit gegen ihn verstoßender Betrauungen von anderen Angestellten mit derartigen Verrichtungen ergeben, nicht aber die Entstehung des Beamtenverhältnisses aus einer solchen unzulässigen Betrauung (Staatsgerichtshof). **137,** Anh. 34; anders Nr. 2, 4, 25, 28. — 16) Der Rang des Beamten als wohlerworbenes Recht. **137,** Anh. 36. — 17) Zur Frage der wohlerworbenen Rechte der Gemeindebeamten in bezug auf ihr Gehalt. **137,** Anh. 41, 43—46. — 18) Für die Frage, in wessen Dienst der Beamte steht, ist regelmäßig seine Ernennung entscheidend, während es nicht von Bedeutung ist, wessen Hoheitsrechte er im einzelnen Falle ausgeübt hat. **137,** 38; s. auch Nr. 27. — 19) Der Standesbeamte, auch der stellvertretende, ist wirklicher Beamter im Sinne des Art. 129 RVerf. **137,** 181. — 20) Die Anwartschaft darauf, daß die Schulverwaltung nach § 7 des preußischen Mittelschullehrer-Besoldungsgesetzes vom 30. April 1928 eine Stelle mit einem Besoldungszuschuß ausstattet, stellt keinen im Rechtsweg verfolgbaren Anspruch des Stelleninhabers dar. **137,** 189. — 21) Die reichsrechtlichen Anstellungsgrundsätze für Militäranwärter usw. vom 20. Juni 1907 (RZBl. S. 317) stellen im Klageweg verfolgbares objektives Recht dar (ständige Rechtsprechung). **137,** 273. — 22) Die Anlage M zu den Anstellungsgrundsätzen vom 20. Juni 1907 (s. Preuß. MinBl. f. d. i. Verw. 1911 S. 311) bildet, wenn sie auch von einer Landesbehörde ausgeht, einen Bestandteil der Anstellungsgrundsätze; die in der Spalte „Bemerkungen" enthaltenen Bestimmungen sind daher in gleicher Weise zu bewerten wie die Anstellungsgrundsätze selbst. **137,** 273. — 23) § 22 Abs. 4 der in Nr. 21/22 genannten Anstellungsgrundsätze bringt zum Ausdruck, daß die Eigenschaft als Militäranwärter als solche und der Besitz des Zivilversorgungsscheins allein keinen Anspruch auf die Übertragung von Beförderungsstellen gewährt, daß im Aufrücken in gehobene Stellen des mittleren Beamtendienstes der Militäranwärter keine Bevorzugung gegenüber den anderen Stellenanwärtern genießt, also für die Beförderungsstelle nur dann in Betracht kommt, wenn er nach den maßgebenden Bestimmungen — heute nach dem Leistungsgrundsatz — den Anforderungen für die Stelle in jeder Beziehung genügt. **137,** 273. — 24) An den Grundsätzen in Nr. 23 wird auch dadurch nichts geändert, daß in dem preußischen Stellenverzeichnis (Anlage M) in Spalte 4 unter „Bemerkungen" bestimmt ist, das Aufrücken der Militär- und Zivilanwärter in höhere Gruppen erfolge nach der Reihenfolge, die sich aus dem Anteilsverhältnis ergebe. **137,** 273. — 25) Unberührt geblieben durch § 1 Satz 2 des preuß. KommunalbeamtenG. vom 30. Juli 1899 (GS. S. 141) ist der allgemeine Rechtssatz, daß die Übertragung der Befugnis zur Ausübung von Hoheitsrechten den Erwerb der Beamteneigenschaft notwendig zur Folge hat. Es muß sich aber dabei nicht bloß um eine Tätigkeit handeln, die in der Regel von Beamten wahrgenommen wird, sondern um eine solche, die ihrer obrigkeitlichen Natur wegen nur von solchen wahrgenommen werden kann. **138,** 317; s. auch Nr. 2, 4, 28; dagegen Nr. 15. — 26) Eine Tätigkeit, die nur dazu dient, die von einem anderen Beamten zu fällenden obrigkeitlichen Entscheidungen vorzubereiten, ist selbst nicht hoheitsrechtlich. **138,** 318. — 27) In wessen Diensten ein Beamter steht, richtet sich danach, von welcher Behörde er angestellt ist und besoldet wird, dagegen nicht danach, wessen Hoheitsrechte er ausübt. **139,** 298; s. auch Nr. 18. — 28) Es ist ein allgemeiner reichsrechtlicher Rechtsgrundsatz, daß die weisungsgemäße Ausübung hoheitsrechtlicher Betätigung notwendig auch Beamteneigenschaft im Innenverhältnis herbeiführt. Dieser Grundsatz hat sich geschichtlich entwickelt und in Art. 129 RVerf. seinen Ausdruck gefunden. Er gilt auch trotz der Autonomie der öffentlich-rechtlichen Religionsgesellschaften (Art. 137 Abs. 3 das.) für die von ihnen in Betätigung von Hoheitsrechten beschäftigten Bediensteten. **139,** 305; s. auch zu Nr. 25. — 29) Der Anspruch des Beamten auf Gestattung der Einsichtnahme in die Personalnachweise (Personalakten) ist kein vermögensrechtlicher Anspruch. Er kann daher nicht im Rechtsweg verfolgt werden. **139,** 396. — 30) Das durch die Anstellung als Beamter begründete Dienstverhältnis ist als solches nicht vermögensrechtlich, sondern seinem Inhalt nach ein öffentlich-rechtliches Gewaltverhältnis, das den Beamten zur Treue und zum Gehorsam gegen die Staatsgewalt verpflichtet, anderseits für den Staat die Verpflichtung begründet, dem Beamten den Genuß der Rechte zu gewährleisten, die ihm als Entgelt für die Erfüllung der Dienstpflicht zugesichert sind. **139,** 398. — 31) Die Entscheidung darüber, ob eine einen Pensionsanspruch nach § 1 Abs. 1 BeamtenUnfFürsG. begründende Dienstunfähigkeit vorliegt, gebührt den Verwaltungsbehörden. **140,** 369. — 32) Der Begriff „Betriebsunfall" in § 1 BeamtenUnfFürsG. ist derselbe wie in der Reichsversicherungsordnung. Daher findet die Vorschrift des § 545a RVO., daß der Weg zur Arbeitsstelle zum Betrieb gehört, auf die dem BeamtenUnfFürsG. unterliegenden Beamten Anwendung. **140,** 369.

II. Reichsbeamte.

1) Zum Begriff der Umbildung einer Reichsbehörde im Sinne von § 24 des ReichsbeamtenG. (Zusammenfassung und gleichzeitige Vornahme von Maßnahmen, die einzeln keine Umbildung herbeiführen könnten). **131,** 207. — 2) Zum Begriff des Aufhörens eines Amtes infolge Umbildung der Behörde (Aufhören auch dann möglich, wenn die mit dem Amt verbundenen

Dienstaufgaben bei der Behörde verbleiben und nur ihre besondere Ausgestaltung fortfällt). **131,** 207. — 3) Die in den einstweiligen Ruhestand versetzten Reichsbeamten, die nach dem Außerkrafttreten von Art. 1 IV der Personal-Abbau-Verordnung in den dauernden Ruhestand treten, können verlangen, daß ihre Wartestandszeit auf ihr pensionsfähiges Dienstalter angerechnet wird, weil seit dem 1. Februar 1929 (s. Ges. vom 25. Juli 1928, RGBl. I S. 289) § 46 Abs. 1 Nr. 1 RBG. wieder in seiner ursprünglichen, die volle Anrechnung der Wartestandszeit vorschreibenden Fassung gilt. **131,** 312. — 4) Art. 7 der 12. Ergänzung des Reichsbesoldungsgesetzes vom 12. Dezember 1923 steht einem auf Amtspflichtverletzung gestützten Anspruch auf Ersatz des Verspätungsschadens wegen verzögerter Gehaltszahlung nicht entgegen. **132,** 269, 270. — 5) Bei der Anstellung von Reichsbeamten kommt der Aushändigung einer Anstellungsurkunde keine rechtsbegründende Bedeutung zu. **134,** 20. — 6) Unter den Begriff „bisherige Dienstbezüge" eines in den Dienst der Reichsanstalt für Arbeitsvermittlung und Arbeitslosenversicherung aus einem Arbeitsnachweisamt übernommenen Beamten fallen auch die Ansprüche auf eine ruhegehaltsfähige Zulage und auf künftige Dienstalterszulagen. **136,** 301. — 7) Die Bestimmung in Nr. 68 Abs. 2 Satz 4 der Besoldungsvorschriften vom 12. März 1928 (RBesBl. S. 33) geht über Wortlaut und Sinn des § 14 Abs. 3 Nr. 1 des Besoldungsgesetzes vom 16. Dezember 1927 (RGBl. I S. 349) hinaus und kann daher nicht als eine bindende Rechtsvorschrift anerkannt werden. Somit kann unter Umständen ein Reichsbeamter den Kinderzuschlag auch dann für ein über 16 Jahre altes Kind beanspruchen, wenn sich das Kind zur Ausbildung im Geschäfts- oder Gewerbebetrieb der Eltern befindet. **137,** 150. — 8) Die reichsrechtlichen Anstellungsgrundsätze für Militäranwärter usw. vom 20. Juni 1907 (RZBl. S. 317) stellen im Klageweg verfolgbares objektives Recht dar (ständige Rechtsprechung). **137,** 273. — 9) Die Anlage M zu den Anstellungsgrundsätzen vom 20. Juni 1907 (s. preuß. MinBl. f. d. i. V. 1911 S. 311) bildet, wenn sie auch von einer Landesbehörde ausgeht, einen Bestandteil der Anstellungsgrundsätze; die in der Spalte „Bemerkungen" enthaltenen Bestimmungen sind daher in gleicher Weise zu bewerten wie die Anstellungsgrundsätze selbst. **137,** 273. — 10) § 22 Abs. 4 der in Nr. 8/9 genannten Anstellungsgrundsätze bringt zum Ausdruck, daß die Eigenschaft als Militäranwärter als solche und der Besitz des Zivilversorgungsscheins allein keinen Anspruch auf die Übertragung von Beförderungsstellen gewährt, daß der Militäranwärter im Aufrücken in gehobene Stellen des mittleren Beamtendienstes keine Bevorzugung gegenüber den anderen Stellenanwärtern genießt, also für die Beförderungsstelle nur dann in Betracht kommt, wenn er nach den maßgebenden Bestimmungen — heute nach dem Leistungsgrundsatz — den Anforderungen für die Stelle in jeder Beziehung genügt. **137,** 273. — 11) An den Grundsätzen in Nr. 10 wird auch dadurch nichts geändert, daß in dem preußischen Stellenverzeichnis (Anlage M) in Spalte 4 unter „Bemerkungen" bestimmt ist, das Aufrücken der Militär- und Zivilanwärter in höhere Gruppen erfolge nach der Reihenfolge, die sich aus dem Anteilverhältnis ergebe. **137,** 273. — 12) Die Vorschrift in § 8 Abs. 2 RBesG. ist dahin zu verstehen, daß die Entscheidungen der Verwaltungsbehörden über die Festsetzung des

Besoldungsdienstalters eines Beamten für die Gerichte schlechthin bindend sind, vorbehaltlich allein des Falles besonderer Zusicherung oder reiner Willkür. Soweit im Urt. vom 23. Dezember 1930 III 89/30 eine gegenteilige Auffassung zum Ausdruck gekommen sein sollte, wird an ihr nicht festgehalten. **140,** 101.

III. Landesbeamte.

A. Staatsbeamte.

1) Gehören zu den Geistlichen, die nach § 7 Abs. 2 des preußischen Besoldungsgesetzes vom 17. Dezember 1927 den vollen Wohnungsgeldzuschuß auch dann erhalten, wenn sie ledig sind, die Universitätsprofessoren der katholischen Theologie? (Verneint.) **132,** 88. — 2) Die unabhängig vom Willen des Ruhegehaltsempfängers eingetretene Tatsache des Verlusts der preußischen Staatsangehörigkeit genügt nicht, um das Ruhen des Rechts auf den Bezug der Pension zu bewirken. **132,** 212. — 3) Nach Wiederaufhebung der vorläufigen Dienstenthebung ist die während deren Dauer einbehaltene Gehaltshälfte dem Beamten (preußischer Justizobersekretär) nicht alsbald, sondern erst nach rechtskräftiger Erledigung des Dienststrafverfahrens nachzuzahlen, wenn dieses mit dessen Freisprechung geendet oder aus anderen Gründen, wie z. B. infolge Einstellung des Verfahrens, seine Erledigung ohne Verurteilung des Beamten gefunden hat. **132,** 267. — 4) Die nach Ziffer 7 Abs. 2 der preußischen Besoldungsvorschriften vom 15. Juli 1925 maßgebende Monatsfrist für das Ruhen des Anspruchs auf Gewährung einer Dienstalterszulage, nämlich die Monatsfrist zwischen der Verurteilung des Beamten im strafgerichtlichen Verfahren und der Einleitung eines förmlichen Disziplinarverfahrens, ist nicht vom Tage der Verkündung des reichsgerichtlichen Straferkenntnisses an zu berechnen, sondern beginnt erst vom Zeitpunkt der Kenntnis der Behörde vom Abschluß des Strafverfahrens, es sei denn, daß die Unkenntnis der Behörde auf Verschulden beruht. **132,** 267. — 5) Die Vorbehaltsklausel des § 33 des oldenburgischen Beamtendiensteinkommensgesetzes vom 11. August 1920 (sofern sie dahin auszulegen ist, daß danach künftig durch Gesetz die Beamtenbezüge völlig entzogen oder beliebig herabgesetzt werden können — bis auf das sog. Existenzminimum —) ist mit Art. 129 Abs. 1 Satz 3 RVerf. nicht vereinbar. **134,** 1. — 6) Die Bestimmung in § 7 des preußischen Disziplinargesetzes vom 21. Juli 1852 (GS. S. 465) ist mit Art. 129 Abs. 2 RVerf. unvereinbar. Der Amtsverlust aus Gründen der Dienstzucht kann nicht mehr mit einem bestimmten Tatbestand in der Weise verknüpft werden, daß er bei dessen Vorliegen ohne weiteres (ohne Disziplinarverfahren) kraft Gesetzes eintritt. **134,** 108. — 7) Sowohl § 44 des preuß. RichterDiszipl G. wie § 48 des preuß. Diszipl G. (vorläufige Dienstenthebung kraft Gesetzes) bleiben weiterhin in Kraft. **134,** 114. — 8) Zwar ist die Feststellung des Besoldungsdienstalters ausschließlich Aufgabe der Verwaltungsbehörden und daher im Rechtsweg nicht anfechtbar. Aber die Anrechnung der von einem Ruhegehaltsempfänger nach der Pensionierung geleisteten Dienste auf das ruhegehaltsfähige Dienstalter unterliegt der Nachprüfung durch die ordentlichen Gerichte. **134,** 330. — 9) Der

§ 5 des preußischen Volksschullehrer-Altruhegehaltsgesetzes vom 17. Dezember 1920 will den Altpensionären unter den Lehrern beim Vorliegen der darin bezeichneten Voraussetzungen eine besondere Anerkennung und Belohnung für die dem Staat in der Kriegsnotzeit geleisteten Dienste zuteil werden lassen. Er stellt jedoch keine, die Anwendung anderer Gesetze ausschließende, erschöpfende Sonderregelung für die Anrechnung von derartigen Diensten der Ruhestandslehrer auf das ruhegehaltsfähige Dienstalter dar, sondern daneben kommen noch die §§ 19, 20, 20a des Volksschullehrerpensionsgesetzes in Betracht. **134,** 329. — 10) Die Anwendung des § 20a des preußischen Volksschullehrerpensionsgesetzes hat zur Voraussetzung, daß in dem anderen öffentlichen Dienst ein Ruhegehalt tatsächlich erdient ist. **134,** 329. — 11) Gegenüber der nach § 51 preuß. DiszG. vom 21. Juli 1852 dem suspendierten Beamten verbleibenden Hälfte seines Diensteinkommens greift die Einrede der allgemeinen Arglist durch, wenn dem Staat ein Schaden durch eine vorsätzliche unerlaubte Handlung des Beamten verursacht worden ist. In einer völlig ungeregelten Kassenführung kann der Tatbestand einer unerlaubten Handlung nach § 826 BGB. gefunden werden. **135,** 1. — 12) Der maßgebende Zeitpunkt für die Entstehung vermögensrechtlicher Ansprüche aus einem Staatsamt ist nicht das Datum der Bestallungsurkunde oder der Zeitpunkt ihrer Aushändigung an den Staatsbeamten, sondern der Zeitpunkt der planmäßigen Anstellung des Beamten in demjenigen Amte, dessen Bezüge er für sich in Anspruch nimmt. **135,** 351. — 13) Festgehalten wird an der ständigen Rechtsprechung, daß die Festsetzung des Besoldungsdienstalters regelmäßig der richterlichen Nachprüfung entzogen ist und daß sich hieran auch durch Art. 129 Abs. 1 Satz 4 RVerf. nichts geändert hat. **135,** 351. — 14) Die Worte „am 30. September 1927 im Amte gewesenen" in der Fußnote 1 zur Besoldungsgruppe A 3c der Besoldungs-Ordnung zum Gesetz vom 17. Dezember 1927 können nur im Sinne einer planmäßigen Anstellung verstanden werden. **135,** 351. — 15) Die preußischen Studienassessoren sind unmittelbare Staatsbeamte. Eine allgemeine Vorschrift, daß sie nur auf Widerruf angestellt werden, ist in der Ordnung der Anwärter für das Lehramt an höheren Schulen in Preußen vom 24. April 1924 nicht enthalten. Sie sind daher auf Lebenszeit angestellt und können wegen eines Dienstvergehens nur im förmlichen Disziplinarverfahren entlassen werden. Nicht entschieden wird über die Möglichkeit eines Vorbehalts des Widerrufs bei der Ernennung zum Studienassessor. **136,** 332. — 16) § 117 Abs. 1 ArbGG. will den dort genannten Beamten die volle Rechtsstellung eines staatlichen Justizbeamten gleicher Art verschaffen. Wird ein Beamter, der beim Gewerbegericht die Dienste eines Sekretärs alter Ordnung verrichtet hatte, zum „Justizbüroassistenten" unter Verleihung der Amtsbezeichnung „Sekretär" und unter Gewährung der Bezüge der Gruppe A 6 „für seine Person" ernannt, so ist jene gesetzliche Zusicherung nicht erfüllt. Wird der Beamte infolgedessen zu einer Prüfung nicht zugelassen, zu der er sonst von selbst zugelassen worden wäre und die er auch bestanden hätte, und nimmt er infolgedessen an einer Besserstellung nicht teil, die die bestandene Prüfung von selbst für ihn mit sich gebracht hätte, so kann er die vermögensrechtlichen Ansprüche auf solche Besserstellung geltend machen, und zwar als Erfüllungsansprüche; er ist nicht auf Schadensersatzansprüche beschränkt. **136,** 390. — 17) Der Standesbeamte, auch der stellvertretende, ist wirklicher Beamter im Sinne des Art. 129 RVerf. **137,** 181. — 18) Der von der höheren Verwaltungsbehörde bestellte Standesbeamte, der nicht zu dem Kreis der in § 6 Abs. 2 des Personenstandsgesetzes Genannten gehört, wird unmittelbarer Staatsbeamter; die höhere Verwaltungsbehörde kann ihn nicht zum Gemeindebeamten machen. **137,** 181. — 19) Die Anwartschaft darauf, daß die Schulverwaltung nach § 7 des preußischen Mittelschullehrer-Besoldungsgesetzes vom 30. April 1928 eine Stelle mit einem Besoldungszuschuß ausstattet, stellt keinen im Rechtsweg verfolgbaren Anspruch des Stelleninhabers dar. **137,** 189. — 20) Die nach Art. IV § 4 Abs. 2 des pr. Gesetzes zur Umgestaltung des Dienststrafrechts der nichtrichterlichen Beamten vom 11. Januar 1932 vorgesehenen Einbehaltung von Diensteinkommen greift in wohlerworbene Beamtenrechte ein und ist deshalb mit der Reichsverfassung unvereinbar. **140,** 118. — 21) Über die Doppelstellung des preußischen Landrats. **140,** 127. — 22) Die in der preußischen Zweiten SparVo. vom 23. Dezember 1931 angeordnete Herabsetzung der Altersgrenze für Schulleiter und Lehrer von 65 auf 62 Jahre ist ungültig. Sie findet in den Verordnungen des Reichspräsidenten vom 24. August 1931 und 6. Oktober 1931 Dritter Teil Kap. III § 2 keine verfassungsrechtliche Grundlage, da sie nicht geeignet ist, für den öffentlichen Haushalt Ersparnisse herbeizuführen. **140,** 404.

B. Kommunalbeamte.

1) Gilt für die preußischen Gemeindeforstbeamten der Grundsatz der lebenslänglichen Anstellung? (Verneint.) **131,** 306. — 2) Nach der ständigen Rechtsprechung des Reichsgerichts erlangt ein Angestellter einer Gemeinde (preußischer Gemeindeforstbeamter) schon durch die Übertragung obrigkeitlicher Befugnisse trotz der Bezeichnung seiner Dienststelle als Angestelltenstelle Beamteneigenschaft (wenn auch damit nicht ohne weiteres lebenslängliche Anstellung); er erlangt in diesem Falle die Beamteneigenschaft selbst dann, wenn es an der Aushändigung einer Anstellungsurkunde fehlt. **131,** 306 (308). — 3) Zur beamtenrechtlichen Stellung der preußischen Chausseeaufseher. **132,** 61. — 4) Wirkt die Herabsetzung der Dienstbezüge von Gemeindebeamten, die auf Verlangen der Aufsichtsbehörde nach § 43 Abs. 4 des preußischen Besoldungsgesetzes vom 17. Dezember 1927 erfolgt, auch gegenüber denjenigen Beamten, denen die ursprüngliche, günstigere Regelung, z. B. die Bewilligung einer demnächst weggefallenen Zulage, bereits vorbehaltlos bekannt gegeben worden war? (Bejaht, weil ein Gemeindebeamter das Recht auf Gehalt nach einer neuen Besoldungsordnung nur unter dem gesetzlichen Vorbehalt erwirbt, daß die Aufsichtsbehörde sie nicht nachträglich beanstandet.) **132,** 122. — 5) Ist die Anstellung eines Nichtversorgungsanwärters als preußischer Kommunalbeamter rechtsunwirksam, wenn bei ihr die Anstellungsgrundsätze dadurch verletzt worden sind, daß die vorgeschriebene Reihenfolge und der Wechsel zwischen Versorgungsanwärtern und anderen Stellenbewerbern nicht eingehalten wurden? **132,** 232. —

6) Die reichsrechtlichen Grundsätze für die Besetzung der mittleren Kanzlei- und Unterbeamtenstellen bei den Kommunalbehörden usw. mit Militäranwärtern und Inhabern des Anstellungsscheins und die im wesentlichen damit übereinstimmenden Vorschriften des preuß. Gesetzes, betr. die Besetzung der Subaltern- und Unterbeamtenstellen in der Verwaltung der Kommunalverbände mit Militäranwärtern, vom 21. Juli 1892 stellen nicht bloß Regelungen des inneren Dienstes dar (sog. Verwaltungsanweisungen), sondern enthalten objektives Recht. **132,** 232 (236). — 7) Kann die Bestätigung eines auf Probe angestellten preußischen kommunalen Polizeibeamten durch den Regierungspräsidenten zeitlich, insbesondere auf die Dauer der Probedienstzeit, beschränkt werden? Ist eine solche Beschränkung wirksam, wenn die ihr beigefügte zeitliche Beschränkung den Grundsätzen des preußischen Kommunalbeamtengesetzes über die lebenslängliche Anstellung der Beamten widerstreitet? **133,** 206. — 8) Ein Verzicht des Beamten auf Ruhegehalt gegenüber der Anstellungsbehörde ist dann zulässig, wenn der Beamte gleichzeitig um seine Entlassung aus dem Dienst nachsucht und dabei sein Einverständnis mit der Entlassung ohne Ruhegehalt erklärt; die Rechtswirksamkeit der Verzichterklärung wird nicht dadurch in Frage gestellt, daß sie vor Beendigung des Beamtenverhältnisses abgegeben wird. **133,** 313. — 9) An dem Grundsatz wird festgehalten, daß die Befugnis zur Ausübung von Hoheitsrechten der Natur der Sache nach nur im Rahmen eines öffentlich-rechtlichen Beamtenverhältnisses eingeräumt werden und nicht Gegenstand eines privatrechtlichen Dienstvertrags sein kann; daß, wer sie übertragen erhält, aus dem inneren Wesen der Sache heraus auch ohne Aushändigung einer Anstellungsurkunde Beamter wird. **134,** 17. — 10) Die Bestimmung in § 7 des preußischen Disziplinargesetzes vom 21. Juli 1852 (GS. S. 465) ist mit Art. 129 Abs. 2 RVerf. unvereinbar. Der Amtsverlust aus Gründen der Dienstzucht kann nicht mehr mit einem bestimmten Tatbestand in der Weise verknüpft werden, daß er bei dessen Vorliegen ohne weiteres (ohne Disziplinarverfahren) kraft Gesetzes eintritt. **134,** 108. — 11) § 48 des preuß. DisziplG. (vorläufige Amtsenthebung kraft Gesetzes) bleibt weiterhin in Kraft. **134,** 114. — 12) Die Lehrtätigkeit an den Bochumer „Fachkursen für Wirtschaft und Verwaltung" bedeutet nach Art der losen Organisation dieser Kurse (kein Schulzwang, keine Berechtigungen) nicht die Ausübung obrigkeitlicher Gewalt. **134,** 359. — 13) Zur Frage der wohlerworbenen Rechte der Gemeindebeamten in Bezug auf ihr Gehalt. **137,** Anh. 41, 43—46. — 14) Der Standesbeamte, auch der stellvertretende, ist wirklicher Beamter im Sinne des Art. 129 RVerf. **137,** 181. — 15) Der von der höheren Verwaltungsbehörde bestellte Standesbeamte, der nicht zu dem Kreis der in § 6 Abs. 2 des Personenstandsgesetzes Genannten gehört, wird unmittelbarer Staatsbeamter; die höhere Verwaltungsbehörde kann ihn nicht zum Gemeindebeamten machen. **137,** 181. — 16) Die Eigenschaft eines Kommunalbeamten wird nicht schon erworben durch Übertragung einer Tätigkeit, die in der Regel von Beamten wahrgenommen wird. Es muß sich vielmehr um eine Tätigkeit handeln, die ihrer obrigkeitlichen Natur wegen nur von Beamten wahrgenommen werden kann. **138,** 316. — 17) Eine Kreisfürsorgerin übt obrigkeitliche Befugnisse aus, wenn sie selb-

ständig unter eigener Verantwortung ordnend eingreift in die Lebensverhältnisse der von der öffentlichen Fürsorge erfaßten Personen, auch wenn sie keine Zwangsgewalt besitzt, sodaß ihre Anordnungen die freiwillige Unterwerfung der Betroffenen voraussetzen. **138,** 316. — 18) Die nach Art. IV § 4 Abs. 2 des pr. Gesetzes zur Umgestaltung des Dienststrafrechts der nichtrichterlichen Beamten vom 11. Januar 1932 vorgesehene Einbehaltung von Diensteinkommen greift in wohlerworbene Beamtenrechte ein und ist deshalb mit der Reichsverfassung unvereinbar. **140,** 118. — 19) Über die Doppelstellung des preußischen Landrats. **140,** 127.

IV. Beamtenunfallfürsorge. Reichsunfallfürsorgegesetz vom 18. Juni 1901. Preuß. Unfallfürsorgegesetz vom 2. Juni 1902.

1) Der Deutschen Reichsbahn-Gesellschaft kommt hinsichtlich des § 12 Abs. 2 des Beamten-Unfallfürsorgegesetzes vom 18. Juni 1901 nicht dieselbe Stellung zu wie dem ehemaligen Unternehmen „Deutsche Reichsbahn" und wie dem Deutschen Reiche. Daher Haftung nicht ausgeschlossen gegenüber einem Postschaffner, der im Dienst beim Umsetzen eines Bahnpostwagens einen Unfall erlitt, auf Ersatz des Schadens, der im Unterschied seiner jetzigen Bezüge gegen sein früheres Gehalt besteht. **131,** 129. — 2) Die im Dritten Gesetz über Änderungen in der Unfallversicherung vom 20. Dezember 1928 (RGBl. I S. 405) bestimmte Rückwirkung hat nicht die Bedeutung, daß Schadensersatzansprüche, die in der Rückwirkungszeit erworben worden sind, beseitigt wurden. **137,** 81. — 3) Der Begriff „Betriebsunfall" in § 1 BeamtenUnfFürsG. ist derselbe wie in der Reichsversicherungsordnung. Daher findet die Vorschrift des § 545a RVO., daß der Weg zur Arbeitsstelle zum Betrieb gehört, auf die dem BeamtenUnfFürsG. unterliegenden Beamten Anwendung. **140,** 369.

§ 375. Militärwesen.

I. Militärfiskus.

II. Rechtsverhältnisse der Militärpersonen und Militärbeamten.

III. Rechtsverhältnisse der Militäranwärter.

1) Die reichsrechtlichen Anstellungsgrundsätze für Militäranwärter usw. vom 20. Juni 1907 (RZBl. S. 317) stellen im Klageweg verfolgbares objektives Recht dar. **137,** 273. — 2) Die Anlage M zu den Anstellungsgrundsätzen vom 20. Juni 1907 (s. Preuß. MinBl. f. d. i. Verw. 1911 S. 311) bildet, wenn sie auch von einer Landesbehörde ausgeht, einen Bestandteil der Anstellungsgrundsätze selbst. **137,** 273. — 3) § 22 Abs. 4 der vorgenannten Anstellungsgrundsätze bringt zum Ausdruck, daß die Eigenschaft als Militäranwärter und der Besitz des Zivilversorgungsscheins allein keinen Anspruch auf die Übertragung von Beförderungsstellen gewährt, daß im Aufrücken in gehobene Stellungen des mittleren Beamtendienstes der Militäranwärter

keine Bevorzugung gegenüber den anderen Stellenanwärtern genießt, also für die Beförderungsstelle nur dann in Betracht kommt, wenn er nach den maßgebenden Bestimmungen — heute nach dem Leistungsgrundsatz — den Anforderungen für die Stelle in jeder Beziehung genügt. **137,** 273. — 4) An den Grundsätzen in Nr. 3 wird auch dadurch nichts geändert, daß in dem preußischen Stellenverzeichnis (Anlage M) in Spalte 4 unter „Bemerkungen" bestimmt ist, das Aufrücken der Militär- und Zivilanwärter in höhere Gruppen erfolge nach der Reihenfolge, die sich aus dem Anteilsverhältnis ergebe. **137,** 273.

IV. Militärhinterbliebenenwesen.

§ 375a. Arbeitsrecht. Erwerbslosenfürsorge.

1) Unter welchen Voraussetzungen ist ein Sympathiestreik als eine der tariflichen Friedenspflicht und der Rechtsordnung widerstreitende Kampfmaßnahme anzusehen? **132,** 249. — 2) Aus § 25 der Verordnung über die Fürsorgepflicht vom 13. Februar 1924 ergibt sich die bedingte Pflicht des Unterstützten und seines Erben zur Rückerstattung der Unterstützung. **140,** 163.

§ 376. Sonstige staats- und verwaltungsrechtliche Verhältnisse.

1) In der Regel kann eine Behörde Hoheitsakte, die in ihr Ermessen gestellt sind, ohne besondere gesetzliche Ermächtigung nicht von Geldzahlungen oder anderen Gegenleistungen abhängig machen. **132,** 174; **133,** 363; **134,** 25; **135,** 64, 375; **138,** 300. — 2) Zur Frage, wann ein Verlust des deutschen Indigenats eintritt. **132,** 212. — 3) Inwieweit steht § 9 des preuß. Kommunalabgabengesetzes der Rechtswirksamkeit eines Vertrags entgegen, in dem sich ein Kommunalverband beim Erwerb eines Grundstücks als Wegegelände verpflichtet hat, den bisherigen Eigentümer von Anliegerbeiträgen für dieses Grundstück zu befreien? **132,** 225. — 4) Regelung der Müllabfuhr als eine Bestimmung und Beschränkung des Eigentumsinhalts im Rahmen von Art. 153 Abs. 1 Satz 2 RVerf., daher keine Enteignung mit Entschädigungsfolge. **133,** 124. — 5) Zur Auslegung eines Vertrags zwischen einer Stadtgemeinde und dem Kreisverbande über Ausscheiden der Stadt aus dem Verbande. **133,** 144. — 6) Die jüdischen Synagogengemeinden in Altpreußen haben die Rechtsstellung öffentlich-rechtlicher Körperschaften. **133,** 192. — 7) Die Vorschrift des § 362 Abs. 2 BGB. findet auch bei öffentlich-rechtlichen Zahlungsverpflichtungen Anwendung. **133,** 253, 254. — 8) Anwendbarkeit des allgemeinen Rechtsgedankens in § 139 BGB. auf das öffentliche Recht. **134,** 15. — 9) Stillschweigende Willenserklärungen sind auch im öffentlichen Recht zulässig. **134,** 162. — 10) Der in den §§ 134, 138 Abs. 1 BGB. enthaltene Rechtsgedanke gilt auch im öffentlichen Recht. **134,** 162. — 11) Ein Vorgesetzter ist keineswegs immer verpflichtet, die zu seiner Kenntnis gelangende Straftat eines ihm unterstellten Beamten der Strafverfolgungsbehörde anzuzeigen. Dies hängt vielmehr von seinem pflichtmäßigen Ermessen ab, und zwar auch dann, wenn er zugleich Leiter

der örtlichen Polizei ist. **134,** 162. — 12) Öffentlich-rechtliche Willenserklärungen von Privatpersonen können wegen widerrechtlicher Drohung angefochten werden. **134,** 162. — 13) Der Nachbar eines vom Reichswehrfiskus angelegten Minendepots hat keinen Schadensersatzanspruch gegen das Reich wegen Wertminderung seines Grundstücks. **134,** 254. — 14) Die Lehrtätigkeit an den Bochumer „Fachkursen für Wirtschaft und Verwaltung" bedeutet nach Art der losen Organisation der Kurse (kein Schulzwang, keine Berechtigungen) nicht die Ausübung obrigkeitlicher Gewalt. **134,** 359. — 15) Die neuere Rechtsprechung des Reichsgerichts trägt der Eigenart und den Zwecken des öffentlichen Rechts dadurch Rechnung, daß sie Vorschriften, die für privatrechtliche Verhältnisse gegeben sind, im Gebiet ihrer öffentlich-rechtlichen Zuständigkeit bei sonst gleichartiger Lage nicht anwendet, sondern eine den Zwecken des öffentlichen Rechts entsprechende Lösung sucht. **135,** 29. — 16) Jede Verlegung eines Verkehrswegs ist eine Einziehung des Weges im Sinne von § 3 Abs. 2 TelegrWegeG. Dabei ist es unerheblich, ob ein selbständiger oder unselbständiger Wegeteil eingezogen wird und ob die Einziehung auf Anregung und zu Nutzen des Wegeunterhaltungspflichtigen oder eines anderen geschieht. In jedem Falle hat die Telegraphenverwaltung die Änderungen, die an ihrer Telegraphenlinie infolge der Einziehung des Weges oder eines Wegeteiles erforderlich werden, auf ihre Kosten zu bewirken. Verlegung des Weges ist nie Änderung nach § 3 Abs. 1 das. **136,** 26. — 17) Nach Art. 88 RVerf. ist das Fernsprechwesen ausschließlich Sache des Reichs. Die Reichspost, die zur wirtschaftlichen Ausnutzung dieses Monopols im Interesse der Allgemeinheit verpflichtet ist, fördert durch Überlassung ihres sich auf die Teilnahme am Fernsprechnetz beziehenden amtlichen Materials gegen Entgelt an ein Privatunternehmen zur Herstellung eines „Branchentelephonbuches" überhaupt nicht ein fremdes, sondern ihr eigenes Monopol-Unternehmen; daher Ausschluß wettbewerbsrechtlicher Gesichtspunkte für die Beurteilung des Verhaltens der Reichspost. **137,** 57. — 18) Die §§ 1, 2 Teil 6 Kap. III der Zweiten Notverordnung vom 5. Juni 1931 (RGBl. I S. 279, 309) sind rechtsgültig, auch soweit sie sich auf die Vergangenheit beziehen. **137,** 183. — 19) Auch nach Aufhebung des preußischen Gesetzes über die Zulässigkeit des Rechtswegs in Beziehung auf polizeiliche Verfügungen vom 11. Mai 1842 (GS. S. 192) durch § 79 des preußischen Polizeiverwaltungsgesetzes vom 1. Juni 1931 (GS. S. 77) ist für Ansprüche aus § 75 Einl. ALR. der Rechtsweg zulässig. **137,** 183. — 20) Nach § 1 des Gesetzes vom 12. Februar 1931 über die Erstattung von Kriegswohlfahrtsausgaben (RGBl. I S. 15) erstattet das Reich den Gemeinden auf Grund des § 60 des Finanzausgleichsgesetzes vom 27. April 1926 nur diejenigen „Ausgaben aus auf Mark lautenden Anleihen", die nach diesem § 60 mit Zustimmung des Reichsfinanzministers aufgenommen worden waren. Nur soweit hiernach eine Ersatzpflicht des Reiches besteht, kann die Unzulässigkeit des Rechtsweges nach § 3 der Abgeltungserweiterungsverordnung vom 24. Oktober 1923 (RGBl. I S. 1010) geltend gemacht werden. **137,** 201. (S. auch nachstehend Nr. 25.) — 21) Der in § 618 BGB. zum Ausdruck gelangte Gedanke als Regel des öffentlichen Rechts. **138,** 38. — 22) Wenn in einer Steuerzwangsvollstreckungssache der Vollziehungsbeamte des Finanzamts die gepfändeten Sachen des Schuldners entweder in dessen Gewahrsam oder in dem eines anderen beläßt, so sind diese Sachen nicht ohne weiteres in die „Obhut" der Finanzbehörde gelangt und ist daher der pfändende Staat nicht ohne weiteres entlastungsbeweispflichtig für den Fall, daß die Sachen beschädigt werden oder abhanden kommen. **138,** 40. — 23) Der gesetzlich zur Bekanntgabe eines neugefaßten Gesetzes ermächtigte Reichsminister hat sich an die Schranken der ihm erteilten Ermächtigung zu halten. Geht (wie in Art. 4 WMG.) die Ermächtigung dahin, den Wortlaut des Gesetzes „mit fortlaufender Nummernfolge der Paragraphen" bekannt zu machen, so ist der Minister nicht darauf beschränkt, die eigentliche Nummernfolge der Paragraphen neu zu ordnen, sondern darf — unter Wahrung des Wortlauts und der Wortfolge — die Art der Aneinanderreihung einzelner Teile des Gesetzes umgestalten, insbesondere den Text in weitere Absätze zerlegen oder die Zahl der Absätze vermindern, sofern damit nur der Verdeutlichung des Gesetzes gedient wird. **138,** 300. — 24) Es ist ein allgemeiner reichsrechtlicher Grundsatz, daß die weisungsgemäße Ausübung hoheitsrechtlicher Betätigung notwendig auch Beamteneigenschaft im Innenverhältnis herbeiführt. Dieser Grundsatz hat sich geschichtlich entwickelt und in Art. 129 RVerf. seinen Ausdruck gefunden. Er gilt auch trotz der Autonomie der öffentlich-rechtlichen Religionsgesellschaften (Art. 137 Abs. 3 das.) für die von ihnen in Betätigung von Hoheitsrechten beschäftigten Bediensteten. **139,** 305. — 25) Unter welchen Voraussetzungen haftet das Reich für Aufwendungen der Gemeinden auf dem Gebiet der Kriegswohlfahrtspflege? **140,** 360 (s. auch vorstehend Nr. 20). — 26) Nach der Polizeiverordnung betr. den Lotsendienst auf dem Kaiser-Wilhelm-Kanal vom 5. Mai 1924 handelt es sich bei dem dortigen Lotsenbetrieb nicht etwa um eine Art von bürgerlich-rechtlicher Gemeinschaft zwischen den Lotsen und dem Deutschen Reich, sondern um eine öffentlich-rechtliche Veranstaltung. Im Rahmen dieser Veranstaltung gehört die Beförderung der Lotsen nach und von ihrer Dienststelle vor und nach Ausübung der Lotsung zu der mit dem Kanalbetrieb verbundenen öffentlichen Anstaltsfürsorge, deren Beschaffenheit, Art und Umfang sich nach dem gerichtlich nicht nachprüfbaren öffentlich-rechtlichen Ermessen der Kanalverwaltung richtet. **140,** 420.

Sechster Teil.

Kirchenrecht.

§ 377.

1) Auseinandersetzung des Vermögens eines vereinigten Kirchen- und Schulamts; Klage aus § 30 Abs. 7 VUG.; Rechtsnatur des Urteils (deklaratorisch oder rechtsgestaltend?). **133,** 69. — 2) Nach welchen Grundsätzen ist die Auseinandersetzung des Vermögens einer sog. Küsterlehrerpfründe

vorzunehmen? **133,** 69. — 3) Muß sich ein Kirchenvorsteher einer katholischen Pfarrgemeinde, der diese auf Schadensersatz wegen Verletzung einer Verkehrspflicht in Anspruch nimmt, entgegenhalten lassen, daß er ihr für die Erfüllung der Verkehrspflicht verantwortlich sei? **136,** 1. — 4) Unter „Verwaltung" des katholischen Kirchenvermögens nach § 1 des preuß. Ges. vom 24. Juli 1924 (GS. S. 585) ist nicht bloß die rechtsgeschäftliche Willensbildung, sondern auch die Sorge für die tatsächliche Erhaltung, Nutzbarmachung und vorschriftsmäßige Verwendung des kirchlichen Vermögens zu verstehen. **136,** 1.

Siebenter Teil.

Völkerrecht.

§ 378.

Achter Teil.

Kolonialrecht. Schutzgebiete.

§ 379.

1) Auf die Tilgung einer im Jahre 1911 in Deutsch-Südwestafrika zwischen Deutschen begründeten Darlehnsschuld ist nicht die Währungsproklamation des englischen Administrators vom 15. Dezember 1920, sondern das deutsche Aufwertungsrecht anzuwenden. **131,** 41. — 2) Aus den deutschen Schutzgebietsanleihen von 1908, 1909, 1913 sind die Schutzgebiete als selbständige Träger von Rechten und Verbindlichkeiten als Hauptschuldner, das Reich als Bürge haftbar geworden. **137,** 1. — 3) Im vorigen Falle sind Hauptschuld der Gebiete und Bürgschaftsschuld des Reiches nach deutschem Recht zu beurteilen. Da die Hauptschuld in deutscher Währung eingegangen ist, muß sie nach deutschen Aufwertungsgrundsätzen aufgewertet werden. **137,** 1. — 4) In dem Fall 2/3 steht dem Reich in entsprechender Anwendung des § 773 Abs. 1 Nr. 2 BGB. die Einrede der Vorausklage nicht zu. **137,** 1.

Neunter Teil. (Anhang.)
Krieg und Kriegsgesetze. Versailler Vertrag.

1. Einwirkung des Krieges auf die Rechtsverhältnisse. Kriegsklausel. Versicherung gegen Kriegsgefahr.

§ 380.

I. Einwirkung des Krieges auf die Rechtsverhältnisse.

II. Kriegsklausel.

III. Versicherung gegen Kriegsgefahr.

---

2. Reichsgesetz v. 13. Juni 1873 über die Kriegsleistungen.

§ 381.

---

3. Kriegsgesetze und Kriegsverordnungen.

§ 382. Verordnungen zum Schutze der Kriegsteilnehmer und über Bewilligung von Zahlungsfristen.

---

§ 383. Verordnungen betr. das gerichtliche Verfahren. Verordnung über die Todeserklärung Kriegsverschollener.

---

§ 384. Gesetze und Verordnungen zur Regelung der Preise. Kettenhandel.

1) Sog. autonome Preisbindungen der zweiten Hand fallen nicht unter die KartVo. **133,** 51, 330; **136,** 65. — 2) Abzulehnen ist die Ansicht, daß § 1 Abs. 3 KartNotVo. den Kartellbegriff des § 1 KartVo. und damit das Anwendungsgebiet der KartVo. selbst auf die sog. autonomen Preisbindungen der zweiten Hand ausgedehnt habe. **133,** 335; **136,** 68. — 3) Zur Frage der Sittenwidrigkeit des Preisschleuderns bei Markenartikeln. **133,** 330 (335, 336); **136,** 73. — 4) Die Vo. über die Preisbindungen von Marken-

waren vom 16. Januar 1931 (RGBl. I S. 12) ist rechtsgültig. **136,** 65. — 5) Zur Frage der Sittenwidrigkeit von Kartellverträgen mit langfristiger Bindung. **136,** 236.

§ 385. Verordnungen gegen das Ausland.

---

§ 386. Kriegswirtschaftliche Verordnungen; Zwangswirtschaft.

a) Miet- und Pachtschutz; Wohnungszwangswirtschaft.
(Zu vgl. auch Syst. Reg. § 124 zu I.)

1) Auch zur Ausstellung der Waren und zur Anziehung des kaufenden Publikums ganz besonders geeignete Verkaufsstätten dienen dem täglichen Bedarf des breiten Geschäftslebens, nicht einem Luxusbedürfnis, fallen deshalb unter das Preistreibereirecht. **134,** 101. — 2) Auch bei einem ursprünglich ordnungsmäßigen Mietvertrag muß gegenüber dem Einwand aus § 49a des Mieterschutzgesetzes der gesamte Begehungstatbestand des § 49a erörtert werden, der Abschluß sowohl wie die auf Erfüllung gerichteten Handlungen des Forderns und Annehmens. Aber weil der Mieter grundsätzlich die durch Bemessung der Vertragszeit beim Vertragsschluß übernommene Gefahr der Veränderung tragen muß, wird in aller Regel der ordnungsmäßig abgeschlossene Vertrag alle ihm entsprechenden Zinsforderungen decken. In Ausnahmefällen wird indes der Vermieter nicht auf seinem Vertragsrecht bestehen können, ohne die vertragliche Gefahrübernahme des Mieters unangemessen im Sinne von § 49a auszunutzen. **134,** 99. — 3) Zur Frage der Rückforderung überhobener Mietzinsbeträge aus der Zeit der PreistreibereiVo. **134,** 99 (107). — 4) Es ist daran festzuhalten, daß das Reichswohnungsmangelrecht, von § 2 Abs. 2 WMGes. abgesehen, keine Ermächtigung erkennen läßt, die Wohnungszuweisung oder den Beschlagnahmeverzicht von einer Geldleistung des Beteiligten abhängig zu machen. Soweit es sich um Beschlagnahmeverzicht handelt, ist zwischen solchem auf Zeit und auf die Dauer nicht zu unterscheiden. **135,** 64. — 5) Daß Dollarzahlung „effektiv" beabsichtigt war, kann auch bei nicht ausdrücklichem Verlangen aus den Umständen des Falles entnommen werden. Der Wille, daß in ausländischer Währung gezahlt werden solle, kann ebenso durch Worte offenbart werden wie durch Tatsachen von einer sich aufdrängenden Schlüssigkeit. **138,** 52. — 6) Gibt § 2 des Wohnungsmangelgesetzes vom 26. Juli 1923 der Gemeindebehörde das Recht, ihre Zustimmung zum Abbruch eines Gebäudes an eine private Gegenleistung zu knüpfen? **132,** 174; **138,** 300. In letzterer Entscheidung ist ausgesprochen: Für die beiden Fälle des ersten Satzes (a. Abbruch von Gebäuden oder Gebäudeteilen, b. Vereinigung mehrerer Wohnungen zu einer) wird schlechthin die vorherige Zustimmung der Gemeindebehörde erfordert; irgendwelche Bedingungen dürfen daran nicht geknüpft werden. Der Fall des zweiten Satzes (Verwendung von bisherigen Wohnräumen zu gewerblichen Zwecken) liegt anders. Hier ist der Gemeindebehörde gestattet, Ausnahmen unter der

Bedingung zuzulassen, daß für den beanspruchten Raum neuer Wohnraum erstellt wird. Die Frage, inwieweit die Bereitstellung von Mitteln zur Beschaffung anderen Wohnraums der Ersatzleistung durch Erstellung neuen Wohnraums gleichsteht, wird offen gelassen. **138,** 300. — 7) Wegen der außerordentlichen Kündigung gemäß der Vierten NotVo. vom 8. Dezember 1931 Teil II, Kap. III, MietKündVo. vom 23. Dezember 1931 s. vorstehend § 124 zu I Nr. 7, 10—13, 15, 16, 19—23, 26, 28 und zu II 2—6.

b) Grundstücksveräußerungen. (Grundstücksverkehr.)

1) Fristablauf nach § 7 Abs. 4 Preuß. GrVG.; maßgebend für Berechnung des Ablaufes ist die Bescheinigung der Verwaltungsbehörde nach § 6 Abs. 2 das.; keine selbständige Prüfung des Prozeßrichters. **131,** 56. — 2) Ist die frühere Eintragung des Erwerbers eines Grundstücks in Berichtigung des Grundbuchs beseitigt worden und wird erst dann die behördliche Genehmigung zur Auflassung erteilt, so bedarf es zum Übergang des Grundstückseigentums einer neuen Eintragung des Eigentumswechsels; bloße Rückberichtigung des Grundbuchs genügt nicht. **131,** 97.

c) Sonstiges aus Kriegs- und Nachkriegswirtschaft.

1) Der Anspruch auf Schlußentschädigung wegen Gewaltschäden aus dem Kriegsschädenschlußgesetz vom 30. März 1928 war vor dem Inkrafttreten des Gesetzes nicht pfändbar. **134,** 225. — 2) Zum Begriff der Verurteilung zu einer der Genehmigung der Devisenbewirtschaftungsstelle bedürftigen Leistung im Sinne von § 24 Vo. vom 23. Mai 1932. **137,** 109. — 3) Ein Unternehmer, mit dem die Hauptfürsorgestelle seit längerer Zeit über seine Verpflichtung zur Einstellung eines Schwerbeschädigten verhandelt und dem eine Zwangszuweisung angekündigt ist, muß nach Treu und Glauben als verpflichtet angesehen werden, den Wohlfahrtsbehörden davon Mitteilung zu machen, wenn er seinen Betrieb auf eine die Zahl 19 nicht mehr übersteigende Anzahl von Arbeitsplätzen einschränkt. **137,** 156. — 4) Die Außerachtlassung einer von dem Schwerbeschädigten-Ausschuß für die Auswahl des Schwerbeschädigten bindend aufgestellten Richtlinie durch die Wohlfahrtsbehörde kann als Ermessensmißbrauch und damit als eine Amtspflichtverletzung angesehen werden. **137,** 156. — 5) Zur Beziehung zwischen ursächlichem Zusammenhang und mitwirkendem Verschulden im Falle zu 3/4. **137,** 156.

§ 387. Der Waffenstillstandsvertrag. Der Versailler Vertrag und seine Ausführung.
(Die Artikel bezeichnen die des Versailler Vertrages v. 28. Juni 1919.)

1) Die Übertragung der propriété de tous biens meubles (RGBl. 1925, II S. 2, Art. 2), die ein Träger der deutschen sozialen Versicherungen in Polen-Oberschlesien besaß, auf Polen begreift nur die beweglichen Sachen im Sinne des deutschen BGB. und deshalb keine Forderungen, insbesondere auch nicht die durch eine Hypothek auf Grundstücken in Polen-Oberschlesien

gesicherten oder gesichert gewesenen Forderungen. **131,** 250. — 2) Kann der deutsche Gläubiger einer neutralen Bank, dessen Guthaben bei einer im Bereich einer feindlichen Macht befindlichen Zweigniederlassung der Bank von dieser feindlichen Macht beschlagnahmt und liquidiert worden ist, sich seinem Schuldner — der neutralen Bank — gegenüber darauf berufen, daß die feindlichen Maßregeln gegen den Versailler Vertrag verstoßen hätten? (Verneint.) **132,** 128. — 3) Für die privatrechtlichen Verwaltungsschulden eines preußischen Landkreises, dessen Gebiet durch den Versailler Vertrag zum größeren Teil an Polen gefallen ist, haften der preußische und der polnische Gebietsteil, und zwar anteilig. **136,** 339. — 4) Die Haftung der ehemaligen Schutzgebiete für ihre Anleihen ist weder durch Art. 257 VV. noch das Haager Abkommen vom 20. Januar 1930 (Young-Plan) erloschen. **137,** 1.

Zehnter Teil. (Anhang.)
Aufwertung nach den Aufwertungsgesetzen.

§ 388. Aufwertung nach der 3. Steuernotverordnung (3. StNVo.).

1) Hat sich der Hypothekengläubiger seine Rechte gemäß § 11 der 3. StNVo. vorbehalten und dann während der Geltungsdauer dieser Vo. gegen die Umschreibung der Hypothek auf den Grundstückseigentümer in Ansehung des Aufwertungsbetrags im Grundbuch einen Widerspruch eintragen lassen, so bestimmt sich das Rangverhältnis der Aufwertungshypothek zu einer nach dem Widerspruch, aber vor dem 1. Juli 1925 eingetragenen Hypothek nicht nach § 21 Abs. 2 AufwG., sondern — unbeschadet der Vorschriften in § 6 Abs. 2, § 7 — nach § 6 Abs. 1 Satz 1 daselbst. **139,** 299.

§ 389. Aufwertung nach dem Aufwertungsgesetz v. 16. Juli 1925 nebst Durchführungs-Verordnungen.

(Aufwertung von Hypotheken, Grund- und Rentenschulden s. § 77 XII.)

(Die Paragraphen ohne Zusatz bedeuten die Paragraphen des Aufwertungsgesetzes.)

1) Für die Rückzahlung von Teilbeträgen einer Anleihe auf Grund einer Auslosung gilt nach der gemäß § 36 gültigen Bestimmung in Art. 40 der DurchfVo. z. AufwG. vom 29. November 1925 § 25, nicht § 29. Rückzahlungen sind mithin bis zum 1. Januar gestundet, Auslosungen brauchen erst im Laufe des Jahres 1931 wieder vorgenommen zu werden. **131,** 33. — 2) Auf die Tilgung einer im Jahre 1911 in Deutsch-Südwestafrika zwischen Deutschen begründeten Darlehnsschuld ist nicht die Währungsproklamation des englischen Administrators vom 15. Dezember 1920, sondern das deutsche

Aufwertungsrecht anzuwenden. **131,** 41. — 3) Ist eine Schuld wertbeständig vereinbart, hat sie also nicht die Zahlung einer bestimmten Geldsumme zum Gegenstand, so findet das Aufwertungsgesetz (§ 1) keine Anwendung. **131,** 79, 80. — 4) Zur Anwendbarkeit der Sonderregelung für die Aufwertung der Guthaben bei Fabrik- und Werksparkassen kann es schon genügen, wenn der Sparer bei Beginn seiner Einlagen und noch längere Zeit nachher Betriebsangehöriger war und seine soziale Stellung derjenigen der Arbeiterschaft entsprach; der Aufwertungsberechtigte kann Erbe oder Angehöriger des Einlegers sein. **131,** 101. — 5) Ein von der Aufwertungsstelle für allgemein verbindlich erklärter Vergleich, der sich auf die Aufwertung von Guthaben bei Fabrik- und Werksparkassen bezieht, erstreckt sich nur auf die in Art. 14 der DurchfVo. bezeichneten Punkte, also nicht auf den Personenkreis der Kassengläubiger; letzteres beachtlich für die Zuständigkeit der ordentlichen Gerichte bei Ansprüchen der „übrigen" Gläubiger (Art. 18 DurchfVo.), die am Vergleich nicht teilgenommen haben. **131,** 101. — 6) Ist vereinbart, daß der Käufer eine Hypothekenschuld nur übernehme, wenn der Gläubiger seine Hypothek stehen lasse, und daß anderenfalls der Verkäufer den Hypothekengläubiger zu befriedigen und „die auf ihn übergehende Hypothek" stehen zu lassen habe, so ist in letzterem Falle die Forderung des Verkäufers nach den Grundsätzen der freien Aufwertung aufzuwerten (weil es sich um eine durch Grundschuld gesicherte Forderung aus dem Kaufvertrag [Teil der Kaufgeldforderung] handelt). **131,** 154. — 7) Ist der Beschluß des gemeinschaftlichen oberen Gerichts, durch den ein Amtsgericht als zuständige Aufwertungsstelle bestimmt wird, unwirksam, wenn das Fehlen eines für die mehreren Schuldner begründeten gemeinschaftlichen Gerichtsstandes zu Unrecht angenommen worden war? (Verneint; Endgültigkeit des Beschlusses). **131,** 250. — 8) Dem Erfordernis, daß der aufzuwertende Anspruch eine in Mark ausgedrückte Geldsumme zum Gegenstande haben muß, ist schon dann genügt, wenn zwar im Vertrage (z. B. im Lebensversicherungsvertrage) nicht mit ausdrücklichen Worten die Zahlbarkeit in deutscher Reichswährung festgesetzt ist, wenn sich aber die dahingehende Absicht der Vertragschließenden aus den sonstigen Vertragsbestimmungen mit Sicherheit entnehmen läßt. **131,** 359. — 9) Eine Geldsumme ist als „bestimmt" im Sinne des § 1 Abs. 1 AufwG. und des Art. 95 Satz 2 DurchfVo. anzusehen, wenn die für ihre Ermittlung maßgebenden Vorgänge in der Vergangenheit liegen und es nur noch der Ausrechnung der Summe auf Grund der abgeschlossenen Unterlagen bedarf, mögen auch die vorzunehmenden Berechnungen sehr verwickelt sein. **131,** 359. — 10) Art. 115 Satz 3 DurchfVo. verstößt weder gegen Art. 105 RVerf., noch gegen § 17 GVG., noch gegen § 61 AufwG. **131,** 359. — 11) Kann aus einem Lebensversicherungsvertrage, der den Versicherer — eine unter Reichsaufsicht stehende ausländische Versicherungsunternehmung — verpflichtet, beim Eintritt des Versicherungsfalles neben der Versicherungssumme einen Gewinnanteil zu vergüten, der Versicherte über die in Aufwertungsstockverfahren ihm zugeteilten Beträge hinaus noch weitere Aufwertungsansprüche erheben? (Verneint.) **131,** 359. — 12) Die deutsche Aufwertungsgesetzgebung soll den Anforderungen von Treu und Glauben im Verkehr ebenso Genüge leisten, wie es der Fall wäre, wenn freie Aufwertung nach den Grundsätzen des § 242 BGB. Platz griffe; daher gegenüber der Berufung auf diese Vorschriften keine Zulassung des Einwandes der allgemeinen Arglist gegen „formales Recht". **131,** 366. — 13) Aufwertungsvergleich. Anfechtbarer Aufwertungsvergleich (Verstoß gegen die guten Sitten s. Syst. Reg. § 36 II Nr. 1). **132,** 42. S. auch nachstehend Nr. 21. — 14) Forderungen auf rückständiges Gehalt, die der Arbeitgeber in laufende Rechnung aufgenommen hat, verlieren dadurch allein noch nicht ihre Eigenschaft als Arbeitnehmereinlage. **132,** 326. — 15) Die Härtevorschrift des § 15 Nr. 2 AufwG. ist auf den Fall nicht anwendbar, auch nicht entsprechend, daß der Erfüllungsübernehmer (Grundstückskäufer) von dem Schuldner eines Aufwertungsbetrags (Grundstücksverkäufer) auf Befreiung von der Aufwertungsschuld in Anspruch genommen wird; wohl aber kann in solchem Falle der Erfüllungsübernehmer den Verkäufer nach § 242 BGB. ausgleichungspflichtig machen. **133,** 63. — 16) Art 19 Abs. 1 DurchfVo. z. AufwG. bezieht sich auch auf Aufrechnungsverträge. **133,** 299. — 17) Art. 19 Abs. 1 Satz 1 DurchfVo. z. AufwG. schreibt den Ausgleich der Nennbeträge vor ohne Rücksicht darauf, ob der Hypothekengläubiger einen Vorbehalt seiner Rechte erklärt hat oder nicht. **133,** 300. — 18) Zum Ausgleichsanspruch nach § 8 Abs. 2 der Aufwertungsnovelle vom 9. Juli 1927 (RGBl. I S. 171). **134,** 79. — 19) Die Befreiung des Bankiers von der Aufwertungspflicht nach § 66 AufwG. kommt auch dessen Bürgen zugute, selbst wenn er sich als Selbstschuldner verbürgt hat. **134,** 126. — 20) Das Bankenprivileg des § 66 Abs. 1 gilt nicht für den Fall, daß vor Inkrafttreten des AufwG. infolge Schuldübernahme an die Stelle der Bank ein anderer Schuldner getreten ist, auf den die Voraussetzungen des § 66 nicht zutreffen. **134,** 185. — 21) Der auf § 17 gestützte Aufwertungsanspruch des Gläubigers, der seine Hypothek abgetreten hatte, scheitert nicht daran, daß der Erwerber der Hypothek in der Rückwirkungszeit mit dem Schuldner einen (nicht unter die Ausnahme des § 67 Abs. 2 fallenden) Aufwertungsvergleich geschlossen hat, der zwar dem Erwerber mindestens das gewährt, was dieser nach dem AufwG. zu verlangen hätte, den früheren Gläubiger aber nicht berücksichtigt. Der Standpunkt in RGZ. Bd. 123 S. 341 ist aufgegeben. **134,** 188; s. auch Nr. 13. — 22) Aufwertbarkeit zu Gunsten des früheren Gläubigers auch beim Vorliegen der Ausnahme in § 67 Abs. 2 auf seiten des späteren Gläubigers, wenn die Hypothek beim früheren Gläubiger, der die Aufwertung verlangt, zu einer Teilungsmasse gehört. **134,** 188. — 23) Zur Frage der Verwirkung des Aufwertungsanspruches bei Vermögensanlagen. **134,** 357. — 24) Auskunft des Notars, der im Juni 1925 über die künftige Rechtsentwicklung gefragt wird; Versagung des Schutzes des § 79 AufwG. **135,** 321. — 25) Die Anmeldung eines Darlehens zur Anleiheablösung und der Empfang von Ablösungsanleihe steht dem Verlangen auf Aufwertung nicht entgegen, wenn auf den Aufwertungsanspruch nicht verzichtet worden ist. Es ist das im Ablösungsverfahren Erlangte auf den Aufwertungsanspruch anzurechnen oder zurückzugeben. **135,** 329. — 26) Die bei einem Amtsgericht eingerichtete Aufwertungsstelle kann in einem Vergleich, der in einer bei ihr anhängigen Aufwertungssache geschlossen wird, die vom Grundeigentümer für die

Aufwertungshypothek bewilligte Zulässigkeit sofortiger Zwangsvollstreckung gegen den jeweiligen Eigentümer des Grundstücks rechtsgültig beurkunden. **136,** 62. — 27) Aufgabe des Standpunkts (Urt. v. 30. November 1925, V 169/25, JW. 1926 S. 1163 Nr. 2, Zeiler AufwF. Nr. 357), wonach die Aufwertungsstelle des Amtsgerichts eine reichsgesetzliche Verwaltungsbehörde, aber kein Gericht sei. **136,** 65. — 28) Die Vorschriften der Verordnung über die Aufwertung von Versicherungsansprüchen vom 22. Mai 1926 (RGBl. I S. 249) schließen nicht aus Ansprüche der Versicherungsnehmer auf Verzinsung der in Art. 3 Abs. 2, 3 bestimmten Entschädigungssumme nach § 288 BGB. oder § 291 BGB. auch für die Zeit vor dem Inkrafttreten der Verordnung. **136,** 197. — 29) Der Aufwertungsanspruch ist seinem rechtlichen Wesen nach kein anderer Anspruch als der aus dem ursprünglichen Rechtsverhältnis herzuleitende. **136,** 201. — 30) Grundsätze für die Aufwertung der Schutzgebietsanleihen. a) Die Hauptschuld (des übernehmenden Auslandsstaats) ist als Vermögensanlage zu betrachten und daher nach § 63 Abs. 1 AufwG. aufzuwerten. b) Es kommt nur eine einheitliche, schematische (d. h. für alle Gläubiger gleichmäßige) Aufwertung in Frage. c) Auch die Bürgschaftsforderungen gegen das deutsche Reich sind schematisch aufzuwerten, wobei sich aber die Aufwertung der Bürgschaftsforderung mit derjenigen der Hauptforderung nicht zu decken braucht. Sie richtet sich nach den persönlichen Vermögensverhältnissen des Bürgen; diejenigen des Hauptschuldners sind außer Betracht zu lassen. **137,** 1. — 31) Zur Frage der Aufwertung von Posten eines Sonderkontos, nachdem diese zur Ausgleichung in ein daneben geführtes Kontokorrent übertragen worden sind. **137,** 201. — 32) Ein sog. Patronatskanon, der nicht die Patronatslast selbst darstellt, sondern bei Abtrennung des Patronats vom Erwerber des bisher patronatsberechtigten und -pflichtigen Guts als Reallast übernommen ist, unterliegt nur der Aufwertung nach § 31 AufwG. **138,** 148. — 33) § 5 der preußischen Verordnung vom 9. Februar 1926 (GS. S. 45) gibt dem einzelnen Rentenbriefbesitzer keinen klagbaren Anspruch, von der Rentenbank die Veröffentlichung der Teilungsmasse zu verlangen. **139,** 36. — 34) Die preußische Verordnung vom 31. März 1931 (GS. S. 55) beruht auf § 50 AufwG. und regelt in Art. I das Abfindungsverfahren für die Ansprüche der Rentenbriefgläubiger. Die Verordnung ist daher gültig und durch die in ihr vorgesehene Abfindung der Gläubiger werden diese endgültig befriedigt. **139,** 36. — 35) Grundsätzlich ist es zuläßig, zunächst gemäß § 304 ZPO. eine Entscheidung über den Grund des Anspruchs zu treffen und dann das Verfahren über die Höhe, sei es auf Antrag der Parteien (§ 77 AufwG.) oder von Amts wegen bis zu der nach § 69 AufwG. der Aufwertungsstelle zustehenden Entscheidung auszusetzen. Hierfür muß jedoch mit Sicherheit vorauszusehen sein, daß Gründe für eine volle Versagung der Aufwertung, wie sie bei Berufung des Schuldners auf die Härteklauseln des § 15 AufwG. an sich möglich ist, nicht in Frage kommen. **139,** 76. — 36) Die rechtzeitige Anmeldung bei der Aufwertungsstelle vermag im Falle einer späteren Änderung der Bezeichnung des persönlichen Schuldners die Frist gegen den neu bezeichneten persönlichen Schuldner nur dann zu wahren, wenn die Aufwertungsstelle auch für ihn örtlich zuständig ist.

139, 76. — 37) Bei hypothekarisch gesicherten Forderungen ist für die Anwendung des Rechtsgedankens der Verwirkung kein Raum. **139**, 76. — 38) Nach welchem Recht richtet sich die Aufwertung einer durch Hypothek an einem Danziger Grundstück gesicherten Forderung? Grundsatz: Ist ein Vertragsverhältnis unter der Herrschaft eines bestimmten Rechts einmal entstanden, so bleibt dieses Recht maßgebend, wofern nicht der gemeinsame Wille beider Vertragsteile dahin geht, sich dem am Erfüllungsort neu eingeführten Recht zu unterwerfen. **139**, 81.

§ 390. Gesetz über die Ablösung öffentlicher Anleihen v. 16. Juli 1925 (RGBl. I S. 137).

1) Zum Begriff des Schuldscheindarlehens (Festhalten an der bisherigen Begriffsbestimmung; Begriff aus dem AnlAblGes. zu entnehmen). **131**, 1. — 2) Die Anmeldung eines Darlehns zur Anleiheablösung und der Empfang von Ablösungsanleihe steht dem Verlangen auf Aufwertung nicht entgegen, wenn auf den Aufwertungsanspruch nicht verzichtet worden ist. Das im Ablösungsverfahren Erlangte ist dann auf den Aufwertungsanspruch anzurechnen oder zurückzugeben. **135**, 329. — 3) Auch die Schuldscheindarlehn der unselbständigen Sparkassen der Gemeinden unterliegen den §§ 30 Abs. 3, 40 Abs. 3 AnlAblG. **135**, 329. — 4) Ein Darlehn, das einer unselbständigen Sparkasse einer Gemeinde gewährt ist, kann auch in einem Sparkassenbuch verbrieft werden. Erforderlich ist dann aber, wenn die §§ 30, 40 AnlAblG. Anwendung finden sollen, daß der Empfang eines Darlehns verbrieft wird, daß das Sparbuch die wesentlichen Darlehnsbedingungen enthält und daß die Verbriefung nicht bloß durch solche Personen erfolgt ist, die Sparkasseneinlagen als empfangen zu beurkunden haben, sondern von solchen, die Darlehn für die Sparkasse aufzunehmen berechtigt sind. **135**, 329. — 5) Die Ausschließung des ordentlichen Rechtswegs in § 6 Abs. 1 der 1. DurchfVo. vom 8. September 1925 zum AnlAblG. (RGBl. I S. 335) ist rechtsgültig. **138**, 6. — 6) Die Entscheidungen des Reichskommissars für die Ablösung der Reichsanleihen alten Besitzes und der Reichsschuldenverwaltung sind keine „Urteile in einer Rechtssache" im Sinne des § 839 Abs. 2 BGB. **138**, 6. — 7) Die von den Behörden des Verfahrens für die Gewährung von Auslosungsrechten zu treffenden Entscheidungen und namentlich die Entschließung nach § 27 Abs. 2 der 1. DurchfVo. zum AnlAblG. haben nach pflichtmäßigem Ermessen zu ergehen. Sie unterliegen daher in Schadensersatzprozessen wegen behaupteter Amtspflichtverletzungen der Nachprüfung durch die ordentlichen Gerichte nur in dem beschränkten Umfange, wie sie in der Rechtsprechung des Reichsgerichts für die Ermessensentscheidungen der Verwaltungsbehörden zugelassen ist. **138**, 6. — 8) Die im AnlAblG. für den Neubesitz getroffene Regelung verstößt nicht gegen die Reichsverfassung. **139**, 6.

Elfter Teil. (Anhang.)

§ 391. Strafrecht und Strafprozeß.

1) Die in §§ 114b und 114c StPO. bestimmte Frist von 24 Stunden bildet auch bei der Vorführung auf Grund vorläufiger Festnahme regelmäßig die äußerste Frist zur Vorführung vor den Richter. Nur in Ausnahmefällen kann es gerechtfertigt erscheinen, die Festhaltung auch über den nächsten Tag hinaus auszudehnen. **135,** 161.

II

Alphabetisches Register

(Die fetten Ziffern bezeichnen den Band, die gewöhnlichen die Seite.)

A

B

C

D

E

F

H

J

K

verborgener Mängel. **131,** 343. — 3) Friedensmiete als Grundstückseigenschaft. **132,** 78; **134,** 86. — 4) Haftbarmachung des Mündels als Grundstücksverkäufer wegen Zusicherung nicht vorhandener oder Fehlens vorhandener Eigenschaften. **132,** 76. — 5) Formnichtiger, dann nach § 313 BGB. geheilter Grundstückskauf; Beginn der Verjährung aus § 477 BGB. in diesem Falle; Vorbehalt nach § 464 BGB.; Zurückbehaltung des Grundstücks wegen eines Teilschadens nach § 463 das.; Belanglosigkeit fahrlässiger Unkenntnis von einem Mangel bei Zusicherung von Eigenschaften. **134,** 83. — 6) Unterbrechung der Verjährung des Preisminderungsanspruchs durch Erhebung eines Schadensersatzanspruchs wegen arglistigen Verschweigens desselben Fehlers. **134,** 272. — 7) Begriff des Fehlers (echtes Gemälde eines alten Meisters, aber eines anderen als dessen, dem es die Parteien zugeschrieben haben). Verhältnis der Gewährleistung zu anderen Rechtsbehelfen, insbesondere Irrtumsanfechtung. **135,** 339; zu letzterem Punkte auch **138,** 356. — 8) Wandlung nach Übereignung des verkauften Grundstücks nicht formbedürftig. **137,** 294. — 9) Kauf von zusammengehörenden Sachen; Wandlung; Vorweglieferung eines Teils der Sachen, bei denen keine Rüge erhoben worden war. **138,** 331.

zu VII. Rechtsverhältnisse aus dem Kauf im übrigen.
1) Klausel „Lieferungsmöglichkeit vorbehalten". **132,** 305. — 2) Begriff der Erfüllung nach § 454 BGB. beim Kauf eines Zeitungsunternehmens. **133,** 113. — 3) Kurze Verjährung beim Kauf eines Erwerbsgeschäfts. **138,** 354.

zu IX. Kauf auf und nach Probe usw.
1) Vorkaufsrecht. Zu § 508 Satz 2 BGB. **133,** 76. — 2) Verurteilung zur Auflassung kraft Wiederkaufsrechts und Feststellung dieses Rechts selbst; die erstere Zuerkennung schließt das letztere Recht noch nicht ein. **135,** 33. — 3) Formunwirksam bestelltes Vorkaufsrecht und damit verknüpfter Mietvertrag. **137,** 29. — 4) „Musterkonvenienz vorbehalten"; Schweigen auf Übersendung der Muster. **137,** 297.

zu X. Abzahlungsgeschäfte.
1) Wechselhingabe und Abzahlungsgeschäft. **136,** 137. — 2) Rücktritt; Wert der Gebrauchsüberlassung und Feststellung der Wertminderung. **138,** 28. — 3) Wegnahme der Sache durch den Verkäufer als Rücktritt vom Vertrage. **139,** 205.

Kausalzusammenhang s. Ursachenzusammenhang.

Kegelhallen-Baugenossenschaft eintragungsfähig. **133,** 170.

Kindererziehung, religiöse. Abmeldung vom Religionsunterricht. Zustimmung des zwölf- oder dreizehnjährigen Kindes erforderlich. **134,** Anh. 1.

Kinderzuschlag für über 16 Jahre alte Kinder, die sich zu ihrer Ausbildung im Geschäfts- oder Gewerbebetrieb der Eltern befinden. **137,** 150.

Kirche. 1) Küsterlehrerstellen-Vermögen (Küsterlehrerpfründe). Auseinandersetzung des Vermögens. **133,** 69. — 2) Kein öffentlich-rechtliches Nutzungsrecht der Schule an dem ihr zufallenden Teil des Küsterlehrerstellen-Vermögens. **139,** 160.

L

M

N

O

P

Q

R

S

Staatsgerichtshof für das Deutsche Reich.

A. Vorbemerkungen.

1. Seine Entscheidungen im Syst. Reg. § 271 III.
2. Die von ihm aufgestellten sachlich-rechtlichen Grundsätze unter **V** (Verfassungen des Reichs und der Länder).
3. Nachstehend die Grundsätze über das Verfahren.

B. Verfahren vor dem Staatsgerichtshof.

1) Zur Frage der Zuständigkeit des St. **132,** Anh. 8; **133,** Anh. 8, 23, 26; **134,** Anh. 20, 40; **135,** Anh. 36. — Insbesondere zum Erlaß von einstweiligen Verfügungen. **137,** Anh. 65, 68, 69. — 2) Zur Frage der Sachbefugnis. **132,** Anh. 9; **135,** Anh. 35; **138,** Anh. 30. — 3) Parteifähigkeit von Gemeinden in Eingemeindungsstreitigkeiten. **134,** Anh. 19, 20. — 4) Parteifähigkeit parlamentarischer Fraktionen. **133,** Anh. 23; **134,** Anh. 20; **137,** Anh. 12, 54; **139,** Anh. 24. — 5) Über die Berechtigung von Abgeordneten zur Stellung von Anträgen bei dem St. **133,** Anh. 9. — 6) Zum Begriff der Verfassungsstreitigkeit s. vorstehend zu 1); insbes. auch **132,** Anh. 8; **133,** Anh. 23; **134,** Anh. 39; **135,** Anh. 35; **137,** Anh. 26, 53. — 7) Über die Gepflogenheit des Staatsgerichtshofs, gegebenenfalls dem Antrag des Antragstellers mit einer über die seinige hinausgehenden Begründung zu entsprechen, um die objektive Rechtslage klarzustellen. **134,** Anh. 10, 12. — 8) Das Staatsministerium eines Landes als Antragsgegner. **134,** Anh. 20. — 9) Über die Berechtigung und Verpflichtung des Staatsgerichtshofs, die Verfassungsmäßigkeit einer Verordnung des Reichspräsidenten zu prüfen. **134,** Anh. 20, 40—42; **135,** Anh. 36. — 10) Allerdings sind Verfassungsstreitigkeiten innerhalb des Reichs nicht der Entscheidung durch den Staatsgerichtshof unterworfen. Aber aus der Art, wie seine Zuständigkeit geregelt ist, läßt sich nicht schließen, daß er nicht ebenso, wie die ordentlichen Gerichte, die Gültigkeit einer reichsrechtlichen Norm zu prüfen berechtigt sein sollte. Dies gilt auch für die Nachprüfung von Verordnungen des Reichspräsidenten. **134,** Anh. 40. — 11) Erlaß eines Teil-Urteils. **135,** Anh. 34. — 12) Zur Frage, wann im Widerspruch zu Parteianträgen eine verfassungsrechtliche Streitsache für erledigt erklärt werden kann. **137,** Anh. 1. — 13) Gegenstand einer Verfassungsstreitigkeit kann nur die Verfassungsmäßigkeit von Staatsakten bilden, nicht aber einzelne von den für die Verfassungsmäßigkeit in Betracht kommenden rechtswissenschaftlichen Fragen. **137,** Anh. 26. — 14) Grundsätze über den Erlaß von einstweiligen Verfügungen: a) Der Staatsgerichtshof nimmt grundsätzlich die Befugnis in Anspruch, im Laufe eines gemäß Art. 19 RVerf. zwischen verschiedenen Ländern oder zwischen dem Reich und einem Lande anhängig gewordenen Verfahrens vorläufige Anordnungen zu treffen. b) Die zu erlassende einstweilige Verfügung darf die endgültige Entscheidung nicht vorwegnehmen und kann nicht auf der Grundlage ergehen, daß der Staatsgerichtshof sich den Rechtsstandpunkt des einen oder des anderen der streitenden Teile vorläufig zu eigen macht. c) Das Ziel einer solchen vorübergehenden Regelung ist, ein möglichst vereinfachtes, reibungsloses, die Belange

beider Teile schonendes Verhältnis ihrer wechselseitigen Beziehungen bis zur Endentscheidung herbeizuführen. **137,** Anh. 68, 69. — 15) Vertretungsbefugnis abgesetzter Staatsminister, wenn es sich gerade darum handelt, ob ihre Amtsenthebung verfassungsmäßig war. **137,** Anh. 68; **138,** Anh. 30. — 16) Eine Streitigkeit gegen das Reich auf Grund des Art. 19 RVerf. kann nur namens eines Landes geführt werden, nicht aber von einzelnen Stellen oder Persönlichkeiten im eigenen Namen; auch nicht von einzelnen Ministern. Soweit dagegen die Anträge der einzelnen Minister gegen den Reichskommissar für Preußen gerichtet sind, liegt eine Verfassungsstreitigkeit innerhalb des Landes Preußen vor. **138,** Anh. 30. — 17) Ob die Möglichkeit einer Nebenintervention im Verfahren vor dem Staatsgerichtshof überhaupt gegeben ist, kann dahingestellt bleiben. Nebenintervenient kann jedenfalls nicht sein, wer mangels Parteifähigkeit nicht Hauptpartei sein kann. **138,** Anh. 30. — 18) Unzulässigkeit einseitiger Klagausdehnung auf andere Personen im Verhandlungsabschnitt. **138,** Anh. 30. — 19) Der Staatsgerichtshof hat nicht die Aufgabe, die Wirkungen einer von ihm anerkannten Verfassungswidrigkeit festzustellen. **138,** Anh. 52. — 20) Die Möglichkeit, in einem Streitfall den Staatsgerichtshof nach Art. 90 Satz 2 RVerf. anzurufen, schließt die Anrufung des Reichsgerichts nach Art. 13 Abs. 2 RVerf. nicht aus. **139,** 143.

Staatshaftungsgesetz, preußisches. 1) Keine Haftung für Beamte, die nur auf den Bezug von Gebühren angewiesen sind, gleichviel ob die Beteiligten die Gebühren zahlen oder die öffentliche Körperschaft. **134,** 178. — 2) Staatshaftung bei Zwangsvollstreckungen von Gerichtsvollziehern im Auftrage einer Landschaft. **137,** 38. — Näheres im Syst. Reg. § 147, s. auch das. § 145 bei § 839 BGB.

Staatsverträge s. Polen.

Städtebau s. Enteignung zu Nr. 11.

Stadtgemeinden. Syst. Reg. § 22 III; Beamte der St. § 374 IIIB.

Staffeltarif bei der Pflichtbeteiligung der Genossen. **140,** 205.

Stammanspruch s. Gesamtanspruch.

Stammeinlage einer GmbH. Anspruch auf Einzahlung pfändbar? **133,** 81.

Stand der Technik. 1) Zur Auslegung der Patente nach dem St. d. T. **135,** 145. — 2) Innerer Stand der Technik bei der Diensterfindung. **139,** 87 (93). — S. auch Patent.

Standesbeamter. Beamteneigenschaft. **137,** 181.

Standesmäßige Beerdigung s. Grabstein, Beerdigungskosten.

Starke und schwache Titel von Schriftwerken im wettbewerbsrechtlichen Sinne. („Der Brand im Opernhaus"). **135,** 216.

Starkstromleitung. Enteignung zur Errichtung von Masten für eine St.; § 12 Abs. 2 Pr. EnteignG. **139,** 69.

Steinhäger. Keine Rückentwicklung der Beschaffenheitsangabe zur Herkunftsbezeichnung. **137,** 282.

Stellenwahl bei der Verhältniswahl. **138,** Anh. 43.

Stellvertretungskosten s. Beamtenstellvertretungskosten.

Stempelsteuer. Syst. Reg. § 372 III.

U

1) Art. 115 Satz 3 DurchfVo. vom 29. November 1925 zum Aufwertungsgesetz (RGBl. I S. 392) verstößt nicht gegen **Art. 105 RVerf. 131,** 359. — 2) Die §§ 29 und 30 der mecklenburg-schwerinschen Verordnung über die Enteignung von Grundeigentum in den Landstädten und deren Gebiet vom 21. Juli 1886 sind mit **Art. 153 RVerf.** nicht vereinbar; an der Auffassung, daß die Fluchtlinienziehung eine Teilenteignung der betroffenen Grundflächen darstellt, wird festgehalten (vgl. RGZ. Bd. 128 S. 18). **132,** 69. — 3) Die Reichsverfassung, insbesondere **Art. 105,** enthält nicht einen allgemeinen Grundsatz der Offenhaltung des Rechtswegs. **132,** 247. — 4) Die Vorschrift des § 17 Abs. 1 GVG., wonach die Gerichte über die Zulässigkeit des Rechtswegs entscheiden, ist nicht dem Schutze der Reichsverfassung unterstellt. **132,** 248. — 5) Regelung der Müllabfuhr keine Enteignung, sondern nur eine das Eigentum betreffende Inhaltsbestimmung und -beschränkung im Rahmen des **Art. 153 Abs. 1 Satz 2 RVerf. 133,** 124. — 6) Die Heranziehung der Rechtsanwälte zur Gewerbesteuer verstößt nicht gegen die Reichsverfassung. **133,** Anh. 29. — 7) **Art. 137 Abs. 5 Satz 1 RVerf.,** wonach die Religionsgesellschaften Körperschaften des öffentlichen Rechts bleiben, soweit sie solche bisher waren, ist unmittelbar geltendes Recht und nicht nur eine Richtschnur für den Gesetzgeber. **133,** 195. — 8) **Art. 129 Abs. 1 Satz 3 RVerf.** enthält unmittelbar geltendes Recht. **134,** 10. — 9) Zu den allgemeinen wohlerworbenen Rechten des Beamten nach **Art. 129 Abs. 1 Satz 3 RVerf.** gehören: das Recht auf Belassung im Amte und das Recht auf Ermöglichung einer der Stellung entsprechenden Lebensführung. **134,** 1. — 10) Die Vorschrift in **Art. 129 Abs. 2 RVerf.** enthält unmittelbar geltendes Recht. **134,** 110. — 11) Mit **Art. 129 Abs. 2 RVerf.** ist § 7 des preuß. Disziplinargesetzes vom 21. Juli 1852 (Amtsverlust ohne förmliches Disziplinarverfahren auf Grund gewisser strafgerichtlicher Verurteilung) nicht vereinbar. **134,** 108. — 12) Die Vorschrift in **Art. 129 Abs. 3 Satz 1 RVerf.** enthält nicht sofort geltendes Recht. **134,** 116. — 13) **Art. 143 Abs. 3 RVerf.** enthält, wenigstens für die Begründung der Beamteneigenschaft der Lehrer an öffentlichen Schulen nach der Anstellungsseite, kein unmittelbar geltendes Recht. **134,** 359. — 14) Die Vorschrift in **Art. 149 Abs. 2 RVerf.** ist sofort rechtsverbindlich. **134,** Anh. 7. — 15) Über die Diktaturgewalt des Reichspräsidenten nach **Art. 48 Abs. 2 RVerf.:** Die Zuständigkeit des Reichspräsidenten ist selbständig; sie beruht unmittelbar auf dieser Vorschrift und bedarf nicht der Ableitung aus sonstigen Zuständigkeitsvorschriften der Reichsverfassung. Sie gestattet

dem Reichspräsidenten, innerhalb der Grenzen des Art. 48 auch Rechtsverordnungen auf den der Zuständigkeit der Länder unterworfenen Gebieten zu erlassen. **134,** Anh. 21 und 46. — 16) Grundsätzlich ist davon auszugehen, daß die Entscheidung darüber, ob die Voraussetzungen des **Art. 48 Abs. 2 RVerf.** vorliegen und welche Maßnahmen zur Wiederherstellung der öffentlichen Sicherheit und Ordnung nötig sind, vom Reichspräsidenten selbst getroffen werden muß. Das schließt aber nicht aus, daß er gegebenenfalls Maßnahmen allgemeiner Art trifft und die Durchführung und Ausgestaltung anderen Stellen überläßt. **134,** Anh. 22. — 17) **Art. 127 RVerf.** ordnet keineswegs an, daß alle städtischen und ländlichen Gemeinden ein Recht auf gesonderten Weiterbestand hätten, und steht der Eingemeindung einer Gemeinde in eine andere nicht entgegen. **134,** Anh. 21. — 18) Über die Durchführung der großen Wahlgrundsätze für Übergangsregelungen. **134,** Anh. 26. — 19) Vergleich des Notverordnungsrechts nach der RVerf. mit dem von Preußen. **134,** Anh. 41. — 20) Beschränkung der Prüfung einer Notverordnung auf Verfassungsmäßigkeit bezüglich eines Abschnittes, weil mit den übrigen Teilen der Verordnung kein untrennbarer rechtlicher Zusammenhang besteht. **134,** Anh. 42. — 21) **Notverordnungsrecht.** a) Es genügt jede Störung oder Gefährdung der öffentlichen Sicherheit und Ordnung, und zwar sind diese Begriffe nicht lediglich im Sinne des Polizeirechts als Störung oder Gefährdung der äußeren Ordnung zu verstehen. **134,** Anh. 42; **135,** Anh. 36. — b) Gegenstand der Notverordnung: u. a. Berechtigung zum Erlaß von Rechtsverordnungen, zur Auferlegung neuer Steuern. **134,** Anh. 43. — c) Zeitliche Geltung: Keine Geltung für alle Dauer, wenngleich der Notstand selbst von längerer Dauer sein kann. **134,** Anh. 43. — d) Zur Frage, ob der Staatsgerichtshof prüfen darf und muß, ob die Voraussetzungen nach **Art. 48 Abs. 2** gegeben und ob die angeordneten Maßregeln nötig waren. **134,** Anh. 44. — e) Befugnis des Reichspräsidenten unmittelbar, nachdem eine frühere Notverordnung auf Verlangen des Reichstags aufgehoben werden mußte, eine neue Notverordnung mit gleichem Inhalt zu erlassen. **134,** Anh. 45. — 22) Die Verordnung des Reichspräsidenten vom 24. August 1931 zur Sicherung der Haushalte von Ländern und Gemeinden (RGBl. I S. 453) enthält keine Übertragung staatsrechtlicher Befugnisse durch den Reichspräsidenten auf die Landesregierungen, derart, daß diese in die Lage kämen, Reichsrecht zu schaffen. **134,** Anh. 19; **135,** Anh. 35. — 23) Das Selbstverwaltungsrecht der Gemeinden und Gemeindeverbände ist nicht völlig unbeschränkt, sondern kann im Gesetzgebungswege eingeschränkt werden, völlig beseitigt aber erst unter den Voraussetzungen einer Verfassungsänderung. **134,** Anh. 46. — 24) Zur Frage, ob **Art. 134 RVerf.** eine weitergehende Bedeutung hat als die einer allgemeinen Richtlinie. **134,** Anh. 47. — 25) **Art. 164 RVerf.** enthält nur eine allgemeine Mahnung an den Gesetzgeber, ein Programm. **134,** Anh. 47. — 26) Das verfassungsmäßige Recht der freien Meinungsäußerung kann bei der Vertretung wirtschaftspolitischer Anschauungen nicht durch Vorschriften des Wettbewerbsgesetzes ausgeschlossen werden. **135,** 42. — 27) **Art. 24 Abs. 1 Satz 2 RVerf.** (Einberufung des Reichstags auf

Verlangen von mindestens einem Drittel der Reichstagsmitglieder) umfaßt auch den Fall der Vertagung des Reichstags. **135,** Anh. 1. — 28) **Art. 17 RVerf.** verlangt zwar, daß die Verfassungen der Länder „freistaatlich" sein müssen. Aber hiergegen verstößt es nicht, wenn einer Landesregierung vorübergehend neben dem ihr nach der Landesverfassung zustehenden Notverordnungsrecht ein besonderes, an dessen Voraussetzungen und Förmlichkeiten nicht gebundenes Verordnungsrecht verliehen wird. **135,** Anh. 38. — 29) Eine Enteignung (**Art. 153 Abs. 2 RVerf.**) setzt einen Einzeleingriff voraus in Rechte bestimmter Personen oder doch eines bestimmt begrenzten Personenkreises. **136,** 124. —30) Die Befreiung der preußischen Eisenbahngesellschaften von der Entrichtung einer Gewerbesteuer nach § 38 Abs. 2 des preuß. EisenbG. vom 3. November 1838 erstreckte sich auch auf eine Gemeindegewerbesteuer. Die Aufhebung des Privilegs durch die GewerbeStVo. vom 23. November 1923 verpflichtet den Staat nach § 49 EisenbG., **Art. 153 RVerf.** zur Entschädigung. **136,** 113. — 31) § 227 RAbgO. (jetzt § 242) ist bezüglich der Reichshilfe (NotVo. des ReichsPräs. vom 26. Juli 1930, RGBl. I S. 311, Abschnitt I Titel 1) nicht unvereinbar mit **Art. 129 Abs. 1 Satz 4 RVerf.** Die Reichsverfassung eröffnet den Beamten den Rechtsweg nur für die vermögensrechtlichen Ansprüche aus ihrem Dienstverhältnis; dagegen bezieht sich **Art. 129** nicht auf die Besteuerung der Beamtendiensteinkünfte. **136,** 313. — 32) Die Entziehung des Vertrauens durch den Reichstag nach **Art. 54 RVerf.** hat nicht die Folge, daß damit der Minister ohne weiteres sein Amt verliert. Er muß zurücktreten; es bedarf also noch einer Willensentschließung des Ministers; er ist ferner weder berechtigt noch verpflichtet, sein Amt einseitig niederzulegen, sondern er muß beim Reichspräsidenten seine Entlassung beantragen. **137,** Anh. 13. — 33) Das eigenartig ausgestaltete Recht der Hochschullehrer am Amte nach der Entpflichtung ist als wohlerworbenes Recht anzusehen. **137,** Anh. 30. — 34) Das Recht des Beamten auf seinen Rang als wohlerworbenes Recht. **137,** Anh. 36. — 35) Über den Verfassungsrechtsschutz der wohlerworbenen Rechte der Gemeindebeamten in Bezug auf ihr Gehalt. **137,** Anh. 41, 43—46. — 36) Das Verbot des **Art. 105 RVerf.,** jemanden seinem gesetzlichen Richter zu entziehen, richtet sich nicht allein an die Verwaltungsbehörden, sondern auch an den Gesetzgeber. Aber, soweit er zuständig ist, unterfällt seinem Machtbereich die Bestimmung der richterlichen Zuständigkeit. Nur darf er nicht willkürlich, aus unsachlichen Gesichtspunkten, die bestehenden gerichtlichen Zuständigkeiten verschieben. **137,** Anh. 52, 53. — 37) Die Bestellung von Ausnahmegerichten ist der praktisch wichtigste Fall der Richterentziehung. Ausnahmegerichte sind Gerichte zur Aburteilung eines Einzelfalles oder einer Mehrzahl von bestimmten Einzelfällen. **137,** Anh. 53. — 38) In Polizeisachen beschränkt sich die Zuständigkeit des Reichs auf die Bedarfsgesetzgebung (**Art. 9 Nr. 2 RVerf.**). **137,** Anh. 54. — 39) **Art. 153 Abs. 2 RVerf.** setzt voraus, daß durch einen staatlichen Hoheitsakt, der sich gegen eine bestimmte Person oder einen bestimmt begrenzten Personenkreis richtet, ein subjektives Recht zu Gunsten eines Dritten entzogen oder beschränkt wird. Und zwar muß es sich bei dem Eingriff in das subjektive

Recht um einen rechtmäßigen staatlichen Akt handeln. Andernfalls käme der Tatbestand des **Art. 131 RVerf.** in Frage. **137,** 167. — 40) Die Freizügigkeit im Sinne des **Art. 111 RVerf.** wird durch das Erfordernis der Ansiedlungsgenehmigung nach den preuß. Ansiedlungsgesetzen nicht berührt. Denn das Recht, sich an jedem Orte des Reichs aufzuhalten und niederzulassen, begreift nicht das Recht in sich, schrankenlos eine Ansiedlung zu errichten. **137,** 170. — 41) Auch eine auf Grund des **Art. 48 RVerf.** vom Reichspräsidenten erlassene Notverordnung ist im Sinne des **Art. 153 RVerf.** als ein Reichsgesetz anzusehen. **137,** 187. — 42) Nach **Art. 48 Abs. 2 Satz 2 RVerf.** ist der Reichspräsident befugt, vorübergehend das im **Art. 153 RVerf.** festgesetzte Grundrecht des Eigentums außer Kraft zusetzen. Er braucht dies nicht ausdrücklich und förmlich zu tun, sondern kann von seiner Befugnis auch in der Weise Gebrauch machen, daß er Vorschriften allgemeiner Art erläßt, die das im **Art. 153** gewährleistete Grundrecht einschränken oder aufheben. **137,** 187. — 43) Die in **Art. 48 RVerf.** vorgesehene Suspension von Grundrechten bezieht sich nur auf die abstrakten Grundrechte, nicht auf ein konkretes subjektives Recht; die vom Reichspräsidenten angeordnete Maßnahme darf sich nicht auf dauernde Zeit erstrecken, anders jedoch die Folgen der Maßnahme, die nicht wieder zu beseitigende sein können. **137,** 187. — 44) Die Frage, ob die vom Reichspräsidenten erlassene Notverordnung zur Wiederherstellung der öffentlichen Sicherheit und Ordnung notwendig war und ob ihr Inhalt diesem Zweck entspricht, unterliegt nicht der Nachprüfung durch die ordentlichen Gerichte, es sei denn, daß sich eine offensichtliche Verkennung der rechtlichen Erfordernisse eines Vorgehens auf Grund des **Art. 48 RVerf.** oder ein rein willkürlicher Mißbrauch der Ermächtigung des Reichspräsidenten zur Verfolgung von Zwecken, die ihr völlig fremd sind, feststellen läßt. **137,** 188. — 45) Zur Auslegung von **Art. 48 RVerf.,** insbesondere im Hinblick auf **Art. 17.** a) Die Vorschrift des **Abs. 1 in Art. 48 RVerf.** regelt die Reichsexekution; im **Abs. 2** sind die sog. Diktaturbefugnisse des Reichspräsidenten geregelt; **Abs. 2** setzt keine Pflichtverletzung des Landes voraus. b) Die Frage, ob ein Land seine Pflichten gegen das Reich erfüllt hat oder nicht (**Art. 48 Abs. 1**), ist vom Staatsgerichtshof nachzuprüfen; die Frage, ob der Staatsgerichtshof auch das Vorhandensein der Voraussetzungen nach **Art. 48 Abs. 2** nachzuprüfen hat, bleibt offen. c) Soweit Maßnahmen aus **Art. 48 Abs. 2** in Frage kommen, gilt folgendes: α) Der Staatsgerichtshof hat sich ständig zu der Ansicht bekannt, daß der Reichspräsident — abgesehen von der ihm freigegebenen vorübergehenden Außerkraftsetzung von sieben Grundrechten — an alle Vorschriften der Reichsverfassung gebunden ist, die nicht lediglich die Zuständigkeiten der verschiedenen Reichsorgane gegeneinander abgrenzen. β) Da **Art. 17** jedem Land den Bestand einer aus dem Lande selbst hervorgehenden, eigenwüchsigen Landesregierung gewährleistet, die des Vertrauens der Volksvertretung bedarf, geht es nicht an, einen Reichskommissar auch nur vorübergehend als Landesregierung einzusetzen und die verfassungsmäßig bestellten Minister ihrer Ämter zu entheben. Es muß also die verfassungsmäßige Landesregierung als Organ des Landeswillens bestehen bleiben und es muß ihr die Vertretung des Landes gegenüber dem Reich, insbesondere im Reichsrat und Reichstag, sowie gegenüber anderen Ländern belassen bleiben. γ) Dagegen läßt sich aus der Reichsverfassung kein Bedenken herleiten gegen die Ausstattung eines Reichskommissars mit der Befugnis, Beamte in den einstweiligen Ruhestand zu versetzen oder Beamte zu ernennen, zu befördern, in den Ruhestand zu versetzen oder zu entlassen. **138,** Anh. 33, 39, 40, 41, 42. — 46) Zur Auslegung von **Art. 19 RVerf.**: a) Das Interesse, das ein Land daran hat, die Grenzen, die bei Maßnahmen auf Grund des **Art. 48 RVerf.** den Ländern gegenüber eingehalten werden müssen, ein für allemal festgestellt zu sehen, ist nur ein politisches Interesse, reicht aber für eine Streitigkeit nach **Art. 19** nicht aus. b) **Art. 19 RVerf.** erfordert vielmehr das Vorliegen eines auf einen bestimmten Einzeltatbestand sich beziehenden Rechtsstreits. **138,** Anh. 27. — 47) **Art. 17 RVerf.** schließt das Bestehen geschäftsführender Länderregierungen nicht aus. **138,** Anh. 34. — 48) Unter dem in **Art. 17 RVerf.** vorgeschriebenen gleichen Wahlrecht ist die Gleichheit der Stimmberechtigung aller Wähler zu verstehen: Jeder Wähler hat eine Stimme, jede Stimme hat die gleiche Kraft. Es genügt nicht Gleichheit des Zählwerts, sondern nur Gleichheit des Erfolgswerts. **138,** Anh. 53. — 49) Der Grundsatz des gleichen Wahlrechts erfordert Gleichheit sowohl bei der sog. Oberausteilung (Verteilung der Sitze auf die Wahlvorschläge) wie bei der sog. Unterausteilung (Verteilung der einem einzelnen Wahlvorschlag zufallenden Sitze auf die darin aufgeführten Bewerber). **138,** Anh. 54. — 50) Allgemeine Grundsätze über die Verhältniswahl und ihre verschiedenen Gestaltungsmöglichkeiten. **138,** Anh. 55. — 51) Die in **Art. 102 RVerf.** gewährleistete richterliche Unabhängigkeit erstreckt sich auch auf die an einem ehrengerichtlichen Verfahren beteiligten Richter. **138,** 57. — 52) Die ärztlichen Ehrengerichte sind keine Ausnahmegerichte im Sinne von **Art. 105 RVerf.,** § 16 GVG., sondern reichsgesetzlich zugelassene besondere Gerichte gemäß §§ 13, 14 GVG. **138,** 57. — 53) Der gesetzlich zur Bekanntgabe eines neugefaßten Gesetzes ermächtigte Reichsminister hat sich an die Schranken der ihm erteilten Ermächtigung zu halten. Geht (wie in Art. 4 WMG.) die Ermächtigung dahin, den Wortlaut des Gesetzes „mit fortlaufender Nummernfolge der Paragraphen" bekannt zu machen, so ist der Minister nicht darauf beschränkt, die eigentliche Nummernfolge der Paragraphen neu zu ordnen, sondern darf — unter Wahrung des Wortlauts und der Wortfolge — die Art der Aneinanderreihung einzelner Teile des Gesetzes umgestalten, insbesondere den Text in weitere Absätze zerlegen oder die Zahl der Absätze vermindern, sofern damit nur der Verdeutlichung des Gesetzes gedient wird. **138,** 300. — 54) Eine Entschädigungspflicht aus **Art. 153 RVerf.** entfällt für den Schaden, der dem Verfügungsberechtigten durch die Einweisung eines zahlungsunfähigen Zwangsmieters entsteht. **138,** 309. — 55) Zu **Art. 153 RVerf.** Die richterliche Prüfung gegenüber Enteignungsgesetzen hat sich nur darauf zu erstrecken, ob ein dem Wohl der Allgemeinheit dienender Zweck erstrebt wird und wenigstens teilweise erreichbar erscheint. **139,** 9. — 56) Der Grundsatz der Gleichheit vor dem Gesetz nach **Art. 109 RVerf.** kann nur die Bedeutung haben, daß Tatbestände vom Gesetz als gleich zu behandeln sind, die ungleich zu behandeln Willkür bedeuten würde. **139,** 11. — 57) Die Möglichkeit, in einem Streitfall den Staatsgerichtshof nach **Art. 90 Satz 2 RVerf.** anzurufen, schließt die Anrufung des Reichsgerichts nach **Art. 13 Abs. 2 RVerf.** nicht aus. **139,** 143. — 58) Eine Enteignung durch gesetzliche Anordnungen (wie etwa Vorschriften über Einfuhrzölle und Einfuhrbeschränkungen) setzt voraus, daß es sich nicht um eine allgemeine, alle Staatsbürger gleichmäßig treffende Regelung von Vermögensrechten handelt, sondern um deren Entziehung oder Beschränkung durch Sondereingriffe. Die Gesetzgebung ist an keine anderen Schranken gebunden als an diejenigen, die sie sich selbst in der Verfassung oder in anderen Gesetzen gezogen hat. Bloß um einer Befristung willen, die das Gesetz seiner Anordnung beigefügt hat, eine solche Schranke anzunehmen, an die die Gesetzgebung ein für allemal gebunden sei, verbietet sich schon aus der Erwägung, daß durch eine Befristung schlechthin subjektive Rechte noch nicht begründet werden. **139,** 177. — 59) Der Begriff des gewährleisteten Eigentums nach **Art. 153 RVerf.** ist nicht zu beschränken auf den engbegrenzten Eigentumsbegriff des bürgerlichen Rechts. Er umfaßt vielmehr außer dem Eigentum an körperlichen Sachen auch alle subjektiven Privatrechte einschließlich der Forderungsrechte, nicht dagegen auch Berechtigungen öffentlich-rechtlicher Art. Die Verfassung schützt nicht nur gegen Eingriffe der Verwaltungsbehörden, sondern auch gegen Rechtsentziehungen und Rechtsbeschränkungen, die auf dem Wege der Gesetzgebung herbeigeführt werden. **139,** 182. — 60) Zum Begriff der angemessenen Entschädigung nach **Art. 153 Abs. 2 Satz 2 RVerf. 139,** 278. — 61) Der Staat oder die Körperschaft, in deren Dienst der Beamte steht (**Art. 131 Abs. 1 RVerf.**), ist diejenige, die ihn angestellt hat und besoldet, hingegen nicht diejenige, deren Hoheitsrechte er ausübt. **139,** 298. — 62) Es ist ein allgemeiner reichsrechtlicher Grundsatz, daß die weisungsgemäße Ausübung hoheitsrechtlicher Betätigung notwendig auch Beamteneigenschaft im Innenverhältnis herbeiführt. Dieser Grundsatz hat sich geschichtlich entwickelt und in **Art. 129 RVerf.** seinen Ausdruck gefunden. Er gilt auch trotz der Autonomie der öffentlich-rechtlichen Religionsgemeinschaften (**Art. 137 Abs. 3** das.) für die von ihnen in Betätigung von Hoheitsrechten beschäftigten Bediensteten. **139,** 305. — 63) Der Anspruch auf Einsichtnahme in die Personalnachweise nach **Art. 129 Abs. 3 Satz 3 RVerf.** ist kein vermögensrechtlicher Anspruch, daher insoweit gemäß **Art. 129 Abs. 1 Satz 4** das. der Rechtsweg nicht zulässig. **139,** 396. — 64) Die nach Art. IV § 4 Abs. 2 des Pr. Gesetzes zur Umgestaltung des Dienststrafrechts der nichtrichterlichen Beamten vom 11. Januar 1932 vorgesehene Einbehaltung von Diensteinkommen greift in wohlerworbene Beamtenrechte ein und ist deshalb mit **Art. 129 RVerf.** unvereinbar. **140,** 118. — 65) Die Ausübung des richterlichen Ermessens in der Auswahl der Zeitungen für die Bekanntmachung gerichtlicher Verfügungen steht unter dem Schutz des **Art. 102 RVerf. 140,** 423. — 66) Aus den **Art. 109, 130, 151 RVerf.** können subjektive Rechte nicht hergeleitet werden. **140,** 430. — 67) **Art. 118 Abs. 1 Satz 2 RVerf.** wendet sich gegen die Maßregelung eines Arbeitnehmers durch den

Arbeitgeber wegen einer Meinungsäußerung und allgemein gegen die einer solchen Maßregelung gleichstehenden Willkürakte des in sozialer Machtstellung Befindlichen gegenüber dem seine Meinung frei Äußernden. **140,** 431. — S. endlich noch S. 19 dieses Registers unter Nr. 6.

Verfassung für Anhalt (vom 18. Juli 1919). Eingemeindungen. **133,** Anh. 15 (25flg.).

Verfassung Badens (vom 21. März 1919). Die Heranziehung der Rechtsanwälte zur Gewerbesteuer verstößt nicht gegen die Badische Verfassung. **133,** Anh. 29 (39).

Verfassung Braunschweigs (vom 6. Januar 1922). Zur Auslegung von Art. 27 Abs. 1 der Braunschweigischen Verfassung in Verb. mit § 81 der Geschäftsordnung für den Braunschweigischen Landtag vom 25. Januar 1927. Die Tragweite des Art. 27 Abs. 1 ist enger, als ihr Wortlaut zu besagen scheint. Die Vermutung streitet dafür, daß die Beschlüsse des Landtags unter Mitwirkung der verfassungsmäßig erforderlichen Anzahl von Abgeordneten gefaßt worden sind; sie ist nur in beschränktem Umfang widerlegbar. **139,** Anh. 1.

Verfassung Hessens (vom 12. Dezember 1919). 1) Zwar kann nach Art. 38 Abs. 3 der Landtag jederzeit die Abberufung einzelner Mitglieder des Gesamtministeriums verlangen. Aber das bedeutet nur, daß der Landtag vom Staatspräsidenten die Abberufung einzelner Mitglieder beanspruchen kann. Bis zur Abberufung durch den Staatspräsidenten bleibt also der Minister im Amte. **137,** Anh. 13. — 2) Das Geschäftsministerium nach Art. 38 Abs. 2 bedarf nicht des Vertrauens des Landtags und ist daher vom Landtag unabhängig. **137,** Anh. 16.

Verfassung Preußens (vom 30. November 1920). 1) Die Heranziehung der Rechtsanwälte zur Gewerbesteuer verstößt nicht gegen die preußische Verfassung. **133,** Anh. 29. — 2) Über das preußische Notverordnungsrecht im Vergleich zum Notverordnungsrecht nach der Reichsverfassung und nach der sächsischen Verfassung. **134,** Anh. 43, 51. — 3) Die Vorschrift in Art. 17 Abs. 3 Satz 2 Pr. Verf. (Einberufung des Landtags auf Verlangen eines Landtags-Fünftels) gilt auch, wenn sich der Landtag nur vertagt hat. **135,** Anh. 1; **139,** Anh. 13. — 4) Der Landtagspräsident muß auf Verlangen von mindestens einem Fünftel der Mitglieder des Landtags eine Landtagssitzung zu dem Zeitpunkt anberaumen, zu dem es die notwendigen technischen Vorbereitungen gestatten. **139,** Anh. 7. — 5) § 20 der Geschäftsordnung für den Preußischen Landtag in der Fassung vom 12. April 1932 (Ausschluß der Stichwahl bei der Wahl des Ministerpräsidenten) ist nicht verfassungswidrig. **139,** Anh. 17.

Verfassung Sachsens (vom 1. November 1920). 1) Über das sächsische Notverordnungsrecht nach Art. 40; u. a. über das Ermessen der Regierung, ob die verfassungsmäßigen Voraussetzungen für den Erlaß einer Notverordnung vorliegen; Vergleich mit dem preußischen Notverordnungsrecht. **134,** 49—52. — 2) Prüfung, ob der Inhalt des verkündeten Gesetzes mit der Beschlußfassung des Landtags übereinstimmt; Behandlung eines bei der Abstimmung unterlaufenen Irrtums. **134,** Anh. 53, 55.

Y

Z

III

Quellenregister

(Die fetten Ziffern bezeichnen den Band, die gewöhnlichen die Seiten.)

Erster Teil.

Reichsrecht.

Erster Abschnitt.

Inhaltsverzeichnis.

1. Bürgerliches Gesetzbuch.

2. Einführungsgesetz zum Bürgerlichen Gesetzbuch.

3. Allgemeines deutsches Handelsgesetzbuch (a. F.).

4. Handelsgesetzbuch von 1897.

5. Einführungsgesetz zum Handelsgesetzbuch vom 10. Mai 1897.

6. Wechselordnung

(in der Fassung der Bekanntmachung vom 3. Juni 1908, RGBl. S. 326).

7. Gerichtsverfassungsgesetz

(in der Fassung der Bekanntmachung vom 22. März 1924).

8. Einführungsgesetz zum Gerichtsverfassungsgesetz.

9. Zivilprozeßordnung von 1877.

10. Zivilprozeßordnung in der Fassung der Bekanntmachung vom 13. Mai 1924

(nebst den weiteren, seitdem ergangenen Änderungen).

11. Einführungsgesetz zur Zivilprozeßordnung

(vom 30. Januar 1877 — RGBl. S. 244 — mit den späteren Änderungen).

12. Gerichtskostengesetz in der Fassung vom 5. Juli 1927.

13. Gebührenordnung für Rechtsanwälte

(in der Fassung der Bekanntmachung vom 5. Juli 1927, RGBl. I S. 162).

14. Gesetz über die Zwangsversteigerung und Zwangsverwaltung

(in der Fassung der Bekanntmachung vom 20. Mai 1898 — RGBl. S. 713 — mit den späteren Änderungen).

15. Konkursordnung von 1877.

16. Konkursordnung von 1898.

17. Grundbuchordnung

(in der Fassung der Bekanntmachung vom 20. Mai 1898 — RGBl. S. 754 — mit späteren Änderungen).

18. Gesetz über Angelegenheiten der freiwilligen Gerichtsbarkeit

(in der Fassung der Bekanntmachung vom 20. Mai 1898 — RGBl. S. 771 — mit späteren Änderungen).

19. Rechtsanwaltsordnung

(vom 1. Juli 1878 — RGBl. S. 177 — mit späteren Änderungen).

20. Strafgesetzbuch

(in der Fassung der Bekanntmachung vom 26. Februar 1876 — RGBl. S. 40 — mit späteren Änderungen.)

21. Einführungsgesetz zum Strafgesetzbuch

(vom 31. Mai 1870).

— — — — — — — — — — — —

22. Strafprozeßordnung in der Fassung vom 22. März 1924

(nebst späteren Änderungen).

a) Fassung vom 22. März 1924 (RGBl. I S. 322).

b) Fassung vom 27. Dezember 1926 (RGBl. I S. 529).

23. Gewerbeordnung

(in der Fassung der Bekanntmachung vom 26. Juli 1900 — RGBl. S. 871 — mit späteren Änderungen).

Zweiter Abschnitt.

Einzelne Reichsgesetze und Verordnungen.

1898. 20. Mai (1892. 20. April). Gesetz, betr. die Gesellschaften mit beschränkter Haftung (RGBl. S. 846).

Zweiter Teil.
Gemeines Recht.

I. Justinianisches Recht.

II. Kanonisches Recht.

III. Deutsche Rechtsquellen.

Sachsenspiegel.

Dritter Teil.
Preußisches Allgemeines Landrecht. Allgemeine Gerichtsordnung.

I. Preußisches Allgemeines Landrecht.

Einleitung.

II. Allgemeine Gerichtsordnung.

Erster Teil.

Vierter Teil.

Rheinisches Recht.

Code civil.

Fünfter Teil.

Landesgesetze.

Anhalt.

Baden.

Lübeck.

Mecklenburg-Schwerin.

Mecklenburg-Strelitz.

Oldenburg.

Preußen.

*) Gemeint ist das Gesetz vom 4. August 1924 GS. S. 593.

Sachsen.

Sachsen-Altenburg.

Schaumburg-Lippe.

Thüringen.

Württemberg.

Sechster Teil.

Ausländisches Recht.

Danzig.

Frankreich.

Italien.

IV

Zusammenstellung der Entscheidungen nach der Zeitfolge.

Entscheidungen der Zivilsenate.

1930.

1931.

1931.

1931.

Februar.

		Bd.	Nr.	Seite
6.	Preuß. Staat (Bekl.) w. J. H. AG. (Kl.). VII 151/30	131	51	289
6.	R. K. AG. (Kl.) w. Preuß. Staat (Bekl.). VII 197/30	131	52	296
7.	Ü.-Reederei AG. (Bekl.) w. B. (Kl.). I 322/30	131	53	300
9.	Frau F. B. (Bekl.) w. Witwe M. B. (Kl.). IV 320/30	132	2	6
9.	F. L. Prinz v. Pr. (Kl.) w. G. (Bekl.). VI 387/30 . . .	132	34	180
14.	Ehefrau Sch. (Bekl.) w. Stadtgemeinde H. (Kl.). V 229/30	131	54	303
16.	Stadtgemeinde G. (Kl.) w. B. (Bekl.). IV 421/30 . .	131	61	335
17.	Preuß. Staat (Bekl.) w. D. Bank AG. (Kl.). VII 201/30	131	56	310
18.	C. (Kl.) w. O. (Bekl.). V 131/30	131	59	323
19.	S. u. Gen. (Bekl.) w. Preuß. Staat (Kl.). VI 389/30	131	65	343
19.	Gewerkschaftsbund d. A. (Bekl.) w. A. Haus GmbH. (Kl.). VI 386/30	132	11	51
20.	Deutsche Reichsbahn-Gesellschaft (Bekl.) w. G. (Kl.). III 185/30	131	57	312
20.	H. (Bekl.) w. L.er Stärkefabrik GmbH. i. Liqu. (Kl.). II 228/30.	131	58	318
21.	M.-Werke AG. (Kl.) w. U. GmbH. (Bekl.). I 136/29	131	60	328
21.	H. (Kl.) w. B. Hypothekenverein (Bekl.). V 256/30. .	132	3	9
21.	G. (Kl.) w. K. (Bekl.). IX 478/30	132	4	16
24.	Kreisbank AG. in R. (Kl.) w. Sch. u. Gen. (Bekl.). II 243/30.	132	5	22
24.	H. (Kl.) w. A. GmbH. u. Gen. (Bekl.). III 131/30 .	132	6	26
24.	R. (Kl.) w. Firma Chr. K. (Bekl.). II 234/30	132	7	29
24.	W. u. Gen. (Bekl.) w. F. (Kl.). II 436/30	132	8	33
26.	H. (Kl.) w. Eheleute Sch. (Bekl.). VI 426/30	132	9	42
26.	G. (Kl.) w. Eheleute Ge. (Bekl.). VI 419/30.	132	10	45
27.	Bu. (Kl.) w. Bo. (Bekl.). VII 590/30.	131	62	337
27.	1) F., 2) Frau W. (Kl.) w. Fl. (Bekl.). VII 53/30 . .	131	63	338
27.	W. (Bekl.) w. St. als Verwalter im Konkurs über das Vermögen der Firma R., Sch. & B. in Liqu. (Kl.). VII 205/30	132	35	183

März.

		Bd.	Nr.	Seite
3.	1) W., 2) K. (Bekl.) w. U. A. Kreditbank AG. (Kl.). VII 218/30	131	64	340
3.	S. (Kl.) w. Kreis O. (Bekl.). III 223/30	132	12	61
3.	H. (Kl.) w. Hauptstadt Schwerin (Bekl.). III 165/30 .	132	13	69
3.	Preuß. Staat (Bekl.) w. O. (Kl.). VII 224/30	132	36	189
5.	L. (Kl.) w. R. u. Gen. (Bekl.). VI 526/30	132	14	76
5.	L. (Bekl.) w. Leipziger Lebensvers.-Ges. a. G. (Kl.). IV 368/30	132	37	193
6.	J. H. Cr. GmbH. (Kl.) w. B. K. GmbH. (Bekl.). VII 270/30	132	38	196
7.	Sparkasse S. (Bekl.) w. R. u. Gen. (Kl.). V 268/30	132	15	81

1931.

1931.

1931.

1931.

Oktober.		Bd.	Nr.	Seite
6.	G. (Kl.) w. R. (Bekl.). II 516/30	133	63	318
6.	A. & Co. AG. (Kl.) w. B. (Bekl.). II 76/31	133	65	330
8.	St. (Bekl.) w. Frau N. (Kl.). VIII 178/31	133	67	351
9.	Preuß. Staat (Bekl.) w. D. K. AG. (Kl.). VII 528/30	133	68	352
12.	G. (Kl.) w. v. K. u. Gen. (Bekl.). VI 190/31	133	60	308
14.	H. (Kl.) w. N.sche Gummiwarenfabrik GmbH. (Bekl.). I 71/31	133	64	326
14.	1. L. & Co. Inc., 2. N. (Kl.) w. Baumwollspinnerei K. (Bekl.). I 10/31	134	8	67
14.	A. als Verwalter im Konkurse des Kaufmanns R. (Kl.) w. B. Bank (Bekl.). IX 241/31	134	9	73
15.	W. u. Gen. (Bekl.) w. H. (Kl.). VI 224/31	134	10	79
16.	H. Papierfabriken AG. (Kl.) w. Preuß. Staat (Bekl.). VII 582/30	133	61	310
19.	St. (Bekl.) w. Deutsche Bank & Disconto-Gesellschaft (Kl.). VIII 159/31	134	11	82
21.	Deutsche Reichsbahn-Gesellschaft (Bekl.) w. A.-Werke AG. (Kl.). V 43/31	133	66	342
21.	A. F. GmbH. (Kl.) w. Firma S & H. (Bekl.). I 38/31	133	74	377
22.	Fr. u. Gen. (Kl.) w. J. (Bekl.). VI 183/31	134	12	83
23.	E. (Kl.) w. G. als Verwalter im Konkurse über das Vermögen der H. St. GmbH. (Bekl.). II 67/31	133	78	393
24.	Frau K. (Bekl.) w. G. (Kl.). V 63/31	133	75	381
24.	H. Gesellschaft mbH. (Kl.) w. Stadtgemeinde Krefeld (Bekl.). V 284/30	134	3	25
24.	Frau W. (Kl.) w. G. (Bekl.). IX 228/31	134	19	130
26.	Stadtgemeinde Berlin (Kl.) w. A. AG. (Bekl.). VI 285/31	133	70	361
26.	Firma W. G. GmbH. i. Liqu. (Kl.) w. Firma St. & R. AG. (Bekl.). VIII 117/31	134	13	91
27.	N. Vereinsbank eingetr. Gen. mbH. (Kl.), Streitgeh. der preußische Staat, w. K. (Bekl.). II 329/31	133	71	365
27.	E. Bank, eingetr. Gen. mbH. (Kl.) w. M. (Bekl.). II 178/31	134	4	33
27.	Firma A. S. (Kl.) w. Firma S. (Bekl.). II 25/31	134	5	38
28.	Beschluß in einer hamburgischen Grundbuchsache. V B 20/31	133	76	383
29.	M. & Sohn GmbH. (Kl.) w. Ehel. N. (Bekl.). VI 231/31	134	6	43
30.	G. (Bekl.) w. C. Lebensversicherungs-Gesellschaft (Kl.). V 185/30	133	69	357
30.	Preuß. Staat (Bekl.) w. D. Bank u. Di.-Gesellschaft (Kl.). VII 3/31	133	72	370
30.	Preuß. Staat (Bekl.) w. H. Erben (Kl.). VII 141/31	133	73	374
30.	A. See-, Fluß- und Landtransportversicherungs-Gesellschaft (Bekl.) w. St. (Kl.). VII 73/31	134	20	133
30.	Firma B. u. Gen. (Bekl.) w. D. O. AG. (Kl.). VII 116/31	134	37	225

1931.

1931.

Dezember.

1932.

Januar.

1932.

1932.

1932.

1932.

April.

		Bd.	Nr.	Seite
13.	S. (Bekl.) w. Str. & Co. (Kl.). I 29/32	136	23	106
13.	Gemeinde Insel B. (Bekl.) w. H. u. Gen. (Kl.). IX 19/32	136	47	228
14.	Deutsche Reichspost (Bekl.) w. Witwe S. u. Gen. (Kl.). VI 538/31	136	18	83
14.	Sch. (Kl.) w. Deutsches Reich (Bekl.). IV 306/31 . .	137	1	1
15.	Ra. (Kl.) w. Ro. (Bekl.). VII 335/31	136	24	109
15.	AG. f. D. u. B. (Kl.) w. Preuß. Staat (Bekl.). VII 428/31	136	25	111
15.	Preuß. Staat (Bekl.) w. A.E.G. AG. (Kl.) VII 2/32 .	136	29	132
16.	Beschluß in einer Grundbuchsache. V B 29/31	136	19	87
18.	Hausverein des H. Ruderklubs e. V. (Kl.) w. Eheleute H. (Bekl.). VIII 1/32	136	36	165
18.	Vereinsbank G. eingetr. Gen. mbH. (Bekl.) w. Sch. (Kl.). VIII 649/31	136	38	178
20.	N. (Kl.) w. G. (Bekl.). V 19/32	136	20	91
20.	M.er Fußballverein (Bekl.) w. Frau B. (Kl.). IX 35/32	138	3	21
21.	Stadtgemeinde W. (Bekl.) w. W.er Bank, eingetr. Gen. mbH. (Kl.). IV 124/31	136	30	135
22.	P. (Bekl.) w. Firma B. & K. (Kl.). II 23/32	136	31	137
22.	Ehem. M. (Bekl.) w. Ehefr. M. (Kl.). VII 215/31 . .	136	32	142
22.	Haftpflichtversicherungs-Anstalt B. (Bekl.) w. F. (Kl.). VII 321/31	136	43	206
22.	Kommanditgesellschaft D. & Co. (Kl.) w. R. (Bekl.). II 349/31	136	51	260
23.	O. u. Gen. (Bekl.) w. St. (Kl.). V 325/31	136	33	148
23.	S. (Kl.) w. M. (Bekl.). V 3/32	136	48	232
23.	Berliner Straßenbahn-Betriebs-GmbH. (Kl.) w. M. u. u. Gen. (Bekl.). IX 355/31	136	54	275
26.	N. R. AG. (Bekl.) w. He. als Verwalter im Konkurs über das Vermögen der Firma H. & Co. (Kl.). VII 3/32	136	34	152
29.	M. (Kl.) w. Zuckerfabrik N. GmbH. (Bekl.). II 368/31	136	39	185
29.	M.er Gewerbebank, eingetr. Gen. mbH. (Kl.) w. B. (Bekl.). II 478/31	136	40	193
29.	Verb. Sachen Off. Handelsgesellschaft K. (Kl.) w. A. Versicherungs-AG. (Bekl.). VII 310/31 und VII 311/31	136	41	197
30.	Witwe N. u. Gen. (Bekl.) w. H. u. Gen. (Kl.). V 319/31	136	37	169

Mai.

		Bd.	Nr.	Seite
2.	Off. Handelsgesellschaft M. & D. u. Gen. (Bekl.) w. D. A. P. G. AG. (Kl.). VIII 104/32	136	52	266
3.	Zuckerfabrik E., F., St. & Co. (Kl.) w. 1) die in der Rohzuckervereinigung Holland, 2) die in der Vereinigung mitteldeutscher Rohzuckerfabriken zusammengeschlossenen Fabriken (Bekl.). II 438/31	136	49	236
6.	Preuß. Staat (Bekl.) w. H. B. AG. (Kl.). VII 468/31	136	42	202
12.	B. K. A. AG. u. Gen. (Bekl.) w. W. (Kl.). VI 528/31	136	53	273

1932.

1932.

1932.

1932.

1932.

1933.

1933.

1933.

1933.

April.

		Bd.	Nr.	Seite
5.	D. M.-Verlag AG. (Bekl.) w. A. H. & C. Ltd., Musikverlag (Kl.). I 223/32	140	47	255
6.	Eheleute G. (Bekl.). w. Frau L. (Kl.). VIII 34/33. .	140	48	259
7.	Witwe Br. (Bekl.) w. B. als Verwalter im Konkurs über das Vermögen der Firma A. Br. (Kl.). VII 290/32 . .	140	49	262
11.	Stadtgemeinde Berlin (Bekl.) w. M. als Verwalter im Konkurs über das Vermögen des B. (Kl.). III 187/32	140	51	276
25.	F. C. AG. (Bekl.) w. N. (Kl.). II 38/33	140	52	294
25.	Witwe v. G. (Kl.) w. Sch. & Fl. GmbH. (Bekl.). II 411/32	140	53	303
26.	B. (Kl.) w. Firma J. S. (Bekl.). I 301/32	140	50	264
28.	H. als Verwalter im Konkurs über das Vermögen der Firma C. & A. AG. (Bekl.) w. Deutsches Reich (Kl.). VII 13/33	140	54	307

Mai.

		Bd.	Nr.	Seite
5.	Chr. Ko. GmbH. (Bekl.) w. Kü. (Kl.). II 10/33 . . .	140	55	313
6.	R.-H. AG. (Bekl.) w. Firma M. (Kl.). I 18/33 . . .	140	63	358
11.	Stadtgemeinde R. (Bekl.) w. Witwe F. (Kl.). IV 66/33	140	64	360
12.	E. St. GmbH. (Kl.) w. N. u. V. Versicherungs-AG. Bekl.). VII 1/33	140	56	318
12.	Wirtschaftsgenossenschaft der Grundbesitzer Groß-B.-W. eingetr. Gen. m. beschr. H. u. Gen. (Bekl.) w. Verband B.er Kohlengroßhändler e. V. (Kl.). II 307/32 . . .	140	57	322
16.	T. (Kl.) w. L. (Bekl.). II 421/32	140	59	340
17.	H. (Kl.) w. off. Handelsgesellschaft B., S. & Co. (Bekl.). I 299/32	140	60	345
20.	Basler Lebensversicherungsges. AG. (Kl.) w. Sp. Werke AG. (Bekl.). V 91/33	140	62	353
20.	R. AG. (Kl.) w. E. GmbH. (Bekl.). I 306/32	140	65	366
22.	H.er Straßenbahn AG. (Bekl.) w. Deutsche Reichsbahn-Gesellschaft (Kl.). IX 69/33	140	66	369
22.	Sch. (Bekl.) w. Stadtgemeinde H. (Kl.). VIII 70/33 .	140	67	373
24.	Witwe H. (Bekl.) w. v. B. (Kl.). I 17/33	140	61	348
27.	S.sche Verlagsdruckerei (Kl.) w. Einkaufsgenossenschaft der L.er Lebensmittelhändler e. Gen. m. beschr. H. (Bekl.). I 16/33	140	68	378
27.	Lotsenbrüderschaft am Kaiser-Wilhelm-Kanal e. V. (Kl.) w. Deutsches Reich (Bekl.). I 322/32	140	74	420

Juni.

		Bd.	Nr.	Seite
1.	R. (Kl.) w. Firma Sch. u. Gen. (Bekl.). VI 42/33 . .	140	69	386
21.	Sch. GmbH. (Kl.) w. Preuß. Staat (Bekl.). V 392/32	140	75	423
27.	J. u. Gen. (Kl.) w. Preuß. Landesmittelschulkasse (Bekl.). III 14/33	140	72	404

Entscheidungen des Staatsgerichtshofs.

1932.

	Bd.	Nr. Anh.	Seite Anh.
Juli.			
25. Verfassungsrechtliche Streitsache 1) des Landes Preußen, vertreten durch das Preußische Staatsministerium, 2) der Zentrumsfraktion im Preußischen Landtage, 3) der Fraktion der Sozialdemokratischen Partei Deutschlands im Preußischen Landtage gegen das Deutsche Reich. StGH. 15/32	137	5	65
Oktober.			
24. Verfassungsrechtliche Streitsache der Volksrechtpartei, Landesverband Württemberg gegen das Land Württemberg. StGH. 14/31	138	2	43
25. Verbundene verfassungsrechtliche Streitsachen I. 1) des Landes Preußen, 2) der Zentrumsfraktion im Preußischen Landtage, 3) der Fraktion der Sozialdemokratischen Partei Deutschlands im Preußischen Landtag gegen das Deutsche Reich, II. 1) des Preußischen Ministerpräsidenten Dr. h. c. Otto Braun, 2)—8) . . . (folgt Aufzählung der übrigen Preußischen Minister) gegen 1) das Deutsche Reich, 2) den Reichskanzler als Reichskommissar für Preußen, III. des Landes Bayern gegen das Deutsche Reich, IV. des Landes Baden gegen das Deutsche Reich. StGH. 15, 16, 17 u. 19/32	138	1	1
November.			
10. Verfassungsrechtliche Streitsache der Sozialdemokratischen Fraktion des Braunschweigischen Landtags gegen 1) den Braunschweigischen Landtag, 2) das Land Braunschweig. StGH. 13/32	139	1	1
Dezember.			
20. Verfassungsrechtliche Streitsache der Sozialdemokratischen Fraktion im Preußischen Landtage gegen den Präsidenten des Preußischen Landtags. StGH. 20/32	139	2	7
20. Verfassungsrechtliche Streitsache der Fraktion der Nationalsozialistischen Deutschen Arbeiterpartei im Preußischen Landtag gegen den Preußischen Landtag. StGH. 39/32	139	3	17

V

Zusammenstellung

der

im 131. bis 140. Bande mitgeteilten Entscheidungen

nach

Gerichtsbezirken.

(Die fett gedruckten Ziffern bezeichnen den Band, die gewöhnlich gedruckten die Nummer der Entscheidung.)

Reichsgericht unmittelbar.

131, 31; **133**, 55; **135**, 33; **139**, 26, 58.

Oberlandesgerichte.

Bamberg.

131, 26; **136**, 2.

Berlin.

131, 1, 7, 10, 11, 12, 16, 17, 19, 21, 29, 32, 40, 41, 49, 55, 56, 59, 61, 62, 66; **132**, 6, 7, 9, 11, 14, 27, 30, 31, 33, 34, 36, 40, 44, 50, 51, 54, 56, 58, 67, 69, 73, 78; **133**, 10, 11, 12, 14, 21, 26, 31, 32, 34, 36, 42, 45, 46, 47, 52, 54, 60, 63, 66, 67, 68, 69, 70, 71, 73, 74, 75; **134**, 5, 12, 13, 15, 17, 23, 31, 32, 33, 35, 40, 41, 42, 44, 46, 49, 50, 53, 54, 62; **135**, 9, 11, 13, 16, 39, 41, 42, 43, 44, 48, 54, 56, 58, 63, 64, 66, 72; **136**, 3, 7, 16, 18, 26, 27, 28, 29, 35, 37, 38, 44, 48, 53, 54, 58, 60, 62, 65, 69, 74; **137**, 1, 2, 10, 29, 40, 44, 45, 46, 57, 60, **138**, 2, 4, 5, 10, 12, 26, 29, 31, 35, 40, 49, 59, 60, **139**, 3, 4, 6, 8, 16, 19, 28, 32, 33, 37, 38, 43, 48, 49, 52, 54, 56, 60; **140**, 8, 9, 10, 12, 13, 22, 24, 25, 26, 27, 28, 30, 33, 35, 41, 44, 46, 47, 50, 51, 52, 57, 58, 60, 65, 70, 71, 72, 75.

Braunschweig.

135, 28; **139**, 47.

Breslau.

131, 4, 45, 46, 64; **132**, 4, 8, 16, 22, 48, 55, 63, 79; **133**, 1, 17; **134**, 19, 28, 48, 59; **135**, 1, 2, 3, 8, 22, 57, 65, 69; **136**, 32, 57, 64, 66, 81; **137**, 20, 35, 47, 49, 54; **138**, 28, 44; **139**, 21, 39; **140**, 6, 18.

Celle.

131, 43, 51; **132,** 35, 65; **133,** 4, 7, 24, 25, 40, 59; **134,** 7, 27, 29; **136,** 4, 5, 9, 34, 45, 47; **137,** 3, 31, 48, 52; **138,** 34, 41, 46, 50; **139,** 1, 22, 35, 59; **140,** 2, 49.

Darmstadt.

132, 10; **133,** 23; **134,** 18; **135,** 27.

Dresden.

131, 3, 14, 54; **132,** 66; **133,** 27, 28, 38; **134,** 11, 36; **135,** 12, 35, 74; **136,** 56; **137,** 5, 27, 37; **138,** 19, 33, 38; **139,** 25; **140,** 23, 31, 32, 62, 68.

Düsseldorf.

131, 6, 13, 18, 25, 37, 50, 65; **132,** 26, 76; **133,** 22, 41, 48, 56, 72; **134,** 3, 43, 61; **135,** 21, 23, 62, 73; **136,** 51, 59, 72, 75; **137,** 38, 55; **138,** 23; **139,** 12, 15, 18, 40; **140,** 17, 38, 42, 64.

Frankfurt a. M.

132, 64; **133,** 2, 16, 49; **134,** 38, 65; **137,** 30; **138,** 1, 32; **139,** 36.

Hamburg.

131, 8, 20, 35, 36, 48, 53; **132,** 25, 47, 60, 75; **133,** 3, 15, 64, 65; **134,** 8, 14, 24, 52, 60; **135,** 6, 14, 15, 32, 47, 68; **136,** 6, 10, 15, 22, 23, 43, 55, 70, 78; **137,** 9, 21, 39; **138,** 9, 16, 21, 43, 47, 56; **139,** 10, 11, 20, 45, 61; **140,** 3, 5, 43, 54, 59, 63.

Hamm.

131, 42, 44; **132,** 53, 70; **133,** 19, 35, 43, 77; **134,** 34, 63; **135,** 17, 18, 37, 38; **136,** 79; **137,** 4, 15, 26, 33, 43, 53; **138,** 8, 27, 36, 55; **139,** 7, 30, 41, 53; **140,** 1, 19, 20, 53, 66, 73.

Jena.

133, 9; **134,** 2, 10, 21; **135,** 5, 52; **137,** 58; **140,** 55.

Karlsruhe.

132, 80; **133,** 33, 39, 78; **135,** 4, 20, 45; **136,** 12, 24, 36, 40; **140,** 7, 40.

Kassel.

131, 57; **132,** 32, 68; **134,** 22; **135,** 30; **136,** 25; **139,** 17, 55; **140,** 39.

Kiel.

131, 22, 28; **132,** 2, 24, 49, 71; **133,** 29; **134,** 9, 58; **135,** 24, 59; **136,** 11, 30; **138,** 48; **139,** 13, 23, 24, 62; **140,** 74.

Köln.

131, 5, 15, 34, 47; **132,** 15, 20, 74; **133,** 51; **134,** 20, 26, 64; **135,** 29, 61; **136,** 1, 33, 41, 68, 76, 80; **137,** 23, 24, 42; **138,** 15, 25, 30, 39, 52, 54; **139,** 34, 42, 44; **140,** 4, 29, 56, 61, 69.

Königsberg.

131, 2, 39; **132,** 12, 46; **134,** 39, 45; **135,** 36, 49, 50, 53; **136,** 20; **137,** 28; **138,** 6, 7, 53; **139,** 63; **140,** 16.

Marienwerder.

131, 33; **135,** 7; **137,** 19; **138,** 22; **140,** 34.

München.

131, 9; **132,** 17, 38; **133,** 44; **134,** 6; **135,** 40; **136,** 67; **137,** 22, 25, 51.

Naumburg a. S.

131, 24; **132,** 29, 39, 52, 57, 72; **133,** 58; **134,** 47, 66; **135,** 70, 71; **136,** 39, 50, 61, 71, 73; **137,** 8, 13, 16, 17, 34, 36, 56, 59; **138,** 3, 11, 20, 37, 45, 57; **139,** 5, 14, 27, 29, 31, 46; **140,** 11.

Nürnberg.

131, 63; **140,** 21.

Oldenburg.

132, 23; **134,** 1, 4, 25; **139,** 57.

Rostock.

132, 13, 19; **133,** 13; **136,** 8; **137,** 14; **138,** 17, 42.

Stettin.

131, 58; **132,** 37, 45, 59; **133,** 20, 37, 50; **134,** 16, 51; **135,** 31, 34, 55; **137,** 18, 32, 50; **138,** 13; **140,** 48.

Stuttgart.

132, 43; **133,** 8, 57; **135,** 67; **136,** 13, 52; **137,** 7; **139,** 50; **140,** 15, 37, 67.

Zweibrücken.

138, 62.

Landgerichte.

I Berlin.

131, 30, 38; **132,** 62; **133,** 5, 18; **134,** 57; **135,** 10, 25, 46; **136,** 14, 21, 77; **137,** 12.

II Berlin.

132, 3, 18.

III Berlin.

132, 1; **133,** 53; **135,** 60.

Bochum.

132, 5.

Braunschweig.

136, 17.

Bremen.

132, 61; **133,** 30; **134,** 56.

Breslau.

135, 19.

Cottbus

140, 45.

Darmstadt.

136, 46.

Dessau.

136, 49.

Dortmund.

131, 52; **136,** 42.

Düsseldorf.

138, 24.

Eisenach.

135, 26.

Elbing.

137, 6.

Nachtrag.

1. Auf Seite 50 bei § 40 (Verzicht) ist nachzutragen:

Zu I. Verzicht im materiellen Recht.

2) Der Widerruf einer Bezugsberechtigung (VVG. § 166) ist eine dem Versicherer gegenüber abzugebende empfangsbedürftige Willenserklärung. Ein Verzicht auf das Zugehen dieser Erklärung liegt nicht schon in der Vereinbarung der Inhaberklausel. **136,** 49.

Zu II. Verzicht im Prozeß.

S. Syst. Reg. § 299 Nr. 4, § 309, § 325 Nr. 5, § 345 Nr. 10.

2. Desgl. auf Seite 337 unter „Vorteilsausgleichung": S. auch **136,** 86 und Alphab. Reg. S. 132 zu Nr. 15.

3. Seite 160 § 240 lies statt „Mängelanzeige (§ 377 HGB.)" — Notverkauf.

FSC
www.fsc.org
MIX
Papier | Fördert
gute Waldnutzung
FSC® C083411

Kolibri 360 GmbH
Ferdinand-Jühlke-Straße 7
99095 Erfurt, Deutschland
produktsicherheit@kolibri360.de